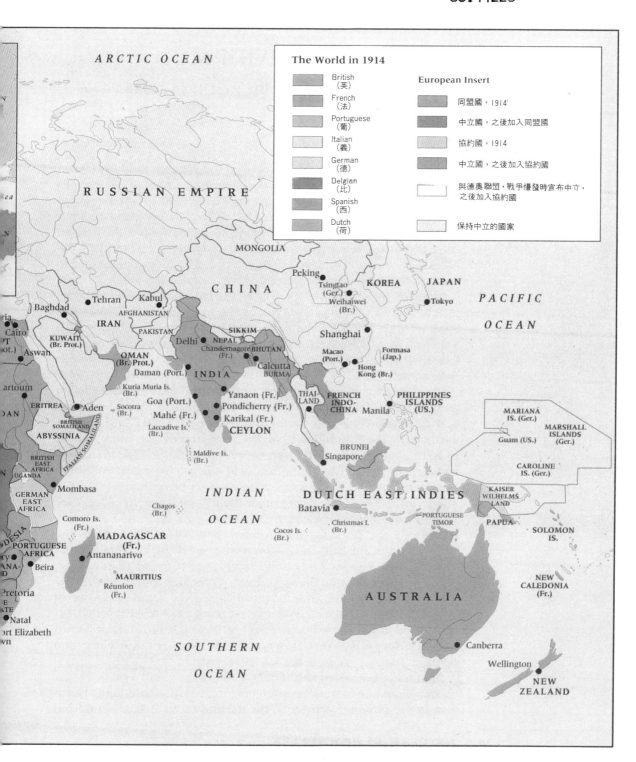

The World in 1914

| British (英) |
| French (法) |
| Portuguese (葡) |
| Italian (義) |
| German (德) |
| Belgian (比) |
| Spanish (西) |
| Dutch (荷) |

European Insert

| 同盟國，1914 |
| 中立國，之後加入同盟國 |
| 協約國，1914 |
| 中立國，之後加入協約國 |
| 與德奧聯盟，戰爭爆發時宣布中立，之後加入協約國 |
| 保持中立的國家 |

ARCTIC OCEAN

RUSSIAN EMPIRE

MONGOLIA

CHINA

Peking

Tsingtao (Ger.)
Weihaiwei (Br.)

KOREA

JAPAN

Tokyo

PACIFIC OCEAN

Tehran Kabul

Baghdad

AFGHANISTAN

IRAN

PAKISTAN

Cairo

KUWAIT (Br. Prot.)

Aswan

OMAN (Br. Prot.)

Daman (Port.)

Delhi

SIKKIM
NEPAL
Chandernagore (Fr.) BHUTAN

Shanghai

Macao (Port.)

Formasa (Jap.)

Calcutta
BURMA
INDIA

Hong Kong (Br.)

artoum

Kuria Muria Is. (Br.)

Goa (Port.)

Yanaon (Fr.)
Pondicherry (Fr.)

THAI-LAND

FRENCH INDO-CHINA

Manila

PHILIPPINES ISLANDS (US.)

ERITREA

Aden

Socotra (Br.)

Mahé (Fr.)

Karikal (Fr.)

MARIANA IS. (Ger.)

BRITISH SOMALILAND

ITALIAN SOMALILAND

Laccadive Is. (Br.)

CEYLON

MARSHALL ISLANDS (Ger.)

ABYSSINIA

Guam (US.)

UGANDA

BRITISH EAST AFRICA

Maldive Is. (Br.)

BRUNEI
Singapore

CAROLINE IS. (Ger.)

GERMAN EAST AFRICA

Mombasa

INDIAN OCEAN

DUTCH EAST INDIES

Batavia

KAISER WILHELMS LAND

Chagos (Br.)

Christmas I. (Br.)

Cocos Is. (Br.)

PORTUGUESE TIMOR

PAPUA

SOLOMON IS.

Comoro Is. (Fr.)

DESIA

PORTUGUESE AFRICA

MADAGASCAR (Fr.)

Antananarivo

MAURITIUS
Réunion (Fr.)

NEW CALEDONIA (Fr.)

Beira

Pretoria

ATE

AUSTRALIA

Natal

ort Elizabeth
wn

SOUTHERN OCEAN

Canberra

Wellington

NEW ZEALAND

世紀戰雲錄

THE CENTURY OF WARFARE

Worldwide Conflict from 1900 to the Present Day

查爾斯·梅森哲(Charles Messenger)著
王　　　鼎　　　鈞譯

軍事叢書

世紀戰雲錄：1900年至今日遍及世界的衝突

THE CENTURY OF WARFARE

作　　者	查爾斯・梅森哲（Charles Messenger）
譯　　者	王鼎鈞
發 行 人	蘇拾平
出　　版	麥田出版股份有限公司
發　　行	城邦文化事業股份有限公司
	台北市信義路二段213號11樓
	電話：(02)396-5698　傳眞：(02)357-0954
郵撥帳號	18966004　城邦文化事業股份有限公司
香港發行所	城邦（香港）出版集團
	香港北角英皇道310號雲華大廈4/F，504室
	電話：25086231　傳眞：25789337
印　　刷	凌晨企業有限公司
登 記 證	行政院新聞局局版臺業字第5369號
初版一刷	1997年12月 1 日

版權所有・翻印必究

ISBN　957-708-542-3

售價：990 元　　　　　　　　　　　　　Printed in Taiwan

目　　錄

地圖目錄

謝　啓

　　電視系列紀錄片《世紀戰雲錄》的製作，牽涉到一支日後變得非常緊密的小組。我要對紐古斯／馬丁製作公司的菲力普・紐古斯和強納生・馬丁邀請我參加，以及他們持續不斷的鼓勵，和對本計畫充滿同情的指導深致謝意。製作人朗・格蘭尼斯特確保了我們保持在預算之內，並且沒有遭逢技術上的障礙，他在這方面廣泛而長期的經驗是無人可比的。喬治・馬歇爾和艾夫・潘恩在尋找影片上不知疲倦的努力非常成功，不過有時他們必定會爲了我不可能的要求而咒罵我。我們的影片編輯彼特・羅美里不斷爲了要趕上限期而工作，但他從未失去他的熱心、高度專業和幽默感。奧利維亞・布朗是我們飽受苦難的製作助理，她對本計畫貢獻或許比她了解的還要多。瑪莉・伯納多特與高采烈地讓紐古斯／馬丁辦公室保持秩序，克里斯平・朱利安和佐伊・佛萊恩雖然手上還有另一個紐古斯／馬丁製作公司的影集要忙，但在事情變得特別困難的時候，總是願意伸出援手。

　　然而，沒有外界機構的大力幫助與支持，《世紀戰雲錄》絕對不可能完成，在本片製作過程中，競技場數位公司是我們的地主，並且執行了線上製作和地圖繪製工作。他們的貢獻是無價的。雙子座音效製作公司負責配音和混音，藉由他們收藏豐富，令人印象深刻的圖書館，使得本片得以擁有獨特音效。迪渥夫公司提供音樂，他們適切而經常餘音繞樑的曲子大大提升了本片的水準。最後還要對羅伯特・鮑威爾最優秀的旁白致上深深謝意。

　　至於在本書方面，我要對庫里奧創意顧問公司的菲爾・霍華-瓊斯幫助我選擇照片，以及自影片中取出供作書中圖片的鏡頭深致謝意。最後，我要對哈潑柯林斯出版公司的維蕾莉・哈德森，以及她的小組致上我溫暖的感謝，由於他們的專心致志和遠見，這部電視影集才能成爲你已經翻開的這本書。

查爾斯・梅森哲　倫敦　一九九四年八月

世紀戰雲錄

THE CENTURY OF WARFARE

Worldwide Conflict from 1900 to the Present Day

第 一 章

世界走向戰爭

1900—1914

維多利亞女王在統治不列顛及其帝國將近六十五年之後，於一九
○一年一月二十二日去世。她的去世象徵著一段相當和平的時期告
終，特別對已經三十年未經戰火洗禮的歐洲更是如此。事實上，這是
歐洲幾百年來最長的安定歲月。然而維多利亞女王的去世，也象徵著
一段日漸不穩定與緊張的時期正要開始。但是，在參加她的葬禮的人
之中，很少有人能預見，或想到不過十多年之後，歐洲將會捲入一場
超過四年，使大約九百萬人喪生的戰爭中。

在一九○○年，世界大事的主要焦點如同過去一千年一般，仍是
集中在歐洲列強上。東邊是俄羅斯，其擁有的廣大領土延伸至北極海，
東至北太平洋，南至滿洲（中國東北）、蒙古、阿富汗和波斯，西與德
國、奧匈帝國和巴爾幹半島為鄰。這個帝國的元首是獨裁的沙皇尼古
拉二世，鞏固他的權力的是一支龐大的軍隊，以及觸角延伸得既深且
廣的祕密警察。雖然俄國西部的城市和任何一座歐洲城市一樣世界
化，浸淫在豐富的藝術之中，但大部分俄國人卻仍然過著原始的農村
生活。俄國雖然擁有日漸成長的龐大工業，不過與西歐相比之下，卻
顯得落後與沒有效率。國內待遇與居住環境低劣的工人，心中燃燒著
不滿的怒火，正好成為那些受馬克思和其他人著作所影響，以推翻政
府為目標的小股革命組織的絕佳溫床。

相鄰的奧匈帝國也只不過是過去的影子而已，尤其在一八六六年
被普魯士擊敗之後更是如此。在這裏，另一位年邁的皇帝法蘭茲‧約
瑟夫自維也納的宮廷統治著奧地利人、匈牙利人和波蘭人這個令人不
安的組合，還有巴爾幹半島上各個不同語言的種族。他北方的鄰居是
歐洲成長中的年輕巨人德國。這個國家是由一羣普魯士軍事主宰下的
王國與公國組成的，而由於法國在一八七○年普法戰爭慘敗，德國才
得以統一。在維多利亞女王的外孫，雄心勃勃的德皇威廉二世（譯註：

威廉二世的母親是維多利亞女王的長女維多利亞）統治下，德國擁有一支強大的陸軍，以及正在快速成長、效率過人的工業，西部的魯爾區更是德國工業最發達的地區。

自從拿破崙三世在一八七〇年的慘敗後退位以來，法國就成為一個共和國，這個國家的目標只有一個，就是收回在戰後割讓給德國的亞爾薩斯與洛林兩省。法國陸軍由於身為收復失土的工具，因此保持著高度的戰備。然而在這一刻到來之前，法國人仍然充滿信心地享受國內的快樂生活——巴黎素以歐洲的「享樂之都」而聞名——並且致力於擴張與鞏固他們在非洲與中南半島的殖民地。

越過英倫海峽，由名義上的君主「運動國王」愛德華七世統治的英國，則是其他國家羨慕的對象。原因正是大英帝國本身。在經過維多利亞女王的擴張與鞏固之後，這個國家現在擁有全球六分之一的土地。英國最大的利益是來自貿易，貿易將各地的原料運回英國供應其龐大的工業基地，然後讓全世界的市場上充斥著英製產品。至於保護帝國大片領土的責任，英國則委交給擁有舉世最大艦隊的皇家海軍。

歐洲之外，有兩個剛出現的強權正待一顯身手。美利堅合眾國才剛進入急速成長的時期，在一八九七到一九一四年間，其國民生產毛額增加了將近三倍。此時，外來移民人數也出現大幅成長。美國所擁有一望無際、有待開發的領土，代表吸收移民對這個國家是輕而易舉。無論如何，由於一八九七年在古巴對西班牙作戰的結果，美國在一九〇〇年時已經開始走上帝國主義之路。當美國遠征軍在陸地上進退維谷之際，美國海軍在海上的一連串勝利卻決定了這場戰爭的勝敗。最後高潮是西班牙艦隊在菲律賓的馬尼拉灣中被擊沉。美西戰爭結果不只讓古巴得到獨立，也讓美國得到了波多黎各、關島以及菲律賓。

另外一個即將站上世界舞台的強國是日本。直到美國海軍代將馬修‧派里在一八五三年來到之前，這個國家的社會仍然封閉在中古時代的狀態。然而這次事件對日本人造成了莫大的衝擊，使得他們突然渴望採用西方科技，並且成為一個主要貿易國家，這對一個本身缺乏原料的國家而言是必要條件。這次轉變既迅速又富有戲劇性。日本在一八九四年對中國發動戰爭，結果在海上和陸上都得到了決定性的勝利，並且得到第一片海外領土——朝鮮。這鼓舞了日本人相信他們有能力成為遠東的強權，也因此他們開始重新致力於建立一支強大的陸軍與海軍。

然而，帝國主義將會是導致即將來臨的衝突原因之一。對於西歐

國家，爭執的焦點集中在非洲。英國、法國、德國、比利時、義大利、葡萄牙和西班牙都在這塊大陸上擁有領土，但最大的部分卻是由英國所占有。德皇威廉二世對此深感嫉妒，他非常希望也能擴展他的殖民地領土。因此當一八九九年，英國人在南非與希望獨立建立共和國的波爾人爆發戰爭時，他尤爲感到高興。在德國的野戰火砲和步槍支援下，波爾人在戰事初起時讓英國人遭遇了一連串顏面盡失的慘敗。其實英軍部隊所受的訓練是對付裝備窳劣的敵人。而武器精良，嫻熟戰技的波爾人，加上他們乘馬突擊隊的高度機動戰術，著實大出英軍意料之外，結果儘管英軍在數目上的優勢與日俱增，卻花了將近三年才讓波爾人投降。最後英軍必須採用與他們的對手相同的戰術，以騎兵縱隊來追剿波爾突擊隊。許多縱隊指揮官都將在一九一四～一八年的

英軍騎兵縱隊正在南非渡過一條河流，時間是一九○一年。這場對抗波爾人的戰爭後半段是由兩個部分構成的。當騎兵縱隊正在追捕剩下的突擊隊的同時，大部分英軍步兵都奉派執行據守一線封鎖站的單調任務，藉以限制波爾人的活動。

戰爭中成爲英軍將領中的要角。

德國對波爾人的支援使得英德關係爲之冷淡。但是德皇又與法國爲了西北非的摩洛哥——此地早已公認是法國勢力範圍——互起衝突。在一九○五年，德皇甚至登上摩洛哥蘇丹的遊艇與他會面。當六年後蘇丹請求法國幫助他鎮壓叛變的部落時，德國隨即將一艘砲艇派往大西洋海岸上的阿加狄爾，要脅法國人離開。此時戰爭似乎一觸即發，尤其是英國已經宣布支持法國，最後靠著巧妙的外交手段，由法國讓出剛果，才讓德國有了臺階可下。

然而，戰爭的確在一九一一年來到了北非。利比亞當時是積弱不振的鄂圖曼土耳其帝國的邊疆地帶，而在那裏擁有相當數量移民的義大利卻正垂涎三尺。藉著移民受到土耳其人惡劣對待爲藉口，義大利入侵了利比亞，迅速攻下的黎波里、班加西、托布魯克和德爾納等港口——這些地名在三十年後將會再度成爲報紙頭條——但很快他們就陷在內陸地區阿拉伯人所發動的游擊戰中。這場衝突接著波及到其他土耳其的領土，尤其是在愛琴海，義大利人在那裏奪去了數座島嶼。這場衝突最重要之處是飛機的第一次投入戰場，機上載著炸彈投在利比亞敵對阿拉伯人的營地中。

在世界另一頭，殖民地衝突引起了另外一場戰爭，這次是俄國與日本。衝突的主因是爲了日本所擁有的朝鮮。俄國此時正在滿洲進行殖民，而他們希望影響力也能擴展到朝鮮。在外交途徑未能解決之下，日本決心訴諸武力，並且派遣部隊在一九○四年春天登陸朝鮮北部。他們渡過鴨綠江進入滿洲，迫使俄軍遠離面對黃海的海軍基地旅順，向北邊的瀋陽後撤。旅順港此時陷入了日軍的包圍。最後在十月中，一支龐大的艦隊自波羅地海出航，踏上兩萬哩的航程，以解旅順之圍。俄國艦隊一開始就發生了令人難堪的事件，他們在北海的霧中將英國拖網漁船認爲是日軍魚雷艇而開火攻擊。俄國艦隊本身也有不少問題，包括爲軍艦取得煤的困難、部分船艦維修不良，以及一些船員不滿的情緒日漸高漲。然而旅順在一九○五年一月終告陷落，俄國艦隊此時奉命強行前往北太平洋的西伯利亞港口海參崴。經過一再的折磨之後，這支艦隊終於在一九○五年五月抵達分隔朝鮮與日本的對馬海峽。日本艦隊正在此地恭候，結果出人意料之外，俄國艦隊竟然一敗塗地。在三十八艘軍艦之中，只有十三艘抵達了海參崴。美國總統羅斯福隨後出面調停，雙方簽訂樸茨茅斯條約，俄國被迫放棄滿洲，並且將旅順交給日本。

這次顏面盡失的失敗使俄國人民失去了最後一點對國家的信心，他們早已因軍隊在一九〇五年一月於聖彼得堡射殺數百名要求更多民主的和平示威者而心生不滿。動亂開始到處發生，包括黑海艦隊戰艦波坦金號的船員叛變。結果導致十月的總罷工，迫使沙皇對成立全國立法會議的要求讓步。但是雖然成立了所謂的國會「杜馬」(Duma)，這個組織卻毫無影響力，大權仍然掌握在貴族手中。然而，一九〇五年革命是個警訊——俄國人民已經達到極限了。

日本海軍在對馬海峽的勝利種下了另一個衝突的種子。德國人以英國作為例子，認定一個真正世界強權不只需要殖民地和龐大的貿易基地，還要擁有一支強大的海軍。因此在一八九七年，他們決定建立一支能夠與英國相提並論的艦隊。在鐵比制將軍的引導下，德國開始了一個大規模造艦計畫。此時戰艦上配備的是各種不同大小的火砲，但是對馬海峽一戰顯示，只有最大型的火砲才能發揮決定性效果。因此出現了一種被稱為無畏艦的新式軍艦，艦上配備的全部是大口徑火砲，這種軍艦是得名自第一艘同級艦——一九〇六年初下水的英國皇家海軍無畏號。這使得世上所有主力艦當下顯得老態龍鍾，並且給了鐵必制一個迎頭趕上的機會，因為他的造船塢可以在公平的競賽場上與別人一起從頭開始。結果就是英國與德國之間的無畏艦競賽。德國的效率很快就將每艘的平均建造時間自三年減少到兩年。這在英國引起了驚懼，於是英國跟著安放了更多無畏艦的龍骨，每一級艦上配備的大砲口徑都越來越大。其他國家——美國、法國、義大利和俄國——也感染上這股熱潮。這樣的結果不過是使得局勢日益緊張，特別是在歐洲。

歐洲逐漸形成了兩個武裝陣營。一八七九年，德國和奧匈帝國曾組成同盟，以應付法國和俄國的可能侵略。義大利在三年後加入，使得這項同盟成為眾所周知的「三國同盟」。為了做出回應，法國和俄國在一八九四年簽約結盟。然而使得局勢更加混亂的是義大利在一九〇二年宣布永不對法國作戰，藉以交換能在利比亞不受干涉。英國在傳統上始終猜疑法國，以及俄國對阿富汗和印度北部的意圖，並且與歐陸上的糾葛保持距離，不過英國還是在一九〇二年與日本結盟，藉以分散俄國的注意。但是德國快速成長的工業力量，以及對傳統英國市場的威脅，迫使英國必須對原本的政策重新考慮。愛德華七世在一九〇三年五月訪問巴黎，為雙方在次年簽訂的協約鋪下了道路。

英俄協約最後終於在一九〇七年簽訂。棋盤上的對峙就此形成。

然而，巴爾幹半島才是真正麻煩所在。這地區原本是鄂圖曼帝國疆域的一部分，但是土耳其的影響力在十九世紀已經逐漸消退。在一九○○年，這片地區有五個獨立國家——保加利亞、希臘、蒙特內哥羅、羅馬尼亞以及塞爾維亞。另外波士尼亞和赫塞哥維納兩省雖然名義上仍歸土耳其管轄，卻由奧匈帝國部隊駐守。土耳其在一九○八年發生了一次武裝政變，由一批改革派的陸軍軍官掌權。奧地利由於害怕這將會加強土耳其在波士尼亞和赫塞哥維納的地位，於是迅速併吞了它們，此舉並且得到德國的支持。此舉也引起了鄰近的塞爾維亞強烈不滿，因為波士尼亞境內有大批塞裔人口。俄國出於在巴爾幹半島上有著大量斯拉夫民族，因此對這一地區產生了濃厚興趣，而俄國馬上表明支持塞爾維亞，但是德國的立場阻止了俄國採取明確的行動。塞爾維亞只有屈服，並且將注意力轉向南邊同樣也有相當塞裔人口的馬其頓。塞爾維亞與其他急於擺脫土耳其勢力的鄰邦組成了同盟，於是巴爾幹聯盟就此形成。在土耳其正為利比亞而與義大利相持不下的鼓舞下，聯盟在一九一二年十月對土耳其宣戰。到了一九一三年五月，土耳其已經被趕出歐洲，只剩下達達尼爾海峽和君士坦丁堡周圍的一小塊地方。無一支持這場戰爭的列強在此時插手調停。但是在六月，得到最少土地而欲求不滿的保加利亞攻擊了駐守馬其頓的希臘和塞爾維亞部隊。羅馬尼亞馬上對保加利亞發動攻擊，土耳其也隨之加入。在多面作戰的情況下，保加利亞很快潰敗，其他國家——包括土耳其在內——就這樣奪走了保加利亞的土地。塞爾維亞的勝利不僅建立了本身的自信心，也在波士尼亞—赫塞哥維納的斯拉夫人中，培養出足以讓全歐洲陷入戰火的民族主義。

一九一四年六月二十八日那天，奧匈帝國皇位繼承人法蘭茲·費迪南大公正與夫人在波士尼亞省會塞拉耶佛進行正式訪問。在他們離開火車站的途中，有一枚炸彈被丟向他們的座車。這枚炸彈錯過了目標，結果大公夫婦安抵市政廳。在聽到兩名軍官在攻擊中負傷的消息後，大公決定前往醫院探視他們，但他的司機在路上轉錯了一個彎。當司機停下車來準備掉頭之際，人羣中突然站出一個人，以左輪手槍開了兩槍，使大公夫婦身負致命重傷。警察立刻逮捕了這名刺客，他的名字是加夫里洛·普林希(Gavrilo Princip)，是一名波士尼亞農夫之子，也是祕密無政府主義組織「青年波士尼亞人」成員。雖然奧地利方面無法證明，但他們日漸懷疑塞爾維亞才是暗殺幕後的主使者。因此在七月二十三日，奧地利對塞爾維亞發出了最後通牒。要求塞爾

一九一三年第二次巴爾幹戰爭中，正在行軍的土耳其部隊。巴爾幹戰爭是第一次有正式新聞攝影人員參加的戰爭。這一連串戰爭雖然消除了土耳其在此地的勢力，卻也加劇了種族間的對立，讓巴爾幹半島至今仍深受其害。

維亞必須停止所有在波士尼亞—赫塞哥維納的宣傳，並且准許奧匈帝國官員前往塞爾維亞進行司法調查。塞爾維亞方面原本已經準備接受除開最後一項之外的所有要求，並且提議將整件事提交仲裁。不過在此同時，他們卻又開始動員軍隊。這使得維也納在七月二十八日對塞爾維亞宣戰，而這也是歷史上第一次以電報宣戰。

引線現在已經點燃。忠於盟國的柏林向聖彼得堡發出警告，俄國支持塞爾維亞的任何形式動員，都將引起德國的動員和宣戰。俄國不顧法國的請求，仍然開始對奧匈帝國進行局部動員，而俄國人民在戰爭當前下，似乎從未如此團結過。接著在七月三十日，奧軍大砲開始砲轟塞爾維亞首都貝爾格勒，俄國隨即下達總動員令。德國馬上跟著下令動員，並且對俄國宣戰。但是德國對協約國的作戰計畫必須不惜一切代價避免兩面作戰。德國要利用俄國動員緩慢之便，首先擊敗法國，並且借道比利時以提供更多迴旋空間。法國駐柏林大使因此被問及法國是否會保持中立。他的回答是法國將會以自身的利益作為考量，而法國則在八月一日下達動員令。這對德國政府而言已經足夠。運兵列車開始向西出發，兩天後德國對法國宣戰。

這幅拼圖上的最後一塊是英國。因為英國對法國和俄國的協約只不過是諒解備忘錄，並未承諾在戰爭時提供他們援助，因此英國一開始是採取中立的立場。但是隨著戰爭的倒數計時逐漸逼近，英國也逐

一九一四年八月奧軍士兵乘火車開往前線。鐵路的來臨對軍隊的動員和部署產生了重大的影響。在德國，鐵路網的設計就是爲了讓大批軍隊能迅速開往任何前線。

漸了解一個由德國主宰的歐陸，並不符合英國的利益。雖然如此，儘管局勢日趨緊張，在八月三日星期一——那天是假日——英國百姓仍然能在海灘上享受陽光。然而就在次日，德軍開進了比利時，英國政府馬上訴諸一八三九年保證比利時中立的條約，向柏林提出要求撤軍的最後通牒。這份通牒遭到了拒絕，德國宣稱這份條約「不過是一張紙片」。因此當晚英國也加入了戰爭。

每個國家都以經過精心策劃的計畫部署他們的部隊。德國的計畫得歸功於阿弗烈德・馮・希里芬伯爵，自從一八九一年以來，他一共擔任了十四年參謀總長。在認識到同時與法俄兩國交戰的危險，以及了解法國將比她的同盟動員遠爲迅速之下，他決定一開戰就在西線施出全力一擊，然後再來應付俄國。他假定法國最初的舉動將會是收復亞爾薩斯—洛林，於是他設計出一個龐大的迂迴運動，橫掃通過低地國家，然後在巴黎以西迴轉，藉以拿下法國首都，並且自大部分法軍的背後攻擊他們。希里芬的繼任人是赫爾姆斯・馮・毛奇（小毛奇），他是一八七〇年領軍擊敗法國的那位將領（老毛奇）的姪子，他對這個計畫並不完全滿意，漸漸地他將之修改爲只通過比利時而已。他也削弱了右翼的部隊，將他們轉用於加強亞爾薩斯—洛林的兵力。這些改變使得德國付出了重大代價。

德國陸軍本身是個非常有效率的組織，訓練精良，而且還有出色的參謀本部。他們一絲不苟的準備的最佳明證，就是能夠順利以火車將部隊部署在前線。德軍的武器和裝備也非常精良。特別是比起任何其他國家的陸軍，德軍配備的重型火砲都遠在他們之上。

戰前的理論家認爲法國陸軍最強大的力量是來自士氣，亦即銳氣（élan）或者突進的勇氣，這使得法軍更適於攻擊而非防守。因此法方決定在開戰時採取攻勢，而目標正如希里芬預料將指向亞爾薩斯—洛林。法國陸軍自一八七〇年的缺點中學到了不少敎訓，雖然步兵的紅長褲和騎兵的胸甲似乎屬於過去的時代，但法軍仍不失爲一支有效率的軍隊，此外法軍還有來自北非，久經戰陣的殖民地部隊助陣。而法軍最優異的武器無疑是七五公厘速射砲，這是當時最佳的野戰火砲。然而，法國卻傾向於在開戰時將後備部隊保留在後方。這代表比起會馬上部署後備部隊的德國來，法國在第一線上的兵力將居於劣勢。

與大陸國家陸軍不同的是，英國陸軍完全是由志願者組成。因此這支陸軍規模較小，大部分是用於保衛海外領土。法國因此看重的主

一九一四年秋在倫敦投效紀欽納新軍的志願者。在各交戰國首都，戰爭的爆發都受到熱烈的歡迎，每個國家都對自己參戰的理由，以及勝利馬上就會到來充滿信心。

力是皇家海軍的強大力量。即使如此，雙方都同意戰端初起時，英國會派出一小支部隊渡過海峽——最初只有四個師和部分騎兵——以展現協約國的團結。英國陸軍自波爾戰爭中得到了許多教訓，並且藉此轉型為一支完全專業化的軍隊，特別是被訓練到每分鐘能發射十五發子彈的步兵。然而與實施徵兵制的軍隊相比，常備軍有著一個重大弱點——缺乏受過訓練的後備軍人。大部分受過訓練的後備軍人都被用在填補常備單位的缺額上。英國是有一支由兼職士兵組成的地方自衛隊(Territorial Force)，但是在戰爭爆發時出任軍政（陸軍）部長的陸軍元帥紀欽納勳爵——他是殖民地戰爭的英雄——並不信任他們，

德軍部隊在一九一四年八月開進一
個比利時小鎮。一九一四年的步兵
被期望每天要能在石子路上,揹負
著六十磅裝備行軍三十哩。

他決定自平民中招募一支完全由志願者組成的部隊,讓他們在常備陸
軍中接受訓練。當時愛國主義正席捲全英國,因此人數根本不是問題。
然而還要再過好幾個月,紀欽納這支所謂的「新軍」才能完成作戰的
準備。

　　德軍的巨輪一路通過了比利時,逐漸接近位於列日的堅強要塞,
這裏是比利時防禦的關鍵。現在輪到德軍重砲兵上場發揮威力。這座

要塞在砲轟下終告屈服，德軍因而得以在八月十四日開進比利時首都布魯塞爾，然後掉頭開始朝南邊的法國邊界前進。小小的比利時陸軍則向西撤退向安特衛普。

在布魯塞爾陷落的同一天，法國部隊越界進入洛林，迫使德軍前哨後撤。邊界之戰就此開始，這一戰主要是在法軍的進攻與德軍的反攻之間來回進行的。最後是由德軍的重型火砲和機關槍獲勝，法軍在作戰兩個星期，傷亡三十萬人之後敗退。銳氣並不足以克服現代化武器的火力。

在西北方的戰場上，一個法國軍團與英國遠征軍正面對著德軍主力。八月二十三日，在法國邊界以北的比利時小鎮蒙斯，德軍頭一次見識到了英軍的火力，德軍蒙受到的慘重傷亡，使得他們相信英軍每營配備的機關槍要比德軍的兩挺多得多。然而在受到被迂迴的威脅下，英軍和法軍被迫只好向南後撤。在八月的驕陽下，為期兩個星期，令官兵筋疲力竭的撤退就此展開，盟軍最後將會一路退到巴黎以東。英軍一度在勒卡圖回頭與德軍交戰，主因則是他們累得無法再前進，不過這並不代表他們累到無力交戰。撤退接著繼續進行。

但是希里芬計畫進行得並不順利。部分部隊必須派去包圍納姆爾

一九一四年八月的比利時難民。他們在戰鬥逼近時之所以逃離家園，經常是出於一時的決定。有許多人——特別像是照片中的窮人——很快就會重返家園。一當西線上的戰鬥穩定下來後，許多住在戰線附近的村民就會不顧落彈的危險，回到他們原來生活的地方。

邊界之戰中的法國步兵，時間是一九一四年八月。

一門典型的德國重型野戰砲——二一〇公厘(八吋)榴彈砲——正在射擊。在一九一四年八月摧毀比利時列日要塞的戰鬥中,德軍甚至使用更重型的火砲,包括二八〇公厘(十一吋)、三〇五公厘(十二吋),以及巨大的克魯伯四二〇公厘(十六吋)大巴撒砲。

巴黎的計程車正將新編成的法軍第六軍團送往戰場,準備在馬恩河對德軍第一軍團的側翼發動攻擊。每輛計程車可以載送四名士兵,約有六千人以這種奇特的方式開上前線。後來在一九一五年,英軍使用倫敦的巴士將部隊載至陣地。

和安特衛普。部隊擁擠造成了補給困難,而無窮無盡的行軍更使得官兵疲累不堪。最糟的是,德軍為了追擊英法聯軍,開始向著巴黎以東而非以西前進。使事態更形嚴重的是,最西邊的兩個軍團在彼此保持

接觸上遭遇了困難，西端由克魯克指揮的第一軍團就愈來愈接近隔鄰的部隊。在此同時，法軍匆忙在巴黎地區集結了另一個軍團。當德軍越過馬恩河時，這個軍團在大批巴黎計程車幫助下開上前線，對德軍的側翼發動攻擊。克魯克的第一軍團被這一擊打得蹣跚不穩，轉頭開始向北方後退。這個動作接著向東擴展，很快就造成一場總撤退。法軍和英軍不顧疲累乘勝追擊，在前進而非後退的鼓舞下，他們的士氣無比高昂。馬恩河奇蹟為希里芬計畫畫上了休止符，雙方此時都已是筋疲力竭。因此當德軍到達北邊下一條大河艾斯尼河時，他們開始在那裏掘壕固守。無精打采的盟軍趕走他們的企圖也以失敗收場，到了九月中，雙方都在利用這段短暫的暫停時間休養生息。

在歐洲的另一邊，另一場相似的衝突也正在進行。德軍在東普魯士的部隊奉有命令要採取守勢，直到增援自西線抵達為止。然而德國的盟友奧匈帝國卻有不同的打算。即使奧國部隊已經捲入進攻塞爾維亞的戰鬥中，充滿衝勁的參謀總長康拉德‧馮‧霍森道夫仍然看上了俄屬波蘭突出的脆弱部分。在相信德軍將會自北方進攻之下，他計畫自南邊發動攻勢，在俄軍完成備戰之前將他們一網打盡。然而奧匈帝國陸軍是個不完美的組織。雖然奧軍擁有一些優秀的裝備，特別是在重砲兵方面，但其最大弱點是這支軍隊是由至少十個民族所組成的，每個種族的語言都不一樣。有些種族甚至還與敵人邊界內的人民有著密切關係，因此必須要小心確保他們不會被迫對相同種族背景的敵人作戰。這有礙軍事效率。

俄國的戰略同樣是採取攻勢，而且也同樣是基於波蘭的突出部。一個軍團將自北方發動攻擊，另一個軍團則自東方進攻，切斷並且摧毀位於東普魯士的德軍，然後揮軍直指柏林。在此同時，其他軍團將向南方奧國的加里西亞進攻，捕捉位在喀爾巴阡山脈以北的奧軍。俄國陸軍是全歐最大的軍隊，能夠動員六百萬人，但是軍隊本身卻是笨拙不堪。差勁的鐵路系統代表動員和部署都將會非常緩慢。高級軍官貪污無能，日俄戰爭的教訓幾乎並未牢記在心。行伍中大部分是目不識丁的農民，但他們的確有著勇氣與堅忍，而這些特色將會受到徹底的考驗。

奧國對塞爾維亞發動的攻擊並不順利。在多瑙河上的奧軍砲艇對貝爾格勒進行砲轟之後，奧軍在八月十二日越過了邊界的沙瓦河及德里納河。他們很快就為善用天然防禦地形的塞軍所阻。塞軍接著擊退

了一個軍團的敵軍，迫使他們越過德里納河退回波士尼亞境內。奧軍在九月初越河發動另一次攻勢，但又再度遭到擊退。結果在經過六個星期的戰鬥之後，他們實際上是一無所成，而且還折損了四萬人。

加里西亞的情況也沒有比較順利。俄軍和奧軍雙雙發起攻勢，兩軍在蘭堡北方和東方不期而遇。雙方都蒙受到慘重損失，但是奧軍損失較重，結果被迫向西後撤大約一百哩，退到自喀爾巴阡山脈北端，流入維斯杜拉河的威斯拉卡河之後。

然而，東普魯士的情形卻更具戲劇性。八月十七日黎明稍後，由林能康夫指揮的俄軍第一軍團的騎兵越過了東普魯士的東部邊界。三天之後，在已經逐退德軍前哨下，林能康夫對位在古賓南的德軍第八軍團主力發動攻擊。俄軍的右翼遭到擊退，但中線上的德軍卻發生了恐慌，軍長普利特維茲因此決定撤退。但是林能康夫不但沒有乘勝追擊，反而按兵不動。指揮俄軍第二軍團的沙門索諾夫以為這位與他不合的指揮官已經贏得一場決定性的勝利，於是開始自南邊進軍。此時普利特維茲遭到已經退休的保羅・馮・興登堡替換，後者的參謀長則是曾在列日要塞前擔任步兵旅長的艾利克・馮・魯登道夫——他們將成為最可怕的搭檔。

興登堡和魯登道夫在八月二十三日到任。林能康夫仍然按兵不動，沙門索諾夫則繼續緩慢地向北前進。這兩位德國將領發現，普利特維茲的參謀已經準備好一個對沙門索諾夫暴露的左翼發動攻擊的計畫，他們也非常清楚俄軍的意圖，這得感謝俄軍慣用他們少數原始的無線電發送明碼信文。德軍在八月二十六日進攻，經過四天的猛烈戰鬥，摧毀了俄軍第二軍團，沙門索諾夫自殺。興登堡選擇以附近的一個村落坦能堡為他的勝利命名，這裏是五百年前，條頓騎士敗在波蘭人和俄國人手裏的地方。他將他的勝利視為是恰如其分的復仇。

興登堡接著轉而對付俄軍第一軍團，在馬蘇里安湖羣會戰中，這個軍團被逐出東普魯士，退過尼門河，損失了六萬人。因此到了九月中，雙方最初在東線上發動決定性攻勢的企圖，也如同在西線上一般以失敗收場。奧國對塞爾維亞實際上是毫無進展，而且還在加里西亞南部遭到迎頭痛擊，俄國在東普魯士的下場也是如此。但是雖然德國在這裏贏得了兩場大勝，在西線的增援抵達之前，他們還是無法乘勝追擊。他們也十分清楚到此時為止，俄國軍力只動用一小部分而已。

在歐洲之外，其他與德國的衝突也已經爆發。日本將這場戰爭視

青島圍城之戰中的英國軍官，背後是一門日軍的一五〇公厘（六吋）榴彈砲。在這場為了拿下德國在中國的殖民地而發動，長達兩個月的戰鬥中，守軍一共造成了日軍五千五百人的傷亡，英軍兩個步兵營的分遣隊中也有七十五人傷亡。

為擴張海外領土的機會，於是訴諸一九〇二年與英國簽訂的條約，幫助消滅德國在中國的立足點——黃海海岸上的青島。一支日軍部隊加上英軍兩個營於九月登陸，在一支英日海軍戰隊的支援下發動圍攻。青島在十一月初陷落，太平洋中的德屬島嶼也很快被日本、紐西蘭和澳洲部隊占領。但是德國海軍的太平洋戰隊安然逃到了南大西洋，他們將會在那裏對皇家海軍造成嚴重的問題。

在非洲南部，南非部隊發動了一次占領德屬西南非的作戰，但在這之前有些問題必須先得到解決。南非強硬派的阿非利坎人（譯註：即波爾人）出於對英國的憎恨，意圖發動叛亂，阻止南非站在英國那邊作戰。然而大部分南非國防軍的官兵仍然效忠於皇室，他們馬上就敉平了這些反抗。對德國殖民地的進軍現在終於可以開始，很快他們就不顧德國殖民地部隊的微弱抵抗，開始節節推進。

在比較接近本土的地方，英國地中海艦隊遭到了一次顏面盡失的挫敗，兩艘預定要交給土耳其海軍的德國軍艦哥本號和布瑞斯勞號（譯註：前者是一艘巡洋戰艦，後者則是艘輕巡洋艦）成功躲過了所有攔截它們的企圖。它們的平安抵達君士坦丁堡，鼓舞了與德國有著密切關係的土耳其投入軸心陣營之中。

這些戰役和其他即將展開的戰役，開始賦予這場戰爭全球性的面貌。然而決定性的戰場還是在歐洲。在東西戰線上，開戰時的作戰計畫大部分都以失敗收場，最初，一般以為戰爭無論如何到聖誕節就會結束的想法，也被證明是太過樂觀。現在的問題是接下來該怎麼辦。

第 二 章

鮮血與泥濘

西線上的壕溝戰　1914－1918

　　儘管德國一開始在西線的攻勢以失敗收場，而戰局似乎沿著艾斯尼河陷入僵持，德軍仍然決心對法軍施出重重一擊，好讓他們能轉而對付東方的俄軍。巴黎以東的戰線已經鞏固下來，但自艾斯尼河以北到比利時海岸卻幾乎處於眞空狀態。如果德軍能迂迴聯軍的側翼，他們仍然能夠造成決定性的後果。聯軍在決心利用最近巴黎附近的勝利一鼓作氣下，抱的也是同樣想法。

　　爲期一個月的「向大海賽跑」就此開始。雙方以平行的方向朝北行軍，但每當一方想要發動迂迴時，總是會爲另一方所阻。最後這場賽跑於十月中以雙方同時抵達英倫海峽岸邊收場，但是德軍仍然決心要早早達成一場決定性的勝利，因此現在他們決定在薄弱的聯軍防線上，打出一個大洞來。

　　他們所選擇的地點是比利時羊毛業歷史悠久的中心伊普瑞斯，一九一四年十月時，這裏正位於一處伸入德軍陣線內的突出部底部。北面是由法軍據守，南面則是由英軍據守。德軍計畫對後者集中他們的力量。接連三個星期，德軍對著過分延伸、兵力薄弱的聯軍防線罄其所有地進行猛攻。一度在孤注一擲下，德軍還以訓練不足的年輕志願兵發動攻擊。在僅僅只會排成肩併肩前進之下，他們很快就一波波被機關槍和步槍速射火力掃倒。後來德國人將之稱爲「無罪者大屠殺」。這條防線總算是守住了，但也不過是勉強守住而已，英軍的傷亡是如此慘重，可以說原本的英國常備軍都葬身於此。伊普瑞斯也證明機關槍和彈夾步槍已經使天平傾向防守者那一邊。在開闊地形上對著掘壕固守的守軍進攻的部隊，必須要冒著極大的危險。伊普瑞斯也是德軍最後一次在西線上迅速贏得勝利的嘗試。他們現在決定改採守勢，並且開始將部隊調往東線。

　　雙方在筋疲力竭與充滿困惑之下，開始挖掘工事，很快一條連續不斷的戰壕就從瑞士一路延伸到了北海。在最北端是剩餘的比利時陸

軍和法軍部隊，接著是英軍，在他們右邊是法軍的主力。壕溝戰就此開始。

一九一四～一五年的冬天特別多雨，因此讓戰壕免於積水就成了一件重要大事。德軍盡可能讓部隊過得舒服些，而聯軍在曉得一旦春天來到，他們就有責任要發動攻擊逐退入侵者之下，害怕讓部隊過得太安定會使他們失去所有的攻擊精神。因此聯軍的戰壕通常都比較簡單。一九一四年聖誕節那天，各處兩軍之間的無人地帶都出現了友善的交往行為，但是聯軍指揮官們誓言再也不會讓這種事情發生。

壕溝戰意味著新的技術還有待學習。最重要的包括巡邏和狙擊，架設鐵絲網以及構築戰壕。新式的武器開始出現。迫擊砲和手榴彈成為主要的戰壕作戰用武器，迫擊砲能將高爆彈以拋物線射進戰壕中，早期的手榴彈則通常是由空的食物罐或者瓶子製成的。當時的機關槍很快就被發現過分笨拙，不利於在戰壕的狹窄空間中使用，因此出現了新一代較輕的自動武器，像是英軍使用的路易士機槍，以及法軍的蕭查機槍。雙方第一線的戰壕有時相距只有一百碼遠，白天任何的運動不可避免都會引來敵人的射擊。夜晚因而成了工作時間。巡邏會爬過無人地帶檢視對方戰壕，探查防守堅強的程度。有時突擊小組會突然猛衝過去，試圖捕捉俘虜以收集情報。更單調乏味的工作包括在戰壕之前修補鐵絲網，以及加強戰壕本身。食物、彈藥、水和其他補給

一九一四～一五年冬天的西線。英軍的掩體雖然能夠遮風避雨，卻無法抵抗砲彈直接命中。長時間泡在水中會導致一種名為戰壕腳的疾病，預防之道只有經常更換襪子，以及使用像是鯨油的藥劑。

典型的第一線景象。左方是一枚砲彈在無人地帶爆炸。照片中值得注意的是鐵絲網防禦工事，以及用沙袋堆成的戰壕胸牆。夜晚哨兵必須將胸部以上伸出胸牆之外，以期及早發現任何敵軍動靜。他們要練習在照明彈發射時，一動也不動地站著。

都必須由人揹負，從自第一線向後方延伸的交通壕送上來。大砲的隆隆響聲從未停止過，照明彈更經常將戰壕上方的夜空照得有如白晝。

協約國的政客和將領將一九一四～一五年的冬天花在計畫如何突破僵局上。有兩派想法浮上了檯面。西線派主張由於德軍部隊大部分都位於法國和法蘭德斯平原，所以西線才是應該發動決定性一擊的地方。以海軍部長溫斯頓・邱吉爾為首的東線派則主張由於西線正處於僵局之中，協約國應該找尋其他地方施加壓力。這派意見的結果就是達達尼爾海峽的戰役，這場戰役目的原本是要打垮土耳其，然後再進而威脅軸心國家。在一九一五年春季開始之後，這場戰役很快就成為另一個僵局。(見第三章)

回到西線上，計畫人員此時正在忙碌，一九一五年二月，冷漠的法軍總司令約瑟夫・霞飛——他的部隊喊他「爸爸」——發布了一道指令。法軍將同時在三處地方發起攻勢，分別是在阿托伊斯和香檳——德軍巨大突出部的雙肩——以及洛林，目的是威脅德軍的聯絡。英軍的貢獻則是將在阿托伊斯發動有限度的攻勢，藉以支援法軍。

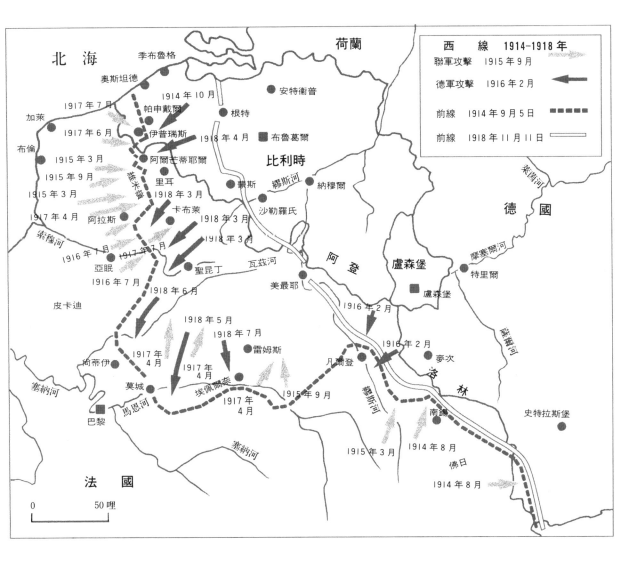

北　海　荷　蘭

季布魯格

奧斯坦德　　1914 年 10 月

加萊　　1917 年 7 月　帕申戴爾

布倫　　1917 年 6 月　伊普瑞斯　1918 年 4 月　布魯葛爾

1915 年 3 月　阿爾芒蒂耶爾　比利時

1915 年 9 月　維米嶺　里耳

1915 年 3 月　1918 年 3 月　蒙斯　繆斯河　納穆爾

1917 年 4 月　阿拉斯　卡布萊　沙勒羅氏

索穆河　1916 年 7 月　1917 年 7 月　1918 年 3 月

亞眠　聖昆丁　瓦茲河

1916 年 7 月　1918 年 6 月　阿戈　盧森堡

皮卡迪　美最耶　1916 年 2 月　盧森堡

1918 年 5 月　1918 年 7 月　雷姆斯　凡爾登　1916 年 2 月　麥次

塞納河　1917 年 4 月　1917 年 4 月　1916 年 2 月

莫城　埃佩爾奈　繆斯河

巴黎　馬恩河　1917 年 4 月　1915 年 9 月　南錫　史特拉斯堡

塞納河　1915 年 3 月

法　國　佛日　1914 年 8 月

1914 年 8 月

安特衛普

根特

比利時

德　國

萊茵河

摩塞爾河

特里爾

薩爾河

荷蒂伊

安特衛普

0　　50 哩

西　線　1914-1918 年
聯軍攻擊　1915 年 9 月
德軍攻擊　1916 年 2 月
前線　1914 年 9 月 5 日
前線　1918 年 11 月 11 日

　　法軍的攻勢是在泥濘中進行的，在洛林的佛日山脈攻勢則是在深□中進行，這些再加上英軍在紐夫查波爾的攻勢，奠定了未來三年戰□的形式。首先是砲轟，接著步兵前進越過無人地帶，開始掙扎通過□人戰壕之前的鐵絲網，機關槍和步槍則不停將步兵擊倒，最後攻擊□終於抵達敵人戰壕。一場血淋淋的混戰就此開始，雙方都用上了刺□、槍托和拳頭。此時攻擊者必須要能夠很快重組起來，準備面對無□避免的反攻。要預備隊上來幫助據守剛占領的戰壕的要求，經常不□受到注意。電話線會自剛占領的戰壕通往後方，但是卻每每遭到砲□炸斷。唯一的通訊方法就只剩下傳令兵，但是有太多傳令兵葬身在□人地帶之中，這代表焦急等待的指揮官根本無從曉得發生了什麼事

——這才是戰爭真正的迷霧。結果常常就是人數少得可憐的倖存攻擊者必須獨力奮戰，直到彈盡人亡為止。預備隊接著又必須對同樣地方發動攻擊。同樣的事情又會一再上演。

在檢討過為何這些早期戰壕攻勢會犧牲如此多生命之後，法軍和英軍指揮官的結論是德軍戰壕系統並未在進攻前予以徹底軟化。因此他們需要更多大砲，而且在進攻前要對德軍戰壕發動更長時間的砲轟。像是法軍的七五公厘砲，英軍的十八磅砲和德軍七七公厘砲之類的野戰砲，其砲彈爆炸威力並不足以對戰壕造成重大損害。至於在重型火砲方面，法軍和英軍所有的數量不僅太少，而且多已過時與不準確。另一方面，德軍卻自一開戰就擁有大量重型火砲；他們曉得他們計畫最初的關鍵之一，就是迅速摧毀比利時的列日要塞。更糟的是到了一九一五年春天，英軍幾乎耗盡手上所有的重型火砲彈藥，每門大

凡爾登的法軍部隊，時間是一九一六年夏天。凡爾登是第一場象徵西線戰事中期特色的消耗戰。

砲每天只能分配到兩枚砲彈。經由報界大亨諾斯克里夫勳爵的努力，才促使英國政府採取緊急行動，在新上任的彈藥部長「威爾斯巫師」大衛・勞合喬治的監督下，設立更多彈藥工廠。許多在這些工廠中工作的工人都是女性。事實上隨著戰爭的進行，女性逐漸接替了傳統上保留給男性的工作。這股潮流將會促使兩性平等向前邁進一大步。

一九一五年四月末，德軍引進了一種新式的可怕武器——毒氣。地點是在防禦堅強的伊普瑞斯突出部，種類是氯瓦斯，最初的受害者是法軍阿爾及利亞部隊，他們立刻驚慌奔逃，許多人窒息而死。德軍由於只是實驗性質使用，因此無法乘勝發動大規模進攻，但即使如此，最後還是靠著剛抵達戰場的加拿大部隊拚死奮戰——他們在手套中撒尿當做防毒面具——才得以避免一場災難。戰鬥就這樣持續了四個星期，但到了尾聲時，適當的防毒面具已經開始發展出來。自此兩方開始使用氯瓦斯和芥子氣，很快這就成為西線戰爭的特色，這些毒氣是以毒氣筒、砲彈以及迫擊砲施放的。一九一五年底，德軍更將另一種新式的可怕武器派上了用場——火焰噴射器。

一九一五年夏初，法軍在以超過一千二百門大砲進行四天砲轟之後，在阿托伊斯發動了另一次大規模攻勢，英軍則進攻奧柏斯嶺和費斯圖柏特。結果戰爭的迷霧又再一次使得他們無法及時利用一開始的成功乘勝追擊，而且此時德軍工事也構築得比年初時要好得多。

雙方傷亡人數不斷增加。德國和法國持續徵召士兵入伍，但英國卻不願進行徵兵，他們仰賴的主要是紀欽納「新軍」的志願兵，這些部隊於一九一五年春天開始抵達戰場。他們在英國訓練時忍受了好幾個月的挫折，包括缺乏裝備，許多人冬天是在帳篷中度過的，但是他們的士氣高昂。他們證明自己的機會將在九月份到來。

霞飛依舊將目光放在由阿托伊斯和香檳環抱的巨大突出部上。他再一次下令在這些地區大舉進攻，並由英軍支援阿托伊斯攻勢。三地的攻勢都將在砲轟四天之後，於九月二十五日發動，首先將由英軍在路斯進攻。結果他們成功突破了德軍防線，但是總司令約翰・法蘭契爵士將預備隊保留在太過於後方的位置上。他們在行軍整晚之後才發起進攻，結果在德軍面前蒙受到可怕的損失。突破的大好時機就此付諸東流。法蘭契也因而去職，由道格拉斯・海格爵士接替，他將指揮法境英軍到戰爭結束為止。法軍在阿托伊斯的攻勢也只有少許收穫。在香檳的攻勢開始時似乎較有希望，但這大部分是由於德軍將主力集

中在第二線的緣故。一當法軍進抵這裏，他們就無法再越過雷池一步。這次失敗的秋季攻勢造成聯軍二十五萬人傷亡，德軍則損失十四萬人。再一次戰爭又回到地圖桌上，大軍則安頓下來，準備在戰壕中度過第二個冬天。

聯軍在十二月間訂出了一九一六年的計畫。他們準備在東西兩線上，加上已於一九一五年五月參戰的義大利同時發動攻勢。霞飛現在已經放棄攻擊德軍突出部兩側的企圖，他決心與兵力日漸增強的英軍聯手，對突出部前方在索穆河兩岸發起攻擊，英軍在索穆河北邊，法軍則在南邊。但是德軍也另有打算。他們在一九一五年對俄國的作戰，並未贏得決定性勝利。同時兼任軍政部長和參謀總長的艾利克・馮・法爾根漢在此時決定要在西線再發動一次攻勢。他將英國視為真正的敵人，他相信更好的途徑應該是攻擊法國，而方法則是讓法軍流血過多而死。發動攻擊的地方必須選在能夠迫使法國必須傾全國之力而戰之處。因此他選擇了法國一處古老的堡壘，這裏同時也是法國歷史的象徵。

堡壘城鎮凡爾登已許久未經大規模戰火洗禮。這裏位於兩條交集的堡壘線中心，看來似乎固若金湯。然而，堡壘中有許多大砲已經被移往戰事更激烈的地區，防禦工事也沒有良好維護。因此當德軍在一九一六年二月二十一日進攻時，很快就擊潰了守軍，拿下關鍵性的幾座堡壘。一時之間，似乎沒有什麼能夠阻止德軍攻占凡爾登本身，但是法軍仍然奮戰不懈。很快增援開始抵達，但是部隊和補給的運動都受制於只有一條道路通往凡爾登。憑著超人的努力，才使得這條所謂的「聖路」（La Voie Sacrée）維持通行，但法國已經決心在這片飽經戰火摧殘的地方堅守下去。凡爾登成為法國頑強的象徵。戰鬥月復一月持續下去，雙方不斷投入新補充的師，這些部隊在幾星期甚至幾天之後就會打得所剩無幾。這場會戰直到十二月才告結束。此時雙方都已經傷亡達三十五萬人。雖然筋疲力竭，但雙方都沒有崩潰的跡象。

經過了這場漫長而痛苦的血戰，聯軍仍然決心繼續發動一九一六年的攻勢。主要的不同是在索穆河兩岸同時發動的攻勢，將主要由英軍來負責。在那年春季中，他們持續在皮卡迪白堊地部署部隊。當地屯積起了大批彈藥，官兵普遍感覺這次德軍必定會被擊破，通往決定性勝利的道路已是暢通無阻。一九一六年六月二十四日，超過一千五百門大砲開始在二十哩長的正面上猛轟德軍防線。二十二個英軍步兵

西線上的火砲日漸變大。雙方都使用了與照片中英軍十二吋砲相似的列車砲,這型火砲於一九一六年底出現在法國戰場上。列車砲中最有名的是所謂的「巴黎砲」,這種火砲曾於一九一八年春天,自大約六十哩外砲轟法國首都。

師和八個法軍步兵師已集結完成,準備進攻。三個自壕溝戰開始以來就沒有機會一顯身手的騎兵師則部署在他們後面,準備在預期中的突破之後乘機擴大戰果。一星期之後,在七月一日晴朗的早晨,聯軍發起了攻擊。

那個在一開始時曾如此被寄予厚望的日子,到頭來卻是一場災難。只有索穆河以南的法軍在一片薄霧幫助下,抵達了第一天的目標。在他們北邊,英軍傷亡了將近六萬人,幾乎相當於一世紀之前威靈頓在西班牙作戰六年的損失。真相是砲轟並沒有對德軍戰壕,以及深埋於其下的工事造成顯著損害;在許多地方,鐵絲網甚至沒有被炸斷。彈幕射擊停止之後,機關槍馬上架設起來,一排排越過無人地帶前進的士兵當下就成為刀俎上肉。

差勁的通訊使得將領們一段時間之後才曉得發生的事,但是此時他們已無力喊停。他們不能讓盟邦的俄國和義大利失望,此外他們也必須幫助喘不過氣的凡爾登戰線解除一些壓力。因此另一場漫長的消耗戰就此開始。諸如席普瓦、高米考特、高森林、蒙塔班和畢蒙哈美爾這些地名,成了血腥和痛苦的同義字。這一戰從夏天一直進行到秋天,但直到十一月的多泥出現時,英軍才終於停止繼續發動進攻。在

一九一六年夏天索穆河會戰中，發動攻擊之前的英軍部隊。德軍士兵自戰爭爆發開始，就戴著頂上有尖刺的頭盔，但法軍和英軍卻是在一段時間之後才開始使用鋼盔。雖然鋼盔會遭步槍和機槍子彈擊穿，但是卻能夠對破片提供適當防護。

一九一六年的索穆河會戰——一名重傷士兵正被揹出戰壕。盤尼西林要到十年之後才會出現，傷者面臨的主要危險是在得到適當醫療前發生壞疽。

四個半月的戰鬥中，他們以傷亡超過六十萬人的代價，前進了大約七哩。如果第一次伊普瑞斯會戰是英國常備軍的墳場，那麼索穆河會戰無疑是紀欽納新軍的墳場。不過德軍的損失也一樣慘重。

一九一六～一七年西線上的冬天是多年來最寒冷的一次。地面一直到四月才解凍，戰壕中的病患數目急速上升到拉起警報的地步。不過至少雙方都利用了這段時間補充他們可怕的損失——英國此時終於開始實行徵兵。

一九一六年的失敗導致一些新面孔走馬上任。勞合喬治在重整英國彈藥生產以及後來軍政部長任內的努力終於有了報償，一九一六年十二月，他出任英國首相。在索穆河會戰損失的震駭下，他希望解除駐法英軍總司令海格的職務，但由於海格仍然擁有崇高的聲望，使得他無法如願以償。然而在法國，總司令霞飛的戰略破產使得他被輕聲細語、英語流利的羅伯特‧尼維爾取代。同樣在德國，法爾根漢也由於凡爾登的失敗而去職，接替他的是曾在一九一四年擊退俄軍的搭檔——保羅‧馮‧興登堡和艾利克‧馮‧魯登道夫。

德國了解到他們在一九一六年蒙受的重大損失，代表他們在西線上任何地方的兵力都會分布得過分薄弱。因此他們不但決定要再次採取守勢，還要縮短他們的防線。他們將那年冬天用在構築可畏的工事

上，這些工事使用了大量混凝土，地點主要是在英軍地段之前。德軍將之稱為齊格菲防線，聯軍則稱之為興登堡防線。

聯軍除了相信他們已讓德國元氣大傷之外，又推出了一種新武器。英軍將一九一五年大部分時間和一九一六年前半用在發展一種能夠跨越戰壕，克服鐵絲網的履帶車輛。結果就是戰車（譯註：tank，亦指水箱），如此稱呼的原因是出於保密，早期型式的戰車由火車運輸時，就是以送往中東的水箱名義作為掩護。到了一九一六年八月底，有六

移動中的英軍十八磅野戰砲。第一次世界大戰中的所有野戰砲都是以馬匹拖曳的。這使得越過戰壕進攻成了一大問題。一旦第一個目標被拿下之後，迅速將火砲移前支援下一階段戰鬥至關重要。在遍布彈坑的地表上這麼做常是相當困難的事，這段無可避免的拖延，使得守軍能夠自一開始的震撼中恢復過來。

十輛戰車已經運抵法國，這批戰車於九月十五日在索穆河攻勢中，頭一次在戰場上亮相，結果正反兩面都有。早期英國戰車被分為雄性與雌性兩種，前者配備六吋艦砲，後者則只有機關槍。法國迫不及待地學來了這種新武器概念，製造出自己型式的戰車。不同之處是在於英軍將戰車用來提供步兵直接支援，法軍則傾向於僅將他們的史奈德和聖沙蒙戰車當做機動砲兵。這兩種戰車的早期型都非常緩慢，而且機械故障叢生，但是法國和英國也分別製造出更輕、更具機動力的雷諾與惠彼特戰車。

「我在某處反覆爭奪的工事與死亡
　　會面」　　——亞倫・希格爾
他是法國外籍兵團中的一名美國
人，於一九一六年陣亡。

稍後德國也生產了少數A7V戰車，這種戰車有七名乘員，配備兩
門五十七公厘砲和四挺機槍。他們還使用過一些俘獲的英國戰車。

戰車以及德軍在法國和法蘭德斯平原所受的損耗，使得尼維爾相
信聯軍有能力迅速突破德軍防禦。因此他擬訂了一個如下的計畫，並

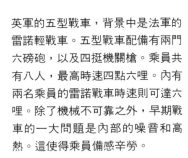

英軍的五型戰車，背景中是法軍的
雷諾輕戰車。五型戰車配備有兩門
六磅砲，以及四挺機關槍。乘員共
有八人，最高時速四點六哩。內有
兩名乘員的雷諾戰車時速則可達六
哩。除了機械不可靠之外，早期戰
車的一大問題是內部的噪音和高
熱。這使得乘員備感辛勞。

且說服他的英國盟友參加。在英法聯軍將德軍釘牢在瓦茲河以北的同時，主攻將在瓦茲河南邊多山陵與樹林的希敏‧德‧丹地區發動。在以近三千門大砲進行漫長的毀滅性砲轟之後，法軍預備隊將自動跟在後面進攻，藉以維持衝力。

這次攻勢原本預定在四月發動，但是德軍卻先發制人，於三月就開始轉進至新的防禦陣線。此舉大出聯軍意料之外，而他們跟隨的行動不僅遲緩，更為德軍所留下的大量詭雷所阻。這次撤退似乎否決了在瓦茲河以北進攻的必要，但尼維爾仍然堅持攻勢應按原訂計畫進行。

英軍因此在四月九日於阿拉斯發起攻擊。作戰的頭一天就得到精采的成功，加拿大軍拿下了關鍵性的維米嶺——即使時至今日，這仍是加拿大最輝煌的軍事成就之一。除此之外的收穫卻很有限。這一役中使用了六十輛戰車，但是許多都遭到發射穿甲彈的機關槍所擊毀，其他則陷在泥濘中動彈不得。這使得戰車在步兵之間變得惡名昭彰，特別在傷亡慘重的澳大利亞軍更是如此。

希敏‧德‧丹的攻勢原本應該與阿拉斯同一天展開，但因為法軍覺得砲轟並未造成足夠損害，因此延後發動。事實上，法軍直到四月十六日才進攻，此時大砲已經砲轟了九天之久。德軍非常清楚法軍的計畫，他們構築起三道堅強的防禦陣線，並且部署好龐大的預備隊待命進行反攻。法軍打從一開始就蒙受慘重傷亡，進展非常緩慢。然而，尼維爾卻一直堅持到四月底，但最後不過是徒增傷亡名單而已。更糟的是醫藥系統終告崩潰，使得許多傷患平白失去了生命。

在經歷過凡爾登的痛苦之後，希敏‧德‧丹終於超出許多法軍部隊忍受的極限。不安的跡象於五月初開始出現，越來越多單位拒絕再執行毫無意義的進攻。法國政府的反應是撤換尼維爾，由凡爾登的英雄亨利‧貝當接替。此時已經至少有十六個軍受到這股風潮感染，貝當曉得唯一能讓陸軍康復的方法，就是採取守勢。

法軍的譁變，加上德軍潛艇正威脅要切斷英國的大西洋生命線，使得一九一七年春天成為西方協約國的黑暗時期。美國在四月六日宣布參戰。雖然這代表著多出一個新的龐大人力來源，但是美軍還要再過許多個月才能完成準備開上戰場，而第一批美軍在潘興將軍指揮下，於六月抵達了法國。

貝當關心的是德軍將會利用法軍目前的情況發動攻擊。因此他求

在一九一七年四月災難性的希敏‧德‧丹攻勢中,法軍的徒步傷兵正向後方撤退。在曉得一旦負傷後,將會得到有效率的醫療系統照料之下,士兵總是會比較努力作戰。此役之中法軍醫療系統的崩潰,是造成士氣低落和日後部隊生變的主因。

助於道格拉斯‧海格和他的五個英軍軍團。他們必須發動攻擊,藉以分散德軍的注意。海格本人早已在計畫一次清除比利時海岸的作戰。其中還包括一次部隊已在為此進行訓練的兩棲登陸。因此現在他將這計畫併入一個更具野心的攻勢之中,整個作戰將分三階段進行。首先,一九一七年六月將發動一次有限攻擊,目標是拿下伊普瑞斯以南的要地衞茲夏特─梅西尼嶺。接著主攻將在六月底發動,目標是比利時海岸的布魯格斯。一旦這次攻擊突破德軍陣線,兩棲登陸和沿著海岸的地面攻勢將會同時發動,藉以繞過德軍側翼。

　　對衞茲夏特─梅西尼嶺的攻擊有兩方面值得一提。首先是計畫的一絲不苟。每名參加的英國、澳洲和紐西蘭士兵都得到詳細的簡報。為此還製造了一個大型的攻擊地形模型。另一方面是另一種壕溝戰武器的有效使用。在一九一五年春季,英德雙方都開始在對方戰壕之下挖掘隧道,藉以安置並引爆地雷。英軍在索穆河攻勢的第一天也使用

了一枚巨型地雷。從一九一六年一月開始，英軍就在衛茲夏特——梅西尼嶺下面努力挖掘隧道。這是一件讓人神經緊繃的工作。挖掘隧道的工兵必須傾聽任何德軍挖掘的跡象。有時德軍會試圖在英軍隧道下方引爆炸藥；有的雙方隧道會不期而遇，那麼隧道中的士兵就會爆發一場你死我活的拚鬥。最後這些隧道終於挖掘完成，並且安置好大批炸藥。在六月七日清早，不下於十九枚地雷在衛茲夏特——梅西尼嶺下方同時引爆；爆炸的聲響甚至在英格蘭東南部都可耳聞。部隊接著發起攻擊，很快就壓倒了茫然的守軍。

這次成功的攻擊是主攻的一個好開始，主攻預定在七月底發動，兩棲登陸日期則在一週之後，利用八月的第一次高潮。三十個英軍師和四個法軍師將在十五哩寬的正面上，自伊普瑞斯突出部發起攻擊，之前將有長達十五天的砲轟，這是西線上為時最久的一次砲轟。攻擊於七月三十日上午開始，最初的結果相當成功，但到了下午卻開始下起雨來，而且一下就是十天之久。火砲原本就已壓壞了法蘭德斯平原上精密的排水系統，接連的砲轟和下雨馬上就將戰區變成一片沼澤。原本一開始能達成突破的希望逐漸暗淡下來，兩棲登陸也宣告取消。雨停之後還需要等待地面乾燥，這更讓德軍有了喘息的時間。每次攻擊重新發動，雨就會緊跟而來，要不了多久，這場戰役就成了另一場消耗戰。

這裏的地形已經變成一片泥濘，彈坑中積滿了水，許多人就溺斃在其中。在這種駭人的情況下，士氣開始低落下來。但是進攻仍然繼續進行，因為德軍的注意必須維持在法蘭德斯平原，特別是俄國此時顯然正處於崩潰邊緣，德軍有可能將部隊調往西線，對依然不堪一擊的法軍發動攻擊。最後在十一月初，英軍終於拚出最後一口氣準備攻占帕申戴爾嶺，這裏距離原先的攻擊發起線只有六哩遠。在為期十五週的戰鬥中，英軍一共攻占了四十一平方哩的泥濘。每平方哩的代價是約一萬人傷亡。這是英軍在西線上的谷底時刻。

這次會戰——史稱第三次伊普瑞斯會戰——的收場，並不代表一九一七年作戰的結束。英國戰車軍正因在法蘭德斯平原上遭到誤用而深感挫折，許多他們的戰車完全陷進了泥濘之中，這更突顯出他們在阿拉斯會戰得到的惡名。戰車軍決心要證明如果使用得當，戰車也能夠贏得戰爭。他們選擇了一處沒有伊普瑞斯那般泥濘的地點——位於

索穆河戰場以東，坎布萊地區的一片起伏白堊地。十一月二十日早上，在沒有經過任何砲轟之下，三百七十八輛戰車由戰車軍事長休斯‧艾里斯將軍在一輛名為希爾達的戰車上親自領軍，以摧枯拉朽之勢衝過無人地帶。在六個步兵師的跟隨下，這些戰車很快就突破了大吃一驚的德軍，到太陽西下時分，它們已經前進達五哩之遙。似乎長久等待的突破終告成真，自從開戰以來，英國所有教堂第一次齊鳴鐘聲慶祝。但這些都還為時過早。次日只有四十輛戰車還能夠從事戰鬥，而德軍卻開始投入預備隊。到了十一月底，英軍又另外前進了兩哩，但德軍接著發動反攻，很快就將英軍逐回原先的攻擊發起線。

西線上停止作戰的季節就此開始，不過今年比起往年來開始得要略晚一些。聯軍的心情是歷年來最沉重的。俄國一九一七年十月發生的革命，代表她即將退出戰爭，而眾所周知德軍正在將另外的部隊調往西線。在法境的美軍仍只有象徵性兵力，英軍和法軍又因一九一七年攻勢而筋疲力竭之下，聯軍別無選擇，只有改採守勢，等待無可避免的德軍進攻來臨。

德軍本身正開始使用一種新的攻擊方法，這種方法已經在東線和坎布萊反攻時試用過。就是以經過特別訓練的突擊隊擔任先鋒，他們奉命繞過抵抗據點，將之交給跟在後面的部隊消滅。突擊隊的任務是盡快滲入敵軍防線深處。同時德軍也改採短時間砲轟，並且大量使用毒氣彈，這麼做的目的不是摧毀戰壕系統，而是將戰壕與後方隔離開來，並且干擾兩者之間的聯絡。

德軍的第一擊將會落在英軍身上，目標是將他們與法軍切斷，迫使他們背對著英倫海峽向北轉進。有兩個因素對德軍有利。勞合喬治在受到第三次伊普瑞斯會戰慘重傷亡的震驚下，暫停將部分增援送往法國。此舉使得海格的兵力比起一年前來要少得多，不過他還是同意了一樣為人力短缺所苦的法軍請求，接防位於瓦茲河以南二十五哩長的正面。換防在一九一八年一月開始，但是當地的防禦設施還有很多有待加強之處，當德軍在一九一八年三月二十一日進攻時，這些工作還沒有完成。

第二，當德軍突擊隊沿著六十四哩長的正面發動攻擊時，正好得到一陣薄霧之助，結果除開在最北端之外，他們馬上就滲透進英軍防線。在南邊，過分展開的第五軍團很快被迫撤退，在為期一週的激戰之後，一共後退了十五哩遠。海格轉向法軍求助，要求他們儘速將預

備兵力派來支援，法軍馬上照辦。在此同時，法國將領費迪南‧福熙正式被指派為聯軍總司令，以改善各國之間的作戰協調。至此德軍的推進已經出現減慢下來的跡象。突擊隊的士兵開始感到疲累，離開行列掠奪英軍補給倉庫的情形日漸增加。德軍最後終於在亞眠之前被阻擋下來，英軍不但丟掉一九一六年索穆河會戰的所有戰果，還失去了更多土地。這給了聯軍一記狠狠的重擊，但德軍並沒有就此罷休。

在這次攻勢結束的一週之內，德軍在四月九日又再度進攻，地點是在比利時邊界附近的萊斯河兩岸。這裏最初的受害者是英國最老的盟友葡萄牙。葡萄牙是在一九一六年三月被說服參戰的，目的主要是幫助占領德國的非洲殖民地，但葡萄牙也在一九一七年初派了一小批部隊前往法國。此時正逢起霧，葡萄牙部隊立刻崩潰。危機又再次威脅著聯軍，但德軍還是無法維持開始時的衝力，到了四月底，防線在法軍的增援下，已經鞏固到足以讓德軍停頓下來。

興登堡和魯登道夫現在轉而對付法軍。德軍在五月底於希敏‧德‧丹發動攻擊，希望迫使法軍將預備部隊調來，好讓德軍能再一次對英軍發動攻擊。這回突擊隊的盟友──霧──又再度出現，結果德軍在四天之內就推進達三十哩遠，抵達了馬恩河。此地的防禦堅強得使德軍無從突破，而且他們也已經耗盡補給。馬恩河守軍中還包括兩個美軍師，他們在貝露森林發動的反攻中有著優異表現。這是美軍頭一次在西線參戰，而隨著美軍實力日漸成長，德軍也愈形捉襟見肘。德軍於六月九日再度沿著瓦茲河進攻。然而法軍已經摸清了德軍的戰術，這次他們先讓德軍稍有進展，然後再自側翼發動反攻。

至此德軍在四次進攻中，傷亡已經達八十萬人，他們的力量和士氣都已不復以往。然而魯登道夫仍然傾向於再發動一次進攻，希望能得到一次決定性勝利。因此他大舉集結了五十二個師，於七月十五日在香檳發動攻勢。法軍的主要防禦陣地都遠遠設在後方，當突擊隊抵達時，他們已經脫離支援火砲的射程。德軍的衝力此時業已消失，再一次法軍在美軍的支援下，以戰車領頭自側翼反攻。德軍這次賭博的目標原本是在美軍強大前於西線上尋求解決，但是結果仍以失敗收場。現在輪到聯軍再度發動攻擊了。

第 三 章

雙鷹之戰

東線　1914—1917

　　東線戰爭遠比西線複雜得多。牽涉其中的不止有德國、奧匈帝國和俄國等幾個大國，還有土耳其和紛擾的巴爾幹半島諸小國。因此這場衝突還包括了幾個次要前線上的作戰。東線的作戰方式比起西線來機動得多，這場戰爭計算前進和撤退距離的單位是數十哩，而非數百碼。

　　如同我們已經讀過的，各方開戰時的計畫大多如西線一般以失敗收場。或許最難堪的事情是奧匈帝國沒有能一開戰就擊垮塞爾維亞。塞爾維亞和他們的盟友蒙特內哥羅不但阻擋住奧軍最初的入侵，在經過一九一四年秋季的進攻與反攻之後，還在一九一四年十二月中將奧軍逐過了多瑙河。

　　俄軍雖然到一九一四年九月中已經傷亡達二十五萬人，卻仍然擁有堅強實力。俄國笨重的動員機器才剛開始運作起來，他們的運兵列車還正在自烏拉山駛向西方的途中，來自西伯利亞的部隊要花上一個月才能開抵前線。因此俄國的軍力仍然在持續增加，而在法國的鼓勵之下，俄軍總司令尼古拉大公決定利用一開始對奧國的勝利乘勝追擊，並且進攻西利西亞。德軍對此一威脅十分清楚，但是他們對奧軍能否獨力應付不具信心。由於西線上正進行著「向大海賽跑」，因此根本不可能派來任何援兵。坦能堡會戰的勝利者興登堡和魯登道夫只有將東普魯士的兵力削減三分之二，然後火速以火車將這批部隊——番號是德軍第九軍團——運往奧軍陣線。

　　在攻擊是最好的防禦的信念下，德軍開始穿過幾乎沒有道路可循的波蘭最南部，朝向俄軍主要的補給基地華沙進軍。到九月的最後一週時，尼古拉大公對德軍的企圖已經有所警覺。為了自側翼對德軍發動攻擊，他將他的軍團部署在華沙以北，沿著維斯杜拉河展開。德軍在十月九日越過維斯杜拉河進逼華沙。慘烈的戰鬥於焉爆發，但德軍由於側翼正暴露在俄軍威脅之下，因此決定後撤。

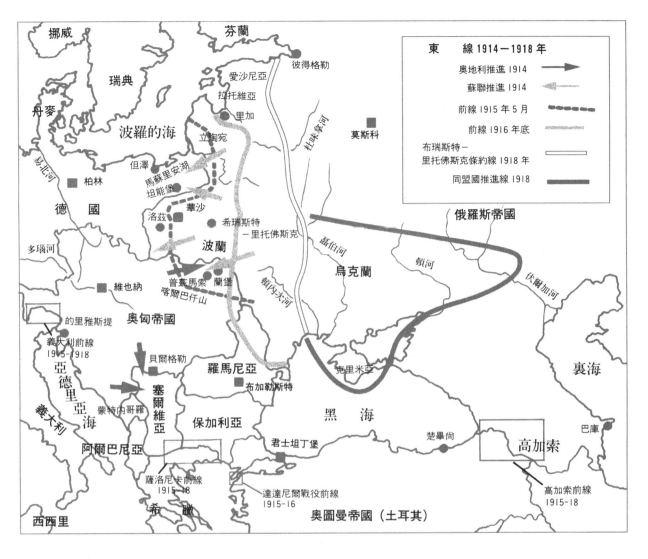

圖例：
- 奧地利推進 1914
- 蘇聯推進 1914
- 前線 1915 年 5 月
- 前線 1916 年底
- 布瑞斯特－里托佛斯克條約線 1918 年
- 同盟國推進線 1918

地圖標註：
挪威　芬蘭　瑞典　丹麥　波羅的海　彼得格勒　愛沙尼亞　拉托維亞　里加　立陶宛　莫斯科　但澤　馬蘇里安湖　坦能堡　柏林　德　國　洛茲　華沙　希瑞斯特－里托佛斯克　柏內斯河　多瑙河　波　蘭　維也納　普茲馬索　蘭堡　喀爾巴仟山　奧匈帝國　聶伯河　頓內次河　烏克蘭　頓河　伏爾加河　俄羅斯帝國　裏海　巴庫　的里雅斯提　義大利前線 1915-1918　亞德里亞海　義大利　貝爾格勒　羅馬尼亞　布加勒斯特　塞爾維亞　蒙特內哥羅　克里米亞　黑　海　保加利亞　楚畢尚　高加索　高加索前線 1915-18　阿爾巴尼亞　君士坦丁堡　薩洛尼卡前線 1915-18　達達尼爾戰役前線 1915-16　希　臘　西西里　奧圖曼帝國（土耳其）

另外俄軍也再度進軍東普魯士。雖然德軍防禦不如過去堅強，但俄軍並沒有像八月時那樣熱心進攻，這次攻勢很快就停頓下來。

在此同時，遠在南邊的奧軍也發動了進攻，成功解開普茲馬索要塞之圍，但是俄軍在森河的防禦阻止了奧軍更進一步東進。隨著德軍自華沙城外撤退，俄軍接著對奧軍發動攻擊，又一次將他們逐退，同時也再度包圍了普茲馬索。

在這些勝利所帶來的興奮鼓舞下，俄軍現在開始準備進兵西利西亞，但就如同坦能堡會戰一樣，差勁的通信保防使得德軍對俄軍的計畫已有警覺。麥肯錫將軍麾下疲於奔命的第九軍團趕忙向北移動，於十一月自西北方朝剛開始進軍的俄軍發動攻擊。在接下來的洛茲會戰

在喀爾巴阡山脈中行進的奧軍部
隊。此地的地形與北方的加里西亞
平原形成強烈對比。

中,雙方都爲了企圖捕捉對方而奮戰不懈。最後俄軍終於朝華沙撤退,
他們的進攻至此以失敗收場。

　　雙方現在暫告休兵。雖然德軍顯然要勝過嚴重缺乏火砲和彈藥的
俄軍,但後者還是比奧軍更略勝一籌。因此在德軍看來,未來奧軍的
攻勢若要能夠成功,絕對需要他們的幫助。

　　德軍一九一四年十一月在伊普瑞斯突破的失敗,造成了策略上的
一大轉變。德國參謀總長艾利克·馮·法爾根漢決定在西線採取守勢,
轉而與奧軍聯手對付俄國,使其退出戰爭。爲此數師德軍自法國和法
蘭德斯平原調往東線,奧—德聯合攻勢則計畫於一九一五年初發動。
計畫中包括要發起攻擊肅清東普魯士境內的俄軍,以及在南邊將他們
逐出喀爾巴阡山脈,並且解開普茲馬索之圍。

　　喀爾巴阡攻勢於一月中展開,但是在深雪中進展甚少,結果不到

兩星期就宣告中止。被圍的普茲馬索要塞終於在三月投降，讓更多俄軍部隊得以用在收復山區失土之上。

　　東普魯士的攻勢則進行得較爲順利，部分士兵甚至連步槍都沒有的俄軍第十軍團被包圍了一段時間，結果有大約九萬人被俘。但俄軍展現出過人的韌性，調來另一個軍團發動反攻，這次攻勢就這樣畫上了休止符。

　　同盟國現在陷入了下一步該做什麼的困境之中。興登堡希望再次自東普魯士發動攻勢，但是奧國參謀總長康拉德•馮•霍森道夫主張南翼的波蘭突出部還有一決勝負的可能。法爾根漢是最後的裁決者，而他的決定是採取奧軍提案，興登堡的計畫則僅僅作爲輔助作戰而已。

　　在此同時，這場世界大戰另外又開啓了兩處戰場。經過德國的努力遊說，土耳其終於參戰，一九一四年十月底，土耳其以海軍在黑海展開攻擊行動，與俄國的戰爭就此爆發。土耳其擬訂的計畫是進軍高加索，並且鼓動喬治亞起義。然而多天並不是這一地區最適於作戰的季節。共有九萬五千名土軍開進了俄屬亞美尼亞。俄軍增援隨即開到，

改變德國在東線命運的搭檔——保羅•馮•興登堡（左）和艾利克•馮•魯登道夫。

俄軍騎兵越過波蘭的一條河流。騎兵在東線扮演的角色比西線重要得多。事實上東線並未使用過戰車，裝甲車的數量也很少。

高加索前線上的俄國部隊。他們在
此對抗土軍比東線上其他地區都要
成功。

發動反攻擊退土軍，土軍部隊損失高達百分之七十五，其中許多都是
酷寒下的犧牲者。在一九一五年接下來的日子裏，這處戰線上一直保
持著平靜，因為雙方都沒有足夠的部隊發動攻擊。

高加索則是另一場戰役的起因，尼古拉大公在一月初對西線聯軍

照片中是俄軍戰俘。同盟國手上俘
虜的龐大數目，正足以顯示俄國軍
官團領導素質低落的程度。

提出請求，希望他們設法消除土耳其在這一帶的威脅。結果就是英法聯軍遠征達達尼爾海峽。剛開始在一九一五年二月和三月時，聯軍只是使用軍艦打出一條通過海峽，進入黑海的通路，但最後水雷還是擊敗了他們。英軍、澳大利亞軍和法軍於四月二十五日登陸。雖然蒙受到慘重損失，他們還是鞏固了幾處立足點。自此開始，在土耳其部隊堅強的抵抗下，這場戰役變成了另一場艱困的僵局。炎熱和不衛生的環境造成疾病叢生，即使一再派去更多部隊，還是無法打開僵局。最後聯軍決定不再讓他們的損失繼續增加，於一九一六年一月初撤出了所有部隊。事實上，這次未損一兵一卒的撤退是整場戰役唯一的成功。

奧匈帝國在一九一五年五月捲入一場新的戰役，一向希望吞併說義語人口占大多數的南提羅爾的義大利，在來自英國和法國的壓力之下，終於對北方的鄰國宣戰。一場漫長而慘烈的戰役就此在義大利東北的山區中展開，此地的地形對守方萬分有利。因此在接下來的兩年半中，雙方雖然不乏嘗試的意願，但是都無法達成任何顯著的進展。對德軍來說，這代表他們又必須派出更多部隊，去為他們的盟邦撐腰。

同樣在一九一五年五月，奧德聯軍對俄軍展開了春季攻勢。在維斯杜拉河以南，十四個師自高利斯和塔諾之間發動攻擊，馬上就把俄軍逐過森河。普茲馬索被收復，蘭堡也告陷落。此時俄軍終於出現崩潰的可能，尤其是在七月，興登堡也自東普魯士發動攻擊，次月就開進華沙。然而儘管受到慘重的損失，俄國仍然以其一貫的韌性支持了下來。沙皇決定親自接掌指揮，到了十月時，俄軍已經守住一條北起波羅的海的里加，南至羅馬尼亞邊界的茲瑟諾維斯的較短防線。此舉阻止了奧德聯軍任何更進一步的進展。

在一九一四年奧軍進攻塞爾維亞的慘敗之後，巴爾幹半島在一九一五年大部分時間都尚能維持平靜，但是保加利亞於十月加入同盟國陣營，接著保軍、德軍和奧軍聯手，對塞爾維亞發動攻擊。在面對數目占壓倒性優勢的敵軍之下，塞軍被迫撤退。英國和法國火速將部隊送往薩洛尼卡支援塞軍，但是為時已晚矣。在塞軍穿過山區撤退的可怕路途中，有許多士兵死於凍餓，最後塞軍殘部終於抵達阿爾巴尼亞，由海路撤往柯福。奧軍接著將矛頭指向蒙特內哥羅和阿爾巴尼亞，在一九一六年初占領了這兩地。

因此在一九一六年開始之時，同盟國在東線上正氣勢如虹。達達尼爾海峽已經牢牢地回到土耳其手中。巴爾幹半島也已大部分被占

一名義大利將軍正在越過阿爾卑斯山區的繩橋。義軍和奧軍都必須運用巧思來維持山間的陣地，他們設置纜車，使用絞盤將火砲和補給運到最高的據點。

一輛德軍參謀車正駛經波蘭境內維斯杜拉河上的一座浮橋，時間是一九一五年的夏季攻勢。

領，英法聯軍雖然自西線分兵至薩洛尼卡，但他們除了防止保加利亞南侵之外，一點作用也沒有。德國後來將薩洛尼卡稱爲最大的戰爭集中營，並不是沒有原因的。義大利部隊對奧軍防線發動的攻擊結果也是徒勞無功，俄國在一九一五年間失去了大片土地，傷亡超過兩百萬人。

　　爲了改善協約國在一九一六年的處境，聯軍將在所有前線上發動攻擊，包括西線上的法軍和英軍，還有義軍與俄軍。在此同時，德軍在滿足於一九一五年東線的勝利之下，決定再度將力量集中在西線上。

　　然而在一九一六年一月，俄軍發動了一次聯軍那年計畫之外的攻勢。目標是土屬亞美尼亞，結果這次攻勢得到輝煌的勝利。俄軍不但攻占了重要的堡壘艾爾茲朗，在俄國黑海艦隊的協助下，楚畢尙港也告陷落。土軍在發動反攻時遭受到更進一步的損失，有所表現的只有

一位俄國敎士正在祝福戰壕中的部隊。宗敎對於堅定俄軍士兵軍心有著莫大的作用。部隊也將沙皇視爲神，稱他爲「小上帝」。

曾參與達達尼爾戰役的部隊而已。到秋天來臨時，已經受夠的土軍終於改採守勢。

參與聯軍一九一六年全方位進攻策略的俄軍部隊，是由亞歷西·布魯希洛夫將軍所指揮。他認識到同盟國所擁有的一大優勢，是他們四通八達的鐵路系統，這使得他們能夠迅速將預備兵力運到任何受威脅之處。因此布魯希洛夫決定發動廣正面的攻擊，讓敵軍無法抽出預備部隊。他的攻擊對象也選擇奧軍而非德軍。布魯希洛夫所做的仔細準備工作——包括將坑道挖到離奧軍陣地不到七十五碼之處，以及構築巨型掩體保護預備隊不受砲火所傷——正是他的註冊商標。

布魯希洛夫於六月四日發動攻擊，馬上就在奧軍防線上打開一個大洞，開始朝向南邊的喀爾巴阡山脈和北邊的巴格河挺進。奧軍這時似乎已到達崩潰邊緣，德軍雖然正在西線上的凡爾登和索穆河忙得不可開交，還是不得不盡力抽出預備兵力，阻止戰局繼續惡化。

在布魯希洛夫的勝利鼓舞下，羅馬尼亞於八月底對同盟國宣戰——這是個致命的決定。因為此時俄軍攻勢已經由於缺乏預備隊和補給而緩慢了下來。德軍自俄軍突出部北邊發動的攻擊雖然未能有所進展，但卻使得布魯希洛夫決定他的地位過於危險，因而撤回他原先的發起線。德國、奧匈帝國和保加利亞接著將目標轉向孤立無援的羅馬尼亞，到了年底時，羅馬尼亞保有的只剩下北方的摩達維亞省而已。完全是憑著俄國的支持，羅馬尼亞才沒有退出戰爭。

布魯希洛夫的攻勢顯示出只要有適當的組織，俄軍也能夠奮勇作戰，但其最後的失敗卻帶來了嚴重後果。因為時至一九一六年底，俄國已經無法忍受戰爭所帶來的負擔。戰爭不但使得俄國失去大量的土地和人力，也造成社會組織的解體。經濟崩潰、生產停滯不前——只除了那些與戰爭相關的行業——運輸系統也形同麻痺。農業由於人力與牲口多為戰爭徵用，因而蒙受重大損失，另外通貨膨漲也一路飆漲。饑荒的威脅開始出現。

所有這些的結果，就是罷工事件不斷增加，以及對作戰指導方式的日漸不信任。布爾什維克黨和其他革命團體利用地下報紙和傳單，對著這些不滿拚命煽風點火。俄國海軍則提供了一片沃土；許多個月停在港內毫無作為，使得厭倦和不滿逐漸蔓延開來。事實上一九一六年秋天，波羅的海和黑海艦隊就已經發生了兵變。

沙皇和他的親信變得日漸孤立。他自身的遲疑不決和軟弱的意志，更使得那些親信漸感憤怒。尤其是一位西伯利亞農夫竟然對皇后有著莫大的影響力。葛雷可里‧拉斯普丁自稱是個靈媒，他宣稱能夠治療使他們的兒子命在旦夕的血友病。皇后對他的能力萬分信服，使他竟然能夠干涉高級政府官員的任命。更糟的是，沙皇和他的官員對革命威脅的反應，是採取更強力的鎮壓。在無計可施之下，部分相信消除對皇室威脅的唯一方法，就是結束戰爭的官員，甚至已經祕密和德方展開談判。其他官員則在一九一六年十二月二十日夜晚，於彼得格勒——聖彼得堡自一九一四年以來的名字——謀害了拉斯普丁，他們將他誘至一場晚宴上，對他下毒，然後射殺他，將他的屍體拋進結冰的尼瓦河中。

沙皇應該接受這些暗示改變他的政策，但是他並沒有這麼做。他依然不顧所有要求改革，要求一個更同情人民苦境的新政府的呼聲。

罷工工人的人數已經快速增加，局勢日漸緊張。三月初，俄國國會杜馬在示威者的喧囂聲中集會。此時人在前線司令部的沙皇下令以武力平定混亂，並且解散國會。兩者都沒有能夠成功恢復秩序，而彼得格勒軍營的士兵更加入了示威者中。

杜馬組成了一個臨時委員會試圖恢復秩序。在此同時，一個新的組織「彼得格勒工人及軍人代表蘇維埃」也告成立，其目的是要以「普遍、平等、祕密和直接投票」的原則選出新的國會。沙皇試圖乘火車趕回彼得格勒，但是受到革命分子的阻撓而未能成行。在完全孤立無援之下，沙皇接受了他的唯一選擇——退位。他在一九一七年三月十五日宣布退位，將皇位交給他的弟弟麥可大公，但是後者沒有接受。五天後尼古拉和他的一家人全部被捕，俄國的帝王統治至此終告結束。

此時一個臨時委員會宣告成立。所有政治派別都參與了這個委員會，但是彼得格勒蘇維埃仍然獨立在委員會之外，這種情形造成日益嚴重的問題。不安的局勢繼續持續下去，但是政府仍不願訴諸武力，寧可採取說服的方式來安定局勢。

在此同時，臨時委員會向西方協約國成員表示，俄國將會繼續參戰。然而在另一方面，彼得格勒蘇維埃卻要求所有交戰國放棄侵略目標，儘早進行謀和。這些要求結束戰爭的呼聲經由部隊中的煽動者鼓吹，逐漸開始滲透到俄軍之中。

德國方面對俄國的動亂十分清楚，而且他們正迫不及待要利用這個良機。布爾什維克黨的主要領袖伏拉迪米爾・伊萊奇・烏拉諾夫——即是眾所周知的列寧——自從一九〇五年革命以後就流亡海外，此時正居留於瑞士。列寧的口號是「一切權力歸於蘇維埃」，亦即應由蘇維埃取代臨時政府。由於這樣將會使俄國謀和，因此德國在一九一七年四月安排列寧祕密乘火車經瑞典和芬蘭返回俄國，藉以整合革命力量，並且讓蘇維埃掌權。

但是這時一股新竄起的力量已經主導了俄國臨時政府，這就是軍政部長亞歷山大・克倫斯基。他相信軍事勝利是克服國內動亂的最好方法。因此他開始著手進行確保軍方支持的工作，他將政委派往多處司令部，擔任與士兵委員會之間的聯絡，這些委員會成立的目的是保護士兵的利益和他們的指揮官。他還任命主導一九一六年夏季攻勢的布

魯希洛夫擔任總司令。這兩個人隨即開始計畫使用軍心較為穩定的部隊，發動另一次大規模攻勢。

他們的計畫是再一次進攻加里西亞，俄軍將分別自德尼斯特河南北兩側發動攻擊。但是在儲備比過去任何俄軍攻勢都多的大砲和砲彈的這段時間中，其他準備工作卻是敷衍了事，例如對構築發起攻擊的陣地就毫無進展。奧軍和德軍已經曉得這次攻勢即將展開。事實上，這已經成為彼得格勒茶餘飯後的話題。

這次攻勢在經過兩天的砲轟之後，於七月一日開始，但砲轟並未對經過完善準備的工事造成多少破壞。在德軍防區中，第一線僅僅部署了薄弱的兵力，因此俄軍一開始還能有所進展，但是一當俄軍來到第二線之前，他們馬上蒙受到慘重損失。在德尼斯特河以南，奧軍防線就沒有那麼堅強，因此俄軍成功在兩個軍團之間打開了一個缺口。但是俄軍又再度遇到一九一六年時曾經歷過的困難。他們缺乏必須的預備隊維持他們攻擊的衝力。反觀他們的敵人卻能夠迅速將預備隊部署在受到威脅的地方。

到了七月十六日，俄軍在全線上各處都已經停滯不前。三天之後他們就面臨了敵軍的反攻。克倫斯基的部署立時崩潰。他的部隊驚慌奔逃，許多人開了小差。這些部隊一直退到奧匈帝國邊界才恢復過來。特別的「死亡營」將逃兵逮捕起來，就地槍決或者吊死他們。憑著此舉和其他嚴厲的手段，才阻止了同盟國部隊的推進。

回顧彼得格勒，列寧在七月試圖發動政變，但克倫斯基在急忙從前線趕來的忠誠部隊協助下，撲滅了這次動亂。列寧被迫躲藏起來逃到芬蘭，克倫斯基則成為臨時政府的領導人。為了對付正在全國各地蔓延開來的無政府狀態，克倫斯基求助於他新任命，取代布魯希洛夫的總司令拉夫倫西亞·柯尼洛夫將軍。柯尼洛夫表示只有克倫斯基準備採取嚴厲手段，對付民間和軍中的不安，他才會提供他的支持。這與臨時政府追求民主的保證互相牴觸。就在內閣正在考慮的同時，克倫斯基得到錯誤消息說柯尼洛夫要求解散政府，並且由他一人掌握所有權力。克倫斯基因而於一九一七年九月逮捕柯尼洛夫，結果他就這樣失去了軍官團的支持。在此同時，德軍發動了戰爭中的最後一次攻勢，使用西線即將在一九一八年春季面臨的突擊隊戰術，一舉攻占了俄國在波羅的海的第二大港里加。許多拒絕作戰的俄軍士兵乾脆自行

列寧在一九一七年十月革命之前對羣眾發表演說。根據格瑞高里曆法，這次革命其實是在十一月七日發生的，但俄國當時仍在使用舊的朱里安曆法，因此那天相當於是十月二十五日。

散退，這足以顯示當時軍紀敗壞的程度。

列寧和其他布爾什維克黨員此時正按兵不動等待機會，他們已經認識到臨時政府的日漸孤立，正在造成權力眞空。但他們還要再過幾個星期才會準備好發動奪權行動。他們成功的關鍵，是要得到彼得格勒軍區三十五萬部隊的支持——不然至少也要讓他們無法干預。這項任務交給里昂·托洛斯基，他發現臨時政府即將把這些部隊派往前線，不過部隊中想去的卻沒有幾個人。這項任務因而變得簡單得多，結果未被說服的只有兩個團。至於革命分子本身的武裝力量，主要則依賴波羅的海艦隊六萬名不滿的水手。

列寧於十月三十日祕密自芬蘭返國。新成立的革命軍事委員會則將政委派往每個團與每艘軍艦。直到革命爆發前夕，臨時政府才猛然驚醒。十一月六日清晨，彼得格勒軍區下令可靠的部隊——包括一個婦女營和軍校學生單位——開赴彼得格勒。錨泊在流經城內的尼瓦河中的巡洋艦奧羅拉號則奉命駛回克隆斯達特基地，以防艦上的大砲爲革命分子所用。

彼得格勒是建立在幾座島嶼上，雙方都將連接各島的橋樑視爲關鍵，一場奪橋競賽於焉爆發。六日晚上，大部分橋樑都已落入革命分子手中。他們也掌握了通訊電報，並且占領主要的火車站，一切就等待即將在次日發動的起義。

十一月七日一早，克倫斯基四處打電話，試圖自城外的兵營調動

錨泊於彼得格勒的尼瓦河中的巡洋艦奧羅拉號。艦上的六吋砲在革命中扮演了關鍵角色。日後她被當成軍校學生訓練艦。在一九四一年遭到德軍轟炸機炸傷之後，奧羅拉號被鑿沉，但是在一九四四年又被打撈起來，並且於四年後保存下來，作爲一九一七年革命的紀念。

更多部隊進城，尤其是衆所周知反布爾什維克的哥薩克部隊。然而，他們的士氣和其他單位一樣低落，他們的反應也非常緩慢。在此同時，革命分子占據了更多城內要點。到了上午，無計可施的克倫斯基決定乘車前往北邊幾個軍團的司令部，調動更多忠誠部隊來鎮壓革命。他就此離開，把正在開會的臨時政府丟在多宮，再也沒有回來過。

多宮現在成爲注意力的焦點，防守此地的是由哥薩克人，軍校學生和女兵拼湊而成的部隊。政府拒絕了投降的要求。那天晚上，還未啓航的巡洋艦奧羅拉號開始砲轟多宮。守軍中有許多人都開了小差。到了晚上十一點，剩下的只有一小批部隊，革命分子於是攻破大門衝入皇宮。在逐間搜索之後，他們終於找到了臨時政府的部長們，予以全數逮捕。革命已告勝利。

數天之後，莫斯科也同樣被拿下，但是革命分子在大部分其他地方都未能成功。因此要將俄國置於他們的控制之下，還要再經過更漫長的戰鬥。

在此同時，俄國仍然在和同盟國交戰。俄國首先對德國停火，接

著東線全面休戰在十二月中生效。這使得德國能夠開始將部隊調往西線，藉以在法境美軍變得過於強大之前，對協約國大舉進攻。

事實上，俄國的盟國之一已經感受到東線停戰所帶來的效應。奧軍和德軍部隊於一九一七年十月二十四日自山區出發，對義大利東北部的義軍發動攻擊。後者在進行過許多次徒勞無功、折損慘重的進攻之後，部隊的士氣已經出現危機，結果他們很快就節節敗退。幾天之後轉進逐漸變成撤退，然後變成一場潰退。義軍一路退到威尼斯以北不過十五哩的皮亞夫河，才把情況穩定下來。爲了回應義大利急迫的要求，英軍和法軍被迫從法國派出十一個師，藉以加強他們的防線。

至於在俄國和同盟國的和約方面，布爾什維克黨希望和約能基於不割讓土地的原則，但德方和奧方堅持這不適用於波蘭、波羅的海諸國（愛沙尼亞、拉脫維亞、立陶宛）和芬蘭。此外，參與磋商的還有一支決心尋求獨立的烏克蘭代表團。同盟國於一九一八年二月初單獨與烏克蘭簽訂和約，這項和約使得同盟國能夠得到烏克蘭的穀物。布爾什維克黨並不喜歡這件事，也不希望失去芬蘭和波羅的海諸國，因此他們試圖拖延時間。同盟國很快就耗盡了耐心。他們宣布廢除休戰，並且開始朝烏克蘭進軍。正全力重新部署部隊鞏固革命的布爾什維克黨被迫只有屈服，於三月三日簽訂布瑞斯特—里托夫斯克條約。條約中的條款比原先擬定的還要嚴苛，俄國另外還要將高加索南部割讓給土耳其。更有甚者，德軍和奧軍繼續進兵占領了烏克蘭全境。俄國的東方盟友羅馬尼亞現在也已孤立無援，很快就被迫投降。布爾什維克簽下的和平是屈辱的和平，但在他們心中，最重要的事莫過於將全俄羅斯置於他們的控制之下，尤其是他們這時能有效掌握的還只有彼得格勒通往莫斯科的狹窄走廊而已。事實上，一場漫長而血腥的內戰此時早已開始。

協約國的西方成員做了不少努力支持克倫斯基政府，給予他金錢上的資助，並且經由俄國北方港口阿堪折和莫曼斯克運來彈藥，藉以確保俄國繼續參戰。在十月革命和休戰之後，他們還是相信能夠有某種方法，讓德軍部隊無法自東線上抽身。因此他們決定對反布爾什維克力量提供支持。自一九一八年初開始，英國和法國海軍在俄國北極海港口出現次數日漸頻繁，日本、美國和英國軍艦也被派往遠東的海參崴港。協約國對俄國內戰的干涉就此開始，而這也將爲這場內戰的苦難再添上一筆。

第 四 章

艦隊與U艇

海戰　1914—1918

　　海權一直是將國力投射至海外，以及保護貿易的工具。在戰時，敵對國家海軍會為了得到在海洋中行動的自由，以及切斷敵人的海上交通，展開激烈戰鬥。傳統上，最好的方法就是在交戰中摧毀敵軍艦隊。雙方海軍在一九一四年就是懷著這些想法參加戰爭的。

　　他們主要的工具是戰艦，在一九一四年之前的十年中，戰艦經歷了一次重大改變，就是引進「全大砲」的無畏艦（見第一章）。

　　原本的英國皇家海軍無畏號配備有十門十二吋砲，但是到一九一五年，伊莉沙白女王號的八門十五吋砲已經徹底凌駕於無畏號之上。這些大砲擁有超過八哩的射程，不過在實戰中會受限於目視儀器的射程。伊莉沙白女王號還有另一項特點，這艘戰艦是第一艘使用燃油而

一艘德國的拿索級戰艦正航經基爾運河。這級戰艦是德國第一種無畏艦，共有四艘這級戰艦在一九〇八年下水。它們配備有十二門二十八公分（十一‧一吋）砲，十二門十五公分（五‧九吋）砲，以及十六門八‧八公分（三‧四五吋）砲，另外還有魚雷發射管。全部四艘都存活到戰爭結束，於一九二〇年代初期解體。

非煤的軍艦，這使得她的航程大爲增加。

　　負責支援戰艦的巡洋艦有兩種角色。它們是艦隊的斥堠，但也必須保護戰艦對抗驅逐艦——艦隊的第三種成員——的魚雷攻擊。比起舊式戰艦來，無畏艦除了火力更強之外，也擁有更高的速度，而比起現有的巡洋艦來，無畏艦在速度和火力上也占有同樣的優勢。英國因而於一九〇八年安放了無敵號的龍骨，這是一艘巡洋戰艦，能夠以高速航行，而火力只略遜於無畏艦。這種軍艦爲求達到高速而犧牲了部分裝甲保護，不過德國所建造的版本——亦被稱爲裝甲巡洋艦——並非如此。這是一項日後會令英國後悔的犧牲。但是建造巡洋戰艦是件很昂貴的事，而對海軍分布在每片海洋上的英國而言，確實有需要建造一種能夠掌控偏遠海域的船艦。因此英國在建造巡洋戰艦的同時發展出了輕巡洋艦。其他國家的海軍也再次跟隨了這股潮流。

　　魚雷是在十九世紀後半發展出來的。到了一八八〇年代，能夠以高速航行，發射這種新式海軍武器的小型魚雷艇已經開始服役。爲了保護主力艦對抗這種威脅，各國海軍引進了魚雷艇型驅逐艦。這型船艦於是成爲艦隊的第三種成員，而且很快也擔負起了其他任務，包括偵察以及發射魚雷。戰艦和巡洋艦也配備有魚雷發射管。另一種發射魚雷的方式則是使用潛艇，不過這還是以後的事。

照片中是義大利的MAS，這是一種典型的魚雷快艇。艇上配備有兩具魚雷發射管。這些魚雷快艇在亞德里亞海對奧國航運得到了相當的成果，在一九一七年十二月九日夜晚，一艘快艇成功溜進的里亞斯提港，擊沉了戰艦威恩號。

在火砲和魚雷之外，船艦的另一個威脅是水雷。現代水雷第一次被使用，是俄軍於一八五五年克里米亞戰爭時布放在波羅的海，在日俄戰爭之中，雙方都曾廣泛使用這種武器。一九一四年時標準型式的水雷上有觸角，如果被船隻撞上，就會引爆內部的炸藥。水雷可以由潛艇或者水面船隻布放，不過戰爭期間發展出了專門的布雷艦，用以布放大片雷區。而為了清除水雷，掃雷艦也同樣發展出來。掃雷艦最初是成對作業，中間有一條相連的纜繩，藉以切斷水雷與固定處間的繫繩。一旦完成之後，水雷將由步槍引爆。

當戰爭於一九一四年爆發時，雙方艦隊都部署在戰時基地。仍然舉世無雙的皇家海軍擁有兩支主要艦隊，分別是以奧克尼羣島的斯卡巴佛洛為基地的大艦隊，以及以馬爾他為基地的地中海艦隊。皇家海軍在西印度羣島和南大西洋也派有戰隊，另外還可以得到規模甚小的紐西蘭和澳大利亞海軍支援。法方則同意英方的要求，以土倫為基地，將兵力集結在地中海。此舉使得英方能夠增援本土水域的大艦隊，對抗以基爾和威廉港為基地的德國公海艦隊。在地中海方面，奧匈帝國海軍的基地位於亞德里亞海尖端，但他們的船艦必須通過狹窄的奧特蘭多海峽，這使得它們十分容易遭到封鎖。黑海的情形也一樣，此地唯一的出口是通過達達尼爾海峽，以塞凡堡和奧德薩為基地的俄軍船艦一旦出海，就必須面對來自君士坦丁堡和楚畢尚的土耳其軍艦。俄國在波羅的海也另有一支艦隊，但其活動卻受到德方活動的嚴重限制。

德國在遠東也派有一支戰隊，任務是掩護他們在太平洋所占有的島嶼，以及位在中國的殖民地青島。不過這支艦隊也必須面對實力堅強，大部分船艦都是在英國建造的日本海軍。

英國的計畫是藉著防堵多佛海峽，還有以大艦隊在奧克尼羣島和挪威海岸之間巡邏，將德國公海艦隊的活動限制在北海之內。他們希望德方會立即出港作戰，但結果並未如願。德方並不打算冒險將他們數量占劣勢的艦隊賭在一戰之上。相反的，他們希望能夠以各個擊破的方式摧毀大艦隊。他們也決定在英國沿海布雷，藉以限制英國的航運，這就是引起第一次海上交火的原因。八月四日那天，兩艘英國驅逐艦攔截到正要前往泰晤士河河口布雷的德國輔助布雷艦路易斯國王號，並且將之擊沉。

除了藉布雷限制英國的航運之外，德國也使用U艇（*Unterseeboot*——潛艇）偵察大艦隊的位置，英國則將他們的潛艇派進波羅的海。

這段時間在北海還發生過一些小規模交手，最後終於導致英軍在八月底以驅逐艦和輕巡洋艦襲擊海姑蘭。德軍在這一戰中損失了三艘輕巡洋艦和一艘驅逐艦。

德國在戰爭爆發時有部分軍艦正在海上。其中兩艘是巡洋戰艦哥本號和輕巡洋艦布瑞斯勞號。它們原本任務是對阿爾及耳進行岸轟，藉以阻擾法國將殖民地部隊運往本土。接著它們奉命航向土耳其，但是指揮官威廉‧蘇孔將軍還是在八月四日一早砲轟了阿爾及耳，然後出發去闖越英艦和法艦的包圍。他的船艦能夠平安抵達目標，反映了英軍和法軍之間的協調不良，以及海軍指揮官之間的遲疑不決。這兩艘軍艦於八月十日駛進君士坦丁堡，然後編入土耳其海軍服役。它們自此開始執行砲轟俄國海岸，以及攻擊黑海航運的任務。它們對當地構成了嚴重的威脅，直到它們於一九一八年在駛進愛琴海發動攻擊時雙雙觸雷為止。

另一支駐在海外，更強大的德軍艦隊，是由格拉夫‧馮‧斯比中將指揮的遠東戰隊。這支艦隊之一的輕巡洋艦恩登號在戰爭初起的那幾個月，於印度洋中造成了一場災難，恩登號在遭到澳洲輕巡洋艦擊沉於可可羣島之前，一共擊沉了一艘俄國巡洋艦，一艘法國驅逐艦和十六艘商船。

東亞戰隊的其他船艦則奉令對協約國在太平洋的航運進行破壞。在自德屬卡洛林羣島出發之後，斯比率領兩艘巡洋戰艦和一艘輕巡洋艦航向南美洲，沿途在貿易航線上造成一場大混亂。一支以福克蘭羣島為基地的英軍戰隊奉命對又有兩艘輕巡洋艦加入的斯比展開追捕。兩支艦隊於一九一四年十一月一日在智利的科羅內爾外海交鋒。大部分船艦都已過時的英軍折損慘重，四艘之中有兩艘被擊沉。兩艘現代化的巡洋戰艦火速從英國趕來，結果在十二月八日於福克蘭羣島外海報了一箭之仇。五艘德艦之中有四艘沉沒，唯一的生還者輕巡洋艦德勒斯登號也在一九一五年三月遭發現擊沉。這場戰役象徵著德國海軍除了U艇之外，本土水域以外的所有活動就此告一段落。（譯註：作者在本章中似乎並未分清裝甲巡洋艦與巡洋戰艦的不同，斯比艦隊中的香霍斯特號與格內森腦號都被歸類為裝甲巡洋艦，約與後來的重巡洋艦相當，完全不能和與戰艦配備相同火砲的巡洋戰艦相提並論。）

回顧北海，德軍採取了一種新的戰術來扭上英國獅子的尾巴一把，這就是對英國東海岸的度假勝地發動砲轟。然而在一九一五年一月，多格淺灘岸外的北海爆發了一場嚴重衝突。在經由攔截到的德軍

擔任海軍大臣時的溫斯頓‧邱吉爾。他在達達尼爾戰役之後被迫辭職，在一九一六年的部分時間之中，他以士兵的身分在戰壕中作戰。

無線電通訊曉得他們的巡洋戰艦正要出擊之後，比提將軍率領第一戰隊的五艘巡洋戰艦出海，迎戰四艘德艦。比提的旗艦獅號在交火中被擊中數次，嚴重受損，但是德艦塞德利茲號也有兩座砲塔遭到摧毀。更糟的是，布盧舍號因受傷而速度減慢，隨後又遭四艘英艦集中射擊。這艘巡洋戰艦最後帶著將近八百名官兵沉進大海。至於其他德艦則同時宣告撤退。布盧舍號的損失使得德軍轉而投入潛艇作戰，而英軍也將注意力轉往他處。

將一支遠征軍派往達達尼爾海峽的計畫，是由皇家海軍所提出的，而最熱心支持的人莫過於海軍大臣溫斯頓‧邱吉爾。他原先的計畫是強行通過海峽，摧毀哥本號和布瑞斯勞號。當俄國向西方協約國成員提出消除土耳其對高加索威脅的要求時，達達尼爾海峽便成了一個適於採取行動的地方。當兵力仍在集結之時，英國和法國軍艦於一九一五年二月中，開始進行摧毀保護海峽的土耳其堡壘的工作。然而惡劣天候和水雷大大妨礙了這次行動，後者炸沉了三艘戰艦，並且造成多艘其他船隻嚴重受損。被派去執行掃雷工作的拖網漁船也遭到來自堡壘的砲火擊傷。雖然堡壘最後遭到摧毀，但水雷所造成的威脅仍讓聯軍不願以主力船艦冒險，因此聯軍只好在海峽地中海的一端進行登陸。只有潛艇仍然繼續在突入黑海，土軍最後在克服重重困難後，終於架起了橫越海峽的防潛網。

在地中海的其他地方，義大利於一九一五年五月參戰，使得奧匈帝國艦隊大部分都被封鎖在亞德里亞海北邊的保拉港中，但是即使如此，單獨行動的奧艦偶爾仍然能夠突破出海，發動短暫攻擊。協約國於一九一六年初建造了一道橫越奧特蘭多海峽的堤防，這道堤防是由一百二十艘浮舟，以及三十艘配備深水炸彈的摩托快艇所組成，並由驅逐艦支援。這與英國用來防止德國軍艦穿越多佛海峽的系統完全一樣。即使如此，U艇和奧國軍艦還是能夠順利穿過海峽，直到一九一八年為止。

一九一六年一月，一位新的指揮官萊因哈德‧馮‧席爾將軍接掌了德國公海艦隊。他隨即重新開始對英國東岸發動突擊，接著在德國於五月初因為害怕激怒美國，取消無限制潛艇作戰之後，他設計出一個捕捉並將英國大艦隊各個擊破的計畫。惡劣天候使得原本的計畫必須重新修訂，最後的計畫是以巡洋戰艦在挪威外海現身，引誘比提將軍的巡洋戰艦自位於蘇格蘭的羅西斯基地出海。在約翰‧傑利科爵士所指揮的大艦隊主力能自斯卡巴佛洛趕到前，德國的無畏艦將會摧毀

它們。選定的日期則是五月三十一日。

　　傑利科已自截收到的無線電通訊之中感到德軍將有所行動，於是他決定搶先他們出海，並命令比提在五月三十一日下午於分隔挪威與丹麥日德蘭半島的史卡格拉克海峽入口處外海與他會合。擔任監視的U艇竟然沒有發現整支大艦隊都已出海。德國艦隊則在三十一日早上發航，以希柏將軍的巡洋戰艦在主力之前五十哩處領軍。

　　比提首先到達會合處，接著與希柏爆發了戰鬥。很快德軍就顯現出他們在砲術上的優越，這主要得歸因於他們的實體鏡測距儀。比提的六艘巡洋戰艦中有四艘嚴重受損，其中一艘在一枚砲彈擊穿彈藥庫之後爆炸沉沒。支援比提的戰艦在此時抵達，開始對希柏展開痛擊，但德艦仍然繼續奮力還擊，並且再擊沉了一艘巡洋戰艦。雙方都派出驅逐艦發動魚雷攻擊，但是都沒有成功。

奧國戰艦聖史帝芬號在遭到兩枚義大利MAS快艇發射的魚雷擊中後，即將翻覆沉沒，時間是一九一八年六月十日。這艘戰艦的沉沒過程由影片記錄了下來，不過聖史帝芬號翻覆時留下的影片，時常被錯誤當成是一九一五年一月沉沒的德國巡洋艦布盧舍號。

在海上航行的英國大艦隊。

德軍主力在此時出現，比提隨即朝向北方的傑利科撤退，但由於信號被誤認，使得比提一開始沒有能對他發出警告。席爾在不知傑利科正在接近之下，率領他的十六艘戰艦——英方則有二十四艘——對比提窮追不捨。此時是下午六點三十分，已經曉得席爾出現的傑利科改變了航向，試圖截斷他的歸路。雙方艦隊主力開始互相轟擊，雖然德方的砲術居於上風，但英方的砲火很快就開始發揮威力。在認清傑利科造成的威脅之下，席爾作了一百八十度的轉彎，朝本土航行。接著他又再度轉向東邊，這麼做或許是爲了在航向平行的英艦之後溜過史卡格拉克海峽。然而席爾錯估了大艦隊的速度，結果他發現自己正直朝敵軍駛去。英艦於是再度展開射擊，在無計可施之下，席爾再次派出他的驅逐艦進攻。這次進攻雖然沒有命中任何目標，但這些驅逐艦卻使得傑利科掉頭，讓席爾得以第二次轉向一百八十度，溜進漸深的暮色之中。傑利科尾隨著他，在遠距離外進行砲擊，英軍以損失一艘輕巡洋艦的代價擊沉了兩艘輕巡洋艦，但是在暮色中，標定彈著變得逐漸困難。最後英軍驅逐艦終於出擊。它們擊沉了舊式戰艦波門恩號，另外一艘德艦則被英軍布放的雷區所炸沉，但是除開這些，席爾終告成功逃脫。

英艦的損失比起德艦要慘重得多。除了優越的測距技術之外，德方的砲彈也更爲致命，能夠在爆炸之前穿透裝甲板。他們的軍艦擁有設計更好的裝甲和水密隔艙，因此生存性更勝英艦一籌。這代表德艦上生活起居的情況要更爲簡樸，但當時德國船員不出海時可以住在兵營裏。

席爾在日德蘭海戰造成的損害修復完成之後，於一九一六年八月再度駛入北海，但差點又掉進大艦隊同樣的陷阱裏，不過雙方這次都一彈未發。自此之後，大海艦隊就一直停留在港口中，因此傑利科雖然在日德蘭海戰中遭到戰術上的失敗，但他最後仍然藉著讓德國公海艦隊不敢再次出海，達成了戰略上的勝利。

德國則再一次投注在U艇之上，這種武器已經展現出能夠影響戰局的潛能。

在一九一四年時，水下軍艦的概念存在已經超過了三個世紀。早在一七七八年，一名美國人大衛·布希奈爾就建造出過一艘可以下潛的小艇龜號，並且曾以此試圖摧毀一艘英國軍艦。第一艘真正的現代化潛艇是由另一位美國人約翰·何蘭所設計的，他的何蘭八號於一九○三年編入美國海軍服役，這艘潛艇有七名船員，配備一具艇首魚雷發射管。在接下來幾年之內，世界主要國家的海軍都跟著建造了自己的潛艇，到一九一四年時，潛艇已經成為十分有效的武器。

各國海軍認為潛艇的角色是擊沉敵方軍艦、偵察以及布雷。從戰爭爆發開始，潛艇就在執行這三種任務，而潛艇的潛能在一九一四年九月二十二日得到了令人印象深刻的展示，那天一艘單槍匹馬的U艇在一個鐘頭之內，於荷蘭海岸外擊沉了三艘英國戰艦（譯註：應為裝甲巡

正在裝載魚雷的皇家海軍潛艇B5。這艘潛艇僅攜有四枚魚雷，艇上有十五名船員，續航距離一千海浬。

洋艦），造成一千四百名官兵罹難。然而沒有多久，潛艇就證明對貿易比對軍艦構成更大的威脅。此舉的背景就是商業封鎖，讓進口貨物無法抵達敵方領土，藉以造成經濟崩潰，並且使其人民因飢餓而屈服。

執行此種封鎖的傳統方法是捕捉商船，將它們開往港口，在那裏將船上的貨物沒收。英國在一九一四年完全掌握著海權，不過幾個星期，英國就讓波羅的海以外的德國航運完全停止運作。德國因此必須仰賴中立國船隻，以及戰前的國際協定，協定中規定只有某些貨物才能被認定是違禁品，中立國船隻只有在前往敵國港口時，其貨物才能被沒收。英國對此的解決之道是強迫買下貨物，接著讓船隻返回母港，這種方法可以避免生命的損失，並且讓船主得到一些補償。

在另一方面，德國卻無從封鎖英國的貿易，但他們能做的是合法攻擊並擊沉協約國商船——只要船員的安全能夠得到保障。德國因此派出了部分軍艦和武裝商船，但大部分很快就遭到發現和摧毀。

這使得德國只剩下U艇可以使用，但這種方法也有其限制。U艇無法輕易護送一艘船隻進入港口，也沒有派出戰利品船員的人力。U艇也無從保證被俘船員的安全，因為船上沒有空間。它能做的只有下令船員搭上救生艇，然後以砲火將商船擊沉，以免浪費魚雷。這就是德國自一九一四年十月起開始採取的方法。

然而對U艇的指揮官而言，浮上水面時卻是件危險的舉動，而甚至到了一九一四年底，德國也只有二十八艘服役中的潛艇而已。德軍將領因而開始主張唯一反制英國封鎖的方法，就是使用U艇在沒有發出警告之下，自水面下對商船發動攻擊。德國政府——事實上德皇也是如此——並不贊成這種做法，但是在一九一五年一月水面艦隊於多格淺灘海戰中失利以後，他們終於收回了堅持。

德國於次月宣布將在英國和愛爾蘭周圍海域，執行無限制潛艇作戰政策。雖然德方將會小心避免擊沉中立國船隻，但是它們的安全無法得到保障，尤其U艇的指揮官都奉有指示，他們潛艇的安全才是最重要的考量。然而德國發出此一警告的目的，還是希望能夠嚇阻中立國船隻進入英國水域。

這場作戰並未造成多少立即的影響，因為U艇有限的數目，代表任何時間都只有二或三艘能夠用來對付航運。另外防潛網和水面巡邏的使用，也正開始讓U艇付出代價，僅僅在三月就有三艘遭到摧毀。然而在一九一五年五月，發生了一件將會對這項政策造成重大影響的事件。在一日那天，康拉德公司的客輪路斯坦尼亞號自紐約啟航，目的

一艘英國商船船員正停靠在剛擊沉他們的U艇旁邊。船長正在艦橋上,接受U艇指揮官——德國頭號潛艇王牌阿諾德·迪·拉·皮律瑞——的詢問。之後救生艇將會得到開往最近海岸的航向。

一艘U艇正以火砲和商船交戰。這是德軍比較喜歡採用的方法,因為這樣能夠節省魚雷。

地是利物浦。就在同一天，紐約報紙上刊出了一則啓事，警告所有掛著英國國旗的船隻都有被擊沉的危險。六天之後，這艘客輪在愛爾蘭外海遭到U-20發射的魚雷擊沉。在船上的兩千名乘客中，有一千兩百人罹難，其中一百二十八人是美國人。

美國和英國馬上就對這次暴行作出激烈反應——過去美國一直對英國對待中立國船隻的方式深感憤怒。不過路斯坦尼亞號確實載有炸藥和彈藥類的違禁品，雖然當時她並未配備武裝，而且在開戰的第一個星期就已交還船主使用，但這艘船上仍然裝有砲座，而且被正式列爲一艘輔助巡洋艦。不過美國雖然爆發了一股反德浪潮，這次事件卻更加深了戰爭是不文明的行爲的想法，引用威爾遜總統的話來說，美國是「自豪得不願參戰」。

在一九一五年剩下的日子裏，這場潛艇作戰就這樣繼續進行，但由於任何時候都只有少數U艇能夠出海，因此這場作戰也就逐漸沉寂。雖然德國海軍一共擊沉了約一百三十萬噸商船——其中百分之六十五屬於英國——但這對商業活動並未造成多少影響。然而在一九一六年三月二十四日，一艘英倫海峽渡輪索賽克斯號遭到魚雷擊沉，有更多美國人罹難。這次事件引起美國政府採取更強烈的反應。如果德方再不停止這種形式的作戰，美國將別無選擇，只有斷絕外交關係。出於將會導致美國參戰的恐懼，德國停止了無限制潛艇作戰，而商船的損失也因此大幅減少。不過德軍另外把目標轉向了地中海，那裏只有少數美國船隻航行。

在無限制潛艇作戰第一回合中使用的U艇，只攜有不過八枚魚雷而已，因此這些魚雷必須謹慎使用。超過百分之八十的船隻都是由砲火擊沉的，在這種情況下，船員通常都會得到登上救生艇的時間。英國利用這點，在一九一五年發展出一種新式反潛武器——Q船。這種船在外表上看來完全沒有危險，其任務是故意駛進U艇危險區中。當U艇浮上水面時，Q船船員將會假裝發生恐慌，而且經常會開始登上救生艇，但就在此同時，船上的火砲將會突然拉開偽裝，對U艇發射出一陣迅速的砲火。Q船曾得到過不少次成功，但是到了一九一七年，U艇的指揮官已經曉得要小心提防它們的存在。

隨著讓公海艦隊繼續停在港內的決定正式作成，德國政府和總司令部在一九一六年八月開始重新檢討無限制潛艇作戰的問題。英國進行的封鎖已經讓德國日漸喘不過氣來，讓法國在凡爾登血流成河的企圖顯然也已告失敗，這些再加上索穆河會戰，正使得德國的軍力逐漸

Q船上的火砲掀開偽裝。雖然有許多商船被改裝成潛艇誘餌,但它們其實只擊沉了十二艘U艇。

衰弱下去。另一方面,U艇的建造速率出現了快速成長,而這也反映在一九一六年下半年的沉沒船隻數目上。德國海軍參謀人員主張,若是能夠有足夠的U艇,他們將可以對英國經濟造成嚴重破壞,迫使英國走上求和一途。然而有一項最重要的因素,使得德國一直拖延做出決定。在一九一六年一整年中,威爾遜總統不斷對雙方派出試探者,希望能夠居間促成和平協議。總統大選將在一九一六年十一月舉行,其結果和新任總統對德國和平條件的態度將有著重大影響。最後這次大選由威爾遜連任總統,但他一直到十二月底才表明他不接受德國的和平提議。德國因此於一九一七年一月決定全面進行無限制潛艇作戰,即使對中立國船隻也一視同仁。

　　當這場新戰役於一九一七年二月一日開始時,德國一共擁有一百一十艘服役中的U艇。這些潛艇有兩種型式──一種是以德國的北海港口為基地的遠洋潛艇,另一種則是以比利時港口為基地的短程海防潛艇。但是除了已經失去威力的Q船,以及防潛網和水面船艦之外,英國此時又推出了幾種新武器。水中聽音器可以偵測到水面以下的U艇引擎聲──如果夠接近的話。能夠偵得U艇無線電通訊方位的無線電定向儀也已開始使用。深水炸彈是由水面船艦投下,在預設深度爆炸的水雷,不過其生產速度卻非常緩慢。傳統水雷則自戰爭一開始就

英國低舷砲艦艾拉巴斯號上的十五
吋砲塔。這艘砲艦將在第二次世界
大戰中作爲岸轟船參戰。

被用來對付潛艇，但英國的水雷設計不良，直到一九一七年，英國□
開始使用一種有效的H式水雷。另一種專門用來執行反潛任務，吃□
很淺的砲艇也已逐漸開始服役，不過這種船艦剛開始時是以Q船的□
式執行任務，而且也被歸類爲Q船。

　　英國也已開始使用空中武力。水上飛機和飛艇能夠以魚雷、炸□
和機槍攻擊潛艇。擁有高達一千五百哩航程，將近五十小時續航時□
的飛船則可以幫助找尋U艇，不過由於飛船太不穩定，因此並不適□
作爲攻擊平台。

　　然而儘管使用了所有這些武器和標定U艇的方法，U艇在一九□
七年二月及三月仍然擊沉了至少五百艘船隻，在東大西洋和北海，□
立國航運減少了百分之七十五。有幾位U艇指揮官擁有戲劇性的成□
紀錄，其中的頭號王牌阿諾德‧迪‧拉‧皮律瑞在戰爭結束時，一共
擊沉了一百九十五艘船隻。相較之下，英國對U艇得到的成功就要少□
多了。

　　德國成功的原因之一，是新建造的U艇比起舊型能攜帶多一倍□
魚雷。不過另一個原因是皇家海軍傳統的攻擊策略。英國派有巡邏□
蕩主要的航道，但U艇只需要躲在一旁，等到巡邏過去之後，就可□
對獵物下手。如果船隻繼續以這種速度被擊沉下去的話，顯然英國□
不了多久就會發生糧食危機，爲了避免這樣的情形發生，英國開始實

行嚴格的食物配給。這再加上西線血腥的僵局，使得一九一七年春天成爲法國和英國的灰暗時期。

然而在這兩個灰暗的月份中，協約國也得到了一些好消息。在這場戰役開始之後兩天，威爾遜總統根據他一年前提出的威脅，斷絕了與德國的外交關係。兩個月之後，他在一九一七年四月六日正式宣戰。現在美國海軍終於能夠加入撲滅U艇威脅的工作，但是他們擁有的船艦、飛機和飛船都還不足以擔負此一任務。反潛作戰的概念必需緊急予以重新思考。

克服U艇威脅的主要解決之道，是各國海軍已經沿用了幾個世紀的方法。在過去的戰爭之中，將商船集結起來編成船團航行，並以武裝船艦護航已證明非常成功，但皇家海軍基於三個理由而不願採取這種做法。船團需要很長的時間來集結與編組，它們只是防禦之道，還有船團會招致更多U艇的攻擊。美國海軍也表達出相同的懷疑。但是到了四月底，隨著損失日漸增加，他們終於被迫開始試行船團。這套系統需要時間來編組，但其結果卻令人震驚。在一九一七年七月到八月間，參加船團的八百艘船隻只損失了五艘。次月則有十艘U艇被擊沉，這是戰爭中U艇一個月中損失的數量首次超過建造的數量。此外，船團也大大減少了地中海的損失。

但這還不是全部。美軍和英軍正開始布下一片廣大的水雷區，名爲「北方雷堤」，這片雷區自奧克尼羣島一路延伸到挪威領海，使用更多新式的水雷，目的是讓U艇更難以進入大西洋中。這項雄心勃勃的計畫自一九一八年三月進行到十月，一共布下了超過七萬枚水雷。更精采的是一九一八年四月，英國試圖讓U艇無法使用比利時海岸季布魯格港的行動。這次行動要將一艘老舊的巡洋艦沉沒在進入港口的狹窄水道中，這是場精采萬分的作戰，不過U艇還是找出一條路繞開這艘巡洋艦。

雖然商船的損失會一直持續到戰爭結束爲止，但是U艇造成的威脅卻已得到控制。相較之下，協約國對德國的封鎖卻日益緊密。德國在一九一七年又遭逢歉收，而德國雖然在一九一八年春占領了烏克蘭，但爲時已晚，無法阻止食物和其他商品日漸短缺。這些使得德國和奧匈帝國內部對戰爭的厭倦與不滿，逐漸滋生起來。

第 五 章

空中王牌

空戰　1914—1918

　　人類一直渴望能夠像鳥類一樣飛行。然而當戰爭於一九一四年在歐洲爆發時，重於空氣的飛行機器只不過是在數年之前才成眞的。相較之下，輕於空氣的熱氣球已經飛行了超過一個世紀，而且在美西戰爭期間就已用來擔任軍事觀察用途，在一八七〇年巴黎圍城期間則用來擔任通訊工作。

　　然而就如我們現在所知的，飛機必須要等待內燃機發展成熟，才能提供足夠的動力讓飛機離地，在空中維持飛行。因此直到一九〇三年底，萊特兄弟才在北卡羅萊納州的殺魔山附近做了第一次動力飛行。飛行馬上就吸引住大眾的想像力，不到幾年之內，所有大國都開始投入發展飛機。當路易斯‧布勒里奧在一九〇九年首次飛越英倫海峽時，法國已經在飛機設計方面取得了領先。但是各國陸軍和海軍都已了解到飛機能夠做爲偵察之用，此外或許也可以擔任其他任務。事實上，當飛機第一次在一九一一年義、土兩國於利比亞的衝突中使用時，義大利就曾以飛機來指揮砲兵射擊、轟炸，還有執行偵察——包括在空中拍攝照片。

　　內燃引擎也促成了飛船的發展。飛船有兩種基本型式——一種是由塗上橡膠的棉布，或者亞麻布纖維製成外表的非硬式飛船，另一種則是硬式飛船，最富盛名的硬式飛船莫過於以金屬製成骨架的德國齊柏林飛船。兩者在船身下方都有搭載乘員的吊艙，齊柏林飛船另外還有一個小型吊艙，可以放下穿過雲層，藉以協助導航。飛船在一九一四年扮演的主要角色則是偵察——特別是海上偵察。

　　一九一四年參戰的飛機有三種基本型式：單翼機，引擎裝在機首的牽引式雙翼機，以及引擎裝在後方的推進式雙翼機。它們自一開戰就被東西線上的雙方陸軍用來擔任偵察工作，而它們的價值很快就得到證明。興登堡曾表示空中偵察在坦能堡會戰的勝利中扮演著關鍵角色，霞飛也盛讚協約國飛機在馬恩河會戰中的表現。這些被稱爲斥堠

機的飛機都沒有配備武裝，但它們的乘員很快就了解到阻止敵方斥堠機執行任務的重要性。因此他們開始以步槍、小型炸彈，甚至金屬標槍來武裝自己。在一次例子中，一名俄國飛行員竟然去撞擊一架奧國飛機，不過兩名飛行員都告陣亡。

　　此時開始演變出了戰鬥斥堠機。機關槍開始裝置在飛機上，但是牽引式飛機有著必須讓彈道避開螺旋槳的問題存在。因此機槍必須裝在上主翼的上方，這樣會使得再裝填成為一件困難工作，不然就得架在座艙側面，但這又使得準確射擊幾乎成為不可能的事。後推式飛機則不需要面對這種兩難問題，但它們通常也沒有單座的牽引式飛機那麼靈活。

　　克服這個問題的方法之一，是在螺旋槳上裝置鋼製的折射片。第一個這麼做的人是法國人羅蘭·加洛斯，他於一九一五年春在他的莫蘭—索尼爾單翼機上加裝此一設計。結果他得到相當的成功，但是兩個星期之後，他的座機卻因為引擎故障而迫降在德軍陣線後方。正在為德國發展飛機的荷蘭飛機設計師安東尼·福克則採取了一個更好的方法。他致力發展出斷射器，讓機槍可以避開螺旋槳同步發射。這使得西線上的空戰發生了革命性變化，從一九一五年八月開始，德國的福克機完全掌握了天空。在那些扮演領導角色的飛行員中，包括馬克斯·英麥曼，他是第一個展現出善於纏鬥動作對飛行員重要性的人。他最擅長的動作是做出半個後翻，然後在頂端翻滾過來，這招可以使他很快位居於對手後上方的有利位置。英麥曼轉不久就成為標準動作。福克機當時在空中造成的嚴重威脅，使得英國皇家飛行軍於一九一六年初下令，所有偵察任務都必須有武裝飛機護航，此舉於是促成了編隊飛行的開始。

　　在壕溝戰的靜態局勢下，偵察仍然維持著重要的地位。空中照相也得到逐步精進，戰區的準確地圖就是完全藉由空照製作出來的。而隨著機上無線電的發展，自一九一五年春開始，飛機指引火砲對目標射擊的工作也變得更有效率。

　　西線上的雙方也開始運用繫留觀測氣球來標定戰壕後方的目標。這些氣球不僅變成戰場景色的一部分，也成了戰鬥斥堠機的大好目標。值得注意的是，操作這些氣球的乘員都領到了降落傘，但是卻沒有配發給飛行人員，直到德軍在一九一八年開始使用為止。英國官方的理由是這麼做可能會鼓勵飛行員在不必要的情況下離開飛機，儘管降落傘的確可以拯救許多飛行員免於慘死的命運，特別是當飛機在空

一名法軍氣球觀測員在升上戰壕的天空之前，正在調整他的降落傘包。觀測氣球通常都有防空火砲的完善保護，以避免遭到敵方戰鬥機攻擊。

中著火的時候。

　　西線上所稱的「福克災難」一共持續了九個月之久，直到英國和法國重新取得空優爲止。主要的原因是聯軍引進了新機種，特別是英國的FE2b——這是一種後推式飛機——以及法國的紐波特貝比式，它們的性能都在福克三翼機之上。它們抵達戰場正是時候，使聯軍在一九一六年索穆河會戰開始時得以享有空優，但局勢很快就再一次逆轉。

　　福克、信天翁和哈伯斯達特很快就生產出比聯軍飛機性能更好的機型。在另一位早期德國王牌奧斯華德・波爾克的建議下，德軍也開始以完整的一四架中隊在空中執行任務，這樣使得他們比起敵方來可以享有數量優勢。德國在西線上空中優勢的高潮於一九一七年四月來臨。德軍每每會派出三或四個中隊一起升空。這樣的編隊逐漸以馬戲團而廣爲人知，率領編隊的人是曼佛瑞・馮・李希霍芬男爵，英方稱他爲紅男爵，因爲他所駕駛的是一架全紅的信天翁三翼機。在那個月之中，單是英軍就損失了一百五十架左右的飛機，有三百一十六名空勤人員陣亡或被俘，英軍因而將之稱爲「血腥四月」。

　　但是隨著聯軍同樣引進新機型，局勢又再度開始轉變。法軍現在擁有了史派德和紐波特十七型，英軍也使用了一部分後者。英軍本身

曼佛瑞‧馮‧李希霍芬男爵正站在他那架福克三翼機的座艙旁，和一名飛行員同袍談話。他在一九一八年四月二十一日陣亡之前，一共擊落了八十架協約國飛機。

則已在一九一六年底開始接收索普威斯的幼犬式，一九一七年春又加入了索普威斯三翼機，李希霍芬認為後者是聯軍最優秀的戰鬥機，這種飛機也使得福克引進了一型新式的三翼機。另外還有多用途的布里斯托雙座戰鬥機SE5。然而，這些飛機優越的地方並不在於速度。一九一四年時，飛機能達到的時速為八十或九十哩，在四年戰爭期間，時速只不過提升了四十哩而已。關鍵其實是在於靈活性，特別是迴轉和爬升率。

空戰在此時已經吸引住雙方民眾的想像力。空戰王牌的功蹟占據了媒體大量的注意力。德國的李希霍芬、佛斯和烏德特，法國的蓋尼梅、諾吉瑟和方克，英國的包爾，曼諾克和麥庫登，加拿大的畢夏普和柯利蕭都成了家喻戶曉的名字。部分美國人最初則是加入英軍，還有一些人參加了一個法國志願中隊——拉法葉中隊(Escadrille Lafayette)，經過一段時間之後，美國也將會擁有自己的王牌，其中最負盛名的則是艾迪‧黎肯貝克。

只要天氣許可，西線的天空中每天都在上演纏鬥的場面，雙方的斥堠機彼此會互相求戰。它們在攻擊之前會先試著占據敵機上方，位在敵機與太陽之間的最有利位置。接著戰鬥很快就會演變成個別纏鬥，能夠做出最小迴旋，咬住敵機尾巴的飛機，千篇一律都會成為勝利者。

一個英國SE 5 A中隊正在準備升空
執行任務。這種飛機是在一九一七
年四月開始服役的,它們很快就成
了皇家飛行兵團的骨幹。許多戰績
最傑出的英國王牌都是駕駛這種飛
機。

傳奇性的法國王牌喬治‧蓋尼梅正
與一位來訪的將軍討論史派德戰鬥
機的優點。他的中隊以「鸛」而聞
名,這是因為他們的機上漆有這種
鳥類的紅色圖案。這個中隊在一九
一七年夏天創下了輝煌戰績,但蓋
尼梅本人卻於秋天陣亡。

空戰的主要目標仍然是讓空中偵察能不受干擾，而戰鬥偵察機也逐漸扮演起其他角色。一種新式的作戰飛機——日間轟炸機也開始出現在戰場上。這些飛機——包括英國的DH4和DH9，德國的AEG，法國的布魯格式——的任務是攻擊位在直接交戰地區之後的目標，像是彈藥庫、司令部和通訊中心，這種角色在日後以阻絕作戰而廣為人知。這些轟炸機出擊時需要有飛機護航，這使得戰鬥斥堠機又多了一項任務。最適合擔任這份工作的是布里斯托SE5，不過它們的乘員發現，一當DH4和DH9投下炸彈加速返航之後，這些轟炸機卻往往可以飛得比護航飛機還要快。

　　從戰爭爆發開始，斥堠機就曾偶爾對著地面部隊投下炸彈，然後再以機槍攻擊他們，但是直到一九一七年中，它們才正式在壕溝戰中被用來擔任戰鬥轟炸機。它們不但能夠幫助摧毀阻擋進攻者的機槍陣地和其他抵抗據點，還能夠對攻擊的進展提供無價的報告。對地掃射則需要具備鋼鐵般的神經，因為超低空飛行將會使他們成為附近所有步槍和機槍的目標。擔任這種任務的飛機之中，最負盛名的是一九一七年夏天首次出現在法國的索普威斯駱駝式。這種飛機不但能夠承受相當的戰損，也是十分優秀的戰鬥機。然而一直到戰爭的最後幾個月，才有人想到要保護飛行員免受地面砲火所傷。結果生產出的是索普威斯蠑螈式，這型飛機在座艙周圍和下方都設置有裝甲板。

　　從一九一七年的坎布萊會戰開始，地面密接支援所帶來的另一個結果，就是飛機與戰車之間的緊密協同。大約二十年之後，這將成為如利刃般穿越歐洲大陸的德國閃擊戰基礎。

　　到一九一八年九月時，空中對地支援已經發展到完美的地步，當美軍在聖米海爾發動攻擊時，美國駐法飛行部隊指揮官比利・米契爾將軍手下擁有不下於一千五百架的各式美法飛機。其中三分之二——包括重轟炸機——是用來在德軍後方進行深入阻絕，其他飛機則擔任地面掃射的任務。

　　對飛機而言，來自地面的威脅不只是步槍和機槍而已。雙方在一九一五年初都擁有了專門的防空火砲，其中部分是固定式的，其他則裝載於卡車上。砲手們花了不少時間才抓住對飛機準確射擊的要領，但雙方的飛行員很快就對防空砲產生尊敬。最容易受到傷害的是執行空照任務的飛機，因為它們在拍照時必須要以直線飛行。另外防空砲火也成為對戰鬥機指出敵方飛機位置的一個好方法。

　　西線上的空戰形式也反映在其他戰區。俄機在東線上與德機和奧

機反覆格鬥。在義大利戰線的斯洛尼卡，空戰緊湊的程度有時幾乎和法國及比利時不相上下。在中東，英國飛機也在美索不達米亞和巴勒斯坦與德機發生戰鬥。在一九一八年九月英軍於巴勒斯坦發動的攻勢中，清楚顯示出空權能夠對地面戰爭造成什麼樣的影響。撤退的土耳其部隊先是踏入陷阱，然後遭到來自空中的炸彈和機槍無情轟擊，就和七十多年後自科威特城撤退的伊拉克部隊遭到摧毀的方式如出一轍。

然而，沒有一處地方的空戰比西線更為集中，而且這場激烈的戰鬥一直進行到戰爭結束為止，德軍儘管面對著聯軍日漸成長的數量優勢，還是奮戰不懈。就在休戰前一天的一九一八年十一月十日，一批正在巡邏的布里斯托戰鬥機，還與一中隊正在攻擊DH9日間轟炸機編隊的福克DⅦ戰鬥機爆發了一場激戰。

雖然戰鬥機在一九一四～一八年的表現引起了大眾的想像力，但空權本身另外還擔負起了兩個角色。這兩者將對未來戰爭的形式造成更重要的影響。

飛機吸引海軍之處，是在於飛機可以讓他們的視界延伸到地平線之下。不過在剛開始時，海上偵察必須使用航程有限的陸基飛機，而它們對航行於大海上的艦隊是毫無作用。因此飛機必須具備在船艦上操作的能力。問題是應該怎麼做？這個問題有兩種解決之道。

第一種方法是由一名專業的美國飛行員尤金‧艾利所開發的，他在一九一〇年十一月駕駛一架寇蒂斯後推式雙翼機，成功地自美國巡洋艦伯明翰號上一座特別建造的平台上起飛。兩個月之後，他又安全降落在賓夕法尼亞號的平台上。這可以說是航空母艦概念開端的象徵，但這項成果卻沒有立刻發展。

相反地，各國海軍反而比較偏好能夠在水面上起飛與降落的水上飛機。皇家海軍在這方面居於領導地位，他們將一艘老舊的輕巡洋艦予以改裝，用來操作水上飛機。飛機是由船上放入水中起飛，降落後再被吊回船上。另外三艘這樣的船隻——它們原本都是海峽渡輪——則在戰爭開始時進行了類似的改裝工作。另外日後還加入了前康拉德公司客輪坎帕尼亞號，這艘船改裝的目的就是為了與大艦隊共同行動。她不但能夠搭載多達十一架飛機，船上水上飛機的浮筒還裝有可以拆裝的滑輪，使它們能夠自甲板上起飛，不過它們還是必須降落在水面上。

然而在長距離海上偵察方面，飛船仍然是最理想的選擇，而這就

美軍的十三磅機動防空砲正在西線
上作戰。

是德國齊柏林飛船在戰爭開始時的主要角色。皇家海軍航空隊的首要
任務之一，就是消滅此一威脅。他們派出三個中隊部署在敦克爾克，
自那裏對齊柏林飛船位於杜塞道夫和科隆的基地進行轟炸，並且在後
者摧毀了一艘齊柏林飛船。另外來自三艘較小的水上機母艦的飛機，
也對建造中的齊柏林飛船基地發動了攻擊。

　　除了觀測氣球之外，主力艦上也開始配備一架水上飛機，藉以加
強艦隊的偵察能力。在此同時，英國成功的在蕭特水上飛機的機腹掛
上一枚魚雷，使其擁有攻擊船艦的能力，這是一項重大的發展。這種
新式武器在一九一五年八月得到首次的成功，於達達尼爾的馬摩拉海
擊沉一艘土耳其汽船。

　　戰爭初期，空權已經被用來對付潛艇。第一個例子是皇家海軍航
空隊的飛機以炸彈攻擊一處位於安特衛普的可疑U艇基地，但是隨著
U艇在一九一五年初第一次對商船展開無限制作戰，英國海軍部曉得
他們必須採取更多的行動。水上飛機缺乏擔當反潛角色需要具備的航
程，因此他們顯然還得尋求其他方法。這個問題的解決方法之一，就
是以飛艇來代替水上飛機。這種飛機的先驅是美國設計師格倫‧寇蒂
斯‧波提中校──他是皇家海軍航空隊位在英格蘭東岸的菲力斯托威

一艘英國的鐵公爵級戰艦，其上是
一隻繫留觀測氣球。

一架蕭特水上飛機正被吊上水上機
母艦恩加丁號。這艘船曾參加日德
蘭海戰，艦上的飛機之一首先發現
德國公海艦隊，但卻無法把這消息
發送出去。

基地指揮官——於一九一六年接收了寇蒂斯的H-12大美利堅飛艇,將之改裝為反潛作戰之用。他將艇身予以加強,在機上配備了七挺機槍和兩枚二百二十磅炸彈,並且將續航時間延長到六個鐘頭。這架飛艇於一九一七年五月首開紀錄,以一枚炸彈擊沉了一艘U艇。波提和後來加入的F-2和F-5飛艇另外還在德國本土水域擊沉了兩艘齊柏林飛船。這些事件促使德國開始加強本身的海軍航空兵力,派出水上飛機在北海巡邏,雙方在海上執行任務的飛機因而發生了數次衝突。

另一個解決之道則是非硬式飛船。英國海軍部製造出了SS(submarine-search——潛艇搜索)飛船,船身下方有一個以BE2C飛機機身製成的吊艙。到戰爭結束時,這些飛船可以滯空達四十八小時之久,船上配備有無線電和炸彈。雖然它們確實在北海和地中海對U艇造成了嚴重困擾,但它們本身也有其限制。它們是很不穩定的平台,因此它們無法準確轟炸U艇那樣針尖大小的目標,而且它們的操作也受到天候限制。

於此同時,發展一艘真正航空母艦的工作仍然繼續進行著。皇家海軍航空隊於一九一六年引進索普威斯幼犬式,在這方面向前跨出了一大步。這種精緻、非常靈活的小型戰鬥機對皇家海軍來說有一項優點——它只要很短的距離就可以起飛,因此可以使用大型水上機母艦的飛行甲板。然而,幼犬式還是必須在水面降落,以空氣袋保持漂浮,然後再吊回船上。接下來的下一步則是自軍艦上起飛飛機,在這種情況下,飛機是從建在一座砲塔上的平台升空,不過船艦為了讓飛機起飛,必須要逆風航行。即使如此,皇家海軍還是終於有了對付緊跟在後的齊柏林飛船的方法。幼犬式於一九一七年八月首開紀錄,一架自巡洋艦雅爾茅斯號起飛的飛機在荷蘭岸外護航布雷艦時,將齊柏林飛船LZ23號打成了一團火焰。

在同一個月,一架索普威斯幼犬式成功降落在狂怒號上,這是皇家海軍的第一艘航空母艦。此舉需要相當的技巧,因為這艘船的艦橋

一架索普威斯幼犬式正要從一艘英國軍艦的砲塔上起飛。這種巧妙的方法是在一九一七年六月首次進行嘗試的，後來的平台則是搭建在旋轉砲塔上，如此可以在船艦維持原本航向的同時，讓飛機逆風起飛。

和煙囪都位在船身中央。五天之後，這名飛行員鄧寧上尉在嘗試同樣動作時失事身亡，但他的死亡並沒有白費。狂怒號因而被重新設計，設置了降落甲板以及起飛甲板。就如我們現在所知的，第一艘航空母艦終於出現了。

　　因此在第一次世界大戰結束時，海上航空兵力雖然還算不上是決定性因素，但已經顯示出了對海上戰爭的潛在影響力。想法已經存在，但航空和航海方面的技術還需要更進一步發展，理論才能有效地在實際中應用。

　　一九一四～一八年的戰爭也見證了空權扮演另一種對未來留下更重大影響的角色，因為這將使得這種全新的戰爭工具，走向獨立於海軍和陸軍之外的方向。一九一四年八月三十日那天，德國人蘭普勒・陶比駕駛一架雙座偵察機在巴黎上空投下五枚炸彈，造成一名婦女死亡，另外兩人受傷。此舉可能是非法戰爭行為，因為一八九九年的海牙公約禁止自空中載具發射任何型式，具有作戰用途的投射物體，不過這項公約是在動力飛機出現以前制訂的。到了一九〇七年這項禁令應該續約時，飛機已經開始得到正視，因此所有主要國家都拒絕批准此一宣言。

　　德皇在一九一五年一月同意以齊柏林飛船對英國的海軍和軍事設施進行襲擊。兩艘齊柏林飛船於當月執行了第一次任務，在英格蘭東

海岸炸死四人，炸傷十六人，所有傷亡者都是平民。不過此舉並非出於故意。齊柏林飛船直到四月才再度出現。此時它們是以比利時爲基地，其他飛船則對波蘭境內的目標進行攻擊，藉以支援德軍對俄軍發動的春季攻勢。

　　投在倫敦的第一批炸彈於一九一五年五月最後一夜落了下來，造成七名平民死亡。英國這時已經組織起粗糙的防禦——少數高射砲和探照燈，以及將街燈予以遮蔽——但是它們的用處不大。然而就在一個星期之後，飛機頭一次對齊柏林飛船取得了勝利，一架皇家海軍航空隊的莫蘭-索尼爾陽傘式機在執行轟炸任務時，於比利時上空攔截到LZ37號飛船，這架飛機爬升到飛船的上方，然後投下了機上的炸彈。

　　齊柏林飛船在一九一六年間對英國重興攻勢，不過此時對付齊柏林飛船的防禦已有了改進，另外還有數個受過夜戰訓練的飛機中隊駐防於倫敦周圍。它們在那年秋天一共打下了五艘飛船，另外還有兩艘遭到防空砲火擊落。此後齊柏林飛船一共只發動了十一次空襲，因爲它們顯然完全不是新式飛機的對手。

　　飛機在航程和載重方面的改進，帶來了長程轟炸機的發展。義大利和俄國在這方面居於領先地位。義大利在一九一五～一六年間發展出了卡普洛尼Ca30系列，這種飛機很快就開始振翼飛越阿爾卑斯山脈，攻擊奧地利境內的目標，特別是地處亞德里亞海端的保拉港。在另一方面，俄國在一九一四年時已經擁有一種大型轟炸機，這就是四引擎的摩洛梅茲轟炸機，其設計者是伊戈‧塞科斯基，他是日後發展直昇機的先驅人物。沙皇飛船中隊在一九一四～一七年間以它們執行大約四百次任務，得到豐碩的戰果。這種轟炸機配備有數挺機槍以及自封油箱，戰鬥機根本不是它們的對手，結果它們總共只被戰鬥機擊落一架而已。

　　西線方面，法國在一九一五年對德國城鎮進行了幾次零星的攻擊，以報復齊柏林飛船對法國的偶爾轟炸，但是直到一九一七年春季，有計畫的戰略轟炸才開始進行。德國一直致力於發展長程轟炸機，從一九一七年五月開始，以比利時爲基地的戈撒四型轟炸機對英國展開了日間攻擊。倫敦在六月中遭到空襲，造成慘重傷亡，單在兩次空襲之中，就有超過兩百人罹難，平民的反應已經幾近恐慌的地步。倫敦最貧窮的東端差點發生暴動，彈藥工人則已不到工廠上工。兩個精銳的戰鬥機中隊火速從法國趕來，另外還成立了一個以南非將領史慕特爲首的委員會，研究克服此一威脅之道。他提出在倫敦周圍設置一套

一架義大利的三引擎卡普洛尼Ca33戰略轟炸機正在起飛。後槍手的位置雖然十分暴露，卻提供了絕佳的觀察視野。

由防空火砲、戰鬥機和預警系統構成的防衛體系。這些建議馬上付諸實行，結果此舉迫使德軍只好走上齊柏林飛船的老路，改以巨型的史塔肯轟炸機進行夜間攻擊。然而到了次年春天，倫敦的防禦已經證明非常有效，在一九一八年五月的最後一次空襲中，就有六架轟炸機被擊落。即使如此，一名在這次空襲中躲在一處地下鐵車站的美國飛行員還是提及：「只要他們一直像這樣讓平民完全不得安寧，那他們有沒有炸中任何東西並不重要。這些人希望和平，而且他們希望得不得了。」

英國對報復倫敦在一九一七年夏所遭空襲的意願十分強烈，那年秋天，英國轟炸機被派往法國東部，開始對德國境內的目標展開攻擊。這些飛機包括巨型的韓德利－佩奇轟炸機，它們是由皇家海軍航空隊所研發出來的，目的是為了對齊柏林飛船基地進行攻擊。至於攻擊對象則選定為德國西南部的工業目標，不過天候卻使得這些轟炸機在整個冬天之中，只能發動少數幾次空襲而已。

史慕特將軍在關於一九一七年夏天倫敦空襲的報告中，十分震驚於它們對民心士氣造成的影響，因此他相信長程轟炸機可以藉由對敵方領土、政府所在地、工業設施、以及作戰意志進行攻擊，扮演決定性的角色。這使得航空部隊擁有了一個完全獨立於陸軍和海軍之外的角色，因此他們應該被當成一個獨立軍種。這個有力的主張讓英國政府印象深刻，結果在一九一八年四月一日，皇家飛行兵團和皇家海軍航空隊正式合併為皇家空軍。

但是隨著皇家空軍對皇家海軍和陸軍繼續提供支援，位於法國的戰略轟炸機部隊也被給予了「獨立航空隊」(Independent Force)的官方稱號，以有別於兩個較老的軍種。在一九一八年一整年中，獨立航空隊與法國轟炸機聯手，繼續對德國西南部進行攻擊。他們使用的原始轟炸瞄準器使得傷及平民在所難免，但是這支航空隊的規模仍然太小，不足以造成任何重大影響。事實上根據統計，在英軍和法軍於戰爭期間執行的六百七十五次戰略轟炸任務中，一共只造成七百四十六名德國軍民死亡，以及價值一百二十萬英鎊的物質損失。德國也發展出十分有效的空防體系，使得獨立航空隊折損慘重，單在戰爭的最後兩個半月中，英軍就損失了七十二架轟炸機。然而無論如何，轟炸機對雙方民心士氣所造成的影響是毋庸置疑的。皇家空軍獨立航空隊的指揮官修・滕恰德將軍在戰爭結束時的官方報告中就提到：「轟炸對士氣所造成的影響與對物質造成的影響相較，無疑是二十與一之比。」

如同海上航空一樣，各交戰國在一九一四～一八年間所得到的戰略轟炸經驗雖然有限，卻指出了一種全新的作戰方式。由於壕溝戰所造成漫長而血腥的僵局，在部分人的眼中看來，空權若是能獨立運作，將能夠比傳統方法花費更少的代價，贏得迅速而決定性的勝利。然而，這也意味著平民從此將成為火線上的一部分。未來的戰爭將因而逐步朝向總體化的方向發展。

一架德國的AEG GIV型轟炸機正準備裝上炸彈。其正常載彈量為六枚一百一十磅炸彈。在一九一七年夏天對倫敦的空襲中，這型飛機自位於比利時的基地出發，擔負起先鋒的角色。

第 六 章

結束一切戰爭的戰爭？

1918 年及其後果

　　一九一八年的前半對協約國並不全然順利。最糟糕的事情是為革命勢力所掌握，即將陷入內戰的俄國，終於在一九一八年三月正式退出了戰爭。這讓德國能夠將大部分的兵力調往西線，對聯軍發動一連串近於毀滅性的重擊，結果使得聯軍在一九一六和一九一七年間漫長而犧牲慘重的攻勢中贏得的小片土地幾乎喪失殆盡。

　　然而到了七月中，聯軍終於耗盡了德軍的進攻能力。除此之外，法國境內現有三十萬美軍部隊正以每月超過二十五萬人的速度在增加當中。聯軍總司令費迪南・福熙元帥因而下定決心，要在德軍能夠自過去四個月蒙受的損失中恢復過來以前，搶先發動攻勢。

　　美軍部隊的抵達，為疲憊的英軍和法軍打了一劑強心劑，但他們卻花了很久的時間才等到這一針。美國將一九一四年八月大戰的爆發視為不過是場歐洲的爭執，與他們沒有多少關係。他們對比利時所遭受的蹂躪感到同情，對一九一五年五月路斯坦尼亞號被擊沉感到憤怒，但英國登上美國商船，以確保它們並未載運違禁品至同盟國的政策，也激起了他們的不滿，而後者多少敉平了前者的情緒。在美國內戰揮之不去的陰影之下，這場新的歐洲衝突不過證明了他們的想法，就是戰爭是件野蠻且貶低人性的事情。這樣的結果使得美國嚴守中立，並且試圖讓各參戰國恢復理性。因此至遲到了一九一六年底，威爾遜總統仍在徒勞無功地要求各交戰國重新確認他們的目標，希望此舉能促使他們重新思考，並且開始談判和平。

　　在此同時，美國正致力於開發他們成長中的工業力量，以及他們廣大國土上的自然資源。但是德國在一九一七年初重新實行無限制潛艇政策的做法，開始改變了民意，不過威爾遜總統還是希望斷絕與德國的外交關係，以及宣布**武裝**中立——亦即美國船隻若是遭受攻擊，美國已經準備好還擊——能促使大眾重新思考。然而在一九一七年三

美軍部隊在一九一六年的懲罰遠征中追擊強盜。

月，英國截收到了一份由德國外交部長齊默曼發給德國駐墨西哥城大使的電報。前一年美國為了懲罰強盜潘喬·維拉而發動越界遠征，結果在當地引起強烈的反美情緒，齊默曼則提議與墨西哥組成聯盟，德國將會提供墨西哥經濟援助，藉以對美國發動一次收復上一世紀失土的遠征——特別是德克薩斯州。這對威爾遜總統來說實在是夠了，一九一七年四月六日，他正式宣布美國參戰。

這個消息得到了英國和法國的熱烈歡迎，美國可以提供他們亟需的現金，支持他們過度緊繃的戰時經濟，美國海軍也能夠在北海和大西洋幫助他們對付 U 艇的威脅，但是除此之外，美國在其他方面對參戰是完完全全沒有準備。美國彈藥工業的能力只足夠供應本國小規模的平時軍隊。英國和法國也寄望美國陸軍能夠解除一些他們在西線上的沉重負擔。然而在一九一七年四月，美國的常備軍只擁有大約十一萬名武裝部隊，另外還有十五萬名因墨西哥情勢緊張而動員的國民兵。而且這些部隊對於歐洲作戰的方式幾乎沒有受過訓練。他們的能力只不過與保安隊相當，足以勝任越界追剿潘喬·維拉之流的土匪，或者綏靖菲律賓動亂的任務，但是對於壕溝戰的技術與戰術，則是完全缺乏相關的經驗與知識。

因此在戰車和火砲、機槍和迫擊砲，以及作戰飛機等方面，美軍大部分都要仰賴英國和法國提供裝備。此外這些部隊要在抵達法國之後，才能接受壕溝戰的適當訓練。最後，在一九一六年的國民兵動員中，顯示出報到數目嚴重不足的問題。因此美國還必須實行有限度的徵兵。雖然美軍已經在一九一七年七月四日獨立紀念日那天出現在巴黎街頭遊行，但要再過一段時間之後，美軍才會開始出現在西線上。一直要到十月時，美軍才在法軍的帶領下，頭一次嚐到了壕溝戰的滋味。

美國遠征軍的總司令是外號「黑傑克」的約翰‧潘興將軍。身為一八九八年美西戰爭，親赴菲律賓的沙場老手，以及一九一六年墨西哥懲罰遠征的指揮官，以美軍的標準而言，他已經算得上是久經戰陣。他下定決心要維護駐法美軍部隊的完整，即使在一九一八年春天最黑暗的日子，當德軍看來在全線上節節進逼時，他也不讓美軍在法軍和英軍指揮下分割開來作戰。然而，他也曾讓部分最早抵達戰場的部隊幫助法軍，擊退德軍的進攻。七月二十四日，當法軍正在反攻德軍剛在香檳地區鄉野中占據的突出部時，潘興正式宣布擁有十四個師的美國第一軍團成軍。這個軍團在聯軍的最後攻勢中擔負起了一部分責任。在福熙的勸言：「所有人開上戰場！」（Tout le Monde à la

一九一七年夏天接受法軍訓練的美軍部隊。最足以顯示出他們缺乏現代化裝備的程度之處，是他們都戴著法軍鋼盔。後來他們則改採英式鋼盔。

這張照片是於一九一八年八月在法國拍攝的。一輛架有機關槍的英國機車正在提供幫忙。背景中是一輛五式戰車。

Bataille!)迴響於耳際下，美國遠征軍終告正式成立。

　　但是在其他戰線上，局勢這時開始出現了轉變。在英軍和法軍的加強下，義大利已經從一九一七年秋天卡波瑞托的慘敗中恢復了過來。在一九一八年的上半年，奧德聯軍一直在皮亞夫河上施加壓力，但是到了後半年，聯軍在十月渡河發動猛攻，使得奧軍各軍團分崩離析，倉皇敗退，僅僅兩個星期之後，奧匈帝國就被迫提出停戰。同樣的，聯軍對保加利亞軍，加上小部分支援的德軍在薩洛尼卡的僵局也終於被打破，聯軍的秋季攻勢很快就迫使保加利亞豎起了白旗。

　　英國和土耳其在中東經歷了兩場漫長的戰役。在美索不達米亞——即今日的伊拉克——印度部隊在一九一四年就已於巴斯拉登陸，目的是鞏固該地區的油田。接著他們開始沿著底格里斯河進軍，一路進抵巴格達，但是他們的後勤支援非常之缺乏。這支英軍部隊因而被迫撤退，但他們在途中遭到圍困，最後於一九一六年在庫特阿馬拉投降。英國方面派來了一位新的總司令，並且將部隊予以重組，結果英軍的再度進兵於整整一年後才抵達巴格達。接著英軍更朝北方繼續推進，甚至還抵達了位在裏海的巴庫。

　　在一九一五年初，土耳其發動了一次半途而廢的攻勢，越過蘇伊士運河進入埃及。此後戰局就呈現膠著狀態，直到一九一六年底，英軍渡過運河，開始朝西奈半島內陸進軍。兩方結果在加薩城外形成另一場僵局。原因部分是英軍需要在杳無人跡的沙漠中建出一條道路、鐵路和水管。接著在一九一七年秋天，英軍總算突破了土軍的防禦，進入耶路撒冷。此時西線上正亟需兵力抵擋德軍進攻，因此英軍的攻

穿著阿拉伯服裝的勞倫斯（右起第二人）正在歡迎其他酋長。他對阿拉伯部落的組織工作，以及他們隨後進行的游擊戰，在擊敗巴勒斯坦的土耳其部隊中扮演了不能忽略的角色。

勢就此中斷，直到一九一八年秋天才重新展開。到了這時，土耳其另外還要面對阿拉伯人在後方發動的暴亂，而這些暴亂大部分是由一位英國軍官Ｔ・Ｅ・勞倫斯推波助瀾所造成的。在兩面受敵之下，土耳其終於在十月底求和，此時英軍部隊最北已經抵達了阿勒波。

南非在戰爭初期占領德屬西南非的行動並非遭受多少困難。德國在西非的殖民地也很快就告失守。相形之下，德屬東非就要棘手多了。當地的德軍指揮官保羅・馮・勒托-佛貝克被證明是一位卓越的指揮官。他的部隊人數從未超過兩萬人，大部分都是當地土生土長的阿斯卡里人，但在接下來的四年中，他卻讓人數多達六倍的英國、印度和非洲部隊始終處於劣勢之中，一直到了歐洲休戰之後，他才放下武器投降。這場戰役另外的特點是罹患熱帶疾病的比例非常高──特別是瘧疾──而這點大大削弱了聯軍部隊的戰力。

然而，戰爭最主要的舞台還是在西線上。福熙的計畫是讓聯軍保持攻勢不斷，使得德軍沒有喘息的時間。他的第一步是對香檳的德軍突出部兩翼展開反攻。接著是八月八日，英軍在亞眠發動攻擊。在戰車和裝甲車的前導下，澳軍和加拿大軍在一天之內就突破了德軍防線。德國參謀總長魯登道夫後來將之形容為「德國陸軍最黑暗的一

在漫長而累人的德屬東非戰役中，一隊巡邏正在灌木叢中前進。

天」。但是在缺乏足夠的戰車維持攻擊衝力之下，德軍隨即調來預備隊阻止了攻勢。九月則輪到美軍出場。他們以熱心彌補了經驗的缺乏，成功消滅位於凡爾登以東的聖米海爾突出部。比利時軍和英軍接著聯手對伊普瑞斯發動攻擊。然後是法軍和美軍在艾岡尼丘陵起伏的鄉野中進攻。這證明是一場非常艱難而激烈的戰鬥，因爲他們面對的是決心要讓聯軍爲每一呎土地付出慘重代價的敵人。

英軍於十月初突破興登堡防線，開始在開闊的田野上作戰。他們在經過數年的壕溝戰之後，花了一些時間才適應這種不固定的作戰方式，而德軍後衛抵抗的猛烈程度，也和聯軍在繆斯河—艾岡尼攻勢之時遭遇的如出一轍。

雖然德軍戰鬥能力看來並未受損，但是在後方，對於德軍繼續作戰的能力卻出現越來越多的懷疑。協約國的緊密封鎖已經持續了一段漫長的時間，食物開始嚴重短缺。第一線部隊此時是以黑麵包、腐壞的馬鈴薯和馬肉來度日，而後方的情形還要更糟。德國的人力也已開始枯竭，連十七歲甚至十六歲的青少年都被徵召入伍。了解到戰敗就在眼前的不只是國內的德國人而已；到了十月初，甚至魯登道夫也接受了戰爭已經敗北的事實。他建議馬上把部隊撤到一九一四年的國界，並且以此舉作爲向協約國求和的第一步。

這項行動是以威爾遜總統於一九一七年所提出，經過協約國成員

同意的和平條件爲基礎。所謂的「十四點宣言」不但要求同盟國放棄所有戰爭期間占領的土地，還要求歸還普魯士在一八七〇年得自法國的亞爾薩斯—洛林，以及拆散奧匈帝國和鄂圖曼帝國，讓它們境內的各個種族享有自決權。此外波蘭也將得到獨立。

爲了博取威爾遜總統的同情，德國改以著名的自由派人士巴登親王馬克斯出任首相，並且建立起眞正議會系統的政府。馬克斯親王和奧國於十月四日向威爾遜總統送達求和的意願。威爾遜總統堅持必須遵照十四點原則，而柏林也在十月十二日接受。然而在四天之後，威爾遜總統突然收回原先的條件。原因是他並沒有讓他的盟國淸楚了解正在發生的事情，因此後者現在堅持要由軍事指揮官來決定停戰條款。他們不但這樣做，還堅持這些條件要讓德國無從重啓戰端。他們所暗示的是要德國投降，而這也使原本希望得到光榮和平的柏林一時不知所措。

在此同時，協約國在西線上的攻勢仍在無情地繼續推進，雙方部隊都對高層正在進行的和平磋商一無所知。事實上，大部分聯軍士兵都很肯定戰爭將會拖過多天。德軍的後衛部隊仍在進行著激烈的抵抗，而聯軍的傷亡比率還是居高不下。德軍也採行了焦土政策，將一路撤退上的所有東西予以摧毀。但是魯登道夫害怕德國戰爭機器已經出現裂痕的擔憂，被證明是正確的。不滿正在已有兩年未出港的公海艦隊水兵之間逐漸滋長。情勢於十月底達到頂點，就在艦隊奉到命令出海時，他們發動了兵變。後方的陸軍單位也開始以俄國布爾什維克的方式選舉士兵議會，並且對那些繼續作戰的同志大加揶揄。

德國的盟國現在開始背棄了她。保加利亞已經在九月底簽字停戰，土耳其也在十月三十日採取了相同的行動，奧匈帝國則在十一月四日簽字。

孤立無援的德國政府此時正承受著來自下層的巨大壓力，而這些壓力看來似乎具備了革命即將爆發的一切跡象，因此德國政府終於接受協約國的停戰條件。魯登道夫原本突然開始自較爲樂觀的觀點來評估軍事情勢，並且要求重興攻勢，以避免得到不光榮的和平，但他也在此時遭解職。然而這並未讓左派團體緩和下來。他們仍然要求馬上結束戰爭，並且號召在柏林舉行總罷工。

德國在十一月七日將停戰代表團的名單通知聯軍統帥福熙元帥，他們全部都是平民身分，這點在後來將變得非常重要。次日他接見了

白旗之下穿過前線的德國代表團。福煕說明了停戰條件，包括馬上離占領土地，聯軍占領萊茵河西岸土地，以及對岸的橋頭堡，德國須馬上交出大量作戰物資，而這些條件沒有討價還價餘地。德國代團對國內漸增的壓力都十分清楚，因此他們別無選擇，只有接受這條件。

在停戰簽字之前，還有最後一幕戲要上演。德軍總司令興登堡元曉得雖然德軍仍在西線作戰，但德皇已經失去了他們的支持。事實，他的地位已是岌岌可危，尤其是在兵變與百姓抗議四起的情形之。德皇因而在十一月九日被迫退位，隨即出亡荷蘭，在那裏度過了的餘生。德國現在成了一個共和國，但卻是個有著不確定未來的國，因為革命仍然是個揮之不去的陰影。

一九一八年十一月十一日上午五點，當西線上的大砲仍在發出雷巨響之時，德國代表團在康白尼森林的一節火車車箱中簽下停戰文。六個小時之後，大砲停止了它們的怒吼，法國和比利時突然經歷四年來所沒有過的安靜。在巴黎、倫敦和紐約，這則消息使得羣衆擁到大街上熱烈慶祝到深夜。在前線上，這則消息受到了聯軍部隊歡迎，但他們快樂的情緒或許不及能夠生存下來的如釋重負，以及陣亡戰友的哀傷。這場戰爭總共直接造成九百萬人失去生命。另外兩千萬人在抵抗力遭到削弱之下，正逢一九一八年起流行性感冒橫歐洲和其他地方，結果不治死亡。

一名英軍軍牧正在法國某地主持葬禮。西線上最後的陣亡者是休戰於一九一八年十一月十一日上午十一時生效前不久發生的。

停戰一在西線上生效，德軍部隊就開始朝國內撤退。聯軍在後面跟著渡過了萊茵河，在東岸建立起橋頭堡。德國公海艦隊則自一九一六年以來第一次駛出港口，不過這次爲的是投降。它們被拘留在英國大艦隊的戰時基地斯卡巴佛洛，但艦上的船員爲了避免它們落入敵人之手，不久之後將整支艦隊予以鑿沉。

於此同時，德國正處於一片混亂之中。新成立的民主政府很快就處在來自左派的威脅之下，他們包括強硬的士兵與工人議會，甚至還有想要建立共產政權的極左派列寧追隨者。另外還有在十月底發動兵變的水兵，他們組成的人民海軍師已經開進了柏林。政府則試圖採取中間走向，成立本身的軍事單位來保護自己，而不仰賴舊秩序下的陸軍支持。另外政府也保證會舉行新的選舉。

在部隊於聖誕節前夕發生衝突之後，情勢在一九一九年一月初達到頂點。極左派的社會主義分子宣布要推翻政府，並且號召舉行總罷工。然而就在此時，部分帶著部隊自前線返回的陸軍軍官開始對日漸增長的無政府狀態感到憂心，於是他們結合志願者組成了「志願軍」(Freikorps)。政府在他們的壓力之下被迫裝作視而不見，他們隨即進入首都，對極左派展開鎮壓，殺害了其中兩名領導人物羅沙‧盧森堡和卡爾‧李布涅克特。即使如此，類似的混亂還是在德國各地爆發開來。

政府信守承諾舉行了選舉，並且在選舉中獲勝。政府隨即離開柏林，遷往西南方一百五十哩的小城威瑪，因爲該地的安全比較容易維持。然而此舉並未能阻止動亂擴大，全國性的總罷工在三月初爆發。志願軍又再一次開進柏林。在十天之內，他們就將革命鎮壓下來，迫使德國共產黨轉入地下。

然而巴伐利亞的情勢繼續在升高。高潮終於在四月初來臨，左派的強硬分子在無政府主義者的領導下，成功發動了一次政變，趕走中央路線的政府。他們宣布成立獨立國家，並且以發動總罷工徵集必須的人力，很快成立了巴伐利亞紅軍。接下來是另一波逮捕和拘留人質的行動。結果又是憑著志願軍才恢復了秩序。他們迅速進兵首都慕尼黑，以激烈手段鎮壓革命，在一週之內殺害了不下一萬人之多，但是民主政府終於得以重建。

然而，德國絕不是唯一一個在戰後經歷政治動盪的國家。在法蘭

茲‧約瑟夫於一九一六年病逝之後繼位的奧匈帝國皇帝卡爾，已和德皇一樣在戰爭結束時遜位。匈牙利立刻脫離奧匈帝國，但是在一九一九年二月，剛建立不久的民主政府卻遭到貝拉‧昆恩——他是在成為我軍戰俘期間學習到共產主義思想的——所推翻。隨後海軍將領米可各斯‧霍西成功發動了反革命，此後他一直統治這個國家幾達二十五年之久。

戰勝的協約國也有他們的問題。在深受一連串軟弱政府之苦的義大利，左右兩派的衝突正日漸增加，北部尤為嚴重。這些最後導致墨索里尼和他的法西斯黨上台。英國則遭逢一連串的工人罷工，以及士兵要求提早復員的示威。憂心的政府於是自法國調回禁衛師在倫敦街頭遊行，藉此警告任何暴力的偏激政治行動都不會得到寬貸。至於北美洲的工業界也出現了嚴重的不安。這些大部分是由一個名為「世界工業工人聯盟」的組織所造成的。

激起這些動亂的來源大多是來自俄國，但是那裏的內戰已經擴展到席捲全國的地步。基本上，這場內戰的一方是企圖要推翻革命的白軍，亦即反布爾什維克部隊，另一方則是致力於鞏固革命成果的紅軍。然而，此時已經沒有沙皇可以復位，因為他和他的家人都已於一九一八年七月遭到紅軍殺害。

一九一九年春天，三個白軍軍團開始向紅軍位在俄國西部莫斯科和彼得格勒一帶的根據地集中。來自西伯利亞的是建立白軍政府的海軍將領亞歷山大‧柯查克。自烏克蘭向北進軍的是安東‧鄧尼金將軍，另外來自愛沙尼亞的則是尼古萊‧尤德尼奇將軍。此時四萬捷克部隊和他們的裝甲列車正控制著西伯利亞鐵路，他們過去是奧匈帝國的人民，在大戰中遭俄國俘虜，現在他們最關心的就是能夠返鄉。因此在合乎他們利益的情形下，他們已經準備幫助柯查克。相同的情況，只要鄧尼金一直順利推進，希望獨立建國的哥薩克人就會在烏克蘭幫助他。波羅的海的日耳曼人也支持尤德尼奇，日耳曼部隊讓芬蘭人得以發動反革命，成功脫離俄國獨立。

然而戰時的協約國成員此時還在從事另一場戰爭。他們曾將一小批部隊派往俄國，徒勞無功地希望能讓俄國繼續對德國作戰。一當列寧在一九一八年三月帶領俄國退出戰爭，然後爆發內戰以後，他們的角色就轉變為積極支援白軍，因為這些國家害怕布爾什維克主義將會

在俄國內戰中,一列裝甲列車正在西伯利亞鐵路上與敵軍交戰。由於俄國國土的廣大,鐵路因此成為主要的戰略聯絡方式,並且在這場衝突中扮演了關鍵角色。

使得西歐陷入不安。尤其在一九一九年三月動亂橫掃全世界,以及以傳布共產主義為目標的共產國際於莫斯科成立之後,更有這個必要。因此日本、美國和英國都將陸海軍部隊派往海參崴,英軍和法軍也出現在烏克蘭和高加索,另外英國、法國、加拿大、美國、義大利以及甚至塞爾維亞部隊則駐防在俄國的最北端,位於莫曼斯克和阿堪折洛周圍。聯軍特遣部隊的主要角色是提供白軍武裝和顧問,但結果他們卻經常直接與紅軍交戰。

俄國內戰的主要受害者還是平民。他們不只是紅軍和白軍各種暴行的目標,戰爭也完全摧毀了工業、交通和農業。這些造成了疾病和饑荒四處蔓延。沒有人曉得到底有多少人因而失去生命,但總數必定高達數百萬人之譜。

另一個在一九一九年上半年造成動亂的原因,是由於戰勝國仍在對和平條款進行考慮,使得戰敗國的未來陷入不確定之中。必須強調的是休戰雖然終止了戰鬥,但並不代表戰爭業已正式結束。這必須等待和平條約完成,並且經由各交戰國簽署才能成立。

來自協約國各成員國的代表於一九一九年一月在巴黎集會開始決定和平條款。雖然各方都同意,威爾遜總統於一九一八年一月提出的十四點原則應該被當成避免未來戰爭的基礎,但一開始對於應該如何懲罰被視為侵略者的戰敗國,卻存在相當的分歧。法國不能忘卻自己國土北部所受到的破壞,以及一百五十萬名死難者。因此人稱「老虎」的法國首相喬治‧克里蒙梭特別致力於要讓德國為她所造成的損失付出代價。英國首相勞合喬治才在一九一八年十二月的大選中獲勝,他的選民都沒有忘記七十六萬名死難同胞,以及積欠美國的龐大經援。

因此他們的口號是「讓德國付出代價」。威爾遜本人提出的十四點原則雖然堪稱深謀遠慮，但是在一九一八年十一月的參眾兩院大選中，反對黨的共和黨卻得到了大多數席位，而他們的政策是儘快和歐洲的是非脫離關係。因此他這時的地位十分軟弱。

在二十四個派遣代表出席和會的較不重要國家中，義大利和日本的聲音最大，但兩者在領土方面都沒有得到他們所想要的。義大利獲得了南提洛爾，但是沒有得到原本渴望的亞德里亞海東岸。日本則獲得太平洋的德屬島嶼，但在中國大陸上卻一無所獲。

德國失去了所有的海外領土，這些領土被轉交給英國、法國和日本。鄂圖曼帝國則被解體，敘利亞和黎巴嫩交由法國託管，巴勒斯坦、約旦和伊拉克則交給英國。至於在歐洲，威爾遜總統十四點中的自決原則造成了重大的影響。結果波羅的海獨立國家拉脫維亞、愛沙尼亞和立陶宛、波蘭也獲得獨立。波蘭得到了整片加里西亞，然而對未來更重要的是但澤（現在的格但斯克）地區通往波羅的海的一條走廊，這條走廊使得東普魯士與德國領土的其他部分完全分離開來。

舊奧匈帝國的剩餘部分全部遭到解體，匈牙利的獨立則得到承認。另外巴爾幹半島上出現了另一個新的國家——南斯拉夫。這個國家是由塞爾維亞和蒙特內哥羅，以及奧匈帝國在巴爾幹半島的行省——包括克羅埃西亞和波士尼亞─赫塞哥維納——所組成的。此舉很適合塞爾維亞人，因為他們在這個國家占有主宰地位，而此舉也受到其他種族的歡迎，因為這使得他們自戰敗的一方搖身變成為勝利者。

英軍騎兵正經過一輛被打壞的戰車，這張照片是一九一七年在巴勒斯坦拍攝的。英國在一九一七年初派出一小批五型戰車前往該地，它們參加了將土耳其軍趕出加薩防線的攻勢。但它們緩慢的速度使它們在接下來的機動作戰中一無用處。

勞斯萊斯裝甲車正在砲火下進行巡邏，地點是在巴勒斯坦。與戰車不同的是，裝甲車被使用在每一個戰區，而勞斯萊斯則證明是一種優秀的裝甲車，非常可靠。事實上在第二次世界大戰中，部分勞斯萊斯還在北非沙漠作戰初期參加過戰鬥。

然而，這樣以人為力量創造出一個國家的做法，將會為世界造成至今仍無法解決的問題。

為了不讓戰敗國在未來再度發動侵略戰爭，他們的軍隊和軍備都受到嚴格限制。德國只被允許擁有一支為數十萬人，完全由志願役士兵組成的常備軍，沒有現代化軍艦，沒有空軍，沒有戰車，火砲的大小也要受到限制。除此之外，德國的軍備工業大部分都要予以摧毀，萊茵區也將非軍事化。更重大的打擊是德國必須付出巨額的賠款，以賠償她所造成的財產損失。

德國國內有一派強烈意見，主張拒絕這些嚴厲到令人難以置信的和平條款，因為德國軍隊並沒有在戰場上被擊敗。但是事實上，德國已經是別無選擇，和平條約於是在一九一九年六月二十八日於凡爾賽宮的鏡廳簽字，這裏正是威廉一世在一八七一年宣布即位德國皇帝的房間。隨後其他戰敗國家也陸續簽署了這份和約。

協約國為了慶祝凡爾賽和約，在紐約、巴黎、倫敦和其他地方舉行了勝利遊行。他們相信他們已經採取必須的步驟，確保歐洲不會再發生重大衝突，現在他們可以將力量放在拆解戰爭機器，以及贏得和平之上。所有那許多戰爭墓園和紀念場所，以及大戰造成數以千計的身心受創者，正足以提醒世人戰爭的恐怖。

然而，巴黎和會另外還勾勒出一個確保將來不會爆發重大衝突的方法。這就是國際聯盟——威爾遜總統腦海中的另一個產物。所有的戰勝國和中立國都得到加入的邀請，結果有四十三個國家接受。這個

組織的目標是以仲裁來防止可能的衝突。如果這個方法失敗,一個成員國對另一個成員國發動攻擊的話,聯盟將會實行制裁,武力則將做為最後的手段。

然而,即使當國聯於一九二〇年十一月第一次在瑞士日內瓦的總部集會時,很多問題已經浮上檯面。打從一開始,美國參議院就拒絕批准加入。更糟的是,威爾遜總統在那個月輸掉了總統大選,原因就是國聯問題。美國人民已經表示出他們不希望再涉入歐洲的事務。這對國聯的意義就是國聯失去了一股重要力量,其地位將會被嚴重削弱。

國聯也是在衝突之中誕生的。問題最初是來自剛獨立的波蘭,這個國家對於自凡爾賽條約得到的土地並不完全滿意。一九二〇年四月,波蘭總統皮爾蘇斯基宣布成立一個由波蘭、立陶宛和烏克蘭組成的聯邦,後兩者都居住有少數民族波蘭人。利用俄國正因內戰而元氣大傷的時機,他的部隊在五月入侵烏克蘭,一開始波軍勢如破竹,並

一九一九年七月十四日舉行的巴黎勝利遊行。法國在戰爭期間蒙受到可怕的損失,在十八到二十七歲的男性中,有不下於百分之二十七死亡。因此也無怪法國和其他民主國家誓言要讓這場大戰成為結束所有戰爭的戰爭。

且拿下了基輔，但俄軍接著展開反攻，反而將波軍一路逐退到華沙城下。就在布爾什維克的浪潮看來就要朝西席捲時，波軍卻在戰敗的邊緣得到了一場輝煌的勝利，反過來再次進軍烏克蘭。雙方最後在一九二一年三月達成和平，波蘭被准許保有大部分占領的土地，但俄國仍繼續將這些土地認爲是他們的領土。

土耳其也有其問題。協約國堅持要土耳其放棄小亞細亞的最西端，以及亞洲大陸上的部分土地，這樣他們就能控制土耳其自黑海到地中海的通道。爲此希臘、義大利和英國的部隊還在那裏登陸。但就在土耳其蘇丹準備接受時，部分他的將領卻不做此想。其中之一的凱末爾‧阿塔圖克組成了一支軍隊，在一九二一年初推翻蘇丹。義軍在此時宣告撤退，於是凱末爾將目標轉向希臘軍，將他們打得棄甲曳兵而逃。駐守於達達尼爾海峽東端查納克的英軍則一直停留在那裏，沒有牽涉進這場衝突中，直到他們在一九二二年春撤退爲止。協約國隨後放棄了對土耳其亞洲大陸的領土要求，雙方另外簽訂經過修改的和約。

另外一個用來減少戰爭風險的方法是裁減軍備。美國雖然退出了國際聯盟，但在這方面卻扮演起領導角色。最初的成果之一是一九二二年華盛頓海軍條約。列強不但同意依照彼此間的比例限制海軍規模，也同意對他們的船艦大小設限。這項條約所造成的重要影響之一，就是使得一些當時正在建造中的戰艦被改建爲航空母艦。

全世界就這樣致力於讓這場世界大戰成爲結束所有戰爭的戰爭。但隨著一九二○年代的來臨，對於爲了達成這個目標而採取的手段的不滿將會開始滋生，威脅世界和平與安定的力量將會再現。

第 七 章

進入獨裁者時代

1921—1935

　　到了一九二一年，世界再一次從一九一四～一八年的屠殺，以及戰後的後續衝突中安定下來。大部分國家都相信國際聯盟、限武條約，以及重劃歐洲版圖能夠防止未來的衝突。至於在其他國家，國內的情況與對於和約的不滿，使得新的力量逐漸浮現。

　　俄國自一九一七年以來，已經動盪達四年之久，這些年中，俄國人民蒙受了難以言喻的苦難。當內戰終於在一九二〇年結束時，獲勝的列寧和他的追隨者開始要面對一個艱巨的任務，就是將這個經濟凋敝、大批人民正處於飢餓之中、對共產政權毫不信任的國家導入正軌。西方民主國家並沒有提供援助的意願，因為他們將這個政權認為是對他們安定的威脅，尤其俄國還建立共產國際，做為將革命輸往國外的工具。俄國不但沒有受邀加入國際聯盟，而且沒有任何成員國正式承認這個政權。

　　一九二一年初，彼得格勒發生了罷工，克隆斯達特基地的黑海艦隊士兵為了支援他們，也開始展開暴動。他們主要是不滿於布爾什維克黨對其他革命團體的箝制，以及缺乏言論自由。里昂‧托洛斯基馬上將部隊派往港口。經過激烈的巷戰之後，暴動終於被鎮壓下來，大部分領導者都遭到逮捕槍決。這對布爾什維克黨是一次危險的警訊，在更大的問題爆發之前，他們必須趕快採取行動。列寧因此引進了他的「新經濟計畫」，此舉是為了博得大部分人民的支持，並且加速克服影響達三千萬人的飢荒。過去農民需要將多餘的收成都交給國家——這是一項深受憎恨的政策——但現在卻獲准將它們拿到公開市場上出售。列寧的做法也受到了西方對飢荒受害民眾的同情之助。未來的美國總統赫伯特‧胡佛就率領了一個救援代表團前往俄國，其他人道組織也開始投入援助工作。

　　身體虛弱、倍感疲累的列寧於一九二四年去世，他使俄國安定下

擔任俄國共產黨總書記時的史達林。

來的任務仍然沒有達成，因爲俄國的經濟仍然處於困頓之中。大部分人相信托洛斯基將會接替他的地位，但他們忽略了共產黨總書記史達林的狡猾。此時他正在發動一場精心策劃，殘忍無情的戰役，最終目的是要爲他自己取得大權。

此時，西方對俄國的態度慢慢開始有了轉變，原因主要是俄國擁有尚待開發的廣大貿易市場。這種做法倒是與俄國領袖仍傾向藉由已在所有工業國家成立的共產黨，將革命輸往國外的證據背道而馳。然而德國是第一個與俄國簽下合作協定的國家，這就是一九二二年的拉帕洛條約。除了經濟方面的協議之外，俄國祕密同意提供德國軍事飛行和實驗戰車的設施——兩者都是違反凡爾賽和約的，而德國則以提供俄國軍隊訓練和顧問做爲回報。英國則是第一個正式承認俄國的國際聯盟成員國，時間是一九二四年，其他國家隨即跟進，不過美國一直拖延到一九三三年才承認，即使如此，還是不能阻止像是亨利‧福特的美國工業家在俄國設立工廠。

到了一九二八年，史達林已經徹底消除所有的反對勢力，只除了托洛斯基。但他在次年也告垮台，被迫出國流亡。日後他一直堅持反對史達林政策的立場，最後於一九四○年在墨西哥遭到史達林的特務刺殺身亡。他所反對的主要是史達林放棄世界革命，亦即「社會主義大同」的決定。這意味著爲了保護革命免於受到外來威脅，俄國必須在軍事上和經濟上強壯起來，而這將使得俄國人民付出重大的犧牲。最先蒙受痛苦的是農民。史達林以許多農民私藏穀物做爲藉口，將他們的土地予以沒收，迫使他們轉爲集體耕作。農民曾試圖抵抗，摧毀了他們大約一半的牲口做爲抗議，但史達林的鋼鐵意志最後還是迫使他們屈服，許多人不是被殺就是送往西伯利亞的勞動營。在十年之內，幾乎全國都已轉爲集體耕作，但這項巨變所帶來的饑荒，卻使得數百萬人因而喪命。

史達林引進了第一個五年計畫，以促成俄國工業的發展。爲了促使工人達到不可能的生產目標，他展現出一貫的冷酷無情。許多人被指控爲破壞者，與富農一起送往西伯利亞，還有許多人死於諸如建造自白海通往波羅的海的運河般雄心勃勃的計畫中。俄國的軍隊也經歷了一次重大轉變，在內戰結束時的一九二○年勞動節遊行中，陸軍看來不過是一羣沒有紀律的烏合之眾，擁有的現代化武器少之又少，而且這些都還是由外國所生產的。托洛斯基相信俄軍應該是一支由馬克

思主義者組成的龐大軍隊。核心是一小批常備軍官，並且以發動攻勢做為目標。他也主張保留在內戰中有著優異表現的騎兵。在二〇年代後半，隨著托洛斯基的影響力逐漸下降，紅軍的教條也有所改變。雖然攻勢仍占有重要地位，但機械化卻日漸受到重視，並且與史達林的五年計畫同步推展。主要角色被視為支援地面部隊的空軍也以同樣的方式進展。

　　一九二〇年代和一九三〇年代初期，德國也經歷了一段動盪時期。大戰結束之後，德國的極左派和右派民眾之間爆發激烈衝突。雖然戰爭結束前成立的中間偏左民主政府將局勢控制了下來，但是凡爾賽和約的苛刻條件，使得局勢再一次引爆。其中特別重要的是加諸於德國軍隊的嚴格限制。一九二一年，波蘭游擊隊在法國的暗中支持下，試圖併吞礦藏豐富的上西利西亞。最後全憑祕密動用「志願軍」，才得以阻擋住他們。上西利西亞不僅清楚顯示出德國要防禦邊界是多麼困難的事，更糟的是，德國被迫付出的大筆賠款，很快就造成急速通貨膨脹。

　　首先採取行動的是右派。在一九二〇年三月，一名高階陸軍軍官和其他人曾試圖推翻政府。陸軍在此時竟拒絕支持政府，使得政府只

德國「志願軍」的成員正在進行訓練。「志願軍」在一九二一年正式解散，但許多人不過是轉入地下，為希特勒的國社黨提供了豐富的人員來源。

好從威瑪逃往德勒斯登。最後是靠著發動總罷工，以及共黨分子正試圖利用混亂之便，進行他們的政變——雖然他們的企圖已為陸軍及早枚平——的事實，才總算挽救了局勢。所有這些都顯示出政府有多麼軟弱。

德國在支付賠款上遭遇的困難，終於使得法國在一九二三年一月占領了德國主要的工業區魯爾區。此舉加深了德國人民的憤怒，並且使得通貨膨脹更形雪上加霜；在八月間，德國馬克對美元的匯率自七千對一上升到一百萬對一。德國政府雖然以停止償付賠款做為消極抵抗手段，但是到了八月，他們已了解到不可能在不讓經濟崩潰之下，還能夠抗拒協約國。因此賠款重新繼續支付，而法軍也告撤退。

極左派和右派都將這視為是另一個威瑪政府軟弱的表徵。巴伐利亞的情形更是如此，一九一九年內戰留下的傷痕，使得右翼團體在當地欣欣向榮。這些團體之一是德國國家社會工人黨（NSDAP），率領該黨的是父母皆為奧地利人，曾在戰時擔任下士的阿道夫・希特勒。他擁有實力強大的盟友，包括前德國陸軍參謀總長艾利克・馮・魯登道夫。希特勒和魯登道夫曾在一九二三年十一月試圖於慕尼黑發動暴動，目的是推翻威瑪政府，並且撕毀凡爾賽和約。結果這次行動以失敗收場，兩人都被捕受審。希特勒被判處在慕尼黑城外的蘭斯堡要塞監禁五年。但是巴伐利亞民眾對他的同情，使得他得以減刑為九個月，他在這段時間中寫下了他的政治宣言《我的奮鬥》。

希特勒的許多訴求都是以一個廣受歡迎的觀點為基礎，就是德國的軍隊並沒有在戰場上被擊敗，這個國家是在戰爭結束時被軟弱的政客自背後打倒的。是政客使得德國陷入今天的處境，因此德國需要強而有力的政府，來重建國家的命運。這些訴求之中還夾雜著種族理論，主張亞利安人比其他所有人種都高出一等，特別是斯拉夫人、黑人，還有最低下的猶太人，希特勒相信後者正陰謀策劃控制全世界。

然而在一九二○年代中期，希特勒得到的支持開始逐漸減少。一九二四年五月，美國預算局局長查爾士・G・戴維斯引進了一個修改過的賠款支付辦法，讓德國經濟能夠開始走上恢復的道路。德國在一九二六年獲准加入國際聯盟，另外協約國解除武裝委員會——這個組織的存在，不斷提醒著德國人他們已在一九一八年被擊敗的事實——也於次年解散。除此之外，巴伐利亞政府更禁止希特勒發表公開演說，他的政黨也處於資金不足之中。這項禁令在一九二七年解除，希特勒

一九二〇年代一次衝鋒隊遊行中的
希特勒。

於是決定通過國會走向掌權之路。然而在一九二八年的國會大選中，
德國國家社會工人黨在四百九十一席中只得到十二席，這點足以顯示
這個國家正在逐步安定下來。隨後在一九二九年八月，德國在支付賠
款上又獲得進一步寬待，得以展延到一九八八年才償清。不過這項權
利卻被德國人當成是協約國延長奴役德國的手段。

　　然而一九二九年十月的華爾街崩盤，卻徹底擊垮了德國的復甦，
這次事件對德國脆弱經濟造成的影響遠勝於其他國家。失業人數的急
速成長，使得民意開始向共產黨和國社黨集中。雙方在一九三〇年的
國會選舉中都大有斬獲，但是希特勒的政治突擊隊伍，衝鋒隊（Stur-
mabteilung，簡稱SA）在選舉之中，與敵對的共產黨互起衝突，使得
這次選舉充滿了暴力。

　　到了一九三二年春天，希特勒的地位已經強大到足以競選德國總
統，結果他吸引到超過三分之一的選票，這確實是不小的成就，因為
他主要的對手是年事已高、卻依然德高望重的保羅‧馮‧興登堡元帥，
後者自一九二五年起即擔任總統一職，這次選舉又讓他得以連任。國
社黨則在同一年的國會選舉中成為最大黨，不過該黨並未超過半數，
而希特勒又不贊成組成聯盟。情勢此時開始出現快速發展。興登堡認

為解開目前政治僵局的唯一方法，就是說服希特勒出任首相，儘管內閣成員中只有兩名國社黨員，他還是在一九三三年一月三十日採取了這項行動。一個月之後，國會發生一場神祕的火災，被控要為這宗罪行負責的是一名半瘋的荷蘭人。希特勒則指控共產黨才是幕後的主使者，並且說服興登堡在政治上設限。他接著要求在三月初舉行另一次國會選舉。國社黨在選舉中仍然沒有能取得過半數席位，但希特勒以國會火災為藉口，將共產黨代表予以逮捕，解決了這個問題。隨後他以公民投票的方式，成功通過除開他的政黨之外，其他政黨實質上都被禁止活動的法案。十八個月之後，興登堡於一九三四年八月去世，由希特勒接任總統。現在他擁有了絕對的權力。

　　儘管希特勒仍受到凡爾賽和約的限制，但他已下定決心要重建德國的軍隊。他的第一優先是受到十萬人限制的陸軍。雖然缺乏現代化的武器，但一九二二年拉帕洛條約的祕密協定，使得德國陸軍的重要軍官得以對戰車和飛機進行研究。在這方面，德國共和國軍(Reichswehr)又得到與德皇時代的陸軍毫無關聯之助。因此這支軍隊能夠不受傳統觀念的影響，訂出以大戰經驗為基礎的教條。除此之外，陸軍每名士兵都經過精挑細選，並且受過高出現有階級兩階的訓練，這些提供了希特勒所希望的急速擴軍的骨幹。德國在威瑪共和時代也沒有空軍，不過協約國自一九二二年開始准許德國擁有民航機，因此得以成立國營的德國航空公司(Lufthansa)。另外滑翔俱樂部也幫助大眾心中植入了對飛行的嚮往。至於最有價值的，則是在俄國訓練軍機飛行員的機會，以及使用俄國的設施對新設計進行研究。希特勒於是再次在祕密中下令成立德國空軍。

　　軍事指揮官自然都對希特勒的擴軍計畫大表歡迎，但陸軍卻對希特勒的政治軍隊衝鋒隊所扮演的角色出現疑慮，特別是衝鋒隊的指揮官恩斯特·羅姆一直主張衝鋒隊應該成為德國國防的最前鋒。連希特勒本人也開始對羅姆的動機起疑，在一九三四年六月的最後一晚，他將羅姆和其他衝鋒隊領導人予以逮捕處決。這場所謂的「長刀之夜」就此確立陸軍的地位，但是陸軍也要付出代價。興登堡去世之後，所有軍人都必須對希特勒宣誓個人效忠。

　　在兩個第一次世界大戰的勝利國，新出現的內部力量也正開始重整其政治結構。大戰結束後的那段時間中，義大利一直深受軟弱的聯合政府所苦。同時義大利也對未能在和約中得到更多的土地而失望。

如同其他國家，俄國的革命也激起義大利的左派發動一連串罷工，以及號召農民占有土地。這使得右派做出了回應。

　　一九一九年九月，一名國家主義詩人與陸軍軍官加布里爾‧安南濟奧與一批志同道合的人士占據了原屬奧國，在和約中劃歸新成立的南斯拉夫所有的港口費歐米（現名里傑卡）。直到一九二○年十二月，義大利海軍才逐走了他們。在義大利北部，另一名軍人退伍的新聞記者貝尼托‧墨索里尼組織了日後將發展為龐大右翼運動的法西斯黨，該黨得名自古羅馬的權威象徵──蘆葦束。在法西斯黨剛成立時，他們強烈的國家主義並不符合大部分人的胃口，許多人不過把他們當成是蠻不講理的小男孩而已。因此墨索里尼開始朝工業家、地主和專業階級發展，他們正對社會黨政府處理工人日益高漲的加薪要求時，表現出的軟弱態度感到不滿。在一九二一年的全國大選中，法西斯黨除了贏得部分北部城鎮政府的控制權之外，也得到了議員的席位。動盪的局勢依然繼續下去，於是法西斯黨採取了一個新的戰術，乾脆接管罷工層出不窮的北部城市的大眾服務部門，藉此提高他們受歡迎的程度。

一九二二年行軍前往羅馬途中的墨索里尼黑衫隊，這次行動讓他得以掌權。

如同希特勒，墨索里尼也是一位優
秀的演說家。

正在滿洲行軍的日本部隊。他們以
武力併吞此一地區的行動，爲國際
聯盟敲響了第一記喪鐘。

情勢隨著一九二二年八月的總罷工達到頂點。政府不願意對罷工
者採取明確的行動，法西斯黨則已接管了鐵路和電車。墨索里尼決定
時機已經成熟，在占據義大利北部和中部所有重要的建築物之後，墨
索里尼下令他身著黑色制服的黑衫隊向羅馬集結。維克多‧伊曼紐國
王由於害怕爆發內戰，拒絕讓政府宣布進入緊急狀態。因此墨索里尼
於十月三十日乘火車前往羅馬，在他抵達後，國王隨即要求他出面組
成政府。

墨索里尼迅速採取行動消滅所有反對勢力，並且獨攬大權。到了
一九二八年，他的地位似乎已是無法動搖，國會是以指派而非選舉產
生的，所有權力都緊緊掌握在法西斯大議會手中。

日本也同樣心懷不滿，不過他們不滿的對象不是和約，而是一九
二一～二二年的華盛頓海軍會議，這項會議結果使得日本的海軍必須
屈居英國和美國的下風。許多人也了解到日本腐敗的封建系統政府已
經跟不上時代。日本在一九二四年引進全民普選，但是此舉操之過急
舊的方法是不會在一夜之間被抹煞的，結果政治醜聞四起，使得許多
人在政治上轉而支持極權主義。日本此時也正面臨快速的人口成長問

，隨著本國的工業基地逐漸發展，日本也開始警覺到本身自然資源
的缺乏。在右翼國家主義者——其中許多是青年軍官——的眼中，解
決之道就是中國的滿洲，日本自一九○五年開始就與俄國在當地分享
影響力。日本已經在南滿的某些地區進行殖民，不過他們必須小心找
藉口，以免刺激西方強權。滿洲除了土地廣大之外，礦產也非常豐
富，當時南滿正由軍閥張作霖掌有，不過日本關東軍在當地也有駐軍。
張作霖在一九二八年中遭到兩名日本軍官殺害。三年之後，關東軍以
重建法律和秩序為藉口，自中國手中奪下了瀋陽。此舉使得日本政府
顏面盡失，但是當時日本政府正處在軍事政變的威脅，以及一連串政
治暗殺的阻撓之下，連首相（譯註：犬養毅）也在一九三二年五月遇刺。
因此日本政府已經無法控制很快拿下全滿洲的關東軍。當中國向國際
聯盟提出抗議時，日本乾脆退出了這個組織。

在西方強權的想法裏，一旦和平實現之後，他們就可以致力於確
保上場世界大戰是結束所有戰爭的戰爭，以及贏得和平之上。這對英
國和法國而言，並非易事。法國位在東北部的主要工業地區大多已毀
於戰火，而且法國以及英國在人力上都蒙受可怕的損失，更糟的是戰
爭掏盡了兩國的國庫，使它們對美國欠下大筆債務。戰時工業要轉為
平時生產不是一蹴可及的，結果此舉一開始即造成失業人數居高不
下，而士兵大量復員使得這個問題更形惡化。

英國的國防政策又重新以戰前的保衛帝國為優先，此時英國又因
戰爭而大舉擴張其版圖，包括位於東非的新領土，以及位於中東的巴
勒斯坦、伊拉克和約旦等託管地。為了簡化國防政策，英國政府在一
九二一年設下一項假定，就是未來十年內歐洲都不會發生重大戰爭。
這項「十年規則」將一直持續到一九三二年為止，藉以將國防開支減
少到最低點。

然而在英國本土附近卻出現了一個問題。一九一六年復活節期
間，愛爾蘭首府都柏林發生了一次武裝暴動。參與者希望脫離英國而
獨立，這在許多愛爾蘭人之間已經不是新鮮的要求。在天主教徒占多
數的南部，這樣的傾向十分明顯；至於新教徒占多數的北部，則依然
堅決擁護英國的主權。

一九一八年十二月的英國大選中，戰時首相勞合喬治又重奪首相
寶座，但是共和派候選人卻在愛爾蘭贏得了輝煌勝利。結果他們不但
沒有接受西敏寺國會的議席，反而另外成立他們自己的議會。在此同

在愛爾蘭分離後隨之而來的內戰期間，愛爾蘭自由邦部隊正在向愛爾蘭共和軍的伏擊還擊。照片中的裝甲車是英軍所遺留下來的。

時，共和派開始對愛爾蘭警察展開攻擊。駐愛爾蘭的英國陸軍被迫接手，一場全面的游擊戰很快就爆發開來，雙方在戰鬥中都犯下可怕的暴行。這場衝突是久戰疲憊的英國人所最不願意見到的，尤其是北方的忠誠派新教徒又使得事情更為複雜。最後在經過多次協商之後，雙方在一九二一年底達成協議。北方六個以新教徒居多的郡——例如厄斯特——仍然屬於英國的一部分，擁有自己的議會。另外二十六個郡則組成愛爾蘭自由邦，擁有大英帝國轄下自治領的地位。

南方有部分人覺得他們被出賣了，他們認為全愛爾蘭應該組成一個共和國，也不應對英國王室存有任何效忠關係。因此一當英方撤離這二十六個郡，自由邦和愛爾蘭共和軍之間就爆發了一場大規模內戰。政府軍擁有大批英軍所留下的武器，因此自一開始就居於上風。愛爾蘭共和軍很快體認到這點，但他們依然繼續進行戰鬥，直到他們在一九二三年五月宣布停火為止。此時他們已有一萬三千名成員被捕，但他們還是沒有投降，相反的，愛爾蘭共和軍轉而走入地下，繼續致力於建立一個包含全愛爾蘭的共和國。

在此同時，英國在中東的新責任也開始令他們倍感吃力，特別是在伊拉克，也就是過去的美索不達米亞。阿拉伯部落在脫離土耳其統治之後，試圖利用土耳其的戰敗來為他們獲取更多的權力。想要控制他們，必須投入數目無法讓人接受的英軍部隊。就是這點引發了一項將在許多方面造成重大影響的政策。

皇家空軍是於一九一八年四月一日正式成為獨立軍種，原因是認為空軍可以藉戰略轟炸，在戰爭中扮演重要角色。但是隨著和平的到來，這種作戰方式變得無關緊要，兩個較老的軍種皇家陸軍和海軍眼見空軍正蠶食他們日漸縮減的預算，乾脆主張將空軍廢除。

曾在一九一八年指揮皇家空軍駐法戰略轟炸機部隊，時任空軍參謀總長的空軍中將修‧滕恰德爵士提出了一個激進的提議，這個提議將可以保護皇家空軍的獨立。他主張比起派遣數以千計的地面部隊來，空中武力能夠以更節省的方式在中東執行警察任務。政府在急於節省金錢之下，接受了這個提議，空中控制的政策於是就此誕生。如果某個部落變得不服治理，皇家空軍將會投下警告，通知他們村莊即將遭到轟炸。如果此舉不能奏效，接著皇家空軍會進一步警告在二十四小時之內撤離村民，之後村莊就會挨炸。這項政策證明非常有效，少數幾輛皇家空軍裝甲車和當地稅務員就足以勝任地面警察的角色。

空中控制也同樣使用於印度的西北邊疆，英屬印度陸軍和當地部落不斷在這裏發生小規模衝突。但是在印度，另一個問題於一九二〇年代開始浮現。這就是獨立的要求，而且一開始是以大規模暴動來做為手段。接著在馬哈特瑪‧甘地的領導下，這場戰役逐漸轉變為全民不合作運動，例如在鐵軌和幹道上進行靜坐。

在英國本土，情況也並未改善，一九二六年的大罷工使政府必須動用部隊，維持基本的民生事業運作。使情況更為惡化的是一九二九年的華爾街崩盤，造成數以百萬計的民眾失業。國防預算因此一再被刪減到不能再減。事實上在一九三〇年時，三軍薪餉都減少了百分之

一九三一年希奈達盃的勝利者，英國的超級水手S6b，噴火式戰鬥機就是由此機所發展出來的。

十，結果引起了蘇格蘭的印佛戈登海軍基地水兵譁變。

十年規則在一九三二年被修改為五年，然而這在一時間對國防支出並沒有任何影響。英國之所以能參加一九三三年的希奈達盃高性能水上飛機競賽，完全是靠著休士頓女士所捐出的金錢——她是當時一位著名的慈善家與愛國者。她的舉動實在是英國之福，因為超級水手S-6b在這次比賽中的成功，直接促成了噴火式的發展，這種飛機日後成為第二次世界大戰出類拔萃的戰鬥機之一。

法國也正忙於應付海外新增的負擔，因為和約給了法國敍利亞和黎巴嫩的託管權。另外在北非的屬地阿爾及利亞、突尼西亞和摩洛哥，法國還必須對付各部持續不斷的動亂。至於在中南半島，獨立的呼聲在一九二〇年代末期開始出現。這些大部分要歸因於一個人，他就是胡志明——四十年之後，他的名字將會家喻戶曉。當他於一九二〇年在巴黎擔任侍者時，他曾幫助創立法國共產黨，後來他返鄉建立了當地的共產黨。這個組織將會成為獨立的主要煽動者。

法國的經濟和英國一樣，從來沒有自大戰中完全復原。法國經歷了一連串左翼和右翼政府，但他們都必須面對一個事實，就是法國再也無法負擔另一場一九一四～一八年那樣的戰爭。為了提供有效的防禦與嚇阻，法國發展出在東部與德國接壤的邊界上，建立一道堡壘防線的概念。到了一九三〇年，這個龐大的計畫已經開始在著手進行，這道防線以當時的國防部長，曾在一九一六年凡爾登會戰中身負重傷的安德烈‧馬其諾而被稱為「馬其諾防線」。這種措施意義重大，因為在一九一四年之前，法國陸軍的想法是以攻擊為主，但現在卻轉變成了頑強防守，就和凡爾登的例子一樣。

就經濟方面而言，美國無疑是大戰的唯一勝利者。美國所借給盟國的大筆貸款，以及她不需要大事改變戰時工業，因為美國從未適當建立起戰時工業的事實，使得這點更加明顯。然而一九一七～一八年的經驗，只是更加強了美國人的傳統信念，就是歐洲並非美國應該沾足之地。因此在一九二〇年的總統大選中，提出國際聯盟構想的威爾遜總統遭到了徹底失敗。

這意味著雖然美國仍然準備投入裁減軍備，主持一九二一～二二年在華盛頓舉行的海軍裁軍會議，但是除此之外，美國已經再一次退出國際事務，並且重新以孤立主義為外交政策。

一九二○年代是美國經濟起飛的時期。在當時實行禁酒令，造成幫派橫行，以及所謂「爵士時代」急快節奏的背景下，美國人培養出一種「快速發財」的態度，投入股票市場玩弄一切。這個氣泡越脹越大，最後終於在一九二九年十月破裂。隨著接下來的經濟衰退滲入全國的每一個角落，許多人就在一夜之間失去了工作，變得一文不名。

一直到法蘭克林・D・羅斯福總統於一九三二年十一月帶著他的「新政」當選之後，美國人民才恢復希望。羅斯福決心要讓人民重新擁有工作，他的方法主要是動員失業人口投入龐大的公共建設工程。這個政策與希特勒用來重建德國經濟的方法非常相似。不過無論如何，經濟大恐慌都使得美國人變得比以前更為內省。

國際聯盟的成立，以及一九二一～二二年華盛頓海軍會議的成功，似乎證明全世界將會享有長久的和平。在一九二五年，荷蘭海牙舉行了一場國際法律學者會議。這次會議的目的是試圖訂立空中戰爭的行為準則。雖然此舉從未超過草案階段，但各國都同意自空中對平民進行攻擊是違法的。此外關於戰爭行為的日內瓦公約附加條款也完成制訂。毒氣在一九二五年被禁用，最初的一八六四年日內瓦公約也在一九二九年得到修訂，這些保障了病患、傷者和戰俘應受的待遇。

外交方面也有令人鼓舞的進展。經由一九二五年的羅加諾條約，英國和義大利同意擔任西歐國界的保證人，更為重要的是一九二八年的凱洛格—布里安協定，有超過六十個國家保證將戰爭視為非法行為。

然而所有這些消弭戰爭的企圖，並不代表軍事思想就此處於停滯狀態。上一場世界大戰留下了許多教訓，而軍事思想家們迫不及待地對此展開研究。在英國，戰時英國戰車軍參謀長富勒上校（日後晉升為將軍）和李德哈特上尉兩人主張，將部隊予以完全機械化——尤其是加上戰車——可以保證西線血腥的僵局不再重演。代價高昂的正面攻擊將由迅速移動的裝甲部隊取代，它們將深深穿透敵軍防線，破壞對方的指揮與管制，麻痺敵軍繼續作戰的能力。英國、美國和法國都曾進行這方面的試驗，但是由於財政的緊縮，以及當時將戰車視為侵略性武器，不符合和平與裁軍氣氛的緣故，注定機械化無緣成為全力追求的目標。另一方面，德國和俄國卻對這些理論採取了更為嚴肅的態度，戰車生產就是史達林第一個五年計畫的一部分。

皇家海軍航空母艦狂怒號在一九二〇年代早期的外貌。這艘航艦曾於一九三〇年代經過重大修改，在第二次世界大戰中繼續效命疆場。

一九二一年，一位義大利將領吉里奧‧杜黑出版了一本名爲《控制天空》(*The Command of the Air*)的著作。他呼應了史慕特將軍對德軍一九一七年倫敦空襲的看法，他相信未來飛機不需要多少陸軍和海軍的幫助，就能夠使得敵軍屈膝。雖然直到一九三〇年代爲止他的著作在義大利之外還不爲人知，他的看法卻得到了英國滕恰德中將的呼應，這是讓皇家空軍在當時得以保持舉世唯一獨立地位的主要力量。

比利‧米契爾將軍第二次飛機對抗船艦試驗的結果。老舊的美國戰艦維吉尼亞號於一九二五年九月，在海特拉斯角外海遭到炸彈擊中。

空權能夠在海上戰爭中扮演的角色也得到了承認。一九二二年華盛頓海軍條約對限制建造主力艦達成的協議，使得各國海軍紛紛將建造中的戰艦改造爲航空母艦。海上空權的主要擁護者，是曾於一九一八年指揮駐法美國航空隊的比利‧米契爾將軍。他主張空權是保衛美國海岸線對抗入侵最節省的有效方式，並且在一九二〇年代初期，對船隻進行了一連串成功的轟炸試驗。然而接下來他所提出建立獨立空軍的要求，卻遭到美國海軍充耳不聞的對待，因爲他們將這看成是對海軍存在原因的一個威脅。二十年之後，他以飛機做爲船艦摧毀者的概念，將會得到眞正的證明。

不過在一九三〇年，邁向國際裁軍的道路已經開始出垷裂狼。在倫敦海軍條約中，美國、英國和日本同意按照一九二二年條約中對主力艦設下的同樣比例，對較小的軍艦設限。但是法國和義大利表示不能同意，而且拒絕簽字。接著在一九三二年二月，有史以來規模最大的裁軍會議在日內瓦召開。這項會議一直進行到一九三四年五月，結果一無所成。法國認爲這些提案對法國安全的威脅太大，希特勒統治下的德國則聲言若是其他國家不將軍力減少到凡爾賽和約給予德國的水準，德國就要重建軍備。爲了加強這點，希特勒下令他的國家退出國際聯盟。

讓世界免於衝突的希望就這樣漸漸消失，戰爭的烏雲很快就在地平線上開始浮現。

第 八 章

戰雲密布

1935—1939

　　想要促進全球裁軍的努力，終於在一九三四年底以失敗收場，因為部分國家害怕這將使得他們對於外來侵略無力招架。國際聯盟雖然存在，卻未能阻止日本攻占滿洲。事實上，在希特勒統治的德國和日漸走向軍國主義的日本都已退出，而美國又沒有參加的情況下，國際聯盟已變成一個非常軟弱的組織。現在這個組織即將面臨新的挑戰。

　　義大利在墨索里尼的統治下，是一個與大戰結束時完全不同的國家。這裏有著強勢的政府，以及效率在過去未曾得見的政府組織，至少在表面上是如此。但是墨索里尼希望讓義大利成為一個強權。他特別憤怒於大戰結束時，他的國家未能得到德國殖民地來擴大非洲的版圖，因此他決心要彌補此一錯誤。他將他的眼光放在阿比西尼亞（今日的衣索比亞），義大利曾經在一八九六年試圖占領這裏，但是卻在阿道瓦會戰中遭到慘敗。一開始他的計畫是以友善的方法，將這個國家置於義大利的支配之下。因此他支持阿比西尼亞在一九二八年所提加入國聯的申請，雙方並且簽訂了一紙友好條約。然而，阿比西尼亞皇帝海利·塞拉西卻希望將他的國家對義大利之外的國家開放。這可不是墨索里尼所希望見到的。

　　墨索里尼漸漸將戰爭視為唯一的解決之道，一九三四年十二月，駐於相鄰的義屬索馬利蘭的義大利部隊，於奧加登綠州與阿比西尼亞部隊發生了一場衝突，此地已經深入阿比西尼亞境內。義大利要求賠償，並且開始增兵義屬索馬利蘭和厄立特里亞的部隊。皇帝海利·塞拉西親自向國聯求助，但國聯並未給予多少注意，因為他們更關心的是德國重整軍備的問題。這鼓舞了墨索里尼更進一步採取入侵行動，英國外相安東尼·艾登害怕義大利將會退出國際聯盟，於是在一九三五年六月訪問羅馬，試圖與墨索里尼達成交易，條件是將奧加登交給義大利，義大利則同意讓阿比西尼亞擁有一處紅海港口做為交換。

　　墨索里尼並沒有上當，在雨季結束之後的一九三五年十月初，他

義大利軍的山砲正在一九三五年入
侵阿比西尼亞的行動中作戰。

自厄立特里亞和索馬利蘭展開入侵。儘管有著困難的地形做為後盾，
裝備窳劣的阿比西尼亞部隊仍然難以對抗武器精良的義大利陸軍，以
及不斷自空中痛擊著他們，有時甚至還使用毒氣炸彈的空軍。

　　國際聯盟的反應清清楚楚地顯示出其弱點。英國和法國都不準備
採取軍事手段挑戰墨索里尼，因為他們的軍力不足。因此國聯決定實
施經濟制裁，但制裁項目中卻不包括對現代戰爭攸關重要的煤和石
油。而且無論如何，非國聯成員的美國和德國都不受這些措施的約束。
因此經濟制裁並沒有發生多少效果。結果在經過六個月的戰役之後，
阿比西尼亞被完全占領。海利・塞拉西和他的家人出亡英國，墨索里
尼則宣布這個國家成為義大利殖民地。國際聯盟阻止侵略的努力又再
一次受到嚴重挫敗。

　　墨索里尼征服阿比西尼亞之後不過兩個月，另一場衝突又在一九
三六年七月爆發開來，這次地點是在歐洲。西班牙雖然沒有參加上次

阿比西尼亞部隊正在義大利空襲下尋找掩避。他們基本的武器完全不能與敵軍的現代化火力相提並論。

世界大戰,但是也和許多其他國家一樣,戰後深受一連串弱勢政府之苦。一九二三年,普里莫·迪·里維拉推翻政府成為獨裁者。他的統治維持了七年,最後由於經濟大恐慌使他遭到民眾唾棄而下台。

西班牙重建起民主政治,接著在一九三一年,左翼政府上台。他們廢除了王室,迫使阿方索國王出亡,並且使西班牙成為共和國。在接下來這段時間中,左派與右派政府輪迭更替,連帶人民的政治意見也變得日漸兩極化。在一九三六年二月的大選中,由各左派政黨——包括溫和的社會主義者以至激進的無政府主義和共黨分子——組成的「民眾陣線」,擊敗了由保守的幾個羅馬天主教政黨,以及里維拉之子創立的激進派法蘭奇黨組成的右派。民眾陣線在選舉中得票只略微超過半數,但即使如此,其上台後首先採取的行動之一,就是查禁在左派和右派之間製造街頭暴力的法蘭奇黨。除此之外,政府的改革計畫相當溫和。然而即使如此,罷工和非正式的沒收土地,仍然使得右派開始害怕共黨馬上就會接管政權。

對此最為關心的是西班牙陸軍中的某些派系。在他們來看,只有武裝革命才能消除西班牙被赤化的威脅。因此在一九三六年七月十七日,由法蘭西斯哥·佛朗哥將軍所指揮,駐防於西屬摩洛哥的部隊宣布與馬德里的政府進入敵對狀態,並且接管了殖民地。在一個星期之內,本土的軍營也陸續加入,拿下了塞維爾、奧維多、沙拉哥撒和其他城市。但並非所有將領都支持革命,馬德里和巴塞隆納的軍事叛變很快就被敉平。這使得國民黨叛軍控制的地區剩下西北部,以及位在

爾包的一處海岸口袋，和塞維爾周圍的一片舌狀地區，共和黨則擁有西班牙的東半部，包括馬德里在內。內戰以及隨之而來的可怕暴行，現在開始席捲整個國家。

佛朗哥必須將他的部隊運過直布羅陀海峽回到本土，於是他向希特勒求助。在七月過去之前，容克斯Ju52運輸機已經開始在西屬摩洛哥降落，提供運送服務。墨索里尼也派來了飛機，而雙方都開始對國民黨提供武器。在此同時，以輸出共產主義為目標的莫斯科共產國際為了支援共和黨，也同意送來志願軍和金錢。

英國和法國非常擔心這場火災會延燒成歐洲大戰。他們都宣布採取不介入政策，不過當時法國的左派政府對此卻有著嚴重的分歧。他們接觸了義大利、德國與西班牙的鄰國葡萄牙，並且自這些國家取得不介入的同意。一個國際不介入委員會於是成立，並且在九月初於倫敦召開第一次會議。希特勒和墨索里尼儘管都同意不會介入，卻繼續運送武器和人員前往西班牙，而且數量日漸增加。因此俄國提出警告，他們將會比照德國和義大利來調整受到不介入協議約束的程度。

至於在西班牙，國民黨在德義飛機漸增的支援下，開闢了兩個戰場。摩拉將軍開始對西班牙北部進行肅清，佛朗哥本人則自南方向馬德里推進，他的摩爾人部隊所到之處，敵人無不聞風喪膽。到了那年年底，他在摩拉將軍的協助之下，已經自三方包圍了馬德里，使得該

西班牙內戰中，正在馬德里城外的
陣地中作戰的共和黨部隊。

國民黨部隊的重型火砲正在西班牙境內行進。

地事實上陷入圍城狀態之中。共和黨政府則已經撤往瓦倫西亞，德國和義大利於是正式承認佛朗哥為新的國家元首。

　　這場戰爭中提供積極援助的三個國家動機各有不同。希特勒將這場戰爭視為實驗室，他可以在這裏測試他的新武器，尤其是戰車和飛機。德國在整場戰爭中從未提供超過一萬五千人，造成最大影響的還是兀鷹軍團的飛機。事實上，梅塞希密特Me109戰鬥機和容克斯Ju87俯衝轟炸機就是在西班牙的天空中第一次出戰的。但是衝擊最大的還是德國的轟炸機。它們對馬德里的攻擊，以及最重要的，一九三七年四月二十六日在畢爾包附近的巴斯克省城鎮古恩尼卡，造成六千人死亡的空襲，更加深了一般人認定在未來戰爭中，轟炸機將會大舉毀滅城市的信念。

　　才剛完成征服阿比西尼亞的墨索里尼，此時正迫不及待要展現義大利的軍事實力，好讓義大利躋身強權之林。因此他派出了大批部隊，以及超過七百架飛機前往西班牙。史達林的動機則比較令人難以拙摸。雖然他可能是出於共產國際的利益，才積極援助左派政府，但他更關心的是義大利法西斯主義和德國納粹主義的興起。他希望西方民主國家能幫助制衡它們，因此並不希望過分刺激這些國家。他應該是將西班牙內戰視為是讓德國和義大利無暇他顧，好讓他繼續從事建軍的手段。不過即使如此，俄國還是派出了大約七百輛戰車，以及超過一千五百架飛機。

　　共和黨方面的另一支外來部隊是國際旅。雖然許多國家政府都決定置身戰事之外，但是左翼的美國人、英國人、法國人，還有來自包

舌德國的其他國家人士，都志願前來西班牙作戰。他們經常是在當地共產黨的支持下成行的。這幾支國際旅雖然武器和裝備都十分窳劣，且它們的成員在馬德里周圍的戰鬥中卻有著英勇無比的表現，而且陣亡者不在少數。國民黨方面也擁有包括一個愛爾蘭羅馬天主教旅在內的外籍志願軍，不過他們的人數並不及國際旅那樣多。

隨著戰爭繼續進行，共和黨所占有的土地也越來越小。原因之一是他們政治目標的分歧。共產黨和社會黨的目標是在軍事上擊敗叛軍；更極端的無政府主義和工團主義分子則將這場戰爭視為無產階級的大革命。雖然多洛里斯‧伊巴魯里的演說不斷激勵著馬德里和其他地方的守軍，但是左派聯盟的裂痕已經在逐漸擴大，最後在一九三七年五月，無政府主義派和共產黨竟然在巴塞隆納爆發戰鬥。這對共和黨的目標是一點幫助也沒有。

國民黨得以日漸成功的另一個主要原因，是他們的裝備比起敵軍越來越好。不介入委員會試圖封鎖西班牙海岸，義大利和德國海軍負責東岸、英國海軍負責南岸，北岸則交給英國和法國海軍。這項封鎖並沒有收到多少效果，尤其國民黨總能夠讓補給通過抱持同情態度的葡萄牙，而且這項封鎖並不適用於飛機。除此之外，從一九三七年十一月底開始，佛朗哥已經強大到足以實行他自己的海上封鎖。因此到了一九三八年底，共和黨已經被包圍在兩個地區中，一是位於最東北端的一處小口袋，另外則是從馬德里延伸至東海岸的區域，此地的守軍依然屹立不搖。此時在不介入委員會所起草的計畫下，包括國際旅在內的所有外籍部隊都已離開了西班牙。越來越多國家陸續承認佛朗哥政府，在一九三九年二月，共和黨政府終於越過庇里牛斯山進入法國，跟在後面的是一大批難民。馬德里最後在三月初陷落，佛朗哥則在一個月之後正式宣布戰爭結束。

西班牙內戰留下的傷痕需要花上許久的時間才能癒合。眼前的問題是，英國和法國未能採取更明確的行動來遏止德國和義大利，而俄國的涉入只不過使得希特勒和墨索里尼更為理直氣壯，史達林則從此再也不信任英法兩國與法西斯主義和納粹主義對抗的決心。

國際聯盟在西班牙內戰裏並沒有扮演重要角色，當時這個組織更關注的是另一場危機，這次是在遠東。國聯在一九三〇年代已經未能阻止日本占據滿洲。事實上，滿洲現在已經成為一個名為滿洲國的附庸國，而且更令人感到侮辱的是，日本竟然安排清朝的最後一位皇帝溥儀擔任元首。業已在一九三三年退出國際聯盟的日本，現在開始將

目標轉向了中國本身。

　　一九三〇年代中期，中國正處於兵連禍結的內戰之中。這場內戰的根源要回溯到一九一一年孫逸仙建立中華民國之時，他堅定地相信，由歷代中國皇帝自北京紫禁城統治下的傳統封建制度，是使得中國停留在過去，對外國經濟掠奪越來越無以招架的原因。但是儘管孫逸仙殷切期盼自由思想，他卻無法阻止他廣大的國家淪入無政府狀態。到了一九二〇年代，中國大部分地區都掌握在軍閥和他們的私人軍隊手中，他們彼此之間的爭戰對老百姓造成了難以言喻的痛苦。

　　孫逸仙在一九二五年去世，他的地位由一名陸軍軍官蔣介石接替，後者決心要使國家能夠統一，並且在經濟上自立。蔣介石第一件要做的事是消除軍閥所造成的無政府狀態，但是位在中國各重要港口周圍，八十年來被列強當成經濟剝削中國工具的外國殖民地，也必須予以除去。為了達成這個目標，蔣介石與俄國支持下成立的中國共產黨結盟。他在一九二六年開始自中國南方向上海進軍，這裏是主要的所謂條約港口，有著龐大的西方人士社會。西方國家隨即體認到此一威脅，於是火速派遣部隊增援上海的小小守軍。

一九三七年日軍部隊進入上海。

在一路擊敗眾多軍閥之後，蔣介石沒有遭遇多少困難就抵達了上海。但是國民黨政府內部此時開始出現分裂。雖然共產黨正在鼓動市民和農民動亂，但蔣介石卻已經開始了解到，他需要資金來穩定他的政權。資金只可能來自地主和外國人，而他們正是共產黨疏遠的對象。一九二七年四月，他開始轉而對付共產黨，將部分領導人物予以逮捕。一場超過二十年的衝突於焉開始，最後他將會成為失敗的一方。

　　蔣介石對付共產黨的戰爭一開始非常成功。事實上共黨由於蒙受慘重傷亡，在一九三四年十月，他們被迫由毛澤東率領撤往中國西北的偏遠據點。這場長達五千哩，日後以「長征」而聞名的旅程一共花了一年才完成，在參加的十萬人中，生還的只有三分之一。他們一抵達目的地之後，隨即著手療傷與重建實力的工作。

　　日本政府在主張國家主義的陸軍軍官漸增的影響之下，開始對中國採取更為強力的政策。有個強大的中國與日本在滿洲的利益為鄰，並不合於他們的利益。於此同時，他們也對俄國和中國共產黨感到十分憂心。這個原因促使日本在一九三六年十一月與德國簽署了共同防共協定，義大利則在一年之後加入。

　　中日之間的緊張關係也正逐步升高，一九三七年七月，駐守北平公使館的日軍部隊與中國軍隊發生了衝突。日本關東軍部隊接著自滿洲國越界開進華北，一場全面戰爭就此爆發。更多日軍部隊隨即自日本土運往中國，到了那年年底，大部分華北和海岸地區都已落入日軍控制之下。他們在拿下像是上海和南京等城市時展現出的殘暴，令舉世為之震驚。尤其後者在陷落之後的六個星期裏，居民更蒙受到了無法形容的暴行對待。

　　一九三七年十二月，日軍飛機和岸砲在南京城外攻擊了英美軍艦和商船，並且造成數艘船隻沉沒。羅斯福總統提議以海上封鎖做為報復，但英方害怕此舉將會導致戰爭。對於這次事件，日本由於不願讓關鍵的原料進口受到封鎖，因此提出了道歉。

　　就這樣，蔣介石只有獨力奮戰下去。他唯一的安慰是俄國在一九三七年八月與他簽訂了互不侵犯條約，此舉也使得毛澤東領導的共產黨宣布，日本而非蔣介石才是現在真正的敵人。即使如此，日軍仍然繼續毫不放鬆地推進。到了一九三八年秋天，日軍已經占領廣東，並且使英國殖民地香港陷入孤立狀態，蔣介石則被迫將政府撤往深入中國內地的重慶。英國和法國僅僅只對日本提出抗議而已，日本根本毫不在意。然而，蔣介石抵抗侵略的立場卻激發了美國民眾的想像力，

撤退到重慶之後的蔣介石。這裏將是他的政府在整場第二次世界大戰中的所在地。

羅斯福總統也在一九三八年底同意一筆兩千五百萬美元的貸款，藉以鼓勵他繼續作戰。

雖然俄國對蔣介石的支援大多都是被動的，但俄軍和日軍卻曾在滿洲國北方的邊界上發生過數次衝突。這些衝突導致雙方在一九三九年八月於外蒙古邊界上的諾蒙汗爆發一場大戰。配備有精良的戰車與飛機的俄軍，在一位名爲喬治・朱可夫的將領——這個名字將在幾年之後變成家喻戶曉的人物——指揮下，讓日軍遭受到決定性的失敗，並且爲一切併吞俄國領土的企圖畫上了句點。隨著中國的痛苦持續下去，又再一次暴露出國際聯盟根本無力阻止侵略。然而一個重要的原因，是歐洲正變得越來越爲本身的情勢而無暇他顧。

當希特勒在一九三三年一月掌握德國大權，開始實行鐵腕統治時，國際上一般的看法是德國所受的懲罰已經夠了，現在德國應該可以被准許恢復部分過去的地位。事實上，希特勒激勵全國回到工作崗位，以及重建經濟的方法，令許多觀察家敬佩不已。他們沒有注意到所有政治民主都遭到了打壓，那些在政治上反對納粹的人士已被送到新成立的達朱集中營的事實。

希特勒所結合的目標，不只是要改正一九一九年和約加諸於德國的不公正，還要提供德國人民「生存空間」(Lebensraum)，意思就是擴展德國一九一九年的疆界。第一個跡象是德國於一九三三年十月退出國際聯盟，但是除此之外，希特勒也開始在祕密中進行擴軍工作。不過希特勒最感到憤怒之處，還是凡爾賽和約劃定的波蘭疆界造成了東普魯士的孤立。但是在他建立起三軍之前，除了誘使他的鄰國誤以爲可以高枕無憂，他能做的實在非常有限。因此在一九三四年一月，他與波蘭簽訂了互不侵犯協定。

希特勒現在將他的目光朝南轉向他出生的國家——奧地利。由於來自左派和右派的不斷威脅。自一九三二年起，奧國首相恩格貝特・道夫斯就是在沒有國會的情形下治理國家的。在一九三四年初，他以嚴厲手段鎮壓了剛在維也納爆發的工人暴動，此舉不過使得他更不受歡迎而已。希特勒眼見發動政變的機會已經來臨，但是奧地利納粹黨雖然成功暗殺了道夫斯，政變的行動卻是一團混亂，奧地利陸軍很快就恢復控制。除此之外，墨索里尼還將部隊部署在義奧阿爾卑斯山邊界的布瑞納通道，藉以表達他的反對。希特勒因而被迫放手。

在一九三五年一月，一個更爲有利的機會出現在德國的西部邊界上。盛產煤礦的薩爾區雖然一直爲法國所垂涎，但此地自一九一九年

起就由國際聯盟管轄。此時這裏舉行了一次公民投票，結果薩爾區的居民以壓倒性多數贊成回歸德國統治。興高采烈的希特勒於是派出他本人的隨身部隊——黨衞阿道夫·希特勒禁衞團——爲第三帝國收回這塊領土。

於此同時，希特勒也將德國的再武裝計畫公諸於世。陸軍的兵力將會增加一倍，並且實行徵兵制。最讓德國人引以爲豪的是陸軍將成立三個裝甲師，這是威瑪共和時代多年思考與研究，加上在俄國實驗的成果。更讓人激動的是，儘管此事已經被懷疑多月，但是德國空軍終於揭開了面紗。在物質實力上，這支空軍看來似乎足以與英國和法國的空軍一較長短，不過希特勒其實是採用了虛張聲勢的手段，好讓德國空軍一開始看來就比實際上更爲強大。事實上，他是打算以這支力量作爲向鄰邦施壓的工具，藉以迫使他們對他的領土要求讓步。

英國和法國對德國的再武裝有不同看法。英國對陸軍兵力的增加並不怎麼憂心，他們擔心的是會對英國造成直接威脅的空軍。法國在馬奇諾防線仍然在構築下，採取了相反的觀點。因此兩國都沒有提出公開抗議。而法國更爲一九三五年的英德海軍協定感到憤怒，在這項協定下，德國同意將水面艦隊限制爲英國的三分之一，潛艇則與英國同等。此舉清楚顯示出英國認定凡爾賽和約已經死亡，但對於害怕發生另一場一九一四年之前那樣的海軍競賽的英國而言，這項協定卻是十分合適。對於潛艇的缺乏關心，反映了皇家海軍以爲聲納和深水炸彈的發展，已經使得潛艇不會再造成一九一四～一八年那種威脅的想法，他們將在幾年之後爲此後悔不已。

然而德國的再武裝，也促使英國和法國開始採取同樣行動。這象徵全世界藉由裁軍以保證和平的努力，就此劃上了休止符。即使如此，他們重整軍備的腳步一開始仍然是躊躇不前，英國就將力量集中在擴充皇家空軍，尤其是轟炸機的兵力上。

俄國也是另一個正在逐步重整軍備的國家，這是史達林建立一支強大的現代化軍隊政策的一部分，目的是保衞這個共產政權對抗西方的資本主義民主國家，以及右翼獨裁國家。到了一九三五年，俄國已經擁有一支龐大的空軍，以及令人印象深刻的裝甲部隊。她甚至還擁有一個傘兵旅。然而，史達林卻開始猜疑他個人的地位正遭受到威脅。一九三四年十二月一日，列寧格勒——彼得格勒此時的名字——共產黨書記塞吉·基洛夫遭到殺害。這是引起史達林長達三年整肅烈焰的火花。部分他最親近的同事，曾是革命骨幹的男男女女，都被安上了

「陰謀者」、「破壞者」或者「資本主義特務」的罪名。他們先被丟進莫斯科可怕的盧比安卡監獄遭受洗腦，然後置於公審席上展示他們的罪惡，再判處死刑或者送往西伯利亞的勞工營。軍隊中的階級組織完全遭到摧毀，他們關於現代化戰爭的進步觀念，則全部被丟進垃圾桶中，這將會是令俄國在幾年之後悔恨萬分的事情。事實上，俄國之所以能在一九三九年於遠東成功擊退日軍，是因為整肅的手臂還沒有延伸到這麼遠的地方來。然而，整肅卻已經幾乎擴及至蘇聯社會的每個層面，到了沒有人能夠信任鄰居的地步，史達林政權統治的基礎已經變成了恐懼。

回到歐洲，希特勒在一九三六年三月踏出下一步。利用英國和法國正關注在阿比西尼亞的機會，他派遣他的部隊開進萊因非軍事區。此舉又再次直接違反了凡爾賽和約，德國為此大事虛張聲勢。因為德國三軍還正處於急速擴軍的混亂狀態之中。如果英法兩國決定以戰爭回應希特勒此舉的話，德國是根本還沒有完成準備。英法最後並沒有這麼做，而這更進一步增強了希特勒的信心。事實是上次大戰的陰影依然籠罩著這兩個民主國家，他們已準備要付出幾乎任何代價來安撫希特勒，以免除讓歐洲發生另一次重大衝突的風險。當希特勒與墨索里尼於一九三六年十一月一日簽訂柏林—羅馬軸心協定之後，這項政策就益發顯得重要了。

柏林在一九三六年輪到主辦奧林匹克運動會，希特勒掌握了這個機會大肆宣揚國家社會主義和亞利安理想的優越。另外每年九月，德國南部的紐倫堡都會舉行納粹黨大會，這正是新德國羣眾紀律力量的最好展現。

然而在所有這些輝煌的節目背後，另一個不祥的發展卻正在進行。希特勒從未放棄他對猶太人的憎惡，以及他所相信一九一八年是他們自背後將德國打倒的信念。早在一九三三年四月，他就已經著手抵制猶太人商家，並且禁止猶太人出任公職。兩年之後，紐倫堡法案又剝奪了他們的公民權，並且禁止他們與亞利安人結婚。以他們為目標的宣傳變得越來越尖銳；他們還更進一步被禁止從事醫療和法律工作。更多集中營隨之建立，有數目越來越多的猶太人被拘禁在其中。許多猶太人選擇離開這個國家，其中包括一些頂尖人物，例如偉大的數學家與物理學家亞伯特・愛因斯坦。高潮終於在一九三八年十一月的水晶之夜來臨。由於一名德國外交官在巴黎遭到一名波蘭猶太人謀殺，使得官方許可的搶掠猶太人商店，焚燒猶太會堂，甚至謀殺等行

德軍部隊在萊茵河西岸的科隆遊行，時間是一九三六年三月七日。萊茵區是在凡爾賽和約中成為非軍事區的，當德國陸軍在這一天開入此地之時，也象徵德國拋開了和約的最後一個枷鎖。

勃因而爆發。從此猶太人被迫要穿戴著一枚黃星，他們的財產經常遭到沒收。來自其他國家的抗議呼聲都遭到了消音。此舉部分是由於每個歐洲國家對猶太人都有著歷史性的不信任，但也是因為西方民主國家害怕激起希特勒發動戰爭之故。

除了在西班牙內戰中給予佛朗哥積極援助之外，希特勒在進軍萊茵區後的兩年之內，沒有對外採取任何行動。他希望在著手進行更進一步的冒險之前，先致力於建立他的三軍。但是在一九三八年初，他又再次將他的注意力轉向奧地利。自從一九三四年納粹黨的失敗政變之後，這個國家就由決心脫離希特勒掌握的庫特・馮・舒士尼統治。也在一九三八年二月發現了奧地利納粹黨的另一次陰謀，因而對希特勒提出指責。希特勒的反應僅僅是指控他以惡劣手法對待奧地利納粹黨，緊張於是開始升高。為了消除緊張局面。舒士尼宣布舉行一次公民投票，以決定奧國人民是否希望獨立於德國之外。就在投票前一天的三月十二日，希特勒由於害怕結果將會對他不利，於是派遣部隊越過邊界。在完全出人意料，以及納粹同情者的熱烈歡迎之下，這次行動成了一次不流血入侵，希特勒也得以在同一天宣布德國和奧地利統一。西方民主國家則又一次保持緘默，他們告訴自己這樣兩個領土相鄰、語言相同的國家合併，是件十分自然的事。

希特勒再一次得以平安無事。他迅速地對下一個目標出手。這回是捷克最西端的省份蘇臺德區，當地居住有相當數目的日耳曼少數民族。希特勒先鼓動當地的納粹黨要求完全自治，然後再恫嚇艾德華・

捷克部隊將一門火砲拉入陣地，準備應付德國可能的入侵，這張照片攝於一九三八年夏天。然而，他們的動員將以徒勞無功收場。

比尼斯總統，如果不從就要使用武力。比尼斯並沒有受到他的恐嚇，尤其是捷克擁有一支大規模的軍隊，以及馬奇諾式的堅固防禦工事。因此他下達了總動員令。希特勒在此舉的影響下開始遲疑，但是情勢在整個夏天依然處於緊張狀態之中。由於害怕戰爭業已迫在眉睫，英國首相尼維爾・張伯倫於是飛到德國與希特勒會面，後者保證若是他能夠得到蘇臺德區，他將不會在歐洲再做出任何的領土要求。張伯倫試圖說服法國接受這項條件。然而兩國都採取了預防措施，不過這些措施僅僅是在倫敦和巴黎挖掘防空壕，以及部署防空砲而已。張伯倫接著回到德國，英國、法國、德國和義大利隨即於八月二十九日簽署協議，同意讓希特勒擁有蘇臺德區，以交換他沒有任何更進一步領土野心的正式聲明。自始至終他們都沒有徵詢過捷克方面，德軍部隊則於十月一日不流血地開入蘇臺德區。另一方面，張伯倫飛回倫敦，宣稱「我們的時代將會擁有和平」，並且接受英國人民凱旋式的熱烈歡迎。

希特勒也正為他的成功而興奮不已，很快他就將目標轉向令他如鯁在喉的波蘭。他的要求是今日名為格但斯克的但澤港，以及通過波蘭走廊與東普魯士相連的公路與鐵路。波蘭拒絕了這些要求，希特勒在知道如果他堅持不放，波蘭將會挺身作戰之下，並沒有繼續堅持他的要求，尤其捷克又自動送上了一個新的機會。

捷克是一九一九年凡爾賽和約的產物，其中包括好幾個來自舊奧匈帝國的種族。德國併吞蘇臺德區的行動激起了他們的反應，其中兩

歐洲 1919-39 年

德國　　　1934 年

德國邊界，1939 年 9 月 3 日

斯洛伐克，德保護國

北海

大西洋

蘇格蘭

都柏林

愛爾蘭

威爾斯

大英帝國

倫敦

1936 年 3 月
萊茵區再武裝

1935 年 3 月
薩爾盆地歸還
德國（公民投票）

比斯開灣

波爾多

葡萄牙

馬德里

西班牙

摩洛哥
（法）

阿爾及耳

阿爾及利亞
（法）

突尼斯

突尼西亞
（法）

利比亞
（義）

挪威

瑞典

丹麥

哥本哈根

巴黎

馬奇諾防線

法國

馬賽

科西嘉

薩丁尼亞

巴勒摩

西西里

德國
齊格菲防線

1939 年 5 月
德義簽署鋼約

1938 年 3 月
被德國吞併

捷克

奧地利

索尼黑

1939 年 4 月
被義大利佔領

地中海

芬蘭

莫曼斯克

阿堪折

巴倫支海

1939 年 8 月
俄德簽署互
不侵犯條約

愛沙尼亞

1939 年 3 月
被德國吞併

拉脫維亞

米美爾

立陶宛

東普
魯士

列寧格勒

莫斯科

俄羅斯帝國

波蘭

1938 年 10 月
被德國佔領

1939 年 3 月
被德國佔領

斯洛伐克

1939 年 3 月
交給匈牙利

烏克蘭

匈牙利

1938 年 10 月
交給匈牙利

羅馬尼亞

塞爾維亞

保加利亞

阿爾巴
尼亞

亞得里亞海

義大利

希臘

雅典

克里特島

克里米亞

黑海

伊斯坦堡

安卡拉

土耳其

塞普路斯
（英）

多德坎尼斯
（義）

敍利亞
（法）

伊拉克
（英）

大馬士革

巴勒斯坦
（英）

安曼

約旦
（英）

0　　　　400 哩

0　　　　600 公里

省斯洛伐克和魯德尼亞隨即向首都布拉格要求擁有更多自治權。在蘇臺德區被併吞之後，比尼斯已經帶著滿心的厭惡辭職出國流亡。他的繼任者艾米爾・哈查將這兩省省長予以解職，但是斯洛伐克的省長向希特勒提出抱怨，後者立刻要求讓該省予以獨立。哈查隨即動身前往柏林，在那裏他被德國的恫嚇嚇得將捷克置於德國的保護之下，就這樣結束了捷克的獨立。一九三九年三月十五日，希特勒正式併吞波希

在一九三九年義大利占領阿比西尼亞的行動中，一輛L/6輕戰車正在卸船。

米亞和摩拉維亞，宣布斯洛伐克為保護國，並且將魯德尼亞交給由右翼的海軍將領霍西統治的匈牙利。

即使希特勒如此明目張膽地違反了一九三八年九月的慕尼黑協定，英國仍不過做出了微弱的抗議而已。但是在一九三九年三月結束之前，希特勒又重新開始堅持他對波蘭的要求，並且占領了位於東普魯士—立陶宛邊界北邊，現名克萊佩達的米美爾港。法國和英國在了解到安撫政策已告失敗之下，終於在三月三十一日警告希特勒，如果波蘭遭到攻擊，他們將會支持波蘭。

墨索里尼對他的盟友的成功變得越來越嫉妒，因此於一九三九年四月派遣部隊開入阿爾巴尼亞，此地自一九二〇年代中期開始就處在義大利的勢力範圍之下。此舉使得羅斯福採取了行動，他向柏林和羅馬尋求他們不會再對其他歐洲國家發動攻擊的保證。然而希特勒和墨索里尼知道，美國在一九三〇年代中期通過的中立法案約束下，不能對任何一方提供援助。因此他們根本不在乎羅斯福的請求。

如果西方民主國家正開始嚴重關切日漸惡化的局勢的話，史達林也是如此。他在一九三九年四月提議與英法組成聯盟，藉以對抗德國和義大利的威脅。磋商持續進行了整個夏天，但是在彼此互相猜疑以及波蘭拒絕讓俄軍踏上波蘭領土之下，進展十分緩慢。英法兩國此時已體認到戰爭越來越不可避免，於是加緊了他們重整軍備的腳步。

墨索里尼和希特勒在五月間簽署「鋼約」，更進一步鞏固他們的同盟。條約保證雙方在戰爭時將會互相支援。然而，希特勒最大的外交奇襲卻在八月二十三日來臨。史達林在由於與英法兩國的磋商缺乏進展而深感挫折之下，決定還有另一個更好的方法來應付德國的威脅。德國和俄國的外長在莫斯科簽訂了一項互不侵犯條約。條約中還包括

波蘭將由兩國瓜分，史達林則可以對他垂涎已久的波羅的海諸國自由採取行動。在與俄國發生衝突的危險已經消除之下，希特勒下令於八月二十六日入侵波蘭。

就在八月二十五～二十六日的晚上，德軍部隊正在開往攻擊發起位置時，墨索里尼卻宣布他還沒有準備好開戰。希特勒馬上發出一道暫停行動的命令，而部分前進單位是在即將越過邊境前一刻，才收到這份命令的。事實上，有一兩個祕密破壞單位已經越界與波軍發生了戰鬥。即使如此，這次暫停還是給了西方盟國一線戰爭仍可避免的曙光。他們急忙試圖說服波蘭人與希特勒談判——不過波蘭方面並未接受——並且期待希望得到更多時間的墨索里尼能夠出面幹旋。

然而，這些完全是徒勞無功。希特勒已經下定決心。在八月三十一日晚上，他將波蘭大使召來作了一次簡短的晤面。次日清晨，德軍飛機對波蘭境內的目標展開攻擊，德國陸軍也越過了邊界。在二十五年之內，歐洲第二次捲入戰爭之中。

入侵波蘭前夕，一個德國裝甲師的部分。相較於前方的戰車和卡車，背景中可以看到馬拉的運輸車輛。

第 九 章

閃擊！

1939—1940

　　德國一九三九年九月一日清晨入侵波蘭的行動，打破了所有一九[...]一四～一八年的大戰是結束所有戰爭的戰爭的希望。在德國展開進攻[...]的兩天之內，英法兩國以對德國宣戰實踐了他們對波蘭的承諾。但即[...]使在柏林，也沒有一九一四年八月那種歡迎戰爭的熱潮。上次大戰的[...]可怖景象仍然在人們心目中揮之不去。而一般以為戰爭將主要是龐大[...]的空中機羣，攜帶毒氣炸彈進行攻擊的想法，更加深了人們的恐懼。

　　希特勒的盟友墨索里尼還沒有準備好參戰，所以暫時仍只是作壁[...]上觀。史達林在已於戰爭前夕與希特勒簽訂互不侵犯條約，以及英法[...]兩國希望與俄國組成一九一四年那樣的同盟之下，擺出了準備攫取波[...]蘭東半部的姿態，不過他要在確定德軍已將波蘭三軍擊破之後才會動[...]手。在其他地方，日本仍然深陷在中國的泥淖之中；美國則和一九一[...]四年一樣，以宣布中立來維持本身的孤立政策。

　　德國最大的恐懼，一直是必須在東西兩面上同時作戰。和一九一[...]四年不同的是，希特勒並未面對俄國入侵的威脅。無論如何，如果德[...]要能夠對抗任何英法兩國來自西方的攻擊的話，波蘭都必須盡快予以[...]占領。為了達成這個目標，德軍在一九三〇年代發展出了一種新的作[...]戰觀念——就是「閃擊戰」。

　　這種觀念部分是得自曾在一九一七年底及一九一八年初，打破了[...]西線壕溝戰僵局的突擊隊戰術。此外，德國也自英法兩國戰車在一九[...]一八年所得到的成功，以及隨後的技術發展中獲益良多。他們因而建[...]立起一支快速戰車部隊，作為地面部隊的先鋒。他們也體認到飛機與[...]地面部隊聯合作戰的價值。為此他們製造出容克斯Ju87斯圖卡俯衝轟[...]炸機，它們可以與戰車搭配作為空中砲兵。在這些武器聯手之下，德[...]軍計畫以前所未見的速度進行戰爭，對敵軍防線發動短劍般的深入打[...]擊，將敵軍部隊予以擊潰，關在大型口袋中，再由跟隨在後面的步兵[...]負責消滅。然而，德軍步兵的一大問題是除了裝甲師之外，大部分都[...]

還是要像一九一四年的步兵一樣倚賴雙腳。因此裝甲部隊會超前主力太遠，永遠是個存在的危險。

另一方面，波蘭雖然在人力上不遜於德國，但他們只擁有少量現代化武器，他們大部分的飛機和所有的小型戰車都是過時的型式。捷克的解體也大幅增加了波蘭受到威脅的邊界長度。這代表他們被迫要分散兵力，並且仰賴部隊的勇氣來擋住入侵者，期待英軍和法軍能夠及早自西方展開攻勢。

德國的閃擊戰機器很快就深深穿入波蘭。德國空軍對機場、交通中心、橋樑與預備隊發動攻擊。德軍的裝甲部隊迅速攻破波軍防線，製造出產生大量俘虜的口袋。然而波蘭人仍然鼓勇奮戰，他們的騎兵甚至不止一次對德軍戰車發動攻擊。然而，他們還是無法阻止德軍在開戰後的第十五天，進抵他們的首都華沙。

波蘭方面對於西方同盟國很快就會解除他們所受壓力的希望，馬上就宣告破滅。法軍確實在薩爾區做了小小的進展，但他們並沒有準備要推進到馬奇諾防線大砲的射程之外，更別提要進攻與之相當的德國「西牆」。至於在英軍方面，他們只不過剛開始將部隊送到法國土地上，根本不可能發動攻擊。

無論如何，波蘭人已下定決心堅守華沙，並且拒絕德方所提宣布華沙為不設防城市的提議。德國空軍於是將威力轉向華沙，此舉更加

容克斯Ju87俯衝轟炸機。機上通常攜有一枚一千磅炸彈，以及四枚一百一十磅炸彈。日後德軍還引進一種配備兩門三十七公厘機砲的反戰車衍生型。雖然Ju87能夠對地面造成毀滅性的效果，卻不是盟軍現代化戰鬥機的對手，有數架這種飛機在不列顛之戰中遭擊落。

行軍中的波蘭騎兵。騎兵被認為是陸軍之花，但是對於阻擋德軍戰車卻不能發揮多少作用。

一名德軍士兵正在觀看華沙遭到轟炸。

強了戰前以為空襲城市將會主導現代戰爭的恐懼。但即使如此，波蘭人仍然屹立不搖。

任何波蘭人以為他們還能夠守住的希望，在九月十七日都化成了泡影，因為俄軍在那天自東方入侵。兩天之後，他們在布瑞斯特—里托夫斯克與德軍會師，這裏正是兩國於一九一八年三月簽署和約，結束東線戰事之處。波蘭政府逃往羅馬尼亞，但是在史達林的壓力下遭到拘留。然而波軍依然奮戰不懈。華沙直到所有公用設施都被德國空軍摧毀之後，才在二十七日投降。其他波蘭部隊則且戰且退，撤入匈牙利和羅馬尼亞，在經歷許多冒險之後，他們抵達了法國，並且組成「自由波蘭軍」。流亡政府也在瓦拉迪斯洛‧塞柯斯基將軍領導下，於巴黎正式成立。

波蘭的抵抗一直到十月五日才完全停止，這個國家二十年的獨立就此終告一段落。現在德國和俄國都展開了他們的復仇行動。德國的目標集中在猶太人身上，禁衛隊小隊隨即開始無情的處決計畫。俄國在重新掌握了一九二一年失去的波蘭東半部之後，決心要將波蘭的知識分子連根拔除，以確保未來不會再出現另一個敵對的獨立波蘭。他們手上的戰俘不是被送到西伯利亞就是槍殺，例如在一九四〇年春天惡名昭彰的卡廷大屠殺中，就有至少四千名波蘭軍官遇害。德國人在三年之後發現了這處集體墳墓，並且請來中立國專家在屍體重葬前進行驗屍。即使如此，俄國方面依然繼續指控犯下這宗罪行的是德國人，直到大約五十年後，他們才承認犯下的罪行。

在波蘭遭到摧毀之後，希特勒接著轉向西方，下令他的大軍準備

十一月中對荷蘭、比利時和法國北部發動攻擊。西方同盟國在這裏採取的是守勢。英國和法國僅曾出了一點力來援助波蘭。事實上，一旦波蘭陷落，法國就將他們的部隊撤出薩爾區。其實是由於法國投資在馬奇諾防線上的大筆金錢，使得他們採取了防禦政策。英國也很慎

德國和俄國部隊在俄國入侵波蘭東部後會師。

重地避免像二十五年前一樣，將大批部隊投入歐洲大陸，而且他們也缺乏這麼做的裝備。因此他們在一開始時只不過部署了四個師，正好和一九一四年八月時一樣多。

盟軍希望德軍會採取與一九一四年相同的行動，就是發動攻擊穿過比利時，然後轉頭進入法國北部。由於這處地區少有適於防守的天然障礙，因此英軍和法軍參謀人員決定，一旦德軍進攻，他們將會開入比利時境內，憑藉那裏一連串的河流擋住這次攻擊。問題是比利時對於本身中立的立場非常堅持，他們甚至拒絕讓偵察預備防禦位置的小組越過邊界。因此英軍和法軍只有退而求其次，開始著手構築工事，將馬奇諾防線自盧森堡邊界延伸至英倫海峽。

德國將領對於要在波蘭戰役才剛結束的十一月就發動攻勢，感到十分不快。他們爭辯說他們現在面對的是一個更可怕的敵人，因此他們需要更多時間來進行準備，並且吸收在波蘭得到的教訓。由於這個原因，加上初冬的惡劣天氣，造成了許多次的順延。結果就是除了馬

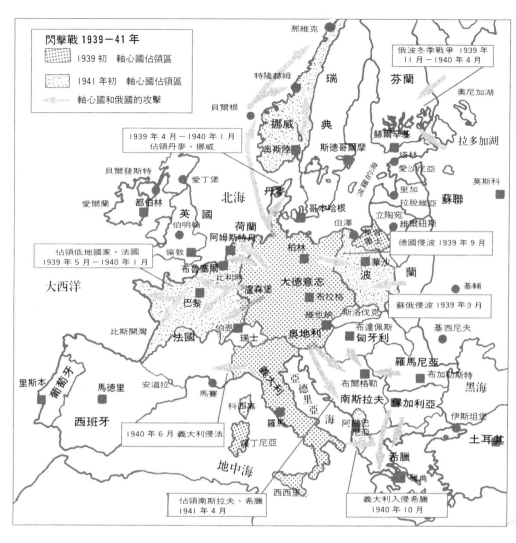

奇諾防線之前的巡邏活動外，幾乎沒有發生多少事情。一名美國新聞記者將這段等待的時間稱為「假戰」，德方則稱之為「坐戰」(Sitzkrieg)。

　　空中的情況也差不多。尤其英國原本以為戰爭將會以德軍空襲倫敦揭開序幕。一項將兒童撤離倫敦和其他主要城市的計畫馬上付諸實施，民眾也領到了防毒面具，以保護他們免受可能投下的毒氣彈傷害。然而，雙方空軍此時仍十分在乎禁止自空中攻擊平民的一九二五年日內瓦草約，而且也害怕這樣的攻擊會帶來對方相同的報復。

　　皇家空軍參謀人員的結論是，能夠加以攻擊卻不造成其他間接損害的目標，只有港口和船隻而已。在九月四日那天，三十架英國轟炸機對基爾運河在波羅的海入口處的船隻發動了一次日間攻擊。結果不

二架被擊落。接著皇家空軍又進行過少數幾次空襲,但是在聖誕節前另一次以相同規模兵力指向基爾的空襲中,損失了一半的轟炸機之後,皇家空軍決定日間攻擊的代價過於高昂,因而改採夜間作戰。這種作戰已經在德國上空展開,不過使用的武器僅是傳單而已。德國空軍也對英國船隻進行了轟炸攻擊,但是冬天的開始嚴重限制了雙方的空中行動。

只有在海上才有重要的活動。在戰爭開始的九月三日那天,一艘德國的U艇在北大西洋擊沉郵輪雅典尼亞號,造成一百一十二人喪生,其中包括二十六名美國公民。英國立刻實行護航制度,並且宣布對德國展開全面封鎖。然而船團需要時間才能編成,而皇家海軍也嚴重缺乏護航船艦。因此在那年年底之前,U艇已經擊沉了超過一百艘船隻。

另一艘U艇於九月十七日擊沉航空母艦勇敢號,但是十月還有更糟的事情,U47的艇長岡瑟‧普列恩溜進位於奧克尼羣島斯卡巴佛洛的艦隊泊地,擊沉了年事已高的戰艦皇家橡樹號。普列恩順利脫逃,回到德國時被譽為國家英雄,皇家海軍則因為這些損失而顏面盡失。然而與一九一四年時相同的是,德國海軍在一九三九年戰爭爆發時的潛艇兵力規模也很小。事實上,希特勒已經決定以建立現代化水面艦隊為優先,並且要在戰爭中以此對付英國的海上交通。

在一九三九年九月底,他下令他的袖珍戰艦對英國航運展開攻擊。其中一艘斯比號在戰爭爆發前就已離開德國,現在她開始在南大平洋和印度洋中劫掠英國商船,一路上造成多艘船隻沉沒 (譯註:斯比號一共擊沉了九艘商船)。英國方面將這項威脅看得非常嚴重,數支特遣艦隊立刻編成,任務是追尋這艘袖珍戰艦。另外三艘德國軍艦則在北大西洋活動,雖然英國本土艦隊曾試圖攔截它們,不過並未成功。

斯比號依然是英國主要的憂慮,但是三艘以福克蘭羣島為基地的英國巡洋艦最後還是發現了她的位置。十二月十三日那天,它們在阿根廷海岸的普拉特河河口外交戰。在火砲居於劣勢下,英方的兩艘巡洋艦艾克塞特號和亞查克斯號被打成重傷,但這支艦隊所造成的損害,已足以使得斯比號駛往中立的蒙特維多港尋求庇護。由於相信一支實力更強大的艦隊已經抵達普拉特河河口等待,斯比號艦長漢斯‧朗斯道夫於是將他的軍艦鑿沉,然後結束了自己的生命。這是法國和英國三軍在一九三九年得到的唯一一次勝利。

在那年結束之前,英法兩國的注意力也轉向了斯堪地那維亞半

島。史達林害怕已在一九一九年內戰期間掙脫俄國統治枷鎖的北鄰芬蘭，會借道給德軍部隊，這樣將對列寧格勒和北極海的重要港口莫曼斯克形成威脅。因此他向芬蘭人提出一項領土交換的要求，提供他們偏遠的俄屬卡瑞利亞的部分，以換得能夠屏障莫曼斯克和列寧格勒的地區。芬蘭方面拒絕接受，史達林的部隊遂於一九三九年十一月三十日進攻芬蘭。

芬蘭在數目上的嚴重劣勢，以及缺乏現代化武器，俄軍應該能夠輕易獲勝。然而芬蘭部隊堅守不退，讓俄軍蒙受到非常慘重的傷亡，尤其是在卡瑞利亞地岬上的芬蘭工事曼勒漢防線之前。嚴寒也葬送了許多蘇聯士兵的性命。事實由於是史達林的整肅徹底摧殘了蘇俄三軍高級軍官的陣容，部隊現在都是由缺乏經驗的軍官所指揮，他們證明自己除了發動沒有協調的正面攻擊之外，根本無能指揮任何作戰。

芬蘭的奮勇作戰吸引了英法兩國的注意，到了新年時，他們已經擬出派遣部隊援助芬蘭的計畫。然而，史達林派遣了少數通過整肅的高級軍官之一森揚・提摩盛科將軍前來接掌指揮。他部署了更多部隊，然後在二月初發動另一次進攻，終於突破曼勒漢防線。此時正是英法兩國要將他們的計畫付諸實行的時候，很快局勢就清楚顯示出他們晚了一步才採取行動。芬蘭在三月初求和，他們被迫向蘇俄原本的要求低頭，不過沒有部分的卡瑞利亞交換就是了。

同盟國仍將注意力放在斯堪地那維亞上，不過是在更西邊的中立

一支芬蘭的滑雪巡邏隊正經過一輛被擊毀的俄軍T-26輕戰車旁，時間是在一九三九年底俄軍攻勢遭到慘敗之後。

國挪威。英國支援芬蘭的計畫是讓部隊在挪威北部登陸，如果能夠得到許可的話，就借道通過瑞典──另一個立場非常堅定的中立國家。但是英法兩國也都對瑞典輸往德國的鐵礦砂出口十分關心，這條路線在冬季是經由挪威北部的納維克港，然後再以海路運往德國。因此讓前往芬蘭的盟軍部隊在納維克港登陸，就能夠一舉兩得地堵住這條補給路線。但是德國海軍也對挪威很感興趣，他們認為這裏的基地在對抗皇家海軍的作戰中，將會提供很有價值的助力。他們最後說服了希特勒，後者於一九四○年一月下令著手擬訂進攻挪威的計畫，並且還堅持為了鞏固德國和挪威之間的聯絡，也必須占領中立的丹麥。

二月十六日發生的一起事件，使得雙方的注意更進一步集中在挪威之上，當天一艘英國驅逐艦哥薩克號駛入了挪威的一處峽灣，登上德國商船老馬克號，這艘船上載有斯比號在前一年秋天俘獲的英國商船水手。對於這件侵犯中立的行為，挪威只不過對英國提出抗議而已，且英方的反應卻是老馬克號原本就不應該在那裏。德國得到的結論是挪威將不會對同盟國的登陸進行抵抗，這使得他們的計畫有了新的急迫性。

然而隨著芬蘭戰敗，英國和法國在挪威登陸的藉口也隨之消失，他們決定改採在挪威北方水域布雷的行動。為了預防德軍真的入侵，他們也準備了部隊待命登船前往挪威。布雷行動預定於四月八日展開，但是在七日那天，皇家空軍飛機卻發現德軍船艦正在朝北駛往納維克和特倫漢。

英國本土艦隊立刻奉令自斯卡巴佛洛出航，但是海上吹起的一陣颶風，使得他們無法攔截到入侵艦隊。次日德軍部隊開始在挪威海岸上的五處地點登陸──包括納維克──另外還在通往首都的奧斯陸峽灣部署了部隊，並且使用傘兵占領史塔凡格機場，運輸機隨即抵達。在此同時，丹麥則在完全沒有防備下遭到入侵，二十四小時後即被迫投降。盟軍所得到的勝利，只有一處挪威岸砲陣地在奧斯陸峽灣擊沉了德國巡洋艦布盧舍號，英國潛艇則擊傷了另外兩艘巡洋艦。

在十日和十二日，英國驅逐艦進入納維克峽灣，以損失兩艘的代價，擊沉總共九艘德國驅逐艦。此舉徹底孤立了那裏的德軍地面部隊。在此同時，匆忙中編成的盟軍登陸部隊業已出航，在挪威海岸展開一連串登陸。至於德軍則在剛占領的機場所提供的空優下，開始自奧斯陸朝北前進，一路上將脆弱的挪威部隊打得潰不成軍。

英法聯軍的登陸彼此相隔太遠，無法彼此支援，而且由於裝船時

的混亂，造成部隊缺乏基本的武器與裝備。因此準備充分的德軍沒有遭遇多少困難，就迫使盟軍放棄了一個接著一個灘頭。唯一成功的地方是在納維克，盟軍於五月底終於將此地攻占下來，不過數天之後，這批最後還留在挪威的部隊也被迫撤走。這麼做的原因是因為與南方幾百哩處在過去一個月中發生的巨變相較起來，挪威已經變得無足輕重了。

對希特勒而言，挪威只不過是一件分散注意力的小事而已。他的主要目標仍是拿下低地國家和法國北部，藉以取得能夠直接對英國作戰的海空基地，並且為德國西部的工業中心魯爾區提供屏障。但是這個目標和作戰計畫漸漸有了改變，再加上天候的影響，使得展開攻勢的時間一再延誤。

一九四○年一月十日，一架德國輕型飛機在惡劣天候中迷航，迫降在比利時境內。機上是一名攜有作戰計畫的德國空軍聯絡官。他只不過來得及將計畫摧毀一部分而已，而看來這份計畫似乎已經洩漏。這件事情使得希特勒開始認真思考改變攻擊構想的可能。

西線上的德國陸軍被編為三個集團軍。原本的計畫是要以北邊由菲爾道·馮·波克指揮的B集團軍發動主攻，進入荷蘭和比利時，然後再與由吉德·馮·倫德斯特所指揮，在南翼上支援他的A集團軍一起，沿海岸向南掃蕩。由威廉·馮·李布所指揮，兵力較小的C集團軍則在馬奇諾防線之前維持守勢。倫德斯特和他的參謀長曼斯坦都反對這個計畫，尤其後者態度更為堅定。他們主張希特勒原本的計畫過於消極，而且到作戰結束時，他們還是有與龐大的法國陸軍對峙的危險。相反的，德軍的目標應該是將盟軍徹底擊敗。他們指出目前波克集團軍主攻的方向不只是最明顯的路徑，還有在某些方面不過是一九一四年八月的再版，而且還會正面撞上以比利時北部的運河與堡壘加強防禦的敵軍。因此應該改以他們的集團軍作為先鋒，通過比利時南部遍布山丘與樹林的阿登地區，突破盟軍防線，然後轉頭向英倫海峽海岸前進。這種方式將會切斷位於北邊的盟軍部隊。只有在擊潰他們之後，德軍才能夠轉向南邊，對付法國其餘的部分。經過幾個月的遊說之後，希特勒終於傾向於這個所謂的「曼斯坦計畫」，並且在三月中正式同意。但是接著挪威又擔誤了攻擊的時間。

盟軍也體認到比利時北部地形對於防禦的價值，因此他們計畫一旦德軍進攻，就將部隊開入比利時境內。然而，盟軍的「D計畫」意味著比起讓英軍和法軍堅守在法－比邊界上，曼斯坦的想法將更為容

法軍士兵正在操作馬奇諾防線中的一門火砲。法國花費了大筆金錢，以確保駐防的部隊能夠一次在地面下生活好幾個星期。這些堡壘擁有自己的加壓設備，以保護它們對抗毒氣攻擊。

易實行，特別是最佳的法軍和英軍部隊都在北邊。無論在任何情況之下，由於地形的緣故，盟軍都不相信阿登地區會構成德軍主攻的路線。至於法國邊界的其餘部分則有馬奇諾防線保護。這使得盟軍陣營中產生了危險的自滿，而他們也曉得盟軍在人力、火砲、戰車和飛機等方面絕對都足以與德軍相提並論，這點更加強了他們的自滿。事實上在一九四〇年四月初，就在挪威戰役前夕，英國首相張伯倫由於相信盟軍已經強大到讓德軍不敢再有攻擊的打算，竟然公開宣稱道：「希特勒錯過了巴士。」

然而儘管盟軍正逐漸得到增援，特別是英軍在冬天中大批開到，但他們的防禦仍然存在著漏洞。盟軍總司令毛里斯‧甘末林將軍看來比較像是學者，而非領兵作戰的將領，他相信一旦他下令開始作戰，一切就會由他的部下自行決定。他的司令部仰賴的不過是民用電話系統，而且指揮層級過於複雜。空軍也同時要服務兩個主人，一個是他們自己的司令官，另一個則是陸軍，這種情形注定要引起混亂。因此這套笨拙的指揮系統，根本不足以應付德軍閃擊戰機器的腳步。

盟軍事實上擁有比德軍更多的戰車——大約三千三百輛對將近兩千六百輛。雙方在素質上不相上下，至少在表面上是如此。但是德國戰車全部裝備有無線電，而可畏的法國Char B戰車只有一座單人砲塔，這代表那名乘員必須同時指揮戰車，以及為那門火砲裝填與射擊。更糟的是，德軍是將他們的戰車集中編入裝甲軍，法軍和英軍卻依據第一次世界大戰支援步兵的教條，將大部分戰車沿著整條戰線展開。

更有甚者，到了一九四○年春天，許多盟軍單位仍然只得到部分裝備，這是戰前重整軍備步伐過於緩慢的結果。但最糟的是軍隊的精神，特別是法軍。在相信法國無法再承受一次一九一四～一八年的犧牲，以及馬奇諾防線已使法國固若金湯之下，他們早已沒有多少過去曾激起法軍士兵的「銳氣」。盟軍也過分拘泥於靜態防禦的觀念，他們的裝備完全不足以應付即將席捲他們的一波波浪潮。

一九四○年五月十日破曉之前，德軍飛機自他們的機場起飛，對荷蘭、比利時和法國的空軍基地展開攻擊，目標是盡可能在地面上摧毀盟軍飛機。德軍地面部隊隨即越過荷蘭、比利時與盧森堡的邊界。在北邊，德軍使用傘兵拿下波克的一個裝甲師前進所需的關鍵橋樑，一整個師則降落在荷蘭的飛機場和道路上，藉以攻占其他的要點。荷軍在記取挪威的教訓之下，已在跑道上設下障礙，造成德軍重大的傷亡，但是裝備早已過時的荷蘭陸軍，根本不是高度協調的德國戰爭機器的對手，這個國家大部分領土在五天之內即告失陷。五月十四日，德軍要求大港鹿特丹投降，荷蘭方面躊躇了一會，馬上就有一大批德國轟炸機起飛，準備對這座城市發動攻擊。荷方在此時決定讓鹿特丹投降，但是德軍已經來不及將飛機召回，結果這座城市大部分被炸毀。次日荷蘭政府正式宣布投降。

比利時也在令人嘆為觀止的情形下，一開始就遭到情勢改觀的命運。對於他們在亞伯特運河與繆斯河的前進防線而言，現代化的艾本—艾米爾要塞占有關鍵性的地位，這裏據信是牢不可破的。然而在一次經過完善演練的作戰中，德軍的空降士兵乘滑翔機降落在堡壘上，迅速而成功地將之摧毀，讓德軍得以突破這道防線，迫使比利時部隊撤退。於此同時，北方的法軍和英軍部隊越界開入比利時，沿著戴爾河進入陣地，迎面而來的是人數日漸增多，朝著相反方向而去的難民潮。

德軍穿過阿登地區的主攻是由七個裝甲師擔任先鋒，他們沒有遭遇多少困難就擊潰了少數的盟軍掩護兵力。到十二日晚上，他們已經抵達繆斯河。在大砲和裝有號笛以繃緊守軍神經的斯圖卡俯衝轟炸機支援下，德軍在次日即開始渡河。二十四小時之內，裝甲部隊就在對岸建立了橋頭堡；接著他們開始朝西突破。盟軍千方百計想要摧毀德軍搭在河上的橋樑，但是在當地德軍的空優和防空砲火之前，他們沒能得到多少成功。事實上，不過五天之內，皇家空軍的六十三架費瑞會戰式輕轟炸機就損失了三十五架。法軍擁有四個裝甲師，其中一個

是剛編成的，由一位名爲查爾斯‧戴高樂的上校指揮。法軍試圖以這些部隊對德軍裝甲攻勢日益暴露的側翼發動打擊，但是他們笨拙的指揮系統和差勁的計畫，意味著這些部隊是被一點一點投入戰鬥的，德軍沒有花費多少力氣就擋住了他們。

　　到了五月十五日，甘末林終於體認到德軍已經在他的防線上打出一個大洞，他在比利時的部隊正面臨被切斷的危險。因此他下令他們

德軍傘兵正在荷蘭上空自Ju52運輸機中跳出，時間是一九四〇年五月十日。

德軍部隊在砲火下渡過比利時的亞伯特運河，時間是一九四〇年五月十日。

開始撤退，但是前線的部隊很難了解這道命令，因為他們覺得自己在戴爾河防線上有著不錯的表現。即使如此，他們還是必須撤退，而阻塞道路的難民行列更使得他們吃了不少苦頭。

於此同時，倫德斯特的裝甲師繼續向西掃蕩，隨著他們穿入越深，造成的混亂也越大。甘末林本人已經失去決斷的能力，五月十九日那天，他由馬西米・魏剛將軍所接替。此外，亨利・貝當元帥——一九一六年凡爾登會戰的英雄，以及在一九一七年春法軍兵變後重建士氣的人——也同時出任副首相。

魏剛試圖以英軍戰車在北，法軍在南對德軍裝甲部隊發動一致攻擊。英軍於五月二十一日以兩個戰車營在阿拉斯發起攻擊，他們遭遇的是由艾爾文・隆美爾將軍指揮的第七裝甲師，並且迫使後者停止前進。但是法軍由戴高樂那個師發動的攻擊卻以失敗收場，而英軍也無力再推進任何一步。即使如此，這些攻擊還是引起了德軍高級司令部的焦慮，擔心戰車已經超前徒步前進的主力太多。更多更多戰車在這時出現故障，它們的乘員已被無情的前進步伐弄到筋疲力竭。但是閃擊戰觀念的主要構想者之一，最南端的裝甲軍軍長海因茲・古德林將軍卻決心不計一切繼續推進。他在五月二十日抵達索穆河河口，將盟軍部隊切成兩半，而且他並不打算給他們任何喘息的機會。

古德林現在轉向北方去攻占海峽港口。波隆於五月二十五日陷

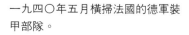

一九四〇年五月橫掃法國的德軍裝甲部隊。

落,加萊在自英國匆忙送來的部隊堅強抵抗之下,則於二十七日陷落。就在同一天,比利時的李頗德國王在眼見他的部隊已被逼退到國土的西南角,背後就是大海之下,終於下令投降。除了希望拯救他的人民免於遭受更多痛苦之外,他也是受到了他的鄰居英國人舉動的影響。

五月二十五日那天,英軍總司令高特勳爵得到結論,他只剩下兩個選擇。一是讓英國遠征軍被推進大海,遭到毀滅的命運;第二是將這支部隊撤回英國,以待來日再戰。他選擇了後者,並且得到英國政府同意。

日後世人所熟知的「敦克爾克奇蹟」就此開始。一支龐大的船隊——軍艦、汽船、甚至小型摩托艇和遊艇——匆忙集結起來,駛過海峽將部隊載運回國。這次撤退於五月二十六日開始,一直持續至六月三日。在這段期間,有不下二十二萬名英軍,和十二萬名法軍與比軍自敦克爾克周圍的海灘離開,代價則是兩百艘船隻與一百七十七架飛機,以及留下來的重裝備。英國人民在見到他們的部隊返國時大大鬆了一口氣,結果後者得到英雄式的歡迎,而不是被當成戰敗的軍隊。

然而,有兩個因素幫助了高特的部下逃脫。第一,倫德斯特出於再次對裝甲師所受耗損的關心,以及體認到法蘭西之戰的主要決戰尚未到來,於是下令暫時停止前進,這道命令並且得到希特勒的支持。後者也相信敦克爾克防線周圍的地形並不適於戰車活動,因而傾向於

照片中是被徵召的小型船隻,攝於它們橫越英倫海峽,將被困在敦克爾克的盟軍部隊載運回國之前。

使用步兵來加以消滅。這個決定給了盟軍寶貴無比的時間。但是當德國空軍總司令，希特勒身旁的核心人物之一赫曼‧戈林吹噓他的飛機能夠完成這件工作時，這次暫停就變成了永久性的停止。雖然它們確實造成了慘重的傷亡，但是歸功於皇家空軍戰鬥機的努力，德國空軍最後還是未能達成目標。

德國陸軍接著轉向南方，在六月五日展開計畫的第二階段，目標是徹底擊敗法國。法軍一開始還在索穆河及艾斯尼河作了一些抵抗，但是一旦德軍突破陣地，就再也沒什麼能夠阻擋住他們。巴黎於六月十一日被宣布為不設防城市，三天之後德軍開進了法國首都──他們二十五年前錯過的戰利品。法國政府在無力阻擋這道洪流之下，終於在六月十六日決定求和。

到了這個時候，德軍已經進抵馬奇諾防線後方，使得李布的部隊得以突破這道防線。法國絕望的情勢於六月十日更形惡化，過去不顧希特勒的壓力一直沒有參戰的墨索里尼，在這一天對英國和法國宣戰。在預期不會遭到多少抵抗之下，他的部隊於十天後入侵法國南部，但卻出乎意料地遇上堅強抵抗而頓兵下來。

英國直到最後仍然希望能挽回一些局勢。許多自敦克爾克撤到英國的法軍又再度回國作戰。在巴黎宣布為不設防城市的那天，英國派出第二支由兩個師組成的遠征軍──其中一個是在前一年秋天來到英國的加拿大師──出發前往瑟堡。他們才剛抵達，德軍裝甲部隊就已開到了港口的大門前，迫使他們撤退。他們要比英軍的第五十一高地師幸運，這支部隊大部分官兵曾於德軍入侵時在馬奇諾防線作戰過。在一段越過法國的驚險旅程之後，他們參加了索穆河防線的防禦戰，最後被隆美爾的戰車包圍在第厄普西邊的一個小港口中，只有投降一途。

加諸於法國人身上的最後一件侮辱，是他們被迫在六月二十二日於一九一八年十一月結束戰爭的同一節火車車箱內，簽下停戰協定。此舉使得英國從此必須獨力奮戰。皇家陸軍已經損失掉大部分的裝備，皇家空軍則在法蘭西之戰中折損慘重。似乎已經沒有什麼能夠阻止希特勒得到全面勝利。唯一出現擋在這條路上的只有皇家海軍，以及在德軍展開入侵那天出任英國首相的人──溫斯頓‧邱吉爾。

在敦克爾克郊外被放棄的英軍卡車和其他裝備。

第 十 章

英國獨力抗敵

1940—1941

一九四〇年六月底，歐洲與全世界都處於震驚之中。希特勒在過去三個月裏令人目眩的勝利，使他得以將丹麥、挪威、荷蘭、盧森堡、比利時和法國置於他的支配之下。在那個月的最後一天，德軍甚至登陸並占領了英國的海峽羣島。

在英國之外，只有少數人認為英國會支持很久，大部分人都相信英國不要多久就會與希特勒談和。當然，大多數德國人民都熱烈歡迎西線上的勝利，並且慶幸傷亡相當輕微，他們十分自信這就是戰爭的結束。就在柏林慶祝勝利活動的高潮，希特勒於七月十九日在德國國

在海峽羣島的根恩塞島上，德國軍官正從一輛被徵用的汽車上走下，準備進入他們的總部。隨著戰爭繼續進行，海峽羣島居民的生活也變得越來越困難，有相當數目的島民被遣送至歐陸，部分從此一去不返。

會演說時對英國提出了和平條件。雖然他的確已下令著手擬訂入侵計畫，但這不過是預防措施而已，他甚至已經開始進行部分復員的計畫。

然而邱吉爾首相馬上拒絕了希特勒的和平建議。英國和其帝國將會不惜一切作戰下去。對歷史有著敏銳感覺的邱吉爾曉得，英國已有將近九百年沒有被成功入侵過，自從諾曼第的威廉在西元一〇六六年擊敗哈洛德國王的軍隊，取得英格蘭王位之後就再也沒有過。他決心保持這項紀錄。英國人民也幾乎是以鬆了一口氣的心情歡迎法國的投降。現在他們可以不用再受歐陸盟邦的牽累，獨力繼續作戰下去了。

然而在冷靜與頑強的外表之下，英國正拚命試圖重整自己，以迎接無可避免的德軍越過英倫海峽入侵。陸軍擁有足夠人力，但是手上卻沒有剩下多少現代化武器，因為大部分都留在法國。無論如何，陸軍還是十分樂意地開始著手挖掘與據守海防工事。為了增強這道防禦，英國另外編成一支由志願者組成的兼職軍隊——本土衛隊。各地的路標則已被移走，好讓入侵部隊難以找出自己的位置。在吸取了德軍是如何在挪威、比利時和荷蘭空投部隊的教訓之下，大片的田野上都布置了障礙物。英國也開始進行一項龐大的水泥碉堡構築計畫，許多碉堡到今天都還存在。英國人民都得到清楚的指示，一旦遭到入侵，他們必須「留在原地」，不能逃離家園將道路堵住，就像在法國和比利時所發生的那樣。

皇家空軍也在法蘭西之戰和掩護敦克爾克撤退作戰中損失慘重。只有藉著拒絕法國在一九四〇年六月所提派出更多戰鬥機越過海峽的要求，皇家空軍才節省下足夠的戰鬥機保衛英國的天空。即使如此，皇家空軍戰鬥機司令部在六月初也只不過擁有六百架戰鬥機而已，德國空軍則超過這個數目四倍以上。

如同過去幾個世紀一般，英國主要的希望仍維繫在舉世最強大的皇家海軍之上，此時皇家海軍的實力仍相當完整。但是義大利現在已經參戰，使得軍艦已不能再從地中海調來支援本土水域。義大利擁有一支可畏的艦隊，墨索里尼則決心要讓地中海成為他的海洋。

希特勒於七月中下達關於侵英的「海獅作戰」正式指令，時間正好就在他提出和平建議的同時。這項計畫將使用二十個師，沿著英格蘭南岸的廣正面登陸。他們的任務是讓這個國家無法再戰鬥下去。為了達成這點，他們將要包圍倫敦，然後再向北推進。然而希特勒也體認到，唯有得到入侵地區上空的制空權，這次作戰才能成功。因此德國空軍必須先摧毀皇家空軍，登陸部隊則將利用這段時間進行準備工

作。由於缺乏任何型式的兩棲船隻，德軍於是開始著手從歐洲各地集
結駁船，藉以將部隊運過英倫海峽。

　　戈林的德國空軍現在是以法國、比利時、荷蘭以及挪威為基地，
他們對於完成這次作戰中的角色充滿了自信。相較之下，德國海軍就
不是這樣了。總司令賴德爾元帥表示他的船艦無法保護這樣一個廣正
面攻擊免於受到英國海軍的威脅。他也抱怨陸軍不過把英倫海峽當成
一條大河而已，根本沒有在乎海峽中變化多端的潮流。就在陸軍與海
軍彼此爭辯的同時，德國空軍在缺乏耐心的戈林指揮下，開始了這場
戰役的第一階段。

　　甚至在希特勒發出他的進攻指令之前，七十架德軍飛機已於七月
十日空襲了南威爾斯的卡地夫船塢。此後在這個月之內，德國空軍不
斷試圖藉由對英國船隻發動攻擊，引誘皇家空軍在海峽上空交戰。然
而皇家空軍拒絕上當。戰鬥機司令部總司令空軍上將休・道丁爵士明
白，在對付英國的主要空中攻擊開始之前，他這支數量居於劣勢的小
規模兵力絕不能過早冒險投入戰場。海峽中的船隻因此經常只有自求
多福的份，損失最後嚴重到迫使它們完全放棄這條航線。

　　然而，道丁手上擁有一件無價的資產，這就是雷達，或者是當時
所稱的無線電定向儀。這項設備是在一九三○年代發展出來的，到了
一九四○年七月，英國已經建立起一條能夠提供接近飛機早期預警的
帶狀雷達站。它們涵蓋了英格蘭東部和南部海岸，以「本土帶」之名
而眾所周知。道丁也很小心地不將所有戰鬥機都布防於主要受到威脅
的英格蘭南部地區，但又確定整片東海岸地區都能夠受到掩護，而且
他還握有一支預備隊來支援那些前線中隊。

　　道丁還得到了另一項英國新武器的幫助——極情處（Ultra，或譯
「極端」）。對此他們必須感謝波蘭人。後者在戰爭爆發之前弄到了一
臺謎式自動密碼機。謎式是德方用來發送最高機密信文的設備，據信
它是無法破解的，因為對旁人而言，其編碼程序係隨機組成。到了一
九四○年七月，位於英格蘭中部布萊徹利公園的英國政府密碼與解碼
學校在波蘭人的幫助下，已經能夠破解部分排列，讓他們得以閱讀攔
截到的無線電信文。即使如此，因為德國空軍單位現在多處於固定狀
態，因此他們的通訊大部分都是以陸上線路發送的。至於攔截空對空
和地對空通訊的工作，則是由皇家空軍的Y處負責，組成這個單位的是
一批德文流利的人員，有時他們甚至會對空中的德軍飛行員發出誤導
的訊息。

照片中是梅塞希密特Me 110。這種
飛機原本的設計是多用途飛機,特
別是護航戰鬥機。儘管Me 110 配備
有兩門二十公厘機砲與五挺七‧九
二公厘機槍的強大火力,但是如同
不列顛之戰所顯示的,它卻完全不
是現代化單座戰鬥機的對手。然
而,這種飛機還是在戰鬥轟炸機的
用途上非常有用,特別是作爲日間
與夜間的轟炸機驅逐機。

梅塞希密特Me 109 以德國空軍的
「四根手指」編隊在英倫海峽上空
飛行。比起皇家空軍的三機「V」字
編隊,這種隊形更有彈性,並且能
提供更好的保護,因此皇家空軍很
快也採用起「四根手指」編隊。

　　德軍即使此時是以接近英國的機場爲基地,還是得受到幾個不利
因素支配。他們的轟炸機——容克斯Ju 88、漢克爾He 111,以及多
爾Do 17——雖然爲數衆多,但是只能攜帶有限的炸彈。它們的航程
相當有限。雖然梅塞希密特Me 110 擁有足以勝任護航戰鬥機和輕轟
炸機的航程,但這種飛機卻不是皇家空軍颶風式和噴火式戰鬥機的對
手。真正能夠與它們爲敵的是久經戰陣的Me 109,這種戰鬥機性能高
過颶風式一截,與噴火式則在伯仲之間。Me 109 的缺點是一旦飛到英
國海岸上空之後,機上的燃料平均只夠再飛行二十分鐘,然後就得掉
頭返航。

　　這場戰役的第二階段於八月十二日正式開始,戈林在那天對身負
皇家空軍雙目角色的雷達站,以及飛機場展開攻擊。結果有一座雷達
站遭到破壞,但是德國空軍犯了一個要命的錯誤,就是從此不再對付

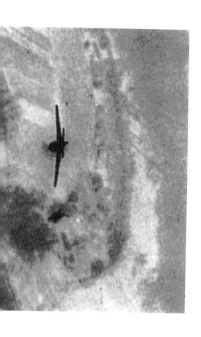

在不列顛之戰期間,一名飛行員正從飛機上跳出。比起上次大戰的飛行員來,一九三九~四五年戰爭中的飛行員多出了一項優勢,就是他們配備有降落傘。

雷達站,藉以集中全力摧毀一處又一處機場。十五日那天——德方將這天稱爲「鷲之日」(Adlertag)——德國空軍發動了歷來規模最大的攻勢。其中還包括以駐防於挪威和丹麥的飛機攻擊英國東北部,目的是引誘英軍的戰鬥機離開南邊。道丁的縱深防禦在此時發揮了作用,使得這些德軍空襲蒙受到慘重的損失。

即使如此,到了八月十八日,皇家空軍戰鬥機司令部已經感到非常吃力。許多機場的受損不只限制了戰鬥機的行動,也對指揮與管制系統造成了損害,而這卻是防禦體系中關鍵的一環。更嚴重的是皇家空軍所受到的損失,在飛機方面的問題還比較不嚴重,這得感謝報界大亨畢佛布魯克勳爵的努力,他是在那年稍早奉令著手重整飛機製造工業的,不過在飛行員方面可就不是同一回事了。新飛行員完訓的速度根本趕不上損失的速度,那些能夠飛行下去的人,也因爲必須從黎明警戒到黃昏,每天飛上多達五或六架次的任務而日漸筋疲力竭。邱吉爾非常清楚他們所承受的壓力,但他也曉得假如他們輸掉了這場戰役,英國或許也會隨之戰敗。在八月二十日那天,他在國會以頭天空中正在進行的慘烈戰鬥爲題發言時,對皇家空軍戰鬥機飛行員做了他著名的致敬:「在人類衝突的戰場上,從未有如此多的人虧欠如此少的人如此之多。」

德方也遭受了重大損失,特別是在戰鬥機方面。因此從八月二十四日戰役進入第三階段開始,他們派出的戰鬥機比例日漸增加,希望能在空中打倒皇家空軍。然而那天晚上,一架轟炸機不小心將炸彈投進了倫敦。皇家空軍則在隔夜以轟炸柏林作爲報復。德國空軍於是開始有系統地對倫敦進行轟炸,一開始時是採不分晝夜進行。眼見英國飛機損失已與德國相當,而平民目標又遭到大規模攻擊,英國方面以爲德軍的空中攻擊已經達到頂點,入侵行動業已迫在眉睫。因此他們於九月七日晚上發出了「克倫威爾」的代碼。所有單位隨即開往迎接入侵的防禦位置,準備面對無可避免的結果。

希特勒此時確實有發動入侵的打算,但是在了解到皇家空軍還保有部分戰鬥力下,他在九月十日下令延期兩週。接著戰役的高潮於十五日來臨。戈林的看法與希特勒不同,他相信皇家空軍即將崩潰,因此他對倫敦展開了大規模空襲。此舉無可避免地會吸引皇家空軍剩下的戰鬥機飛上天空,這樣才能將它們擊毀。德軍派出了一千三百架次,在航程之內的皇家空軍戰鬥機則僅有一百七十架。然而到了那天結束的時候,一共有五十八架德機遭到擊落,英軍的損失則是二十六架

在不列顛之戰的高潮期間，一架颶風式戰鬥機正在裝填彈藥與加油。飛行員正站在他的座艙中。若是沒有效率過人與專心致志的地勤人員，皇家空軍的戰鬥機將無法應付德國空軍一再的攻擊。

——不過當時皇家空軍宣稱的戰果要比這個數字高出許多。

這是不列顛之戰的轉捩點。德方沒有能達到完全掌握空優的目標，而秋天已經不遠，屆時英倫海峽中的海象將會非常惡劣。因此希特勒於九月十七日無限期暫停了海獅作戰。然而，這場戰役仍然一直進行到十月底，期間是以德國戰鬥機發動突擊式空襲為主。這些空襲中甚至還包括兩次由義大利飛機執行的任務；墨索里尼此舉的用意是為了展現他與北方盟友的團結。這對義軍而言證明是一場大難，在第二次空襲中，他們小小的機隊就損失了十三架飛機。

不過到了這時，英國正遭受著更嚴重的痛苦。希特勒在沒有能夠入侵英國之下，決心要以轟炸來讓這個國家屈服。德國轟炸機由於在白天損失過於慘重，因此改為集中在越來越長的夜間進行空襲。一夜接著一夜，德國轟炸機開始痛擊英國城市。到十一月十二日為止，倫敦只有一晚沒有遭到空襲，而北到愛丁堡和格拉斯哥等城市也開始嘗到苦頭。十一月十日那天，英格蘭中部的彈藥製造中心科芬特里在一夜裏被炸得天翻地覆。隨著一九四○年結束和一九四一年到來，這樣無情的攻擊依然持續著，不過雖有數以千計的百姓無家可歸，許許多多人死傷，每日生活遭到打斷與缺乏睡眠造成人人精神疲憊，但是大規模的士氣崩潰並沒有發生。戰前以為只要轟炸機就能夠迅速贏得戰爭的想法，在這場戰役中顯示出是不切實際的。

英國的士氣仍然完整得令人驚異，原因之一是皇家空軍的轟炸機司令部正在對德國還擊。不過在這時，英國的轟炸機與德國一樣，只能攜帶有限的酬載，而且它們的數目也還不足以留下讓人深刻印象。即使如此，每次對德國的攻擊，還是使得英國人民覺得他們所遭到的痛苦正在得到報復。

在一九四○～四一年的倫敦閃擊戰期間，消防隊員正在撲滅燃燒彈造成的火勢。

對英國的空襲一直持續到一九四一年春天。這個時候，希特勒已經將所有注意力朝東轉到蘇聯。即使如此，這場空中閃擊戰也不是靜悄悄結束的。五月十／十一日夜裏的最後一次空襲目標是倫敦。結果一共造成超過三千人傷亡；首都三分之一的街道由於炸彈造成的破壞而無法通行；超過十五萬個家庭沒有瓦斯或者電力可用。

然而在這整段時間之內，德國一直在海上對英國進行另一場戰爭。法國在一九四○年六月的陷落，使得德軍得以占有法國的大西洋港口。他們迅速將U艇部署在這些基地，對大西洋中的英國航運展開攻擊。在此同時，希特勒於一九四○年八月十七日宣布對英國進行全面封鎖，並且警告中立國船隻將會在毫無預警下遭到擊沉。

隨著夏天進入秋天，船隻的損失開始增加。在十月十七～二十日這段期間，單是兩個船團就損失了三十二艘船隻。U艇的艇長正開始累積龐大的擊沉噸數，看來他們似乎將會切斷這樣攸關英國生死的大西洋生命線。十一月的惡劣天候雖然稍微減少了損失，但是之後這項數字卻開始更迅速地向上攀升。

貿易所受到威脅不只是來自U艇。十一月間，希特勒也再次派出水面船艦對船團展開掠襲。袖珍戰艦席爾上將號在一次巡弋中，就累積了七艘船隻的戰果。在一九四一年二月與三月間，香霍斯特號和格內森瑙號避過了英國本土艦隊，自波羅的海駛進大西洋中，使得整個船團系統為之大亂，最後它們平安航抵法國的布勒斯特港。

皇家海軍的缺乏護航船艦，代表一旦船團離開本土水域，經常就只剩下一艘輔助巡洋艦（譯註：即裝上中型火砲的商船）保護，這對德國水面船艦或者U艇實在發揮不了什麼作用。增加護航船艦的生產確實已被列為優先，但還要再過好幾個月之後，橫越大西洋的船團才能夠得到適當保護。

雖然邱吉爾相信，英國儘管遭到來自空中和海上的嚴重打擊，但在整個帝國支持之下，英國仍然可以生存下去，不過他很早就曉得英國無法獨力贏得對抗軸心強權的戰爭。英國必須得到外來的援助，而唯一可能的來源只有美國。

儘管大部分美國人民都曉得希特勒政權所犯下的暴行，特別是對猶太人，但他們也決心不再捲入另一場他們所以為的歐洲爭執中。事實上，美國在戰爭爆發之前所收容的猶太難民，要比任何其他國家都來得多。因此晚至一九四〇年七月，只有百分之八的美國人表示願意參戰。事實是他們以為現在要採取行動，拯救英國免於戰敗為時已晚，而英國堅持要將美國商船帶入本土水域搜查，使得它們要冒遭受德軍攻擊危險的做法，更是一點幫助也沒有。

然而，邱吉爾相信他可以改變羅斯福總統的想法。首先，邱吉爾的母親珍妮是名美國人的事實，就是張十分有用的牌。更重要的是，兩人有著共同的興趣，包括對他們本國海軍的熱愛（譯註：邱吉爾曾在上次大戰時擔任海軍大臣，羅斯福則曾任助理海軍部長）。當邱吉爾於一九四〇年再度出任海軍大臣時，羅斯福曾致電恭賀。兩人之間就這樣開始了不斷的來往，而邱吉爾總是將自己署為「前海軍人士」。

邱吉爾最初向羅斯福提出供應武器，以補充英國在法蘭西之戰損失的請求，因為美國反戰情緒的緣故而沒有得到正面回應。然而羅斯福是個實際的人，他相信如同一九一七年時一般，美國無可避免還是會捲進衝突之中。為此他在一九四〇年七月開始大舉擴張美國海軍，其中包括一項大規模的造艦計畫。國會則於八月同意他可以徵召國民兵和其他後備軍人服一年現役。有限徵兵接著在九月付諸實行。

在這段期間，邱吉爾總算與羅斯福談成了一筆交易。為了租用英國在加勒比海的海軍基地，美國將會提供英國五十艘一次大戰時的舊驅逐艦，以及其他裝備，驅逐艦在大西洋之戰中占有至為重要的地位，皇家海軍船員在這項約定簽字的數天之內，就已開始著手進行接收工作。

如同第一次世界大戰，還是有少數美國人志願為英國而戰。有七

一名U艇指揮官正在大西洋中埋伏接近他的目標。

名美國飛行員曾參加不列顛之戰，並且幫助皇家空軍組成了老鷹中隊

（譯註：即由美國人組成的志願中隊，日後這些中隊被編入美國陸軍航空軍）。然而真正激起美國人民熱情的，還是英國百姓在倫敦和其他地方遭到轟炸時所展現出的堅毅。特別是哥倫比亞廣播公司倫敦特派員艾德華·莫洛的報導，以及他所使用的標題「英國受得了」，或許最為增加了美國對英國所受苦難的同情。

羅斯福給予英國的慎重援助，必須要在一九四○年十一月的總統大選中接受考驗，但是他通過了這關。現在他終於可以讓美國人民在心理上開始有所準備，美國終將捲入這場戰爭。

在年底對全美國民眾發表的演說中，羅斯福說道世界上有四種基本的自由正受到威脅——分別是言論、信仰、希望和免於恐懼的自由。為了擁護這些自由，美國必須成為「民主兵工廠」。接著他在一九四一年一月引進了租借法案。這項法案適用於英國和正與日本擴張主義苦戰的中國，美國將會提供裝備，讓它們到戰後再以貨物償還。羅斯福將此舉比喻為將花園水管借給一位鄰居，好讓他撲滅火災。在此同時，英美兩國的軍事幕僚則在華盛頓舉行會談，以決定美國參戰時的共同戰略。

羅斯福於一九四一年四月採取了更進一步的行動，把泛美安全區擴大為西經六十度到二十八度，美國軍艦將會保護航行於這片區域中的本國商船。此舉將這片區域幾乎擴大到了英國部隊所駐防的冰島。希特勒還是嚴命他的U艇不可擊沉美國船隻，以免激怒美國參戰。美軍部隊則在同一個月登陸格陵蘭，藉以更進一步保障西大西洋的安全。然而即使到了一九四一年五月，民意調查還是顯示有五分之四的美國民眾並不準備參戰，因此羅斯福必須謹慎行事。

至於在大西洋之戰方面，一九四一年頭幾個月的損失仍然繼續增加，單在三月就超過五十萬噸。然而英軍也得到了一些成果，特別是普列恩少校的U47遭到擊沉——他就是在戰爭爆發時於斯卡巴佛洛擊沉戰艦皇家橡樹號的人——以及由U艇頭號王牌，擁有擊沉超過二十六萬噸紀錄的奧圖·克瑞希瑪所指揮的U99被迫棄船。這些成果大部分要歸功於新式的艦載雷達，這種雷達能夠在三哩外偵測到浮在水面上的U艇。護航船艦和海上巡邏飛機也部署在冰島，提供船團更好的掩護和保護，小規模的皇家加拿大海軍則正在快速擴充，藉以在這場戰役中扮演好自己的角色。

最重要的突破終於在一九四一年五月八日來臨，那天由朱利斯

蘭普中校所指揮的U110被迫向英國驅逐艦牛頭犬號投降。一支登船隊在蘭普的謎式密碼機和密碼本遭到摧毀前奪下了它們。這代表英國從此可以讀出U艇的密碼，而船團則能夠據此繞過已知的U艇集結區。這項突破馬上就出現了效果，一九四一年七月損失的噸數一下劇跌到稍多於十萬噸而已。除此之外，到了五月底，船團在越過大西洋都能得到不斷地適當護航。U艇艇長口中的「第一次快樂時光」，就此告一段落。

然而德國水面船艦在大西洋所造成的威脅，卻一直沒有中斷過。五月十八日那天，戰艦俾斯麥號和重巡洋艦尤金親王號自波蘭的蓋德尼亞港啓航。三天之後，皇家空軍偵察機發現它們正錨泊在挪威的卑爾根。本土艦隊立即出動，目標是在丹麥海峽截斷它們的去路。兩軍於二十四日接觸，但是俾斯麥號略勝一籌，擊沉了皇家海軍所引以爲傲的巡洋戰艦胡德號。這兩艘德艦隨即分手。英方則與它們失去接觸。來自直布羅陀的增援也加入了這場追獵中，在二十六日那天，一架皇家空軍的卡達利納飛艇於布勒斯特以西七百哩處發現俾斯麥號的行蹤。隨後自航艦皇家方舟號起飛的劍魚式魚雷轟炸機，成功炸壞了俾斯麥號的操舵裝置。次日戰艦喬治五世號和羅德尼號趕上俾斯麥號，將她予以擊沉。不過尤金親王號順利地脫逃，於六月一日抵達布勒斯特。

此時羅斯福正在慢慢加深美國涉入的程度。美國海軍陸戰隊在七月登陸冰島，開始接替當地的英國駐軍。此舉給了羅斯福一個藉口，讓他可以護航美國船隻到如此遠的東邊。接著在一九四一年八月，邱吉爾和羅斯福於紐芬蘭的普雷森西亞灣舉行了歷史性的會談。搭乘戰艦威爾斯親王號越過大西洋而來的邱吉爾，希望能夠得到羅斯福同意立即參戰。他在這方面的成果令他失望——雖然美國總統保證如果日本攻擊英國在遠東的屬地。美國就會採取此一行動。然而此次會談結果產生了「大西洋憲章」。這份憲章不僅確立了西方民主國家的戰爭目標，強調他們沒有任何領土野心，而且希望所有國家一起合作創造長久的和平，爲今天的聯合國奠下了基礎。

但是就在英國正爲羅斯福日漸增加的支持而感到鼓舞的同時，在海峽對岸德國占領下的歐洲，人們的希望看起來卻日漸暗淡。波蘭所受的痛苦最深，已經完全不再是以一個國家存在。在惡名昭彰的德國總督漢斯·法蘭克鐵腕統治下，猶太人被聚集起來關在猶太區內生活，他們在裏面逐漸陷入飢餓之中。在這裏和其他占領國家，他們都要佩

抵達一處集中營的猶太人。實在很難想像他們心中此刻的想法，或是那些守衛的想法。

戴一枚黃星，就和德國猶太人自一九三八年起被迫要做的一樣。不过納粹已經開始在使用他們作爲奴工，將他們運往數量正在增加的集中營。很快最壞的命運就會等著他們——集體滅絕。

在別的地方，捷克剩下的部分正遭受波希米亞與摩拉維亞保護人，冷漠而有效率的萊茵哈德·海德里希統治的痛苦。挪威大部分是由一名挪威納粹黨人維克康·奎士林所管轄，他的名字將會出現在英文字典上（譯註：quisling意指賣國賊）。丹麥則有一位德國全權大使，但是也保留了自己的政府，不過這個政府越來越沒有行動自由。但丹麥人民仍然能夠藉由他們的國王來維持士氣，克利斯丁十世在德軍入侵時拒絕拋下他的人民，此後每天都騎在馬上穿過哥本哈根的街道。

比利時的李頗德國王也與他的人民留在一起，但是身爲比利時三軍總司令，他認爲自己是名戰俘。比利時是由德國軍政府統治（譯註：比利時總督一職是由曾任德國駐華軍事顧問團團長的亞歷山大·馮·法根豪森將軍擔任），至於荷蘭在威廉明娜女王已逃往英國之下，則由一個德國軍事政府負責。

然而法國的情形卻有所不同。在一九四〇年六月的停戰協議之下，法國領土的北部和海岸地區都交由德國軍事統治。其他部分則沉

被占領，並且在亨利‧貝當元帥領導下，組成一個擁有有限自治權的政府。此一政府被稱為維琪法國，這是取自其所在地維琪市。

維琪法國與德國的關係受到兩個因素影響。第一，法國人民中有一種想法，以為英國在法國亟需幫助的時候背棄了法國。這種想法在一九四〇年七月三日轉成了恨意，那天英國由於害怕法國船艦會落入德國之手，於是對北非海岸的奧蘭與梅斯—艾—開比爾港中的法艦進行砲轟，炸死了許多法國水手。第二，戴高樂將軍在與德國簽字停戰前抵達了英國，並且宣布他將會作戰下去。英國承認他是流亡政府的領袖，因此他成立了他自己的政府，與其他流亡政府平起平坐。就和他們一樣，他也開始在英國組織自由法國軍隊。

維琪政府由於害怕戴高樂的活動會使法國人民在面對德方時處境困難，因此刻意與他保持距離。戴高樂本人希望在法國的海外屬地升起他的旗幟，但這些地方幾乎都已宣布效忠維琪法國。因此他與英方一起擬訂計畫，打算在塞內加爾的達卡港登陸，將法屬西非置於他的控制之下。這項行動於一九四〇年九月初付諸實行，結果以一場大難收場。他們原本希望登陸不會受到抵抗，但這個希望很快就消失了，因為岸砲竟然開火，迫使盟軍部隊只有撤退。這項半途而廢的行動唯一得到的結果，就是加深了維琪法國與戴高樂和他的英國盟友之間的敵意。

至於在歐洲占領區的人民中，有部分人出於政治或者完全自私的原因，與德國人積極合作，他們已準備好背叛自己的同胞，甚至以武裝親衛隊(Waffen-SS)外籍兵團成員的身分為德國而戰。部分其他人則加入抵抗運動，以積極行動對付占領軍，致力於讓德國人的日子盡可能難過。大部分人則採取中間路線，試圖盡可能過正常的生活，接受加諸於他們身上的限制，即使這代表至少要給予德國人被動的合作。

然而，邱吉爾很早就認識到歐洲占領區抵抗運動的價值。不過這些勢力只能靠著外來的協助，以及植入解放之日終將來到的信念來加以培養。為了達成前者的目標，他在一九四〇年七月初成立了特別行動處。這個組織的工作是鼓勵對軸心國的戰力進行暗中破壞，以及培養情報蒐集能力。很快擔任特工和無線電操作員的男男女女，以及武器和炸藥，就由降落傘、落地的萊桑德式飛機、或者自海路抵達。他們的任務是聯絡與協調許多目標不同的抵抗團體的活動。許多人如同他們要幫助的對象一樣，遭受到死亡和折磨的命運。後來在參戰之後，

法蘭德斯兵團的成員在布魯塞爾遊行。這支部隊變成武裝禁衛隊的一部分，在東線上作戰。其成員中有許多是來自極右派的比利時保皇黨。

美國馬上成立了一個相似的組織，這就是戰略情報局。

為了鼓舞解放終將到來的信念，英國主要是使用兩種方法。英國廣播公司的海外部以每種語言播送，並且也用來向抵抗運動組織傳送密語信文。英國正在反擊而非只是採取守勢的事實也很重要。隨著皇家空軍轟炸機司令部的機數日漸增加，特別是航程與酬載大幅增加的新一代重轟炸機於一九四一年初開始服役，轟炸機司令部正開始以加緊轟炸來展現這一點。

但是在一九四〇年六月，邱吉爾決定採取另一種方法在歐洲占領區培養希望。他要求以志願者組成的單位對德軍據守的海岸發動突襲。這些就是「突擊隊」，他們是得名自本世紀之交在南非進行快速打擊作戰的波爾人單位。從他們之中還孕育出英國的傘兵。早期的突擊並不成功，但是在一九四一年三月，他們對挪威北部外海的洛佛登島發動了一次非常成功的突襲。此後他們曾進行過許多次針刺式的作戰，藉以讓德軍夜不安枕。這些突襲不但吸引了英國人民的注意。也

維琪法國的保安部隊與抵抗組織的
嫌犯。時至今日,第二次世界大戰
期間的通敵行為,在法國仍是炙手
可熱的主題。

对歐洲人民造成相當的鼓舞,並且帶回來關於德軍防禦的珍貴情報。

到了一九四一年六月,英國已經獨立作戰達一年之久,美國的謹
慎援助則正在增加當中。但是在那個月的二十二日,希特勒卻突然入
侵蘇聯,這下使得英國有了一個重要的盟友——雖然是個出乎意料的
盟友。同時在這整段本土被圍的時期中,英軍部隊一直在另一個戰區
中與敵軍作戰,這就是地中海與中東。

英國突擊隊與他們的德國俘虜正在
重新登船,攝於一九四一年十二月
二十七日,非常成功的挪威瓦格索
突擊之後。

第十一章

沙漠與海洋

地中海的戰爭　1941—1944

墨索里尼於一九四〇年六月對英法兩國宣戰之後，他的部隊在法國與德國簽字停戰的前三天入侵了法國南部，但他們卻遭遇到出乎意料的抵抗。義大利在六月二十四日與法國簽訂相似的停戰協定，並且得到占領法屬里維拉的權力。但墨索里尼主要的目標還是消除英國海軍對地中海的控制，並且以英國的代價來擴大他的非洲帝國。

在地中海地區，英國擁有三處主要的海軍基地。守衛地中海入口的是英國在一七〇四年自西班牙手上取來的直布羅陀。地中海艦隊的傳統基地馬爾他島掩護著中地中海，埃及的亞歷山卓港則位在東邊。然而，地中海之所以對英國如此重要，還是蘇伊士運河的緣故。蘇伊士運河是一八七〇年代在法國的支持下建造的，這條運河大幅減少了英國前往印度和遠東的航行時間。如果皇家海軍不能保證船隻在地中海的航行安全的話，那麼蘇伊士運河也將無法使用，它們只有改採較長的航路繞過南非。

規模不小的義大利艦隊主要基地位於塔蘭多、拉史佩西亞，以及西西里的墨西拿，它們的實力足以與英國地中海艦隊相提並論——至少在紙上是如此。義大利唯一缺乏的一種主力船艦就是航空母艦，但這點並未造成太大的影響，因為駐防於西西里、義大利本土、愛琴海中的義大利屬地，以及北非殖民的義大利飛機，已足以涵蓋整個地中海中部和東部。義大利在這片地區也擁有強大的地面部隊。在一九一二年自土耳其手中奪來的利比亞，義大利駐有為數二十五萬人，由陸軍和當地民族組成的部隊，另外在阿比西尼亞和厄利特里亞還駐有一萬人。

另一方面，英軍只不過擁有六萬三千名部隊，而且部署分散。一部分駐防於埃及；其他則是在巴勒斯坦，一九三六～三九年期間，他們必須應付由於准許遷來的猶太移民日漸增加——尤其是希特勒在德國掌權之後——而引起的阿拉伯人暴動。另外在蘇丹也有少數部隊，以

有一小批駐守於英屬索馬尼蘭。至於在伊拉克，英國在哈巴尼亞擁有一處重要的空軍基地。英軍飛機在數量上也遠不及義大利，而且與皇家空軍在英國所使用的飛機相較，這些飛機盡是些老舊過時的機型。

英方的戰略也因為七月三日那天，地中海艦隊對阿爾及利亞港口中的法國艦隊的攻擊行動而益形複雜。維琪法國對英國的敵意，很快就使得他們以摩洛哥為基地的飛機攻擊直布羅陀，不過此舉只造成了輕微損失。然而更嚴重的是，巴勒斯坦現在受到了駐守在敘利亞和黎巴嫩的法軍威脅，而且另外還有維琪政府或許會准許軸心國部隊部署在那裏的危險。

為了證明他們是認真的，義大利飛機於六月十一日轟炸了馬爾他、亞丁和蘇丹港。於此同時，英方則將部隊部署在埃及——利比亞邊界上，等待義軍進攻。這項行動還要再過一段時間才會實現，尤其是利比亞總督伊塔洛·巴爾波元帥——一位傑出的飛行員——因為座機遭到己方飛機擊落而身亡。但是在別的地方，義軍在七月間越過阿比西尼亞與蘇丹的邊界，占據了邊界哨站，並且在次月迅速拿下英屬索馬利蘭。

對於英國海軍而言，儘管以西西里為基地的義大利飛機可以輕易

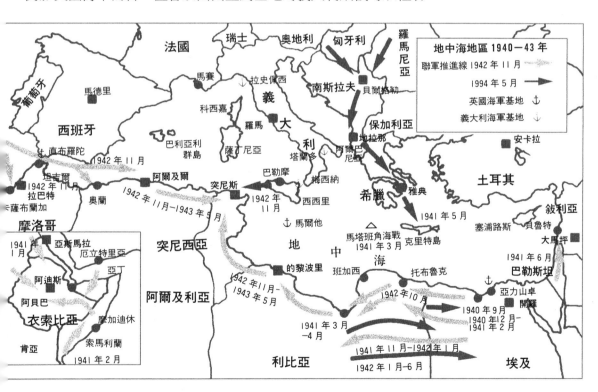

英軍在一九四一年一月五日攻占利比亞的巴迪亞港，照片中是澳軍部隊。

飛到馬爾他，但最重要的目標仍是維持此地的補給。將船團派往馬爾他的行動，也造成了地中海戰爭的第一場海上交火。

儘管英國本土仍然受到入侵的威脅，但邱吉爾還是在一九四○年八月作了一次賭博，派遣一支由油輪組成的船團航經地中海前往埃及增援。此舉來得正是時候，因為等待已久的義大利入侵終於在九月中旬開始。然而，義軍在越過埃及邊界六十哩後就停頓了下來，部隊隨即掘壕準備固守。

此舉的原因部分是由於墨索里尼又打起了其他地方的主意。他的部隊已在一九三九年春占據阿爾巴尼亞。現在他希望將整個巴爾幹半島都置於他的掌控之下。一九四○年十月底，他的部隊入侵了中立的希臘。這是一個嚴重的錯誤。希臘人不只堅定抵抗，而且還發動反攻，在年底之前已經拿下半個阿爾巴尼亞。

在海上，維持馬爾他補給的苦鬥在義大利海空軍面前繼續進行，但是在一九四○年十一月十一日晚上，由英國航艦光輝號上起飛的魚雷式轟炸機，對位於塔蘭多的義大利海軍基地發動了一次大膽的魚雷攻擊。它們造成三艘戰艦嚴重受損。此舉使得義大利海軍變得更為謹慎，不過雙方海軍的衝突仍然繼續著。

在此同時，埃及的英軍正在計畫摧毀當地的義軍營地。這項行動在十二月八日展開，結果完全出乎義大利人意料之外。兩個星期之內他們就被趕過邊界回到利比亞境內，英軍總司令阿契包德‧魏菲爾將軍決心乘勝追擊，進攻這處義大利殖民地。巴迪亞港於一九四一年一

月初為澳軍攻陷,接著是托布魯克和德瑪。英軍戰車則同時開始向內
陸前進。結果演變成越過昔蘭尼加突出部底部多石地形的迅速推進。
澳軍在二月六日進入班加西,義軍則沿著海岸公路向南撤退。英軍戰
車正好及時開始抵達,擋在他們的去路上。義軍試圖突破,但未成功。
最後義軍有兩萬人被俘,還有兩百門大砲和一百二十輛戰車成為戰利
品。這在攻勢開始以來俘獲的大批武器和十一萬名俘虜之上,又添加
了另外一筆。所有這些都是由一支兵力從未超過三萬人的部隊所完成
的,但是他們想要更進一步占領整個利比亞的希望,馬上就會破滅。

　　魏菲爾已經開始在南方進行一場平行的戰役,目標是將義大利趕
出束非。這項行動是由二路部隊分別組成。在最北邊,有兩個印度師
自蘇丹進軍厄立特里亞。他們經過漫長而艱苦的戰鬥,才在基倫山區
殺出一條路來,最後於一九四一年五月在安巴阿拉吉接受義軍投降。
在南邊,一九三五年義大利入侵之後被迫流亡的阿比西尼亞皇帝海爾
‧塞拉西率領了一支名為「愛國者」的當地部隊,向首都阿迪斯阿
貝巴進軍,結果他們在五月五日入城。至於在更南方,一支由西非和
東非部隊組成的兵力自肯亞侵入了義屬索馬利蘭。他們很快就攻下摩
加迪休港,並且轉向北邊與另外兩路兵力會合。即使如此,阿比西尼
亞境內的義大利部隊要到一九四一年十一月才會終於全部放下武器。

　　同一時候,邱吉爾的目光轉向了巴爾幹半島。他認為這是予以軸
心國家更直接打擊的方法。他最後說服了仍與義大利在阿爾巴尼亞相
持不下的希臘政府,同意讓英軍部隊部署在希臘境內,然而這些兵力
必須從魏菲爾已經過分延伸的部隊中抽調,這代表在利比亞再也不能
採取任何攻勢行動。事實上,這個決定使得英軍在一個不幸的時刻變
得非常脆弱。希特勒已經決定墨索里尼在北非需要幫助,因此兩個德
軍裝甲師在一九四一年二月開始抵達利比亞的黎波里港。這支名為「德
意志非洲軍」的部隊是由隆美爾所指揮,他的第七裝甲師由於在法國
戰役期間迅雷不及掩耳的行動速度,因而得到「鬼師」的稱號。義大
利方面希望在利比亞採取守勢,但這並不合隆美爾的胃口。三月二十
四日,他衝過了昔蘭尼加與利比亞西部的黎波里塔尼亞省邊界上的英
軍前哨,接著在一場閃電般的戰役裏,打得英軍一路敗退回到埃及。

　　接下來還有更嚴重的事情。希特勒此時正在計畫入侵蘇俄。為了
鞏固他的南翼,他將巴爾幹諸國結合起來支持德國。但是在一九四一
年三月底的政變之後,南斯拉夫卻退出了他們的行列。憤怒的希特勒
於是下令入侵,四月六日那天,軸心國部隊開進了南斯拉夫與希臘。

與德意志非洲軍的軍官在一起的隆
美爾。他是一位自前線上領軍的指
揮官,並且對戰場上的關鍵要點有
著敏銳的感覺。他廣受部隊的崇
拜,並且受到英方敵人的高度尊
敬。

這是一場閃擊戰的經典之作——迅速且決定性。到了四月底，兩個[國]家都已經陷落，完全憑著皇家海軍的努力，大部分英軍和自治領的部隊才得以平安撤走，以待來日再戰。

因此到了一九四一年五月，英國在地中海戰區的處境已經有了[驟]然的轉變。情況更為嚴重的是伊拉克又發生革命，使得英軍在哈巴尼[亞]亞的重要空軍基地陷入了圍困之中，必須自印度派遣部隊前去解圍。唯一的一線曙光出現在海上。由海軍上將安德魯·康寧漢爵士指揮的地中海艦隊成功地引出義大利艦隊，雙方於三月二十八日在馬塔班海[之]戰中交手，英方在這一戰中擊沉三艘巡洋艦，並且重傷一艘戰艦。這場海戰結果使得義大利艦隊有好幾個月都不再出港。

但是英方在五月還有更糟的事情要發生。德軍在二十日對克里特島發動了一次大膽的攻擊，此地自一九四○年十一月起就有英軍部隊駐守。一個自空中投下的傘兵師成功拿下了關鍵性的機場，讓增援部隊源源不絕流入。包括曾在希臘作戰過的紐澳部隊在內的英軍被迫[撤]往南部，由皇家海軍再一次救援出來，不過英方船艦在這次行動中[損]失慘重，大部分是空中攻擊的結果。

克里特島的陷落，以及德國空軍開始與義軍聯手攻擊馬爾他的事實，代表英國船團再也無法通過地中海。它們現在被迫得改採繞過南非的好望角航線。

一九四一年六月為魏菲爾帶來了另一場挫折。英方開始擔憂起德軍正打算將飛機派駐在法屬敘利亞。英國政府於是決定他們必須占領這塊地方。六月八日那天，英國、澳洲與印度部隊自巴勒斯坦和伊拉克發動了攻擊。經過五個星期的艱苦戰鬥，法軍才終於認輸。守軍大部分選擇遣返維琪法國，而不願加入戴高樂的自由法軍對德國作戰。

在此同時，魏菲爾分別於一九四一年五月和六月，對隆美爾在埃及邊界上的防線發動了兩次失敗的攻擊。魏菲爾的未能突破敵軍，以及為從隆美爾四月攻勢之後即堅守不降的托布魯克解圍，使得他終於由克勞德·奧欽列克爵士所接替。

儘管受到來自邱吉爾的壓力，奧欽列克仍將接下來的幾個月花在加強部隊實力，以準備預定於十一月發動的大攻勢。馬爾他仍然處於不斷的空襲之下，但是即使如此，以這裏為基地的潛艇和飛機還是能有效地對駛往北非的運補船團加以攻擊。至於奧欽列克準備已久，代號為「十字軍」的攻勢，則在十一月十八日展開。雙方戰車在一開[始]就爆發了激烈的纏鬥，接下來整個星期，戰局一直處於未定之中。[而]

在克里特島的馬勒米機場被攻占之後，德軍的增援部隊正在降落，時間是一九四一年五月。這是島上英國守軍末日的開始。

隆美爾在英國沙漠航空軍的不斷攻擊，以及燃料短缺之下，終於被迫撤退。托布魯克之圍也告解除。隆美爾由於擔心他不設防的沙漠側翼遭到迂迴，於是決定讓他的損失就此打住，撤回到的黎波里坦尼亞。

然而，德軍卻在班加西港中布滿了水雷，讓英方無從使用這處港口。因此英國第八軍團此時的補給線延伸得十分之長。除此之外，隆美爾還另外得到剛運抵的戰車。一九四二年一月二十一日，也就是完成撤退不過兩個星期之後，他再一次攻入昔蘭尼加，把英軍趕出了這個突出部。

昔蘭尼加西部機場的喪失，意味著馬爾他再次完全陷入了孤立之中。邱吉爾敦促奧欽列克馬上發動反攻，但是直到部隊完成重整之前，後者並不打算採取這樣的行動。

雙方一直到春末都保持著守勢，但並不是只有英方在計畫進攻而已。軸心國方面已經決定要讓馬爾他臣服，以保障船團通過地中海的安全。隆美爾卻相信他已經打得英軍大敗潰逃，因此希望能拿下蘇伊士運河。他的上司此時正將目光放在俄國，對此並未這麼熱心，但還是同意發動一次以重占托布魯克為目標的攻勢。他因而在五月底先下手為強，將他的裝甲部隊繞過英軍敞開的沙漠側翼。慘烈的戰車會戰隨即爆發，但是在三個星期的激烈戰鬥之後，英軍開始後撤。托布魯

一門德軍的八十八公厘戰防砲正在利比亞作戰。這種火砲能夠在英軍戰車的火砲射程之外，於遠達兩千公尺處擊毀它們。德軍常用的一種戰術，就是以他們的裝甲車輛將英軍戰車吸引到八八砲之前。

在奧欽列克的一九四一年十一月攻勢中，一輛英軍的十字軍戰車正通過一輛被擊毀的三號戰車旁邊，這次攻勢終於解除了托布魯克八個月的圍困。

克再一次陷入孤立，但這回該地在三天之後即告失守。英軍的撤退很快就變成敗退，到了六月底，他們已經退到尼羅河三角洲之前最後一道能夠防守的地形——艾爾艾拉敏防線。

看來隆美爾似乎就要突破這道防線，兵臨開羅城下。地中海艦隊

快離了亞歷山卓的基地，前往巴勒斯坦的海法港，將中東地區司令部由埃及遷到蘇伊士運河另一岸的計畫，也已開始付諸實行。隆美爾在六月一日對艾爾艾拉敏防線展開了攻擊。但是他的部隊在接連五週的激烈戰鬥之後，已是疲累不堪，而且燃料也非常缺乏。因此英國第八軍團得以阻擋住這次攻擊。英軍接著試圖突破德軍防線，但是也未能成功。在七月大部分的時間中，雙方就像兩個筋疲力竭的拳手一樣彼此揮拳，直到氣力終於用盡，退回到他們的角落中。

於此同時，馬爾他依然繼續堅守著，為了維持該島的補給不斷，英國船隻的損失一直在上升。馬爾他居民所表現出的堅毅不屈，使得喬治六世頒授了他們表彰平民勇敢表現的最高榮譽——喬治十字勳章。

邱吉爾在此時來到埃及訪問，並且決定更換指揮官。奧欽列克由一組新的人馬所接替——分別是擔任戰區總司令的哈洛德·亞歷山大

一輛德軍戰車運輸車正載著一輛三號戰車通過英軍所稱的大理石拱門。這座拱門是由義大利人所建，以作為利比亞的黎波里坦尼亞省與昔蘭尼加省邊界的標誌。

將軍，以及接掌又累又迷惑的第八軍團的伯納德·蒙哥馬利將軍。蒙哥馬利很快就以他的活力和果斷性格，讓他的部隊印象深刻。他宣布將不會再有任何撤退。由於「極情處」已預先警告隆美爾將在八月底再次發動攻擊，蒙哥馬利輕而易舉就逐退了他。

蒙哥馬利現在開始準備發動一次不只要突破軸心軍防線，還要
義軍和德軍趕出整個利比亞的攻勢。第八軍團自英國得到了額外的
援，一九四二年十月二十三／二十四日的夜晚，大約九百門大砲開
對軸心軍防線展開轟擊。接著在黎明之前，英軍展開了攻擊。在接
來十一天中，英軍拚命掙扎著要在隆美爾的防線上打出一個洞口。
後在十一月三日，軸心軍在英軍不斷壓力的磨損之下，終於開始撤退
艾爾艾拉敏是英軍最後一次獨力擊敗軸心軍所贏得的勝利。

蒙哥馬利的戰車在後緊追不捨，並且試圖截斷隆美爾的去路，
是惡劣天氣和德軍的戰術技巧，使得他們未能成功。在十一月和十
月之中，第八軍團一路追著敵軍開入了昔蘭尼加，接著是的黎波里
尼亞。在一九四三年一月二十三日，英軍終於進入的黎波里。隆美
則在同一天越界進入突尼西亞。此時他已經曉得突尼西亞西部現在
成為另一處戰場。

這件事起源於一九四一年十二月，日本突然對美國太平洋艦隊
珍珠港的基地發動空襲，這項行動使得美國終於參戰。美國在參戰
已與英國達成擊敗德國優先於日本的共識。問題是在一九四二年，
國地面部隊如何能在歐洲戰場與軸心國交戰？最後在一九四二年
月，盟軍決定入侵法屬西北非，藉以在重新進入歐洲大陸之前，先
清地中海南岸。美方的艾森豪中將奉派指揮這次包括三處同時登陸
作戰。一支由美國直接前來的特遣艦隊將在摩洛哥海岸登陸。另兩
艦隊將自蘇格蘭出發，開進地中海，在奧蘭的登陸將完全由美軍負責
在阿爾及耳登陸的部隊則由英美聯軍組成。

登陸行動之前，美方已開始與部分北非的維琪法國領袖進行祕
磋商。他們同意僅會對盟軍作象徵性的抵抗。這次以「火炬」為代
的登陸於一九四二年十一月八日展開，就在蒙哥馬利開始從艾爾艾
敏追擊隆美爾之後沒有多久。在四天之內，摩洛哥與阿爾及利亞境
的法軍就已經簽字停戰，英美聯軍隨即開始迅速行動，以鞏固剩下
法屬北非領土突尼西亞。

火炬作戰完全出乎軸心國的意料之外。然而在二十四小時之內
他們就已經開始將部隊空運至突尼西亞。儘管如此，當地的法軍部
仍然宣布站在盟軍這邊，但是他們的裝備並不足以抵抗軸心國部隊
雙方現在在山丘起伏的突尼西亞展開了一連串交鋒。一支英軍兵力
被迫撤退之前，已經進抵距突尼斯不到二十哩處。然而雙方都缺乏
夠揮出決定性一擊的力量，到了一九四三年新年，在突尼西亞多天

淒風苦雨之中，前線的位置大約就在突尼西亞的中間。

軸心軍此時陷入的黎波里坦尼亞的英軍，以及突尼西亞西部的英美聯軍，和正在開始加入的法軍之間，他們決定攻擊是最佳的防禦。於是展開了一連串試探性攻擊，以鞏固具有戰術價值的地形。隆美爾的沙漠老兵與已在突尼西亞的部隊聯手，於二月中對南部戰線發動了一次大規模突擊，據守這裏的是大多未經戰火洗禮的美軍部隊。他們很快就被趕出在戰術上非常重要的凱撒林隘口，英軍部隊必須趕忙在北邊布陣，以免讓德軍突破。

隆美爾現在被指派爲突尼西亞的總司令。在此同時，蒙哥馬利在重啓的黎波里港以鞏固補給線之後，開始自東邊開入突尼西亞。隆美爾決定掉過頭來對付他，但是由於極情處的預先警告，蒙哥馬利已經有所準備，當隆美爾於三月六日對梅德林發動攻擊時，蒙哥馬利給了他的戰車迎頭痛擊。在這次攻勢之後，隆美爾即因病離開北非，再也沒有回來過。

在突尼西亞西部，沒有一方能使對方蒙受重大損失，戰鬥就這樣一直持續下去。主動權因而似乎落到了蒙哥馬利那邊，他這時正在進攻可畏的馬瑞斯防線，法國人構築這道防線原本是爲了防備義大利來自利比亞的威脅。他的正面攻擊並未奏效，但最後他還是成功迂迴過這道防線，不過並沒有逮住他的老沙漠對手。美軍這時在多彩多姿、充滿活力的喬治·巴頓將軍指揮下，則以肅清突尼西亞東南部來支援英軍。

蒙哥馬利於四月初突破了軸心軍在瓦基·阿卡里特的下一道防線。軸心軍現在被包圍在戰場的東北端，但是戰鬥仍然繼續進行著。當蒙哥馬利試圖在恩菲達維爾突破時，他的沙漠老手失敗了。由艾森豪指派擔任同盟國聯軍總司令的亞歷山大因而將重點轉移到西邊。英美聯軍在得到部分蒙哥馬利精銳師的英國第一軍團保護下，於五月六日發動最後攻勢。軸心軍在越過地中海的補給線業已完全斷絕下，再也無法堅守下去。盟軍先後開進突尼斯和比塞大，所有抵抗則在五月十一日停止，共有超過二十萬的德義部隊投降。重新進入歐洲的時機終於到來了。

一九四三年十一月，西方同盟國於摩洛哥的卡薩布蘭加舉行了一次重大的戰略會議。會議中決定一旦北非肅清之後，英美聯軍將會在西西里登陸，目標是使義大利退出戰爭。登陸西西里的策劃工作於一九四三年三月展開。美國第七軍團在巴頓指揮之下，將在南岸登陸，

照片中是一輛配備七十五公厘砲的
美軍M3戰車驅逐車,正在突尼西
亞支援步兵作戰。戰車驅逐車是美
軍對於德國閃擊戰的答案。他們的
想法是讓戰防砲保持集中,並且可
以趕往任何受到威脅的地點。

肅清該島的西半部,蒙哥馬利的部隊則將朝向東半部前進。

在初步階段中,英軍部隊在空中攻擊軟化蘭培杜薩和潘提拉里亞兩處島嶼之後,於六月十一日登陸。倍受震驚的義大利守軍不發一槍即宣告投降。這給了盟軍支援西西里入侵的額外機場。西西里的登陸於七月十日發動。儘管盟軍傘兵在空投支援登陸時,被分散到四面八方,但守衛海岸線的差勁義大利師還是無法阻止盟軍鞏固灘頭。然而,守軍卻得到了兩個精銳的德國師增援,這些部隊很快就開始使盟軍必須艱苦奮戰,才能拿下這處島嶼。

尤其是面對東邊崎嶇地形的蒙哥馬利,更覺困難重重。另一方面,巴頓卻很快就開始有所進展。他的部隊在七月二十二日抵達北岸,但是抵抗現在開始增強。事實上,美軍一直到八月十七日才進入墨西拿。不過到了這個時候,德軍已經越過分隔西西里和義大利本土的狹窄海峽,逃得無影無蹤了。

然而,西西里的登陸嚴重挫折了義大利人的士氣,甚至連墨索里尼本人也變得充滿憂慮。在對他的領導作戰已經不存任何幻想之下,法西斯大議會在七月二十五日逮捕了這位義大利獨裁者。維克多·伊曼紐國王要求戰功彪炳的皮特羅·巴達格里奧元帥組成政府,後者隨

西西里灘頭上的美軍部隊,攝於一九四三年七月盟軍登陸後不久。在歐洲戰區,這次作戰的規模僅次於一九四四年六月的諾曼第登陸。

一輛德軍的四號突擊砲正通過羅馬的圓型競技場旁,時間是義大利於一九四三年九月簽字停戰後不久。這種突擊砲使用四號戰車的車體,配備一門短砲身的一〇五公厘火砲,其設計目的是為了在市街戰中提供火力支援。

即開始與同盟國進行祕密的初步磋商。

　　希特勒察覺到大事不妙,於是下令部隊火速趕往義大利。部分曾在西西里作戰過的部隊在亞伯特,凱賽林元帥統指下,負責防守南方,其他兵力則由隆美爾統帥,在阿爾卑斯山脈的隘口中待命。

　　義大利與同盟國之間的談判在葡萄牙首都里斯本舉行。最後在八月二十日,義大利代表團帶著無條件投降的要求,以及義國政府有十天考慮的最後通牒回到羅馬。在此同時,盟軍則正在準備入侵義大利。首先,蒙哥馬利將會越過墨西拿海峽,肅清腳趾的部分。接著在他於苔蘭多登陸的同時,新組成的美國第五軍團——其下包括部分英軍部隊——則將在沙雷諾登陸,朝北推進以攻占那不勒斯。

　　九月三日,義大利終於宣布停戰,英軍也越過海峽踏上義大利的腳趾。防禦的德軍已經退往內陸,但他們卻留下了為數眾多的詭雷和炸藥,使得英軍進展遲緩。停戰的消息直到九日才公開。沙雷諾的登陸則在同一天展開。德軍的抵抗十分堅強,但盟軍還是在岸上建立起據點。英軍部隊則拿下了塔蘭多,義大利艦隊從這裏航向馬爾他,在當地正式投降。半路上,旗艦羅馬號戰艦為德軍一種新式武器——一枚空投的導引滑翔炸彈——所擊沉,這種武器也在沙雷諾外海的盟軍船艦中造成了相當傷亡。

　　德方對停戰消息的反應是將義軍解除武裝,並且接管南斯拉夫和

希臘全境。他們還占領了羅馬。希特勒也迫不及待想拯救他昔日的盟友墨索里尼。後者的拘留處已經被遷移過好幾次，但現在正被關在亞布魯齊山脈中。在一次使用滑翔機的精采行動中，德軍特種部隊於九月十二日救出了他，將他帶到德國。隨後墨索里尼在義大利北部建立起一個法西斯共和國。但是德國的控制十分嚴密，自始至終這不過是一個傀儡政權而已。

德軍在沙雷諾發動了猛烈反攻，全是由於空優和海軍砲火的支援，他們才終於被迫撤退。第五軍團和第八軍團因而得以在九月十六日會師。英軍隨即開始沿著義大利東半部，美軍則沿著西半部向北推進，並且於十月一日開進那不勒斯。

義大利投降使得邱吉爾再一次將目光轉向了巴爾幹半島。他打定主意要在德軍能填補這片真空前，於土耳其海岸外由義軍所據守的多德坎尼斯羣島登陸。此舉不但能威脅德國在巴爾幹半島的地位，也能夠鼓勵中立的土耳其加入同盟國陣營作戰。美方並不贊成這項行動，他們將之視為不過是牽制行動而已，並且拒絕提供任何援助。無論如何，英軍還是在九月間登陸了柯斯、里洛斯、希米和卡斯特洛里佐，並且將義大利守軍解除武裝。然而英軍只得到非常有限的空中和海面支援，德軍很快就自希臘發動攻擊，在十一月底前拿下了所有島嶼。

回到義大利方面，德軍陣營中對於應該如何進行作戰發生了激烈的爭執。隆美爾相信德軍應該放心防守多山的北部地區，凱賽林卻希望盡量利用義大利縱橫分布的河川與山陵，在整片義大利領土上邊打邊退。隨著盟軍向北推進，辯論也繼續進行著，但是最後希特勒站到了凱賽林這邊，於十一月初指派他擔任義大利地區的總司令。這場戰役的命運也就此決定。

凱賽林現在開始著手構築一連串的防線，盟軍則在十一月底進抵第一道防線。這條古斯塔夫防線保護著通往羅馬的道路，一路向東延伸達大約一百哩長。蒙哥馬利總算在亞德里亞海那端突破了這條防線，但是他的部隊已是疲憊不堪，使得蒙哥馬利必須叫停頓兵到十二月底，不過到了這時，義大利的寒冬業已降臨。美軍則被主防線之前的輔助陣地柏納德防線擋住了一段時間。他們在德軍撤往古斯塔夫防線時已是損失慘重，就如同英軍一樣，他們也被迫停頓了下來。

然而同盟國一直同意，比起一九四四年的主要計畫，亦即等待已久的越過海峽入侵法國和登陸法國南部，義大利並沒有那麼重要。事實上在一九四三年結束之前，久經戰陣的美軍和英軍部隊，還有艾森

蒙和蒙哥馬利都已離開義大利前往英國。然而義大利盟軍總司令亞歷山大和他的將領們都相信，這處戰場仍然能夠達成決定性的結果，特別是如果他們能迅速攻抵羅馬的話。因此他們打算在首都南方的安其奧進行一次兩棲登陸。此舉將會切斷古斯塔夫防線德軍與後方的交通線，迫使他們撤退。儘管盟軍這時已開始需要為登陸法國集結所有的兩棲登陸船隻，但最後安其奧作戰還是獲准進行。

在一九四四年一月中，正當美國第五軍團在對古斯塔夫防線發動正面攻擊，使德軍分身乏術時，由美軍和英軍組成的登陸部隊已經集結在那不勒斯地區。登陸行動於一九四四年一月二十二日展開，打得德軍完全措手不及。兩天之後，由阿爾方斯・朱安將軍指揮的法國遠征軍也跟著展開了卡西諾山的漫長苦難。

在德軍微弱的抵抗之下，安其奧的灘頭很快就被鞏固下來。但是盟軍對於德軍反攻的憂慮，意味著他們一開始的成功沒有能被加以充分利用。德軍因而得以藉機加強實力，到了二月初，他們發動了反攻。德軍的壓力之大，一度差點就把盟軍趕進海裏。德軍的攻勢一直持續到三月，加上古斯塔夫防線依然屹立不搖，安其奧已經變成——引用邱吉爾的話來說——一隻「擱淺的鯨魚」。

在此同時，卡西諾山的戰役仍然繼續進行著。法軍的攻擊結果以失敗收場，接著在對山頂的修道院進行轟炸之後，印度軍在二月中試圖拿下這處兵家必爭之地。然而防守此地的德軍傘兵還是毫不動搖。印度和紐西蘭部隊於三月再度作了一次嘗試，仍然未能成功。但是此時亞歷山大已有了一個新的計畫。英國第八軍團大部分兵力將自縱貫義大利的亞平寧山脈以東調來，在從卡西諾延伸到地中海的廣正面上發動集中攻擊。為了配合這項作戰，安其奧灘頭中的部隊也將朝羅馬突破。在初步階段中，盟軍還將發動一項代號恰如其分的空中作戰，

守衛卡西諾山的德軍傘兵正在準備
他們的圓柱型手榴彈。

美軍部隊正向北邊的羅馬推進，時間是一九四四年六月。

名為「窒息作戰」，藉以勒緊軸心軍的補給線。

攻勢於五月十一日晚上展開。這次由波蘭軍對卡西諾山進攻，但是仍未能突破。然而在更南邊，法軍突破了亞布魯齊山區。凱賽林這時下令他的部隊自古斯塔夫防線後撤。波軍再次對卡西諾發動攻擊，此地終告失守，盟軍現在突破出了山區，與安其奧的部隊會合。一直可望而不可及的羅馬則在六月五日陷落。盟軍繼續向北推進，但他們仍無法阻止凱賽林進入下一道主防線，此即更為可怕的哥德防線。

如同上次，英國第八軍團也是在亞德里亞海這端突破了這道防線，但是在北邊無窮無盡的河流，最後還是讓英軍停頓了下來，未能達成決定性的突破。美軍在這條防線通過亞平寧山脈的地方展開進攻，但是被亞爾諾防線拖慢了他們的腳步，這道防線就像古斯塔夫防線一樣，屏障著德軍主防禦工事西面的道路。

因此在一九四四年底時，盟軍已是再次打得筋疲力竭，德軍卻依然活躍。盟軍部隊也非常清楚，自一九四四年六月六日之後，大西洋兩岸民眾的焦點都已經轉到了西北歐。除此之外，過去三年半中在東線上進行的大規模苦鬥，隨著蘇軍越來越接近德國東部國界，現在也正要達到高潮。

第十二章

希特勒轉向東方

東線　1941—1943

　　一九三九年八月德國入侵波蘭前夕簽署的德蘇互不侵犯協定，造就了兩個看來不可能共事的夥伴，納粹主義和共產主義原本是死對頭，但是政治權宜證明要比意識形態的對立更來得重要。

　　兩國都從占領波蘭中得到不少好處。東普士現在又再度與德國本土結合了起來，俄國則收復了一九二〇年戰爭後損失的領土。除此之外，德國更讓俄國可以自由在波羅的海國家採取行動。這也就代表愛沙尼亞、拉脫維亞和立陶宛從此失去了自由。

　　希特勒在相信他在東方已經沒有威脅之下，接著轉向了西方。最後是不列顛之役才阻止他完全占領西歐的企圖。然而，他從未放棄過德國的真正敵人是在東邊的想法。國家社會主義和共產主義最後的衝突是無可避免的。因此早在一九四〇年七月底，他就已經告訴他的軍事將領，他打算在次年春天進攻俄國，並且下令他們開始著手進行計畫。但是他的準備工作並不僅限於軍事而已。首先，一九四〇年九月底，他與義大利和日本簽訂了一項三國協約。此舉目的是要利用日本與俄國之間傳統的敵意，讓俄國面臨兩面同時作戰的可能，一面是在俄國的西部邊界，另一面則是在遠東的滿洲邊界。

　　鞏固德國攻勢的南翼也十分重要。這代表必須除去任何來自巴爾幹半島的潛在威脅。希特勒因此運用了外交壓力，以讓這些國家加入三國協約。匈牙利在右翼的海軍將領米可洛斯・霍西獨裁統治之下，證明是一點問題也沒有。

　　羅馬尼亞和保加利亞試圖拖延時間，但最後兩國還是參加了協約。不過在更南邊有一個問題。這就是墨索里尼在一九四〇年十月底，由阿爾巴尼亞對希臘發動的災難性進攻。此舉使得希臘堅定地投入了英國的陣營，英國隨即自北非派遣部隊越過地中海，增強希臘的防禦。

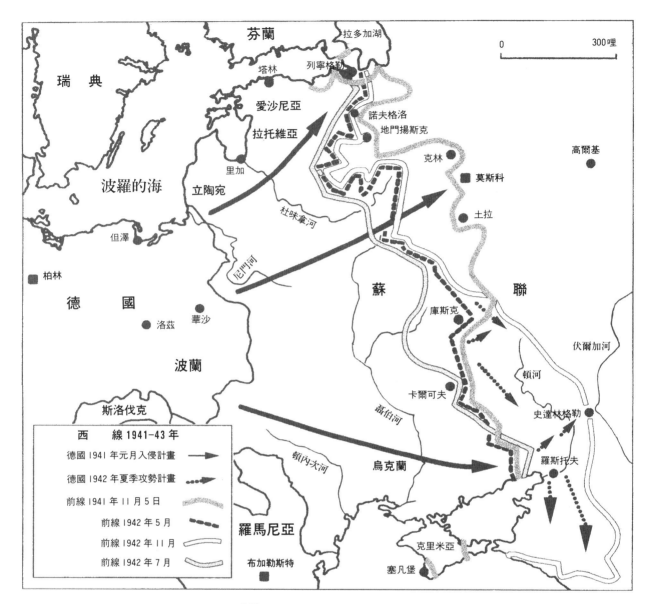

芬蘭
拉多加湖
瑞典
塔林
列寧格勒
愛沙尼亞
諾夫格洛
拉托維亞
地門揚斯克
克林
高爾基
里加
莫斯科
波羅的海
立陶宛
土拉
杜味拿河
尼門河
柏林
德　國
蘇　　聯
洛茲
華沙
庫斯克
伏爾加河
波　蘭
頓河
斯洛伐克
卡爾可夫
史達林格勒
羅斯托夫
頓內次河
富伯河
烏克蘭
羅馬尼亞
克里米亞
布加勒斯特
塞凡堡

0　　　　　　　　300哩

西　線 1941-43 年
德國 1941 年元月入侵計畫　→
德國 1942 年夏季攻勢計畫　⋯⋯▶
前線 1941 年 11 月 5 日
前線 1942 年 5 月
前線 1942 年 11 月
前線 1942 年 7 月

　　希特勒決心要讓希臘屈服，但要達成這個目標，他必須要讓部隊
通過南斯拉夫。一九四一年三月初，他開始對南斯拉夫施加壓力。經
過三個星期的強烈外交壓力之後，他們終於參加了三國協約，但是南
斯拉夫的親英派隨即成功發動政變。掌權的新政府馬上撕毀這項協
約。希特勒的反應是下令立刻入侵。一九四一年四月六日那天，部隊
自奧地利、匈牙利、羅馬尼亞和保加利亞攻進了南斯拉夫以及希臘。
十一天之後，國土已完全淪陷的南斯拉夫宣告投降，德軍則在四月二
十七日開入希臘首都雅典。這又是另一場摧枯拉朽的閃擊戰。

德軍於一九四一年四月入侵南斯拉夫的行動受到了部分民眾的歡迎，特別是在北方的克羅埃西亞省，當地對於塞爾維亞人對該國的控制已感到日漸不滿。

　　在整個巴爾幹半島已經落入軸心國掌握之後，希特勒現在可以開始進行征服俄國的主要計畫。這個計畫最後決定要同時發動三路攻擊。北面集團軍將自東普魯士進攻，占領波羅的海國家，並且拿下列寧格勒。南面集團軍將負責進攻烏克蘭，至於主攻則交由中央集團軍進行，目標是莫斯科。

　　匈牙利和羅馬尼亞部隊也參與了這項代號為「巴巴羅沙」的作戰。希特勒總共集結了不下一百六十個師，動用大約兩百五十萬人，並由數千架飛機支援。進攻的日期原本預定於五月中，但由於巴爾幹半島的情勢而必須延後六週。這項延期證明事關重大，因為征俄作戰的完全成功，端賴於要在俄國冬天開始前達成所有目標。

　　史達林相當關心希特勒的巴爾幹半島政策，以及德軍部隊在芬蘭的出現，德國在藉此增援挪威北部的守軍。然而在一九四一年一月，俄德兩國又簽署了一項新的協約，重新確定現存的勢力範圍，此舉使得史達林寬心不少。這項協約也延續了雙方的貿易協定，俄國可以用烏克蘭的穀物，交換德國提供的機器。但是史達林也藉由與日本簽訂互不侵犯協定，消除了來自遠東的威脅，從而解決了日本加入軸心國後的影響。這項協約也很適合領土野心位在南方的日本。

　　即使如此，德軍在波蘭增強兵力的舉動是無法偽裝的，很明顯希

特勒正打算要採取某些行動。除此之外，俄國也開始得到關於希特勒
意圖的情報。英國將極情處的情報傳送給了他們。另外還有露西間諜
網──這是以瑞士爲基地的諜報組織──以及在東京的俄國間諜李
察・索爾吉。然而，史達林還是決定忽視這些情報。

事實是，俄國三軍根本還沒有準備好面對德軍的進攻。史達林在
一九三〇年代晚期的整肅除去了大部分最優秀的指揮官，此舉的效應
在俄國於一九三九年十一月底進攻芬蘭時清清楚楚地顯現了出來，當
時他們被阻擋在曼勒漢防線之前，蒙受到慘重損失。這場戰役的結果
就是俄國三軍徹底重組，這項工作到了一九四一年春仍然尙未完成。
因此史達林非常不願意採取任何會激起德國敵意的行動，即使他的間
諜這時已經確定德軍進攻的日期將是一九四一年六月二十二日。

二十二日上午一點四十五分，一列俄國穀物列車通過了巴格河上
在布瑞斯特─里托夫斯克的橋樑──這裏是俄德兩國簽訂一九一八年
三月和約之處──駛入德國占領下的波蘭。九十分鐘之後，德軍砲兵
開始射擊，德國空軍飛機升空對俄軍機場發動攻擊。在天剛破曉時，
德軍部隊開入了立陶宛和俄國占領下的波蘭。

俄軍的戰地指揮官在德軍進攻之前幾個小時，才接到莫斯科的警
告。然而他們並未受命進入作戰陣地，因此這次攻勢打得他們措手不
及，他們的指揮系統完全陷入混亂之中。到了第二天結束時，德軍戰
車前鋒已經推進達五十哩遠，一路勢如破竹。德國空軍也完全掌握住
天空的優勢，單在入侵的頭一天，就宣稱分別在地面和空中摧毀了八
百架和四百架俄機。

這次入侵對俄國西部的人民造成莫大的震撼。然而許多痛恨史達
林獨裁政策的民衆──特別是在烏克蘭──卻將德軍當成解放者來歡
迎。部分人日後還加入德軍陣營作戰，尤其是哥薩克人，這些部隊最
常出現的地方是在義大利和西歐。然而希特勒卻還是堅持俄國人是次
等民族的看法，這種看法很快就反映在德國人給予他們的待遇上。

德方設立了一個名爲「帝國東部專署」(Reichskommissaria
Ostland)的組織，管理占領的俄國領土。但是甚至在這個組織成立之
前，希姆萊的禁衛軍「行動大隊」(Einsatzgruppen)就已經緊跟在前
進的部隊之後，一路搜尋政委與猶太人加以處決。德方當局現在開始
想要徹底控制每個俄國人的生活。那些一開始曾歡迎德軍的人，終於
了解到「解放」的眞正面目。部分俄國百姓開始逃進森林中，參加日

一架俄國的波利卡波夫 I-153 戰鬥機正在升空。這種飛機是由俄國曾在西班牙內戰中測試過的 I-15 發展而來的,在一九四一年六月德國侵俄作戰中,I-153 被證明根本不是德國 Me 109 的對手。德國後來曾將部分俘獲的 I-153 交給芬蘭人,後者則將這些飛機拿來對付它們原本的主人。

斬成長茁壯的游擊隊,他們大部分是由被德軍閃電進軍切斷退路的士兵所組成的。這些游擊隊現在開始對德軍的交通線展開暗中破壞。

在歐洲的另一邊,受圍困的英國對德國的入侵大表歡迎,因為這不但給了英國一個盟友,還消除了入侵的威脅。對共產主義一點好感也沒有的邱吉爾聲明道:「任何與納粹主義作戰的國家都會得到我們的援助。」然而除了藉由轟炸德國讓德國空軍無法分身之外,英國能

德軍的四號戰車在俄國境內前進,時間是一九四一年夏天。

俄國的猶太人被集合起來。

給予的立即幫助非常之少。他們只能夠坐視德軍一路向東推進。

到了七月初，德軍的北面攻勢已經占領了拉脫維亞，並且進入立陶宛的首都里加。芬蘭在部分德軍部隊的支援下也已參戰，此時正沿卡瑞里亞地峽向列寧格勒進軍，迫不及待要光復一九四○年戰爭的失土。中央集團軍在拜里斯托克周圍造成了一個巨大的口袋，結果收獲多達將近三十萬名戰俘。只有在南邊，俄軍才能夠在行動迅速的德軍之前，還保留一些秩序撤退。

在這整段剛開戰的日子裏，史達林一直出奇沉默，看來似乎是情勢的快速發展麻痺了他。直到七月三日，他才告訴他的人民國家正面對嚴重威脅，他們必須爲了保衛國家而戰到最後。兩個星期之後，史達林親自接掌了國防部長一職。從此開始，他就以處理國事的同樣鐵腕來掌握軍事行動。但即使是史達林的無情個性也無法馬上擋住正在淹沒俄國西部的洪流。到了七月底，德軍已經占領全部三個波羅的海國家——他們很快就發現自己不過是換了一個獨裁者統治而已。中央集團軍和南面集團軍還創造出更多的口袋。斯摩稜斯克的口袋裏包括超過三十萬名戰俘，另外十萬人則在烏克蘭的烏曼投降。

如同史達林一樣，希特勒也自他的野戰總部「狼穴」親自指揮作戰，這裏位於東普魯士的拉斯騰堡。希特勒的干預終於導致了在七月中對指揮官發布的新指令。莫斯科將不再是主要目標。相反的，主力將會集中於列寧格勒和烏克蘭。因此一旦斯摩稜斯克口袋被消滅之

一九四一年夏天，俄國。德軍步兵正朝東行進，俄國戰俘則被領向西邊。

後，中央集團軍就要把大部分裝甲兵力交給南面集團軍。但是除了希特勒的干涉之外，德軍指揮官還有另外一個問題。大部分德軍步兵仍然必須仰賴徒步行軍，而有的機械化前鋒已經超前步兵主力遠達兩個星期的行軍時間。俄軍有時可以利用這點截斷裝甲單位。然而即使俄軍正在推出一種新式戰車，就是強悍且堅固的T-34——有人認爲這是一九三九～四五年間的最佳戰車——他們還是無法在這些反攻中達成任何決定性的結果，通常是由於協調不良的緣故。雖然如此，它們還是增加了德軍裝甲師的問題。除此之外，德軍無論是機械化或者步兵部隊，都由於在炎炎夏日下日復一日無盡地行進，而變得越來越筋疲力竭。

　　無論如何，北面集團軍還是在一九四一年九月四日抵達列寧格勒的大門前。在北邊的芬蘭部隊幫助下，這座城市與外界的聯絡遭到切斷，陷入圍困之中。兩個星期之後，烏克蘭古時的都城基輔落入了南面集團軍手中，被俘的有數目驚人的六十萬名戰俘，兩千五百輛戰車，以及一千門火砲。但是到了這個時候，希特勒再度改變心意。在基輔

陷落之後，原本交給南面集團軍的戰車又要回到中央集團軍。但不妙的是，秋雨在九月二十七日開始落下。朝向莫斯科的最後攻勢則在三天之後展開。德軍又另外造成了兩個巨大的口袋，再度俘獲數以十萬計的俘虜。似乎已經沒有任何事情能讓莫斯科免於陷落，大撤退於是在十月中展開。外國使館和大部分政府機構都遷到了伏爾加河之後，兩百五十哩以東的地方。不過史達林仍然留在莫斯科。他指派了充滿熱情的朱可夫——他曾經在一九三九年八月於喀爾喀河（譯註：位於界安省與蒙古交界處）擊敗日軍——負責組織城防。朱可夫火速動員了莫斯科居民，將他們投入在城外挖掘三道防線的工作。增援部隊也自西伯利亞開來莫斯科。

但如果俄國是背水一戰的話，德軍也開始在掙扎了。鄉間已經變成一大片泥濘沼澤。這造成補給系統崩潰，前進完全陷入停頓之中。

雖然「冬將軍」終於讓希特勒與拿破崙一樣在俄國嘗到挫敗，但是「秋將軍」與帶來的雨水也曾在一九四一年大顯身手。

補充無法趕上損失的速度，許多單位都只剩下原本實力的一半而已。更糟的是天氣愈來愈冷，但部隊仍然穿著他們的夏季制服。接著在十一月初，象徵俄國冬季之始的雪花開始落下。地面再度堅硬起來，讓部隊得以繼續推進。在南邊，庫斯克已告陷落，整個克里米亞除了塞凡堡之外都被占領。最後在十一月二十日，南面集團軍的先鋒總算抵達通往高加索的門戶羅斯托夫。在此同時，北面集團軍和芬蘭軍則

[寧格勒緊緊包圍了起來。然而，儘管食物短缺很快就造成饑荒，並[且遭到來自空中和地面火砲的不斷轟擊，城內的三百萬居民還是拒絕[投降。只有在卡瑞里亞地峽東面的拉多加湖結凍之後，一條通往列寧[格勒的狹窄補給線才算是建立了起來。

然而主要的焦點仍然集中在中央集團軍。十一月十五日，中央集[團軍展開最後攻勢，朝向不過八十哩外的莫斯科推進。在接下來的八[天中，德軍冒著愈來愈糟的局勢，以及俄軍頑強的抵抗，再向他們的[目標接近了五十哩。他們緩慢地前進，到了十二月四日，他們已經距[離首都不過十九哩遠而已。事實上自一些有利觀察位置，德軍甚至能[夠以雙筒望遠鏡看見莫斯科郊區。

當晚氣溫突然驟降。溫度低到戰車引擎無法發動，武器結凍，許[多德軍士兵受到凍傷。冬天終於來到拯救俄軍，並使德軍攻勢停頓下[來。不過在此之前，俄軍就已經展開了反攻。

一九四一年十一月二十九日，俄軍對羅斯托夫周圍過分延伸的德[軍發動猛烈攻勢。他們收復了這座城市，並且迫使南面集團軍撤退六[十哩。希特勒勃然大怒，將集團軍總司令倫德斯特撤職。但這不過是[序曲而已。十二月五日，也就是德軍朝向莫斯科的攻勢被凍停下來的[那天，來自西伯利亞，慣於在嚴寒中作戰的生力軍開始反攻，首先是[在首都以北，接著是在首都以南。

中央集團軍所受到的壓力開始增加，已經因希特勒的干預而提出[辭呈的陸軍總司令華爾特・馮・布勞齊區下令該集團軍後撤九十哩，[退往更適於防禦的陣線。對任何自動放棄土地的行為都恨之入骨的希[特勒，此時已為了南面集團軍從羅斯托夫撤退而發過一次脾氣。當他[聽到這則最新的撤退消息時，他曾試圖更改成命，被撤職的除了集團[軍總司令費多・馮・波克，還有閃擊戰的創造者古德林，此時正負責[指揮中央集團軍兩個裝甲軍團中的一個。希特勒也接受了布勞齊區的[辭職，並且宣布現在起他將親自擔任德國陸軍總司令。

德國人民也頭一次感覺到東線上的情勢並未按照計畫在進行。希[特勒的宣傳部長約瑟夫・戈培爾宣布成立冬季救濟基金，好讓在俄國[的士兵能得到適當衣物抵禦嚴寒。事情的真相是由於夏秋兩季的快速[進軍，以及俄國冬季造成的問題，補給系統早已是大大過分超載了。

相形之下，感覺到危機業已過去的史達林，下令政府組織自伏爾[加河之後的避難處遷回莫斯科。不過雖然他曾經盡力嘗試，還是無法[摧毀中央集團軍，因為德軍士兵展現出了驚人的彈性。俄軍一度將九

萬名德軍圍困在一處口袋中，但德軍卻以空運維持補給，堅守到解圍為止。而雖然俄軍並不乏嘗試的意願，但他們始終無法解開列寧格勒之圍。德軍也一度切斷一整個軍團，俘虜軍團司令安德瑞‧伏拉索夫將軍，他後來成為由德國所贊助，致力自共產主義下解放俄國的運動預袖（譯註：伏拉索夫將軍曾任駐中國軍事顧問，在閻錫山將軍處服務，他是莫斯科防衛戰的英雄，戰後被蘇俄以叛國罪處決）。然而俄軍還是將五十萬名列寧格勒的居民運過拉多加湖撤走。此舉減輕了已經造成許多人喪生的饑荒壓力。

到了一九四一年三月底，俄軍的反攻已經停頓下來。雖然俄國陸軍阻止了德軍拿下莫斯科的企圖，但他們還是未能從一九四一年災難中恢復過來，而且缺點也還是不少。然而俄軍的實力正在成長當中。到了這時，俄國的軍事工業已經完全遷至烏拉山之後。德國由於缺乏長程重轟炸機，因此無從自空中攻擊這裏。相形之下，隨著英國擁有的四引擎重轟炸機的數目逐漸增加，它們對德國戰爭工業的夜間空襲行動日漸頻繁。

由於西方國家的直接幫助，蘇聯對德國作戰的能力也開始有所提升。在體認到俄國現在吸引住大部分德軍的事實下，他們開始在租借法案之下提供武器。來自英國的船團通過巴倫支海，將船上的補給運到俄國北部的莫曼斯克和阿堪折港。然而，他們在途中必須通過德國占領下的挪威。飛機、U艇和德國的主力船艦——特別是鐵必制號——正等在那裏，損失因此非常慘重。高潮在一九四二年七月來臨，PQ17船團在途中受到來自挪威的反覆攻擊。在船團的三十二艘商船中，最後只有十艘抵達阿堪折。在此之後，加上盟軍在法屬西北非的登陸即將來臨，駛往俄國的船團因而幾乎停擺到一九四二年十二月為止。

第二條路線主要是陸路。彈藥從伊拉克的巴斯拉港上岸，由卡車或鐵路載運通過已於一九四一年八月被迫接受英俄部隊駐防的波斯（今日的伊朗），然後越過邊界進入哈薩克。最後，美國還將飛機自阿拉斯加飛過白令海，送到西伯利亞。

但是俄國方面希望的比這些還多。他們希望西方同盟國在西歐開闢新的戰場，藉以減少德國施加的壓力。在英國，部分民眾在一九四二年春天開始大聲疾呼：「現在就要第二戰場！」然而事實上，盟軍當時根本還無法對西歐占領區發動任何形式的地面攻擊，除了自殺性的之外。

至於在德國方面，希特勒是一個不屈不撓的人。他的一九四二年東線戰略還是採取攻勢，但目標不再是莫斯科。相反的，他的目光朝南轉到了高加索，這裏是俄國主要的油田所在地。在他的想法背後有著一個雄心勃勃的計畫，就是將高加索的攻勢與北非的攻勢聯結在一起，將英國逐出中東。然而俄軍先下手為強，於五月十二日在卡爾可夫以南發動了攻勢。不過不巧的是，希特勒已經下令將這一帶的俄軍突出部予以消滅。因此當俄軍進攻時，他們正好掉進陷阱之中，單是俘虜人數就超過二十萬人。

　　此時已是六月。由曼斯坦上將指揮的部隊使用與上次大戰西線戰場相似的方式，開始以重砲兵痛擊位於克里米亞，整個冬天裏一直屹立不搖的塞凡堡。最後在那個月底，俄軍開始由海路撤出這座港口，塞凡堡終告陷落。攻入高加索的主要攻勢也在同時展開。這項作戰動用了兩個集團軍。A集團軍在希特勒再度起用的波克指揮之下，將負責肅清頓內次河至頓河之間的地區，然後沿著後者建立一道南至史達林格勒的掩護側翼。攻進高加索的任務則交由西格蒙‧李斯特的B集團軍擔任。

　　雖然俄軍在攻勢開始前俘獲了一份計畫副本，卻沒有據此作出任何改變。事實上，俄方相信莫斯科將再一次成為主要目標，高加索攻

此時已有適當冬衣的德軍部隊正跳下一輛四號戰車，準備對付一處俄軍據點。在一九三九～四五年之間，在戰車上搭載步兵是習以為常的做法，但是一旦戰鬥開始之後，步兵就必須下車，否則戰車火砲的射界會受到阻礙。

德軍的八十八公厘戰防砲正與俄軍
戰車交戰，攝於一九四二年夏天。

勢只不過是一次輔助作戰而已。因此他們仍然將大部分兵力保留在漫
長前線的中央。

　　波克首先在六月三十日進攻。他很快就接近了頓河，並且開始轉
頭南進。不過這次並沒有造成一九四一年那樣的大型口袋。俄軍藉著
有技巧的撤退，避免了這種情形發生，這正足以顯示出俄軍正在逐漸
進步。希特勒則又再開始干預，將裝甲部隊由一個集團軍調到另一個，
徒勞無功地希望圍困住大批俄軍部隊。當這項企圖未能成功後，他再
次將波克予以撤職，同時命令A集團軍將作戰範圍延伸到裏海北岸。此
舉代表著兩路攻勢將漸行漸遠，而德國空軍會沒有足夠的力量同時提
供它們空中支援。

　　德軍在八月九日拿下了高加索的梅科普油田，然而當他們抵達
時，卻發現油田大部分已被俄軍自行摧毀。兩個星期之後，德國國旗
在高加索山脈的最高峰伊布魯斯山山頂升了起來。不過在這個時候，
南邊四百哩處的事情已經迷惑住了希特勒。

　　佛瑞德列克‧包拉斯指揮的第六軍團於八月十九日對史達林格勒
展開攻擊。史達林親自命令這座城市必須守住，原因不外是這裏使用
了他的名字。平民很快就被撤走，隨之而來的是一場苦鬥。雙方奮戰
不懈，德軍在戰鬥中逐街逐巷慢慢地推進。這種戰鬥永遠非常緩慢，
而且傷亡代價非常高昂，因此攻擊者與防衛者的折損都很慘重，而且
也愈來愈疲累。直到十一月初，德軍的攻勢才停止下來。這時他們已

經拿下伏爾加河以西的市區。冬天也使得進入高加索的攻勢宣告停頓。由於大部分補給都轉而用在史達林格勒，缺乏補給的德軍在這帶山區中只取得了很有限的進展。

在史達林格勒的包拉斯正位於突出部的頂端，其側翼是由兩個羅馬尼亞軍團負責防守。實力正在逐漸增強的俄軍注意到了這一點。在十一月十九日，他們對德國第六軍團的兩翼同時發動奇襲。羅馬尼亞部隊迅速崩潰，四天之後兩路俄軍會師。包拉斯現在被困在了史達林格勒。

德國空軍總司令戈林回想起一月初成功由空中運補戴米揚斯克口袋的例子，於是通知希特勒他也可以由空中維持史達林格勒的補給。包拉斯因而奉令堅守陣地而非突圍。運輸機現在開始對這處口袋進行

俄軍步兵在史達林格勒發動反攻，時爲一九四二年秋初。

穿梭飛行，但是德國空軍沒有足夠的飛機運送包拉斯所需要的每日七百五十噸補給。在此同時，B集團軍的主力則發動了攻勢，藉以和包拉斯取得聯絡。這次攻勢在俄軍堅強的抵抗之下以失敗收場。更糟的是俄軍這時發動反攻，到了十二月底，B集團軍已經被趕了回去，距離史達林格勒有一百二十五哩遠。這點更增加了空運補給的困難。

史達林格勒之戰的最後一幕現在升了起來。俄軍於一九四三年一月八日向包拉斯提出投降條件。包拉斯在仍然奉有命令繼續堅守之

下，拒絕了這些條件。兩天之後俄軍開始自西邊攻入口袋。隨著口袋中的兩處機場相繼陷落，以及德軍運輸機的損失不斷上升，運抵史達林格勒的補給也日漸減少。守軍已經開始食用死馬肉，只有幸運的傷者才能在飛出包圍圈的空機上得到一個位置。然而在一月二十三日最後的一架飛機——一架漢克爾He111——載著十九名傷患，以及一袋郵件飛出了包圍圈。自此之後，補給品只能以降落傘投下，但是大部分都落在俄軍陣地裏。

一月三十日，也就是希特勒掌權的週年紀念日，戈林對德國人民進行廣播，呼籲史達林格勒應該被視為亞利安意志抵抗布爾什維克主義黑暗力量的象徵。同時包拉斯則向希特勒宣布他絕不會投降。此舉的報答是他馬上被晉升為元帥。

到了這個時候，剩餘的守軍已經被困在城內的兩個小型口袋中，他們的處境已是完全無望。因此在向希特勒發出那通鬥志昂揚的信之後的二十四小時之內，包拉斯就在南邊的口袋裏向俄軍投降。兩天之後，二月二日，另一個口袋也放下了武器。共有九萬名德軍在史達林格勒喪生。另外十一萬人成為俘虜。這些人之中，只有五千人得以在戰爭結束許久之後回到德國。其他人都成為飢餓、疲憊和疾病下的犧牲者。

在包拉斯於一九四三年一月二十三日投降之後，一名史達林格勒的德國守軍正在槍口下離開他的散兵坑。史達林格勒或許是德國陸軍在一九三九～四五年間所受到最慘的經驗。

史達林格勒失守之後，德國陸軍在東線上開始處於守勢。照片中的士兵被迫使用他們袍澤的屍體，藉以加強戰壕的胸牆。

　　史達林格勒是第二次世界大戰中最為激烈與漫長的戰役之一。這場戰役也象徵著東線戰事的重要轉捩點，此後主要採取守勢的反而是德軍。事實上，就在史達林格勒包圍圈正被消滅的同時，俄軍還在別的地方發起了攻勢。德軍很快就被趕出高加索的大部分地區，另一個在最北邊的攻勢則改善了與被圍的列寧格勒之間的聯絡。德軍在莫斯科以西的突出部也遭到消滅。但最激烈的戰鬥是發生在頓河與頓內次河之間，德軍被逐退到頓內次河以西，並且丟掉了卡爾可夫城，不過這裏在三月時又為德軍收復。

　　一直到春季雪溶時節，激烈的戰鬥才緩和下來。到了這個時候，甚至連希特勒也已接受在東線發動大攻勢的時機業已過去的想法。然而與許多將領不同的是，他相信應該繼續發動有限度的攻擊。這些攻勢不但能夠限制俄國實力的成長，也會維持德國人民的士氣。因此希特勒將他的注意力轉移到新形成在卡爾可夫北方，以庫斯克為基礎的突出部。他希望自南北兩面同時進攻，擠碎這個突出部。俄軍很快就察覺到德軍的意圖，並且據此開始進行準備。他們構築起大規模防禦工事，並且在這片地區部署大量戰車。

　　俄軍另外也得到希特勒之助，他堅持要將攻勢展延到新武器能夠部署為止。一種是費迪南式驅逐戰車（譯註：又名象式驅逐戰車），其他則是豹式戰車，以及配備八十八公厘主砲，在突尼西亞首次登場的虎式戰車。

　　因此直到一九四三年七月五日的黎明，德軍對庫斯克的攻勢才在猛烈的空襲和砲轟前導下開始。接下來的一個星期裏，兩個德國軍團

一直在掙扎前進，但是俄軍於七月十二日以兩個戰車軍團發動反攻。結果造成第二次世界大戰中規模最大的一場戰車會戰，雙方都動用了大約一千三百輛戰車。

但是兩天之前，在距離庫斯克好幾百哩遠的地方，英美聯軍登陸了西西里。希特勒頭一次體認到西方同盟國正對德國造成更直接的威脅。同時他也曉得庫斯克攻勢的進展緩慢。於是他下令叫停。這幾乎是德軍最後一次在東線上發動的大規模攻勢。

俄軍現在終於可以開始著手解放他們的國家。事實上在希特勒下令叫停的兩天之後，他們就發動了反攻，過去兩年之中飽經兵燹之劫的卡爾可夫於八月二十三日最後一次被收復。從此開始，隨著紅軍愈來愈無情地朝西推進，戰局再也不會回頭了。

第十三章

回頭的長路

東線　1943—1945

在一九四三年七月於庫斯克將德軍逐退的俄國軍事組織，比起一九四一年六月面對入侵時已是大有不同。在最頂端，史達林正以無情鐵腕掌握著作戰的指揮。任何沒有完成目標的指揮官，能期望的最好下場也就是撤職而已。對於失敗的恐懼確曾幫助激勵將領們作戰，但是時至此刻，新一批深富作戰經驗的強悍將領已經升至高位。除了在一九四一年十二月於莫斯科之前擋住德軍的朱可夫，現在又加入了諸如伊凡・柯涅夫、羅登・馬里諾夫斯基和康士坦丁・羅柯索夫斯基等人，紅軍將在他們的率領下邁向最後的勝利。

俄軍也發展出屬於自己版本的閃擊戰。首先他們會集結大批的砲兵，包括威力強大的卡秋沙多管火箭系統。這些火力將會粉碎德軍的防禦工事，步兵則在同時開始試探防線的弱點。接著由戰車支援的步兵將發起主攻。跟在後面的是戰車軍團，每個軍團由大約七百五十輛

俄軍步兵正跳下一輛T-34／76戰車。這型戰車配備有一門七十六公厘主砲，但是另一種配備八十五公厘主砲，更具威力的型式則在一九四三年開始服役。

在一九四三年七月的庫斯克會戰中，一挺俄軍機槍正朝向一輛被擊毀的德軍戰車乘員射擊。

陷入苦戰。一輛六號虎式戰車正與步兵在等待遲早的俄軍進攻，配備八十八公厘主砲的虎式戰車被證明在防禦比進攻時更爲可怕。

俄國空軍的ＩＩ-2裝甲攻擊機。這種飛機可以攜帶八枚八十二公厘火箭，或是多達八百八十磅炸彈，是最有效的近接空中支援武器。

戰車和自走砲所組成。一旦突破在望，它們將會超越步兵突破敵陣，然後一直前進到油料耗盡或者損失過重爲止。有時戰車軍團會以機動羣作爲先鋒，它們位在主力前方推進，藉以攻下重要地形，並且讓德軍的指揮系統陷入混亂。在此同時，數目正逐漸增加的游擊隊會在攻勢展開前，對德軍補給線不斷進行暗中破壞和直接攻擊。此舉迫使德軍必須在作戰區域的後方部署更多部隊，以確保補給線的安全。游擊隊同時也是無價的情報來源。

如同德國空軍，俄國空軍也發展出非常有效的地面密接支援，他們使用的機型被稱爲「裝甲攻擊機」(Stormovik)，其中最優秀的一種是伊留申Il-2。中型轟炸機則會對通訊、補給庫房以及其他目標進行攻擊，藉以打亂預備隊的部署。

史達林相信絕不能讓他的敵人有停下來喘息的機會。因此一旦一個攻勢開始停頓下來，他會在別的地方再發動另一個。除了維持龐大的蘇聯攻勢整體衝力之外，這種策略也使得德軍難以冒險從前線的一處調走部隊，以增強另一處的防禦。

儘管希特勒曾在八月下令沿著俄軍難以穿透的河川線，構築他所謂的「東牆」，但是到了一九四三年底，俄軍的後庫斯克攻勢已在國土的中央和南部解放了大片土地。在那年結束之前，俄軍的壓力之大，業已迫使德軍放棄「東牆」的許多地段。然而無論如何，德軍各軍團還是維持住了一致的防線。

在一九四四年一月十日，俄軍發動了以解放列寧格勒為目標的攻勢，十六天之後他們達到了這個目標。這座城市一共撐過長達九百天的圍困。在剛開始時，許多居民在結凍的拉多加湖能夠承受卡車和鐵路通過之前，即已遭到餓死的命運。即使如此，許多憔悴的生還者還是無法相信他們的苦難終於告一段落。然而這不僅是列寧格勒歷史上的一章而已，也是俄國歷史上萬分重要的一部分。

列寧格勒攻勢最後在愛沙尼亞邊境停頓了下來。然而就在此時，另一波攻勢已經衝進波蘭南部，使得中央集團軍的南翼危險地暴露出來。在更南邊，另一波俄軍攻勢正穩定地逼使德軍後退。在德國的盟友中，羅馬尼亞由於俄軍越來越接近邊界，因此特別感受到威脅。事實上，羅馬尼亞的獨裁者伊昂·安東尼斯庫將軍還在一九四四年三月飛到柏林，尋求希特勒同意他的部隊現在可以只用來保衛他們的國家。

史達林的一九四四年夏季計畫不只是要解放俄國其餘的領土，還要摧毀德國的中央集團軍。他也向西方同盟國同意在六月發動這次攻勢，正好與英美聯軍在法國的諾曼第海岸登陸同步實施。這次攻勢將投入一百二十五萬人，由四千輛戰車，將近兩萬五千門火砲、多管火箭和重迫擊砲，以及略多於五千三百架飛機提供支援。俄軍還動用了廣泛的欺敵措施，所有開往前線的運動都在夜間進行。

德國中央集團軍僅僅擁有五十萬人來保衛將近七百哩長的前線，而支援他們的戰車只有略多於六百輛而已。德國空軍在兵力還不及俄軍的六分之一下，根本無法進行空中偵察。再加上俄軍的欺敵措施，使得中央集團軍指揮官恩斯特·布希元帥相信主攻將會來自他南邊的巨大突出部。

在初步階段，同時也是作為欺敵手段的一部分，俄軍於六月十日對芬蘭軍展開進攻。後者很快就被逐回拉多加湖北岸，芬蘭人曾在一九四〇年被迫放棄的維普里港又再度失陷。全靠著將德軍部隊部署在芬蘭的最北端，才阻止了俄軍的推進。為了回報德國，芬蘭於是簽下一項協定，保證他們將會繼續參戰。

主攻於六月二十二日發動，這天正好是三年前希特勒入侵俄國的日子。在六天之內，中央集團軍就已經門戶洞開。希特勒以作風強悍的摩德爾取代了布希，但他也無法阻止局勢惡化下去。在整個七月裏，蘇軍繼續無情地向前推進，直到那個月底他們在華沙城外停頓下來為

部隊正在歡迎一處剛解放的俄國城鎮居民。

一起德軍在俄國所犯下暴行的受害者。在蘇俄作家伊亞‧艾倫堡的率領下,媒體一致要求紅軍在進入德國領土時,採取同樣的報復行動。

俄軍的T-34／76戰車正在砲火下前進，時間是一九四三／四四年冬天。

止。至此中央集團軍已經傷亡達三十五萬人，並且損失了大批火砲和戰車。北面集團軍則背對著波羅的海被包圍起來，芬蘭在三個星期之後求和，同意接受俄國幫助趕走所有德軍部隊。

俄國在華沙城門前將這次攻勢停止下來的決定，成了第二次世界大戰中最大的爭議之一。當蘇聯在一九三九年九月入侵占領波蘭東部時，他們俘虜了大批波蘭部隊，大部分都被監禁在西伯利亞的營地中。然而，有許多軍官從未抵達那裏，他們成了卡廷森林大屠殺（見第九章）的受害者。在德國於一九四一年六月入侵之後，俄國同意他們手上的波蘭部隊可以為俄國而戰，或者前往中東加入英軍。那些選擇留在俄國的人，最後編成了波蘭紅軍第一軍團。其他人在經歷一段曲折的旅程之後來到巴勒斯坦，日後他們將會在義大利有著傑出表現，尤其是在卡西諾山（譯註：首先在卡西諾修道院升起的就是波軍軍旗）。

在此同時，由塞柯斯基將軍所領導，自一九四〇年六月起就以倫敦為所在地的波蘭流亡政府，已經多次要求莫斯科提供失蹤波蘭軍官的下落，但是卻沒有任何反應。當一九四三年四月，德國廣播宣布他們發現了葬有四千五百名波蘭軍官的集體墳墓時，倫敦的波蘭政府馬上支持德國對俄國的指控。然而令波蘭人感到驚慌的是，英國政府為了不冒犯這個東方的盟友，竟然支持莫斯科的說法，儘管國際紅十字

會的驗屍顯示這些軍官是遭俄國彈藥所射殺，而且他們的死亡是發生在一九四〇年春天，遠在德國入侵俄國之前一年。

卡廷事件使得波蘭流亡政府與莫斯科之間的關係為之惡化。在波蘭境內，流亡政府則支持組織了一支地下部隊，名為波蘭本土軍。此舉是為了準備一旦波蘭解放在即時，可以對德軍發動起義之用。

在一九四三年四月，也就是卡廷集體墳墓被發現的同一個月，華沙爆發了一次抗暴行動。過去兩年半中，波蘭猶太人一直被限制在首都的猶太區中生活，而且正逐漸被餓死。在已經達到最大忍耐限度之下，猶太人奮起與德國守軍作戰，但他們並未得到波蘭流亡政府的支持，後者在相信時機尚未成熟之下，拒絕讓本土軍參加戰鬥。猶太人帶著孤注一擲的勇氣作戰，堅守了將近一個月，但他們的結局不可能有任何疑問。將近六萬名猶太人在巷戰或者集中營裏喪生，猶太區則被夷為平地。

現在將近一年之後，隨著俄軍的一九四四年夏季大攻勢越過波蘭的一九三九年東界，一路向西推進，本土軍的時機看來終於到來了。然而在一九四四年七月二十二日，莫斯科電台宣布了國家解放委員會——波蘭傀儡政府的委婉說法——在波蘭東部的盧布林成立的消息。一向認為自己是波蘭合法政府的流亡政府大為震驚。在邱吉爾的建議之下，他們馬上派出一個代表團前往莫斯科。

此時，在倫敦的流亡政府通知本土軍可以自行在認為合適的時刻發動起義。到了七月三十一日，他們已經能夠清楚聽見維斯杜拉河對岸傳來的俄軍砲聲，次日本土軍在華沙展開了行動。

不幸的是，波蘭人並不曉得就在前一晚，俄軍眼見德軍在維斯杜拉河的堅強抵抗，以及補給線過分延伸，於是決定將他們的攻勢停止下來。就和十五個月前的華沙猶太人一樣，本土軍只有孤軍奮戰的份。

史達林終於接見了流亡政府派來莫斯科的代表團，並且責怪他們沒有事先給予他華沙起義的警告。更有甚者，在敵對的盧布林政權已經成立之下，他告訴來自倫敦的波蘭人他們不能有兩個政府。

華沙之戰仍然繼續在進行著。英國與美國提出對受圍的本土軍空投補給的要求，遭到了俄方拒絕，不過英國也不同意讓境內自由波蘭部隊中的波蘭傘兵旅空投在華沙，幫助他們的同胞（譯註：這是由於運輸機飛越德國本土的困難）。戰鬥最後轉移到了城市的下水道。雖然維斯杜拉河對岸的俄軍按兵不動，但波蘭人依然奮戰不懈。經過九個星期的

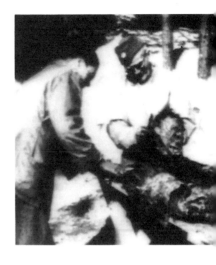

卡廷大屠殺的受害者之一正在進行驗屍。四千名受害者都是被俄製彈藥自頸後射殺，這是NKVD（蘇聯祕密警察）的處決方式。除此之外，死亡的日期經確定是一九四〇年春天，遠在德國入侵俄國之前一年多。

激烈戰鬥，直到十月二日，波軍指揮官塔杜茲・波爾-柯莫洛斯基將軍才宣告投降。但是到了這個時候，過去五年中飽經戰火摧殘的華沙已是一片廢墟。要到一九四五年一月，俄軍才會前來解放這座波蘭首都。

雖然俄軍未對波蘭本土軍伸出援手的做法，加深了莫斯科和流亡政府之間的敵意，但實情是同盟國尚未決定勝利之後波蘭的未來。這實在是件諷刺的事情，尤其是希特勒一九三九年九月的入侵正象徵著第二次世界大戰的開始。在一九四三年十一月底，三巨頭——邱吉爾、羅斯福與史達林——曾在波斯的德黑蘭會面，參加同盟國的重要戰時戰略會議之一。會中達成暫時性的協議，將波蘭的戰後邊界向西移動，但對於波蘭應由何種政府統治卻隻字未提。在一九四四年十月，也就是華沙起義結束之前不久，邱吉爾曾飛往莫斯科與史達林會面。他們同意應該建立一個全國統一，由倫敦和莫斯科支持的波蘭人共同組成的政府，但是僅止於此。事情就這樣一直擱置到戰爭終於結束為止。

在此同時，俄軍的攻勢也在東線其他地方如同壓路機般向西前進。在最南端，俄軍於一九四四年八月二十日攻入羅馬尼亞。三天之後安東尼斯庫將軍被捕，羅馬尼亞的卡羅國王宣布不再對俄軍進行抵抗。次月保加利亞也加入同盟國陣營。當地德軍部隊能做的就是盡可能救出他們自己，然後朝西撤退。在這種情況下，邱吉爾與史達林同意羅馬尼亞和保加利亞應該置於莫斯科的勢力範圍之下，匈牙利的命運將由蘇聯和西方同盟國共同決定。至於希臘的未來則完全交給西方。

到了一九四四年秋天，德軍已開始自巴爾幹半島撤軍，以避免被北邊的俄軍攻勢切斷。隨著他們撤出希臘，兩大反抗派系間的衝突也開始升高。一九四四年十二月，共黨在相信史達林將會幫助他們之下，開始對付希臘王室的支持者，以達到掌權的目的。一場血腥的內戰隨即爆發，英國馬上將部隊自義大利派往衝突中心的雅典。邱吉爾對此非常關心，因此他在這座希臘首都度過了一九四四年聖誕節。然而史達林遵守他的承諾，並未給予希臘共黨支持。他們因而被迫於一九四五年一月簽字停戰。

在一九四四年十月的邱吉爾—史達林會談中，並未特別提到南斯拉夫，但當地的情況卻非常不同。一如希臘，在德軍於一九四一年四月占領南斯拉夫之後，當地就存在著兩個主要的抵抗團體。大部分成員來自克羅埃西亞省的塞特尼克派支持的是王室。身為首先投入戰場

的游擊隊，他們一開始曾得到英國的支持。

共黨並未參加抵抗運動，直到希特勒入侵俄國為止。他們是由約瑟夫‧布羅茲所領導，一般人通常稱他為狄托，他被證明是位非常傑出的游擊戰領袖。然而，塞特尼克派認為狄托為比德國人威脅更大，因而在一九四二年初公開與後者結盟。此舉造成了一直持續到今日的痛苦。然而，英國仍繼續以武器支持塞特尼克派，俄國則只給予狄托道義上的支持。

軸心國部隊在塞特尼克派協助之下，現在開始了一連串對抗狄托的行動，將他的游擊隊釘牢在波士尼亞西部的山區。然而儘管有著可怕的困難，到了一九四二年底，狄托已經擁有十五萬名紀律嚴明的游擊隊員。最後在一九四三年夏天，英國終於承認狄托的努力，開始運送武器給他。在義大利於一九四三年九月對同盟國停戰之後，他也乘機自義大利部隊手上沒收了相當數量的武器。

然而德軍已下定決心要打垮狄托，因此在一九四四年春天，他們又發動了另一次攻勢。這次作戰還包括對狄托的總部進行一次大膽的空降突襲。他被迫離開歐洲大陸，前往亞德里亞海的維斯島，英國在當地設有一處特種部隊基地，以支援他和阿爾巴尼亞的共黨抵抗運動。

到了一九四四年秋天，德軍在面對俄軍攻勢已經進入東南歐之下，開始慢慢地自巴爾幹半島撤軍。狄托因而得以返回大陸上開始侵擾他們。雖然那年十月，俄方幫助游擊隊在六天苦戰後解放了首都貝爾格勒，身為忠實共產黨員的狄托卻不希望他的國家成為莫斯科——或者就事論事，成為西方強權的附庸國。因此他漸漸被迫走上政治險路，同時安撫雙方，但是避免對任何一方作下承諾。

在德軍駐巴爾幹半島的部隊正朝西北邊的奧地利撤退的同時，俄軍則逼近了匈牙利。該國的統治者霍西將軍趕緊派出一個代表團，前往莫斯科尋求和平條件，停戰接著於一九四四年十月十一日簽字。但是與羅馬尼亞和保加利亞情形不同的是，德軍事先就已得到風聲，他們的部隊此時已經占據匈牙利的要點。他們綁架了霍西，並且成立一個傀儡政權來代替他。匈牙利因而繼續作戰下去，在那年年底之前，俄軍對首都布達佩斯發動了三次攻勢，結果都以失敗收場。

在戰線於華沙城外維持不動的同時，俄軍在北邊攻下了波羅的海諸國，剩下的只有庫爾蘭半島，北面集團軍的殘部就被圍困在當地。

俄軍這時也正把德軍自芬蘭北部趕進挪威。德軍則採行了焦土政策，一面緩慢撤退，一面將所有東西予以摧毀。

隨著俄軍於一九四三～四四年逐步解放他們的國家，他們對德國人的痛恨也隨之加深。不只是俄國西部現在已經成為一片廢墟，俄軍也遭遇了許多起對他們的人民所犯下的暴行。這種痛恨在一九四四年七月二十三日之後更大為增加。那天俄軍開入了波蘭的盧布林附近，位於麥德內克的德國集中營。他們很快就發現其邪惡的用途。麥德內克的目的無他，就是對歐洲的猶太人進行大規模滅絕。

直到戰爭於一九三九年爆發為止，德國對猶太人的政策大抵還是以剝奪他們公民權的手段，鼓勵他們離開德國。部分猶太人確實被關

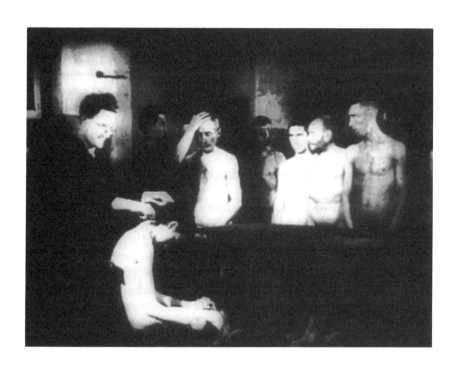

「最後解決」。剛抵達集中營的犯人正在剃去頭髮，這是他們所要遭受的許多屈辱的第一項。

入了集中營，一九三三年建立的達朱集中營就是其中的第一個。被囚禁在這裏的有希特勒政權的反對者、罪犯、以及其他希特勒厭惡的旁類，像是吉普賽人。在一九三九～四一年閃擊戰的勝利之後，德國人發現在歐洲占領區中，就有超過一百萬猶太人。他們這時開始將猶太人視為理想的奴工來源。猶太人因而被集中起來，這些行動經常都會得到當地傀儡政權的幫助，尤其是在維琪法國。然而還是有部分異類

走冒著生命危險將猶太人藏匿起來，以使他們免於走進數目愈來愈多
的集中營的命運。

入侵俄國又使德國增加了另外五百萬名猶太人，遠超過這個系統
能夠應付的數目。結果德國祕密警察頭子，波希米亞保護人海德里希
於一九四二年一月在柏林召開了一次會議。會中結論猶太人問題的唯
一解決之道，就是採取大規模滅絕政策。因此與集中營不同的處決營，
開始在波蘭東部建立起來。

首先開張的是位於一九三九年波－匈邊界附近的奧許維茲。猶太
人自全歐各地以火車運至這裏和其他處決營。這些列車以「運輸車」
眾所周知，車裏擠得像牲口車一樣，只有少量的食物和水，因此有許
多猶太人就死在車上。抵達之後，身體健康的人被與其他人分開，如
同奴工一般工作到倒下為止。其他人則被帶進淋浴室中，奉令脫下衣
物，接著水龍頭會被轉開。但是流出來的並不是水，而是毒瓦斯。屍
體隨後在特別建造的火爐中焚化。到了一九四四年，奧許維茲使用這
種方法，每天可以殺害四千名猶太人。

然而，這個恐怖而無情的計畫的創立者，並沒有能親眼見到他的
計畫走上軌道。一九四二年五月二十七日，兩名由來自英國的飛機空
投的自由捷克特工，在布拉格將海德里希刺成致命重傷。

處決營的創立並不代表取代集中營。後者仍然存在，而且有數以
十萬計的人在其中喪命，不過主要是因為受到惡劣待遇和毫無照料的
結果，而非出於有意的大規模屠殺。在所有營區中，最奇特的要算是
位於捷克北部的德瑞辛達特集中營。這裏是一處小鎮，當地的猶太居
民獲准管理他們自己。許多藝術家、作家和音樂家都被送來這裏，使
得這處小鎮幾乎成了野蠻沙漠中的文化綠洲。為了反制同盟國對猶太
人遭遇的惡感，德國當局甚至製作了一部德瑞辛達特的紀錄片，試圖
將之吹捧成一座度假營地。事實上這裏不過是一處中途站，運送猶太
人的列車仍定期出發開往東邊的處決營。

現在隨著一九四五年的來臨，以及俄軍擺出將對德國發動最後攻
勢的架勢，禁衛隊領袖希姆萊下令將東方所有剩下的處決營和集中營
予以摧毀。裏面剩下的囚犯被迫朝西強行軍前進，許多人在這段路途
中喪命。

俄軍攻入德國的攻勢於一九四五年一月十二日越過維斯杜拉河。
在大規模砲轟支援下，俄軍單是第一天，就在德軍防線上打出了一個

「最後解決」的結果。大約有六百萬名猶太人遭到殺害，相當於戰前歐洲猶太人總數的一半，不過還有許多異教徒也遭到了相同的命運。

寬二十五哩、深達十二哩的大洞。華沙於五天之後終告解放，德國
軍在離開時曾肆無忌憚地破壞。在北邊，德軍在庫爾蘭半島的包圍
依然屹立不搖。但是隨著俄軍通過東普魯士，在當地首府王堡的周
又出現了另一個口袋。這裏的守軍擋住了俄軍一切消滅此地的企圖

如潮水般的德國難民這時湧向了西邊的奧得河。他們帶來謀殺
強暴與劫掠的故事，這些全是由急於為祖國所受苦難報復的俄軍犯
的。許多東普魯士的德國居民無法從陸路離開，只有擠上船隻載著
們通過布滿潛艇的波羅的海。其中之一的郵輪威廉·古斯特洛夫號
一月三十日遭到一艘俄國潛艇擊沉。在這場史上最慘重的海上災
中，有八千人隨之沉入大海。

到了一月底，俄軍已經進抵奧得河，並且開始為最後攻勢進行
備。但是德軍於二月中開始自波美拉尼亞對俄軍突出部暴露的北翼
動反攻。俄軍因而先轉向北邊，肅清這處地區裏的德軍。

許多德國人仍然希望西方同盟國會訴諸理性，了解到他們真正
敵人是此時正威脅要席捲整個歐洲的俄國布爾什維克主義。為了展
他們擊敗納粹主義的目標與俄國人是一致的，根據稍早與史達林達
的協議，英軍與美軍對奧得河以西的德國城市發動了一場轟炸作戰

因此在一九四五年二月裏，英軍和美軍轟炸機大舉轟炸了馬德堡、柏林、盛尼茲和德勒斯登。

俄軍部隊正在一處波蘭城鎮中打出一條通路來。

　　對於德勒斯登的空襲，比任何其他事情更激起了對戰略轟炸的道德爭論，這場爭論一直持續到今日仍未平息。德勒斯登是德國歷史最悠久的城市之一。這裏沒有多少工業，許多建築物仍然是木料建造的。德勒斯登於一九四五年二月十三／十四日夜晚遭到皇家空軍轟炸，美軍則在次日隨之到來。大約有五萬名平民在空襲中喪生，城市大部分遭到摧毀。甚至當強烈支持轟炸作戰的邱吉爾聽到此事時，也爲之面色蒼白；因爲這次攻擊似乎違反了文明戰爭的一切教條。然而支持者主張這樣的行動除了展現西方與俄國的團結，勸阻德國人繼續再戰外，還加重了難民問題，幫助阻塞德軍的交通線，藉此限制他們的作戰能力。即使如此，在以道德理由反對戰略轟炸的問題上，德勒斯登仍然占有重要的地位。

但是在俄軍攻占波蘭和東普魯士的同時，他們也在南邊發動了一次攻勢。隨著一九四五年到來，俄軍在一九四四年十月首次進攻的達佩斯雖然陷入重圍，卻依然牢牢掌握在德軍手裏。德軍在一月初動進攻，目標是為這座匈牙利首都解圍。在完全出乎俄軍意料下，波攻勢一路推進到了距離目標只有三哩遠的地方，但是至此再也無前進，經過漫長的巷戰之後，布達佩斯終於在二月十三日為俄軍占領

但是希特勒仍不準備就此完全放棄匈牙利。在這段期間裏，他西線調來了由塞普‧狄特里希指揮的黨衛第六裝甲軍團，這個軍團由久經戰陣，鬥志高昂的禁衛軍部隊所組成的。他下定決心要堅守牙利的油田，因此他下令狄特里希和赫爾曼‧巴爾克的第六軍團自拉頓湖以北進攻。這次攻勢於三月六日在滂沱大雨中發動，雨水再上春天雪溶，將地面變成了一片泥海。德軍根本無法累積任何衝力十天之後這次攻勢即告停頓。

俄軍馬上發動反攻，迫使德軍撤退。此舉並未得到希特勒的准許他在曉得這件事時勃然大怒，於是命令他的禁衛軍部隊拿下他們珍的師臂章作為懲罰。

在匈牙利鞏固下來之後，俄軍將他們的注意力轉向了奧地利，們的下一個重要目標是維也納。希特勒下令這裏必須和柏林一樣，守到最後為止。

在此同時，伊凡‧柯涅夫的第一烏克蘭方面軍已經在柏林南方過奧得河，並且占據了工業發達的西利西亞，朱可夫的第一白俄羅方面軍和羅柯索夫斯基的第二白俄羅斯方面軍則已肅清波美拉尼亞因此在一九四五年三月底時，俄軍又能夠將他們的注意力轉回最後大獎，德國首都柏林。

自從一九四一年十二月初，德軍在莫斯科大門前猛攻的那段黑日子以來，東線上發生了很多事情。其中有一九四一～四二年冰雪的悲慘戰鬥；一九四二年夏天德軍向南攻入高加索，當時俄國似乎再度處在崩潰邊緣；史達林格勒漫長的殊死戰；列寧格勒的九百天困；一九四三年七月在庫斯克的坦克大決戰；最後是蘇俄的大舉攻，自開始之後便一路無情地向西而去。

這場戰爭的戰場遍布在極冷與極熱之處，在森林裏，在廣闊的草原上，在崇山峻嶺間。最重要的，這場戰爭的慘烈程度是其他戰所無法比擬的，因戰爭而喪命的有一千兩百萬名軍人，以及數目兩

彼此的平民。因為這是一場兩個極端對立意識形態之間的戰爭，只有一方能夠生存下來。

現在東線最後一戰的布幕即將升起。然而德國並不是只有受到來自東方的擠壓。在義大利，盟軍的最後攻勢也即將展開，同時在西方，英軍、美軍和他們的盟軍在過去九個月中一直堅定地向德國推進，這場戰役花了幾乎四年的時間才完成構想與計畫。

第十四章

諾曼第到萊茵河

西線　1942—1945

　　早在一九四〇年夏天，當英國還處於孤軍奮戰中時，英國首相邱吉爾就已經了解到只有重新進入歐洲大陸，才能夠將軸心國徹底擊敗。

　　就是在這種想法之下，他於一九四〇年六月下令組成突擊隊，他也成立了聯合作戰會議以發展兩棲作戰戰術，這門技術自一九一五年達達尼爾遠征失敗之後，就已經被遺忘得差不多了。但邱吉爾打從一開始就曉得英國的資源過於分散，無法獨力對歐洲堡壘進行突擊。這樣的行動只有在美國積極參戰之下才能成功。因此在一九四〇年後半年和一九四一年整年期間，邱吉爾不斷為了這個目標向羅斯福總統進行遊說。

　　日本於一九四一年十二月七日突襲珍珠港的行動，終於使得美國參戰，但一開始只限於日本而已。這使得羅斯福總統陷入了該對義大利和德國採取何種行動的困難中。在這件事情上，墨索里尼和希特勒解決了這個問題，他們信守三國於一九四〇年九月簽下的協議條款，在十二月十一日對美國宣戰。

　　兩天之後，邱吉爾乘上戰艦約克公爵號前往華盛頓與羅斯福會面，出席頭一次的戰時同盟國戰略會議。這次會議的代號為「阿卡迪亞」，其中達成的決定將影響戰爭中的大部分英美戰略。

　　儘管日軍正勢如破竹般橫掃東南亞，「阿卡迪亞」會議仍然支持一九四一年初英美聯合參謀會議決定的政策。亦即如果美國參戰，擊敗德國將享有優先權。為此美國立刻開始著手在英國大量部署部隊，以準備在歐洲某處發動攻勢。這項部署行動名為「波麗露」（譯註：一種西班牙舞曲）。但同盟國對於應在何處發動攻勢卻有著意見上的分歧。美方希望直接對西歐採取行動，英方卻希望先肅清北非——包括維琪法

屬西北非——的德軍部隊。

　　各方最後同意應該發動三項作戰。第一項的代號爲「健身家」，目
標是入侵法屬西北非，與通過利比亞向西推進英國第八軍團會師。第
二項是要在一九四三年越過英倫海峽發動突襲，代號爲「驅集」。最後
如果俄國無法再承受德國的壓力，英軍和美軍將會向西歐某地發動代
號爲「大鎚」的作戰，藉以解除俄國的危機。

　　第一批抵達英國的美軍部隊於一九四二年一月底在北愛爾蘭登
陸。到了六月底，抵達的部隊已經有大約五萬五千人，另外還有美國
第八航空軍的單位，他們正準備與皇家空軍轟炸機司令部聯手，對德
國進行規模日益茁壯的戰略轟炸攻勢。

　　美軍的到來除了大大提升了英國人民的士氣之外，他們在刻板而
久戰疲憊的英國人眼中看來，就像是來自另一個星球的生物一樣。他
們似乎是無底洞的鈔票供應，裝滿口香糖、糖果條和尼龍襪的大口袋，
以及他們的跳舞技巧，對英國婦女產生了磁鐵般的作用。英國男人有
時可沒有這麼熱心，「餉太多、性太多、而人在這裏」是他們滿懷怨恨
的批評。

　　隨著一九四三年的春天過去，美方對於向歐洲占領區及早發動突
擊的熱望也正日漸升高。原因之一是爲了替「德國第一」的決定向美

剛抵達的美軍正向一名倫敦警察問
路。到了一九四二年底，美軍駐英
部隊的實力已經達到二十六萬人。
由於突尼西亞戰役的緣故，這數目
在一九四三年三月一日下降到了十
四萬二千人，但是到那年年底又再
度回升到八十萬人。

國人民辯護，尤其是這時在日軍的急流當前之下，太平洋的局勢正一
天天惡化。美方也害怕如果俄國受到的壓力變得無法忍受，他們將會
單獨與希特勒談和。在英國，「現在就要第二戰場！」的呼聲也正逐漸
高漲。這項運動是由左派政治團體所領導的，他們相信在西方同盟國
不過是在岸邊玩水的同時，卻要俄國面對大部分的德國軍隊，是件不
公平的事，俄國的想法也是如此，在俄國駐倫敦和華盛頓的大使提出
要求之後，外長莫洛托夫於一九四二年夏初飛往英國，然後再前往美
國為莫斯科請命。

儘管受到所有這些壓力，邱吉爾和他們軍事首長們卻一點都不樂
觀。他們已經花了十八個月研究許多突擊歐洲堡壘的計畫。此外英國
也以突擊隊進行過不少次襲擊，而且在一九四二年裏次數還會有所增
加。一次成功的大規模橫越海峽作戰需要先確保登陸地區上空的空
優。此外還必須擁有足夠的兩棲船隻，以載運一支規模大到不致被逆
頭趕進海裏的登陸兵力。一旦上岸之後，部隊必須得到補給與增援，
如此才能達成決定性的突破。在一九四二年中，還沒有必須的資源存
在，能讓這樣的大規模作戰值得認真考慮。除此以外，即使是發動多
態性的「大鎚」作戰，也只會削弱要在一九四三年入侵歐洲的「驅集」
作戰的兵力集結，而後者是已在一九四一年十二月得到同意的事情。

然而，隨著德軍的一九四二年夏季攻勢長驅直入高加索，俄國對
第二戰場的要求也更為頻繁。英國能做的最多就是對法國的海峽港口
第厄普發動為時二十四小時的突擊，這次作戰已經被考慮了一段時
間。至於更大規模的行動，他們繼續施加壓力要求執行健身家作戰，
在英方眼中，這是解除埃及壓力的方法。到了七月底，羅斯福終於同
意這項計畫，他曉得美軍部隊必須在一九四二年底前投入歐洲戰場，
否則民意將會迫使他優先轉為與日軍作戰。

才剛被指派為歐洲戰區美軍指揮官的德懷特・D・艾森豪將軍，
奉令出掌健身家作戰。至於在幫助俄國方面，除了繼續援助武器之外，
西方同盟國在一九四二年能直接攻擊德國的方法，就是進行戰略轟
炸。不過還要再過一段時間，美國第八航空軍的潛能才能夠開始顯現
出來。

英軍對第厄普的襲擊最後在一九四二年八月發動。結果是場慘
敗。一個加拿大師獲選執行這次作戰，理由是加軍已經在英國待了超
過十八個月，卻還沒有在戰鬥中發射過一槍一彈。這個師有一半的官

因爲陣亡或被俘而未能離開灘頭。雖然時至今日，發動這次作戰的對錯與否仍然受到激烈爭論，尤其是在加拿大，第厄普卻非常清楚顯示出盟軍根本還沒有準備好進行大規模的橫渡海峽作戰。不過這次作戰得到的教訓非常之有價值，代表加軍的犧牲並沒有完全白費。

法屬西北非的「火炬」登陸在十一月展開，但一開始同時拿下突尼西亞的希望很快就消失得無影無蹤（見第十一章）。但在一九四三年一月，正當突尼西亞戰役打得火熱時，邱吉爾、羅斯福與他們的軍事幕僚於摩洛哥的卡薩布蘭加召開了一次會議。會議中達成幾項關鍵性的決定。第一與最重要的是只有軸心國無條件投降，戰爭才能結束。這代表被視爲是戰爭起因的納粹主義、法西斯主義與日本軍國主義將會被連根拔除。

儘管美方對此有所保留，下一個目標仍將是西西里，目的是讓義大利退出戰爭。但此舉代表要從英國抽調更多美國與英國部隊。西方盟國因而接受了越過海峽的驅集作戰，再也不可能於一九四三年內付諸實行的事實。即使如此，美軍在英國增加軍力的行動仍將繼續進行，目標是那年年底時要有一百萬人就位。

卡薩布蘭加會議更進一步決定入侵歐洲的先決條件之一，是要先贏得大西洋之戰。一九四二年是一個黑暗的年份，數目愈來愈多的U艇四處肆虐，威脅著要切斷同盟國的海上交通。此外，英美兩國的轟炸機部隊也正對德國發動持續的空中攻勢，藉以干擾生產與降低士氣，徹底削弱希特勒抵禦盟軍越過海峽入侵的能力。

雖然英軍與美軍這時的焦點正集中在地中海，入侵歐洲的詳細計畫工作卻早已開始進行。一九四三年四月，英軍的佛瑞德列克‧摩根將軍奉派出任盟軍最高總司令的參謀長。雖然最高總司令尚未被指定，但摩根還是接掌了一個英美三軍參謀團，任務是在英國盡可能集結最多的兵力，以及起草數個不同的計畫，其中最重要的是越過海峽的行動。這項代號爲「大君主」的作戰將於一九四四年盡早發動。

摩根的頭一個關鍵問題是盟軍應該在法國的何處登陸。主要的考量是當地必須位於英國起飛的戰鬥機航程之內。這就將選擇減少到了比利時和法國北部海岸。過去三年之中，飛機早已在飛越海岸線上空拍攝防禦工事的照片。海灘業已經過仔細分析，特戰部隊也正以發動突擊來測試德軍防務。法國的抵抗運動團體則傳來了川流不息的情報；甚至連民衆戰前的假日明信片和照片也被拿來加以研究。

從所有這些資料中，摩根推斷出適合大部隊登陸的地方僅有兩處
——加萊地區，以及塞恩河和瑟堡之間的諾曼第海岸。加萊地區的優
點是位在英倫海峽最狹窄之處。這裏也比較接近德國。缺點是在德國
人眼中看來，此地也是最可能的登陸地區。摩根因此選擇了諾曼第。
他估計盟軍擁有的兩棲船隻足夠在第一波登陸三個師，另外兩個空降
師則將由飛機空投，藉以鞏固登陸行動的兩翼。

　　大君主作戰的關鍵，是不能讓德軍發現諾曼第是盟軍的目標，因
而著手加強當地的防務。所以盟軍設計出一個代號為「保鑣」的精心
欺敵計畫，藉以分散德軍的注意。計畫的基礎就是要使德方相信登陸
將會發生在加萊地區。為了防止他們自其他戰區增援法國，盟軍還設
計出在挪威、布列塔尼和巴爾幹登陸的假計畫。

　　科技上的新發明扮演了重要角色。部隊將在開闊的海灘登陸，要
經過一段時間才能拿下一處大港——在這次作戰中是瑟堡。因此岸上
的部隊必須經由灘頭增援和補給，這可不是容易的任務。盟軍因而發
展出名為「桑椹」的人工港。這些裝備將被拖過海峽，在海岸外組合
起來。另外為了幫助岸上部隊得到作戰所需的大量燃料，輸油管將一
路舖設通過海峽，這項行動的代號為「冥王」。

　　讓戰車在第一波上岸至為緊要。那些在一九四二年八月使用於第
厄普的戰車除了少數例外，都無法離開海灘。英方因而開始發展所謂
的「專門裝甲車輛」。包括在戰車上裝置浮幕，好讓它們能夠游上岸；
還有火焰噴射戰車；配備特殊火砲對付堅強據點的戰車；能夠發射炸
破索，在雷區中開路的連枷戰車；以及用來越過缺口的架橋戰車。

　　另外還有英倫海峽。這片海域素有陰晴不定的名聲，盟軍因此必
須進行大量的氣象研究，以決定渡海與登陸的最佳時機。

　　在一九四三年八月於魁北克舉行的戰略會議上，同盟國聯合參謀
首長會議（譯註：此一機構是由美國的參謀首長聯席會議，以及英國的參謀首
長會議兩個對等單位組成）批准了摩根的計畫。但是大君主作戰的指揮官
仍然尚未指派。即使如此，複雜萬分的準備工作現在總算可以開始進
行了。

　　在海峽的另一邊，希特勒很早就已下令構築大西洋長城，這是一
道沿著法國海岸的水泥砲位與據點系統。但一當他決定將他的主要戰
爭力量用來進攻俄國之後，防禦西歐的優先性就大大降低了。駐守這
裏的大多是些戰力不足的部隊，他們的任務除了防守海岸線之外，還

要對付抵抗運動組織。

　　一九四二年初出任西線總司令的倫德斯特元帥，對於手下兵力的脆弱抱怨日增，尤其是這時盟軍正在英國加強軍力。然而直到一九四三年十一月，希特勒才警覺到西線潛伏的危機。他命令增強部署在那裏的部隊，並且派遣曾在北非讓英軍如鯁在喉的隆美爾作了一次視察。希特勒接著指派他負責法國北部的防務。

　　隆美爾相信入侵必須在灘頭上予以擊敗，於是著手進行加強海防的工作。他的辦法包括在可能的登陸海灘和低潮線下豎立障礙物，在海上、灘頭和灘頭後方布置雷區，以及其他防止空降與滑翔機降落的障礙物。除此之外，他要求將裝甲師部署在接近海岸之處，但它們的指揮官卻希望將這些裝甲師集結在內陸。希特勒於是插手作成折衷方案。隆美爾將分配到三分之一的戰車，三分之一則部署在法國南部，其他保留為中央預備隊，沒有希特勒的許可不能動用。

　　隨著大君主作戰的準備工作繼續進行，要由誰來指揮西方同盟國最大規模作戰的問題也一直爭論不休。各方都同意應該由美國人出任，以反應美軍貢獻最多的事實。然而直到一九四三年十二月，時任地中海盟軍總司令的艾森豪才奉派出任最高統帥，他的副手是英國空軍的亞瑟・泰德上將。另外三位英國將官伯納德・蒙哥馬利、柏特蘭・雷姆賽和特拉佛德・李馬洛則將分別指揮陸海空軍單位。

　　艾森豪與蒙哥馬利於一九四四年一月回到英國，後者的沙漠勝利使他得到了英國人民的崇敬。他們馬上著手修改摩根的計畫，將第一波登陸增強到廣正面上登陸五個師，蒙哥馬利還另外加進一個空降師。但是這項登陸兵力的增加，意味著將需要更多的兩棲船隻。除了建造中的之外，大部分兩棲船隻都還在地中海分身乏術。一九四四年一月的安其奧登陸未能迅速打開義大利的僵局，以及未能拿下羅馬的失敗，遲延了登陸船隻回到英國的時間，因此大君主作戰到一九四四年五月底前都不可能發動。

　　艾森豪面臨的另一個難題是盟軍戰略轟炸機部隊。它們仍然根據一九四三年一月在卡薩布蘭加達成的協議，日夜不停地轟炸德國。艾森豪希望轟炸機以更直接的方式為大君主作戰鋪路。例如摧毀法境的德國空軍，以及通往登陸區域的鐵公路交通。美軍轟炸機指揮官卡爾・史巴茲相信石油才是關鍵目標。英軍轟炸機指揮官亞瑟・哈里斯則主張繼續以打擊士氣為目標的空襲。然而艾森豪最後還是得到了他所想

要的，轟炸機於一九四四年四月中起改隸於他的指揮之下。

到了這個時候，預定第一波登陸的部隊已在使用與諾曼第相似的英國海灘，進行緊密的預習。在其中一次演習中，德軍的E艇（譯註：魚雷快艇）碰巧攔截到了兩棲登陸艇，大約有六百名美國軍人喪生。這是盟軍隨著D日逼近，所遭遇的許多保防虛驚之一。

D日最後預定於六月五日。在大約兩週之前，部隊開始移入南岸的整備區域。在這裏他們住進封閉的營區中，與外界斷絕所有接觸，並且接受任務簡報。

部隊，車輛和裝備於五月三十一日開始登上將會載運他們通過海峽的船艦。過去幾天原本都是晴朗的夏日天氣，但這時卻開始有了變化。烏雲翻騰，風力開始增強，還下起雨來。一開始氣象專家無法同意六月五日有登陸的希望。馬上很明顯是一道低壓正從大西洋接近英倫海峽。因此在六月三日晚上，艾森豪決定將D日順延二十四小時。一些船團這時已經出航，因此必須將它們召回。這真是個令人焦慮的時刻。

登陸諾曼第的集結兵力，時間是一九四四年五月。隨著入侵部隊移入攻擊發起基地，類似的場面可以在英格蘭南部的所有主要道路上見到。

一架美軍的B-26掠奪者式中型轟炸機正飛越諾曼第灘頭。

在此同時，英國廣播公司對法國抵抗組織播出了川流不息的密碼言文，後者在堵塞鐵公路，阻撓德軍將預備隊開往諾曼第上，扮演著至關重要的角色。

次日晚上，艾森豪與他的指揮官們聽取了最新的氣象預報。惡劣天候在六月六日似乎會出現一個窗口。這項預測又在五日凌晨得到證實，艾森豪於是決定入侵將在六日發動。這是他在戰爭期間所做最困難的決定。那天晚上他親自目送美軍傘兵登機。他們將被投落在瑟堡半島的東南端。英軍傘兵的目標則是盟軍灘頭的東翼。

越過英倫海峽的另一邊，德軍正在等待。但是他們的上級相信登陸不會在這樣糟糕的天候中進行。倫德斯特正準備前往布列塔尼半島視察；隆美爾已經出發前往德國，準備慶祝他夫人的生日，並且說服希特勒將更多部隊派來法國，許多其他將領則正出席在諾曼第灘頭南方的勒恩舉行的圖上演習。

當晚英軍和美軍轟炸機對著法國北部海岸的防務，一共投下了超過一千七百噸炸彈。其他轟炸機在電子裝備的幫助下，在德軍雷達螢幕上造成了登陸部隊正駛往加萊地區的景象。盟軍還用降落傘空投假人，以更進一步迷惑德軍。接著兩個美軍空降師和一個英軍空降師開始投下。他們降落的地區比計畫中還要分散，但很快他們就開始動手對付各個不同的目標。

在大海上，一支龐大的船隊正在接近諾曼第海岸。就在突擊部隊開始登上登陸艇的同時，不下於一百一十二艘軍艦對海岸展開了轟擊，每艘都有一個特定的德軍砲位要應付。

登陸艇這時接近了海岸。有些遭到德軍砲火擊中；其他則毀在水下障礙之上。戰車則在浮幕的保護之下，開始游向岸上。接著登陸艇擱淺，放下艇首斜坡，部隊衝了出來。他們經年累月所受的訓練，現在終於有了成果。

盟軍的登陸大出德軍意料之外，接著好幾個鐘頭，他們都相信這不過是欺敵作戰，以為主要登陸仍會來自加萊地區。這意味著一開始在諾曼第，德軍只有一個裝甲師能對灘頭發動反攻。更糟的是一連幾個鐘頭，希特勒的總部都不允許動用中央裝甲預備隊。當他們終於開始行動時，他們卻又為已毀的橋樑，以及盟軍飛機的騷擾而備受挫折。事實上，盟軍掌握了壓倒性的空優，使得D日那天德國空軍在面對超過一萬四千架次下，僅僅出動了三百一十九架次。

一九四四年六月六日，也就是D日那天，英國輕巡洋艦佛羅比雪號正在砲轟寶劍灘頭的一處海防砲位。海軍砲轟在英軍灘頭持續了兩個鐘頭，但在美軍海灘只持續了一個鐘頭，因爲美國陸軍希望船艦到天亮之後再開始射擊。

正在駛向諾曼第灘頭的英軍部隊。他們在外海七哩處換乘登陸艇。另一方面，美軍卻選擇在岸砲射程外的十一哩處換乘，但這也代表會有一段更不舒服的航程，特別是在更爲暴露與波濤洶湧的奧馬哈灘頭外海。

德軍的裝甲增援部隊正趕往諾曼第。照片中是一輛配備七十五公厘主砲的四號戰車。盟軍在D日之前對交通線的空襲,以及裝甲師部署途中所遇來自空中和法國抵抗組織的騷擾,對它們造成了嚴重的延誤,讓盟軍因而得以鞏固他們的灘頭。

　　還要歸功於大規模的海軍砲轟,盟軍到D日晚上已經在灘頭上站穩腳跟,登陸了超過十五萬人。在五處主要海灘中,只有在面對陡峭崖的奧馬哈海灘碰上真正的困難,在那天大部分的時間裏,攻擊部隊都被牢牢釘死在海灘上。

　　血腥的諾曼第戰役就此展開。德軍堅決奮戰,試圖阻止盟軍突出諾曼第地區。他們的防禦更得到當地的封閉地形之助,盟軍只能夠慢吞吞地一吋吋推進。這還是在他們擁有強大的空優和海軍砲火——後者比持續空襲更讓守軍印象深刻——之下的情形。更糟的是,D日之後兩週的一場風暴嚴重損壞了桑椹港。雖然瑟堡港在六月底終告陷落,但是還需要好幾個星期的修理,才能讓這座港口重新適當運作。這對盟軍加強兵力的工作一點幫助也沒有。

　　岡城原本是英軍D日的目標,結果在黨衛第十二裝甲擲彈兵師——該師是由前希特勒青年團成員所組成的——的奮勇抵抗下,該地經過六週苦戰才告失守。盟軍在發動攻擊前曾動用重轟炸機軟化德軍防務,這種戰術名為「地毯轟炸」,但德軍還是挺了下來。

　　然而德軍的情勢卻日漸窘迫。儘管倫德斯特和隆美爾一再提出請求,希特勒依然堅拒自動放棄任何土地。最後他在七月初將倫德斯特撤職,以岡瑟‧馮‧克魯格元帥取而代之,但後者同樣無計可施,最後終於自殺。隆美爾也於七月十七日遭到一架盟軍戰鬥轟炸機攻擊而身負重傷,因而離開了戰場。

頭一批德軍俘虜正被帶入一處諾曼
第的英軍灘頭。德軍在D日的傷亡
約爲一萬兩千人,盟軍則損失了九
千人,比他們所害怕的要少了許
多。

三天之後,一名參謀軍官克勞斯‧馮‧史陶芬堡上校走進希特勒
在東線的主要總部,位於東普魯士拉斯騰堡的「狼穴」。他在手提箱中
安置了一枚炸彈。這枚炸彈在希特勒出席的會議中爆炸。柏林的後備
軍司令部隨即宣布希特勒已經死亡,在巴黎的密謀者也開始逮捕禁衛
隊、蓋世太保和納粹黨的官員。

這些行動都早了一步。希特勒在爆炸中逃過一劫,於是戈培爾迅
速動手逮捕柏林和其他地方的密謀者。戰功彪炳的軍人與其他公衆人
物被送到一個特別法庭中受審,擔任庭長的是惡名昭彰的納粹法官羅
蘭‧佛瑞斯勒。他們得到的判決是在柏林的普洛騰季監獄中,以掛肉
的鉤子吊死。隆美爾也與這件陰謀有所牽連。在他養傷的時候,他得
到自殺或者受審兩種選擇。爲了保護他的家人,他選擇了前者,並且
得到國葬的榮譽。

回到諾曼第,到了七月的最後一週,蒙哥馬利已經成功將大部分
德軍裝甲部隊吸引到東邊的英軍前面。此舉讓美軍得以自西邊展開突
破,領頭的是由意氣風發的喬治‧巴頓將軍指揮的美國第三軍團,他
曾經於一九一八年在法國指揮戰車作戰,這時已經證明自己是一位大

詹的裝甲部隊指揮官。他的戰車很快就衝入布列塔尼，朝東轉向法國的心臟而去。

諾曼第戰役的最後一幕於八月中在法萊茲周圍上演，在這裏盟軍試圖圍困住剩下的德軍部隊。部分勉強向東逃脫；其他則在空中攻擊下遭到消滅。結果這場大屠殺的情景，與一九九一年底波灣戰爭結束時，科威特市以北的景況十分相似。

現在隨著潰不成軍的德軍殘部向東撤退，盟軍展開了一場閃電進軍。一處接著一處城鎮在居民的歡欣中被解放。高潮則在八月二十五日來臨。那天法軍、波軍和美軍在零星的槍聲中開入巴黎，當時法國抵抗組織還在對付市區內死硬的德軍狙擊手。

這也是戴高樂凱旋的時刻。四年前，他與一小批支持者在英國升起自由法國的旗幟。現在他回到了他的首都，並且接掌大權。

在此同時，德軍的難題又因為美軍與法軍在八月十五日於法國南部登陸而更加棘手。在守軍已經被增援法國北部的需要嚴重削弱之下，這支兵力現在開始迅速向北邊的隆河河谷進軍。法軍於九月三日開入里昂，英軍則在同一天開入北邊三百五十哩處的布魯塞爾。似乎已經沒有任何事情能夠阻止西方盟軍開進德國本土。但是有一個問題卻越來越嚴重。

希特勒命令英倫海峽的法國港口守軍堅守到最後一人為止。這代

一處典型諾曼第樹叢中的美軍部隊。這種由高大樹林圍繞的小片田野很適於防守，盟軍花了一些時間來調整作戰方式，以適應這種困難的地形。

在突破諾曼第的作戰開始之後，由英軍乘員操作的薛曼戰車正準備朝塞恩河進軍。這種美製戰車是盟軍使用最廣泛的戰車，不過由於它被擊中後容易起火，因此得到了一個「隆森牌打火機」的外號。

表盟軍根本無法使用它們補給正在快速推進的部隊,他們只好繼續仰賴瑟堡,使得補給線越來越長,最後終於變得過分延伸。結果就是戰車開始耗盡燃料,被迫停頓下來,讓德軍得到重新整頓的喘息機會。

蒙哥馬利在這時向艾森豪提議,盟軍不應再試圖以廣正面推進,反而應該採取單鋒進擊穿過荷蘭,目標是繞過德軍在萊茵河防線的側翼。結果就是九月十七日展開的市場花園作戰。兩個美軍空降師分別被投落在恩和芬與格累夫,目標是拿下當地運河的渡河點。英軍第一空降師在隨後波軍傘兵旅的增援下,降落在更北邊的安恆,目標是拿下越過萊茵河的大橋。

在此同時,英軍部隊開始越過比利時邊界向北推進,藉以和空降部隊會師。他們成功地與兩個美軍空降師完成會合,但來自道路兩側的德軍侵擾卻越來越猛烈。在接近兩個黨衛裝甲師整補地點的安恆,英軍和波軍傘兵陷入了一場殊死戰中。到了九月二十六日,地面攻勢終於進抵下萊茵河岸,但是為時已晚。壓倒性的德軍兵力已經迫使第一空降師低頭,在全師一萬名官兵中,只有五分之一逃過萊茵河。

安恆的失敗使得在一九四四年底前結束戰爭的機會化為泡影。盟軍現在只有慢慢地朝萊茵河推進,在十月初美軍開始進攻德軍的主要防線「西牆」。結果在亞琛——這裏是第一處落入盟軍之手的德國大城——和胡特根森林發生了特別激烈的戰鬥。德軍也以法國的馬奇諾防線來加強防禦,突破這道防線的會戰也是同樣慘烈。

然而隨著海峽港口逐漸被占領,盟軍的補給情況開始有了改善,不過盟軍在一九四〇年五月的撤退地點敦克爾克,將會一直據守到戰爭結束為止。

盟軍在十一月發動了肅清須耳德河口的作戰,藉以讓盟軍船隻能夠使用比利時的大港安特衛普。其中還包括一次攻占瓦刻蘭島的兩棲作戰。另外盟軍也展開大規模行動清除河中的水雷,到了那個月底,盟軍船隻已經開始在安特衛普卸船。

然而,希特勒並不滿於在西線上只採取守勢而已。早在九月中,他就宣布計畫發動一次大規模反攻的意圖。如果他能夠使西方盟軍蒙受慘重的損失,那將會比向遠為強大的俄軍發動類似作戰,對戰局造成更大的影響。在一九四四年秋天期間,這次攻勢的計畫與準備工作就在嚴格保密之下進行著。

最後的計畫是要發動穿過阿登地區,指向布魯塞爾與安特衛普的

攻勢，目標是將北邊的英軍與美軍切斷。希特勒的將領們希望以規模較小的作戰取代，但是他否決了他們。

　　總兵力超過二十萬人的攻擊部隊於十二月八日開始部署，他們僅在夜間移動而已。儘管有跡象顯示德軍正在準備進攻，但盟軍還是相信德軍已經無力再發動大規模攻勢。更糟的是，即將遭到攻擊的地段被認為是個安靜的區域。北邊是由在胡特根森林戰鬥中折損慘重的幾個師據守，其他師則是剛自美國抵達的部隊。

　　十二月十六日早上，德軍在濃霧的幫助下發動進攻。盟軍完全沒有防備，很快幾個作戰羣就深深穿入了他們的防線。除了出乎意料之外，濃霧也阻止盟軍使用強大的航空兵力來幫助阻擋這次攻勢。然而美軍卻正在開始恢復。美軍工兵藉著在德軍的前進道路炸橋，阻撓德軍的戰鬥羣推進，增援部隊開始就位。德軍也未能攻占重要的交通中心巴斯通，當地守軍以一個字拒絕了招降——「白癡！」（譯註：這是第一〇一空降師代理師長安東尼·麥奧立夫將軍的名言）。雪花開始落下，但是妥著天氣放晴，盟軍飛機開始發動空襲。德軍原本希望拿下美軍油庫，以支持他們前進，但此計並未成功。於是他們漸漸失去了衝力。

　　巴頓的第三軍團開始自南邊攻入德軍新占領的突出部。為了讓攻勢繼續推進，德國空軍背水一戰，在一九四五年元旦派出了手頭所有

照片中是一支黨衛軍戰鬥羣的成員，時為一九四四年十二月阿登反攻的初期。背景中是一輛被擊毀的美軍M8裝甲車，英軍將這種裝甲車命名為灰狗式。

照片中是一輛德軍的旋風防空戰車，車上配備四聯裝二十公厘機砲，攝於突出部之戰期間。一旦天氣放晴之後，盟軍的空中力量就得以全力出擊，阻止德軍進攻。

飛機，大舉空襲盟軍機場。他們摧毀了三百架飛機，但本身也損失了三百架之譜。

這時俄軍正即將發動等待已久，越過維斯杜拉河的攻勢，因此希特勒下令結束這次進攻。他在西線的最後賭博終告失敗。雙方都傷亡了大約八萬人，但德軍遠不如盟軍能承擔這樣的傷亡。

盟軍現在開始朝向德國最後一道天然防線——萊茵河進軍。在南邊法軍消滅了柯爾馬口袋，美軍則穿過摩塞爾河南北兩側的山丘地帶，穩定地向前推進。但是一九四五年頭幾個月最激烈的戰鬥，無疑是發生在最北端，位於馬士河與萊茵河之間的地帶。英軍和加軍打的是一場舉步維艱的戰鬥，這裏泥濘的情形就像是一九一七年夏天的第三次伊普瑞斯會戰戰場。

在盟軍眼中，萊茵河看來像是一道固若金湯的障礙，尤其是德軍正開始摧毀萊茵河上的橋樑。然而在一九四五年三月七日，美軍第一軍團的單位開入了波昂南邊的萊茵河城鎮雷馬根。出乎他們意料的是大橋依然完整。他們奔向大橋，阻止了大部分炸彈點火。很快他們就越過大橋，在接下來幾天中，德軍摧毀這座大橋的努力都告失敗。不幸的是，由於萊茵河以東的地形，使得盟軍無法馬上擴張戰果。

盟軍在兩週之後才發動另外的渡河。在雷馬根南方，巴頓的第三軍團在幾處地方完成了突擊渡河，經過三週的仔細準備之後，蒙哥馬利的第二十一集團軍也在威塞爾南北兩側成功渡河。他們另外還得到兩個投落在河東的空降師之助。到了那個月底，萊茵河東岸已經牢牢落在盟軍掌握之中。

　　東方三百哩處，俄軍正開始爲越過奧得河，攻進柏林的最後攻勢進行準備。扼緊第三帝國咽喉的最後一戰即將開始。

盟軍步兵正在衝過剛拿下的雷馬根大橋，時間是一九四五年三月七日。數天之後，這座已經部分受損的橋樑終於垮了下來。

第十五章

歐戰結束

1945

　　一九四五年四月開始時，希特勒的德國正處於困境之中。在東邊，俄軍已經在奧得河上立穩腳跟，正準備向德國首都柏林發動最後攻勢。另外俄軍也已開到了維也納的城門之前。在義大利北部，盟軍在山區度過一個寒冷的冬天之後，也正準備展開進攻。盟軍早已在將人員、武器和補給運過萊茵河，準備突破並占領德國西部。至於在空中，英美轟炸機依然繼續無情地進行轟炸，將城市變成廢墟，並且讓德國交通系統完全陷於癱瘓之中。

　　然而，德國還是擁有一些一九四〇年間征服的領土。雖然俄軍正將他們逐出挪威北部，但德軍仍然牢牢占領著挪威南部，丹麥亦復如此。

　　荷蘭北部也還是處於德國占領之下，因為在攻向萊茵河的途中，盟軍繞過了這處地區。在一九四四～四五年冬天期間，當地居民飽受食物短缺和饑荒的折磨，嚴重的程度使得德軍指揮官在戰爭結束前不久同意停戰，好讓盟軍戰略轟炸機對荷蘭人空投食物，這次行動被恰如其分地命名為「馬納」(譯註：源出聖經〈出埃及記〉，摩西率猶太人在沙漠中流浪期間，食用天降的「馬納」維生)。除此之外，根據希特勒的命令，三處大西洋岸的法國港口與敦克爾克仍然堅守不降。英倫海峽羣島也還是由德軍占領著。

　　然而，德國三軍油料短缺的問題卻日漸嚴重，這大部分是由盟軍對鐵路和煉油場的轟炸所造成的。這個問題對德國空軍的影響尤為嚴重，越來越多飛機因而停飛。此外人力也同樣是極度缺乏，東線上的可怕傷亡對此要負起最大的責任。希特勒在一九四四年十月下令組成「國民軍」(Volkssturm)。所有年紀在十六歲至四十五歲之間的男性都被徵召起來，保衛他們的家鄉，其中許多人只不過配發了一支「鐵拳」(Panzerfaust)手提反戰車火箭發射器。然而人力短缺之嚴重，盟軍甚至還俘虜到年紀小至十三歲的男孩，以及超過七十歲的老人。

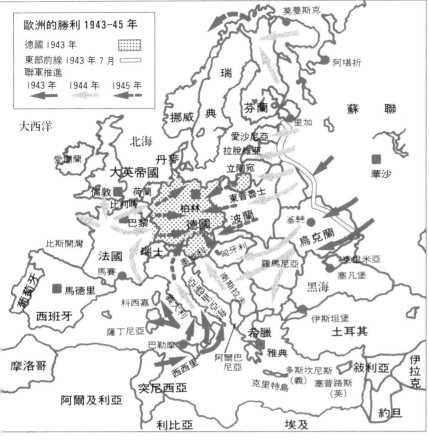

歐洲的勝利 1943-45 年

德國 1943 年 ▦
東部前線 1943 年 7 月 ▭
聯軍推進
　1943 年 ←　1944 年 ←　1945 年 ←

大西洋

莫曼斯克
阿堪折
瑞典
挪威
芬蘭
蘇聯
里加
愛沙尼亞
拉脫維亞
立陶宛
華沙
北海
愛爾蘭
丹麥
大英帝國
倫敦
荷蘭
比利時
柏林
東普魯士
巴黎
德國
波蘭
塞輔
烏克蘭
比斯開灣
法國
瑞士
奧地利
匈牙利
羅馬尼亞
克里米亞
塞凡堡
馬賽
南斯拉夫
黑海
葡萄牙
馬德里
西班牙
科西嘉
義大利
薩丁尼亞
希臘
伊斯坦堡
土耳其
摩洛哥
巴勒摩
西西里
阿爾巴尼亞
雅典
多斯坎尼斯（義）
塞普路斯（英）
敍利亞
伊拉克
突尼西亞
克里特島
約旦
阿爾及利亞
利比亞
埃及

　在這樣慘淡的情勢之下，要是德國能在更多人失去生命，國家完全被摧毀之前投降，會是很合理的事情。但是他們卻出於很多原因而繼續作戰。儘管希特勒似乎已經失去了一切的理性，深居在「元首碉堡」裏——這是位於柏林總理府地下的一處指揮所——甚少外出，他仍然讓許多德國人深陷在他的魔咒中。

　他的心情確實變化無常。有時他相信戰敗已是無可避免，所有德國人應該寧死毋降。有時他卻相信最後一分鐘的奇蹟將會拯救德國的命運。事實上在最後一年中，他和他的親信一直得到保證，「奇蹟武器」將會使局勢產生逆轉。這些武器於一九四四年六月開始出現，正好就在盟軍試圖在諾曼第站穩腳步的同時。

　過去的十年之中，德國一直在高度祕密的皮尼蒙迪實驗場發展長程飛彈。在一九四二年底，盟軍情報部門察覺到那裏的活動，於是皇家空軍在一九四三年八月轟炸了皮尼蒙迪，但還不足以讓該處的工作停止下來。接著在一九四三年秋天，發射台開始出現在法國北部，全都指向英國。這些設施建造的目的是供射程一百三十哩的V-1飛行炸

一枚希特勒大加吹噓的「神奇武器」V-I飛彈正在升空。這種飛彈攜有重一千八百七十磅的彈頭，時速可達三百六十哩，飛行高度在三千五百至四千呎之間，因此防空火砲和戰鬥機有可能將之擊落。

彈使用。再次盟國空軍發動了代號「十字弓」的作戰，試圖摧毀這些發射台。

但是在一九四四年六月十三日，也就是諾曼第登陸之後整整一週，十枚V-1射向了英國，其中有六枚抵達目標。在接下來幾個星期裏，每天都有超過一百枚V-1射向倫敦，造成超過兩萬人傷亡與嚴重的財物損失。英方在英格蘭南岸部署了大量防空火砲。他們還使用快速戰鬥機——包括第一種服役的噴射機格洛斯特彗星式——來摧毀飛彈。

一直到盟軍於八月中自諾曼第突破，占領發射台之後，攻擊才緩和下來。即使如此，德軍仍然繼續在發射飛彈，首先是自比利時，接著是自荷蘭，直到一九四五年三月底，V-1飛彈攻擊才告一段落（譯註：此時發射的是經過改良的增程型V-1飛彈，另外還有部分是由改裝的He111轟炸機所發射）。

但是在皮尼蒙迪，以韋納·馮·布朗為首——他日後成為美國太空探險之父——的科學家們袖裏還藏著另一種更可怕的武器。這就是攜有一噸重彈頭的V-2自由飛行火箭。V-2火箭攻勢開始於一九四四年九月八日，那天有一枚落在倫敦，另一枚落在布魯塞爾。兩枚都是從荷蘭發射的。V-2的極速超過時速三千五百哩，飛行高度遠在飛機之上，因此根本沒有辦法在空中加以攔截。它們的發射台是機動的，因此幾乎不可能加以攻擊，這與聯軍在一九九一年面對伊拉克飛毛腿飛彈時的難題完全相同。最後還是德國運輸系統的崩潰，才使得這項攻

勢宣告結束，最後一枚V-2飛彈於一九四五年三月二十七日發射，結果落在倫敦東區的一處公寓區，造成一百三十四人喪生。

希特勒也將德國的噴射機定義為奇蹟武器。首先服役的是梅塞希密特Me262，這型戰鬥機於一九四四年六月首度在戰場上亮相。另外還有阿拉度Ar234閃電轟炸機，這種飛機曾活躍於一九四四年十二月的阿登反攻中。最後還有大戰期間速度最快的飛機——Me163，它其實是火箭飛機而非噴射機。這種飛機時速可達將近六百哩，而且有著驚人的爬升率，但航程僅有六十哩而已。

另外同樣還有兩種新式的U艇。比起當時任何的傳統潛艇來，兩者都有能力以更高的速度在水面下航行，因此更能在不被發現之下對船艦進行攻擊。其中一種華爾特潛艇能夠潛航更長許多的時間。但是和其他奇蹟武器一樣，這些新式武器直到盟軍在法國站穩腳跟之後才登場。這時奇蹟武器為時已晚。

然而希特勒還是繼續向德國人民保證，更多新武器將會徹底扭轉戰局。他和許多德國人都希望英國和美國終會訴諸理性，體認到他們真正的敵人是史達林統治下的俄國，後者將會占領整個西歐，將之變成由馬克思—列寧主義者統治下的奴隸。納粹宣傳機器同樣一再強調司盟國無條件投降的要求，警告德國人民即使會有停戰，與一九一八年不同的是他們也會失去一切。另外還有不少狂熱的納粹分子，他們將這段苦鬥階段視為大決戰（譯註：Armageddon，聖經〈啟示錄〉中的善惡

這則標語寫道：「我們的牆倒了，但我們的心可沒有」，攝於一處飽受戰火摧殘的德國城市中。

一名年輕的德軍士兵向英軍部隊投降。

大決戰），他們的敵人不但將爲此付出慘重代價，最後得到的爲勝利果實也將不過是一片不毛之地而已。

　　義大利的最後攻勢於四月九日展開，英國第八軍團自亞德里亞海岸朝西北方進擊。五天之後，美國第五軍團在盟軍空中支援下，也開始加入作戰。盟軍很快就突破德軍防線，朝北奔向阿爾卑斯山。但是早在三月初，駐義大利的禁衛隊高階軍官就已經祕密與盟軍接觸，希望能單獨談和。問題是卡在他們無法確定德軍總司令的立場。這方面，在四月底之前，隨著盟軍逼近米蘭與威尼斯，德軍終於忍受夠了。在未曾請示柏林之下，他們簽下了無條件投降，於五月二日正式生效。

　　然而，墨索里尼卻未能親眼目睹這次投降。他與他的情婦遭到義大利游擊隊捕獲。他們於一九四五年四月二十八日槍決，兩人的屍體被吊在米蘭的一處廣場示衆。這是義大利法西斯主義將近二十五年歷史的恐怖句點。

　　至於在盟軍自萊茵河東進的攻勢方面，對於這項作戰應該如何進行一直有所爭論。英方希望發動單鋒進擊，藉以趕在俄軍之前進入柏林。然而，身爲最高統帥的艾森豪卻擔心著納粹在阿爾卑斯山中建立最後據點的計畫，他希望能夠予以阻止。因此他下令以廣正面推進，並且告訴俄方他接受柏林是他們的目標。

英軍部隊占領一處德國城鎮。左邊的士兵戴著一條容納備份彈藥的彈帶，右邊的士兵則戴著一條腰帶以攜帶司登衝鋒槍彈匣。

一九四五年四月一日，美國第九與第五軍團在里普斯達特會師。這代表魯爾區已經遭到包圍，陷身其中的是摩德爾元帥指揮的B集團軍。消滅這個包圍圈一共花費了兩個半星期。最後走進戰俘營的共有不下於三十二萬五千名德軍部隊，他們的總司令則自殺身亡。

　　魯爾口袋的出現，等於是在德軍防線上打開了一個大洞，盟軍馬上趁機推進。加拿大軍開始解放荷蘭北部，英軍則攻向德國北部的兩處大城不來梅和漢堡。許多德軍迅速投降，但是其他人並沒有，好幾易激烈戰鬥因而爆發。不來梅之戰尤為慘烈，盟軍經過九天苦戰才攻下這處港口。

　　在魯爾口袋以南，三個美軍軍團和法國第一軍團分別向東方和南方前進。當他們開入被炸彈炸得殘破不堪的城鎮時，完全懾於情勢發展的居民只能困惑地瞪著他們自眼前駛過。

　　現在西方盟軍也和俄軍已經遇過的一樣，了解到集中營內暴行的真相。英軍為他們在貝爾森的發現而震駭莫名，美軍在解放達朱——希

美軍步兵在一輛薛曼戰車的支援下，正在一處德國城鎮中與頑強的狙擊手交戰。

特勒的第一個集中營——之時亦復如此。事實上，頭一批抵達此地的美軍在盛怒之下，當場槍決了大約六十名禁衛隊警衛。

另一件比較愉快的事情是釋放為數眾多的盟軍戰俘。少數英國空勤人員和許多波蘭人已經當了超過五年半的囚犯，此外許多在一九四〇年五月法國戰役慘敗中被俘的英軍士兵，也幾乎在戰俘營中關了同樣久的時間。

盟軍繼續無情地向前推進。到了四月二十五日，他們已經在北方抵達易北河，在中央抵達姆德河，在南方抵達多瑙河。美國第三軍團在勇往直前的巴頓將軍統領下，甚至已經越過邊界進入前捷克境內。

但是在此之前兩個星期，也就是四月十二日，西方同盟國受到了一記哀傷的打擊，羅斯福總統在這天溘然長逝，遺缺隨即由副總統杜魯門繼任。羅斯福讓美國走出經濟大恐慌的陰影，重新立穩腳跟，接著又證明自己是一位出眾的戰時領袖。然而對希特勒而言，羅斯福之死卻是一個象徵最後奇蹟將會拯救第三帝國的預兆。

東線上的情勢也一樣戲劇化。在北邊，東普魯士的首府王堡在經過兩個月圍攻之後，終於在四月十日陷落。德國北方集團軍的殘部則

一名俄軍士兵與他的俘虜。

困在波羅的海岸邊的一小片區域中。波美拉尼亞在奧得河以東的部
已於三月被完全攻占，同時在柏林以南，俄軍業已肅清奧得河與奈
河——這裏是戰前的德波邊界——之間的地區。在最南端，德軍已
被迫退入奧地利。俄軍在四月六日開始進攻維也納。希特勒命令這
城市必須戰到最後一人為止。對此俄軍只不過花了一星期就將維也
攻下，並且開始朝捷克首都布拉格推進。

俄軍部隊正在攻占史孔布朗恩宮，
這裏是奧匈帝國皇帝的傳統住所，
攝於一九四五年四月的維也納之戰
期間。

　　但是史達林主要的注意目標還是柏林。他在三月底發布攻占柏林
初步命令。羅柯索夫斯基的第二白俄羅斯方面軍將自柏林北方渡過
得河，藉以防止北邊的德軍前來解救柏林。柯涅夫的第一烏克蘭方
面軍將摧毀柏林南方的德軍部隊，並且攻占萊比錫和德勒斯登，至於
攻下柏林的主要角色，則被交給朱可夫與他的第一白俄羅斯方面軍。
達林下令這次攻勢將於四月十六日展開，柏林必須在五月一日之前
陷落。俄軍沒有多少時間可供準備了。

　　希特勒在二月宣布德國首都成為堡壘，因此柏林的防務已經大大
化。但現在隨著俄軍進攻的日期逐漸接近，人力卻成了一大問題。
在艾森豪來自西邊的強大壓力之下，德軍僅有大約五十個師可供防守
一百五十哩長的奧得河前線。面對他們的卻是俄軍兩百個強大的師。

在俄軍主攻展開前夕，希特勒——他的情婦伊娃‧布勞恩才剛飛來加入他——發布了一道特別的日日命令。他警告他的部隊，猶太布爾什維克分子正準備將德國人民完全消滅，任何未能盡責的人都將遭到槍決。

在此同時，俄軍在四月十二日展開了試探性攻擊，以找出德軍防線上的弱點。

接著在十六日清晨三點，屬於朱可夫第一白俄羅方面軍的一萬六千門大砲、迫擊砲和火箭發射器同時開火。大約七百五十架轟炸機也加入了這場轟擊。三十分鐘之後，一百四十三具探照燈大放光明，藉以幫助攻擊部隊分辨方向。不幸的是，明亮的燈光只不過使得他們為之目眩而已。更糟的是德軍在試探攻擊之後即已撤退，因此彈幕全都落在了無人的陣地上。濃霧也降低了砲兵和近接空中支援的準確性。因此當俄軍前進到德軍主防線之前時，他們根本無法得到多少進展。

至於南邊，柯涅夫的第一烏克蘭方面軍就成功得多了。他的計畫沒有朱可夫那樣複雜，而且他較晚才發動攻擊，使用大規模煙幕以掩護渡過奧得河的行動。到了第二天結束時，柯涅夫已經突破德軍防線，史達林通知他可以直取柏林。隔天也就是十八日，羅柯索夫斯基的第二白俄羅斯方面軍則自柏林以北展開進攻。德軍的奮勇抵抗，使得他的部隊難以越過奧得河。

戰鬥現在進抵了柏林郊區。希特勒在四月二十日，也就是他的五十六歲生日那天最後一次公開露面，授勳給表現英勇的希特勒青年團男孩。他也准許部分政府部門離開首都。與他們一起離開的有戈林、希姆萊和其他納粹官員。三天之後，他宣布他將會留在柏林直到最後，並且親自接掌指揮。

朱可夫與柯涅夫的部隊於四月二十五日會合。柏林現在陷入了包圍之中。就在同一天，美國第一軍團與第一烏克蘭方面軍的部隊也在易北河畔的托爾高會師。德國就此分成兩半。北邊是由卡爾‧鄧尼玆元帥指揮，南邊則被希特勒交給亞伯特‧凱賽林元帥負責。

隨著俄軍逐漸逼近總理府與德國國會，柏林的最後一戰就此展開。

希特勒將最後的希望寄託在來自柏林以西的解圍攻勢，但這項企圖很快就告失敗。俄軍在四月二十九日進抵市中心，但守軍仍然繼續逐街進行抵抗。

柏林之戰。一列ISU-152 突擊砲正等待加入戰鬥。這種武器使用俄製KV重戰車的底盤，配備一門一百五十二公厘大砲。俄軍將之稱爲「征服野獸」（Zvereboy）。

　　希特勒於次日自殺，同時自殺的還有伊娃‧布勞恩，兩人最後終於在掩體中完婚。他們的屍體被澆上汽油加以焚毀。在遺囑和聲明中，希特勒指定鄧尼茲擔任他的繼承人。在俄軍大砲的轟鳴聲中，宣傳部長約瑟夫‧戈培爾和他的全家也跟隨了希特勒的榜樣，自殺身亡。

　　直到五月二日，最後一名守軍才舉手投降，接著蘇俄國旗在德國

一名柏林之戰的德軍生還者被俄軍從一處地下室中找出來。

國會上升了起來。柏林之戰的傷亡非常慘重。超過三十萬名俄軍陣亡、負傷或者被列為失蹤，沒有人曉得到底有多少德國軍民喪生，但是有將近五十萬人成為戰俘。

其他地方的戰鬥仍然繼續進行，但許多德軍部隊現在只希望逃離俄軍之手，向西方同盟國投降。為此一支德國代表團於五月三日來到蒙哥馬利元帥位在呂內堡的總部。蒙哥馬利不但拒絕接受對俄軍作戰部隊的投降，還要求所有駐於德國西北部、荷蘭和丹麥的德軍部隊放下武器。鄧尼茲表示同意，德國代表團隨即在次日簽署了投降文件。

但是這只代表在一條戰線上停火而已。美軍仍然在從北方攻入奧地利和前捷克境內。俄軍也正在那裏進行著激烈的戰鬥，此時他們已經接近首都布拉格，當地則在五月五日爆發了反抗德國守軍的起義。

但是德方仍在試圖對西方同盟國單獨投降。此舉為艾森豪所拒，鄧尼茲在六日終於讓步。次日在艾森豪位於法國勒恩的總部中，約德爾上將在包括法國在內的四個主要同盟國代表出席下，簽下了無條件投降的降書。西方同盟國原本希望這時就向他們的人民宣布歐戰已告結束，但在俄方的堅持下，同盟國於五月八日另外在柏林舉行了一次受降儀式。

德國投降的消息已經傳佈出去，五月八日因而變成了VE日（歐戰勝利日）。在西歐、北美和其他地方，羣眾紛紛湧上大小城鎮的街頭慶祝。然而，一九一八年十一月那樣歡迎大戰結束的狂喜卻已不再復見。第二次世界大戰實在打得太久了，人們更是疲憊不堪。此外，還有一場對日本的戰爭要打。

除此之外，戰鬥並沒有馬上結束。布拉格的德軍到十一日才投降，而那些在巴爾幹半島作戰部隊的殘部，更是直到十四日才向狄托元帥的南斯拉夫部隊放下武器。

另外海上仍然還有一些U艇。事實上，就在歐戰勝利日前一天的五月七日，它們得到了大西洋之戰的最後兩次成功，在北海擊沉兩艘英國商船。同盟國命令鄧尼茲指示U艇駛往最近的同盟國港口投降，主要是由於這個原因，他和他的政府才沒有馬上被捕，得以留在丹麥邊界附近的佛倫斯堡勉強繼續運作。然而，有少數U艇駛到了中立國港口而沒有投降。其中兩艘航往阿根廷，還有五艘則航往日本。

部分歐洲的前德國占領區也還未得到解放。英軍部隊於五月五日飛抵哥本哈根，接受駐丹麥德軍投降。

兩天之後，另一批英軍飛抵挪威。接著在五月九日，海峽羣島——這是英倫羣島唯一遭到德軍占領的地方——也告解放。

　　但是歐戰終於結束的解脫，並不能掩蓋同盟國正面臨著重大問題的事實。首先，大批投降的德軍部隊被拘禁在匆忙搭建的戰俘營中。幸運的是當時仍是夏天，但是即使如此，這些戰俘營中的情況通常都很簡陋，而由於盟軍的資源已經延伸到了極限，因此食物經常短缺。每一名德軍士兵、水手和空勤人員都必須經過調查，以確保他不是由禁衛隊成員所冒充的，因為盟軍曾誓言要調查這個組織所有成員犯下的戰罪。不過每位禁衛隊成員都在手臂上刺有他的號碼，因此相當容易辨認。其中一個試圖改名換姓的人是禁衛隊的首腦希姆萊。他最後遭到英軍逮捕，但在受審期間吞下一顆藏在嘴中的毒藥自殺。

　　另外還有數以千計的集中營受害者，許多人的情形都非常糟糕，必須接受照顧才能恢復健康。

　　其他納粹政權的受害者，包括自占領國家各地送來的外國勞工。其中許多人和集中營生還者一樣，早已無家可歸。因此西方同盟國為這些難民設立了特別收容營。此外還有大批盟軍戰俘必須遣返。

　　但是如何處理在被俘之後，為德國作戰的同盟國國民，也成了一個問題。同盟國同意這些人應該返回本國受審。然而在義大利北部和奧地利南部，有一大批投效軸心國作戰的哥薩克人，他們主要是為了尋求烏克蘭的獨立。俄方很清楚他們的存在，並且要求將他們解送回國。俘獲他們的英方曉得他們不太可能會得到公平審判，但他們也知道俄國手上仍有大批西方國家的前戰俘，這些戰俘是來自俄軍所解放的戰俘營。拒絕交出哥薩克人的舉動不但會使他們陷於危險之中，而且還會損及與俄國之間的關係。英方因而交出了哥薩克人。在許多例子之中，英軍甚至必須動用武力，使得這件任務更不受到部隊歡迎。大批哥薩克人隨即遭到俄軍槍決。許多曾為德軍戰俘的俄軍士兵下場也不見得更好，他們被判處在西伯利亞的勞工營中服長期徒刑，理由是投降德軍是種叛國行為。史達林的妄想程度之嚴重，那些在戰時曾與西方同盟國接觸的蘇聯軍官也經常受到相似的處罰，因為他們被懷疑是間諜。

　　對德國人民而言，他們的整個社會結構已被摧毀，似乎沒有未來可言。同盟國一開始的政策是將他們維持在接近飢餓的狀態，而且採取嚴格的不友善政策。然而，西方國家很快就開始害怕此舉會加深德

在歐戰結束之後，西方同盟國馬上面臨的眾多問題之一，是如何處理曾參加德軍作戰的俄羅斯民族，尤其有不少人還帶著家庭。照片中是一名美軍士兵正監督一名這樣的士兵與他的妻子告別。他將被送回俄國，或許再也不會見到他的妻子。

國人的敵意，並且使他們更不願意採行民主的生活方式。因此這項策很快就得到緩和。即使如此，德國人民的生活依然非常艱苦。

　　隨著大部分U艇下落有了交代，英軍部隊在一九四五年五月二三日逮捕了鄧尼茲和他的政府。此舉象徵著第三帝國的最後結束。尼茲本人被帶往盧森堡的一處拘留營，與其他活著的納粹成員一起在一處代號為「垃圾筒」的拘留中心。他們在這裏接受調查，作為將在紐倫堡舉行的國際戰犯審判的序曲。

　　同盟國於六月四日在柏林簽署了一份擊敗德國的宣言。他們也實這個國家將被分為四個占領區——蘇俄、英國、美國和法國。這表盟軍會自部分更東方的占領土地上撤出。柏林雖然位於俄國占領之內，但也被一分為四。西方同盟國在七月三日派兵抵達這處前德首都，占領分配給他們的三片區域。為了作為紀念，英方以第七裝師「沙漠之鼠」舉行了一次勝利遊行，這支部隊自一九四○年的埃沙漠開始，曾先後一路轉戰利比亞和突尼西亞、義大利、法國和德國

　　但是在表面之下，俄國和西方盟國間的裂痕卻出現成長的跡象西方對於剛被解放的東歐國家情勢漸感不滿，因為俄國似乎正在幫當地的少數派共產黨取得政權。另外對於奧地利的未來地位也沒有楚的協議。當時奧地利是由西方和俄國共同占領。義大利東北部也一個問題，因為南斯拉夫正打算併吞里亞斯提地區。此舉引起了西同盟國——特別是英國——可能會與狄托部隊發生衝突的恐懼。

　　早在五月十二日，邱吉爾就要求杜魯門召開另一次同盟國會議他警告除非同盟國澄清他們的聯合政策，否則鐵幕或許會沿著歐洲下。

德國人民在一九四五年夏天面臨著饑荒的威脅。照片中是一名柏林人正從一匹馬身上切下一塊肉來，牠是德國首都最後一戰的受害者。

杜魯門最後派出特使哈瑞·霍普金斯前往莫斯科。史達林同意舉行這次會議，於是會議在一九四五年七月十七日於柏林東南方的波茨坦召開。

　　這次會議有著令人鼓舞的開始，包括中國在內的各強國一致同意應該組成一個委員會，起草對於曾加入德國陣營作戰國家——義大利、芬蘭、保加利亞、羅馬尼亞和匈牙利——的和約。但史達林在同意東歐剛解放國家舉行民主選舉的問題上不肯讓步，而這是他在一九四五年二月的雅爾達會議上已經答應的事情。

　　一如以往，波蘭被證明特別棘手。波蘭臨時政府大部分是由俄國支持的波蘭人所組成，他們正強烈要求沿著奧得河與奈斯河，重畫波蘭的西界。此舉將會讓波蘭成為德國的占領國，這是西方同盟國所不能同意的。

　　這次會議也發現，對於德國應該如何賠償戰時損害的問題，無法達成共同政策。最後還決定四個國家應該自行決定關於本身占領區的政策。

　　在波茨坦討論到一半時，邱吉爾必須返國面對大選。只有少數英國人會不承認他對贏得戰爭做出的重大貢獻，但大部分人都覺得需要一個新政府來贏得和平。他的保守黨因而遭到了嚴重挫敗，勝利者是由戰時副首相克萊門特·艾德里率領的社會黨。因此當波茨坦會議重新召開時，出席的是一位新的英國領袖。

　　歐洲所關心的是史達林與西方同盟國之間的戰時合作，顯然已經幾乎告終，歐洲正要進入一個全新衝突——「冷戰」——的時代。但是波茨坦會議也體認到戰爭尚未結束。因為西方同盟國和中國在過去三年半之中（中國甚至更久），一直竭力於進行一場對抗日本的戰爭。

第十六章

東方閃擊戰

太平洋戰區　1939—1942

在一九三九～四一年期間，世界大部分的注意力都集中在歐洲情勢上。但在這段時間裏——事實上是自一九三七年開始——世人對於日本侵略中國的行爲還是非常關心，尤其英美兩國更是如此。不過雖然美國至少還準備採取經濟制裁，但是兩者都不準備冒險與日本開戰。

美國的制裁威脅，使得日本人重新思考他們的地位。他們的國家所缺乏的是原料，而他們非常依賴來自包括歐洲在內的國外進口，對美國更是如此。因此他們開始向其他地方尋求必須的供應來源，他們的眼光最後落在了東南亞，當時這裏大部分是法國、英國和荷蘭的殖民地，美國也占有一部分。

這片區域蘊藏有豐富的煤、橡膠、錫和石油。一個充滿野心的構想就此出現，這就是「大東亞共榮圈」，這整片地區將由日本控制。如此日本不但能自給自足，還能讓日本擁有一個帝國。

在此同時，美國已經開始給予正和日本苦戰的蔣介石政府援助，主要是使用財政貸款的方式，好讓中國能夠購買軍火。這些軍火唯一安全運送的途徑是通過滇緬公路，這條公路是剛從分隔緬甸北部和中國的羣山間開闢出來的。

日本非常清楚這條援助管道，因此在一九四〇年七月初，他們命令英國將之關閉。美國這時還沒有能力參戰，而英國在面臨德軍入侵本土的威脅，以及地中海戰區龐大的義大利三軍之下，早已過分延伸，因此他們對日本的要求讓步——不過只有三個月而已——希望日本和中國之間能夠達成和約。

一九四〇年七月，溫和派的日本政府由陸軍勢力所取代 (譯註：之前首相爲米內光政)。在首相近衞文麿親王的領導下，日本政府現在開始公然鼓吹起「大東亞共榮圈」。一個月之後，日本做出了實現他們野心

的頭一個舉動，要求在中南半島北部設立基地。當地的維琪法國政府根本無力爭辯，日本於是得償所願。

東京了解到如此赤裸裸的擴張主義，很可能讓英國——還有特別是美國——更堅定反對日本。為了阻止美國放棄中立，以及加強他們要求的力量，日本在一九四○年九月底與德國和義大利簽訂了三國協約。但是此舉並未收到希望的效果。荷蘭拒絕與日本簽下運送荷屬東印度原油的長期合約。美國提供蔣介石更多貸款。英國則重新開放了滇緬公路。

一九四一年一月，中南半島的法國政府在爭議領土發生的邊界衝突刺激下，進攻了隔臨的暹羅。儘管他們在陸地上遭到擊退，但他們卻在海戰中擊敗了暹羅海軍。日本見到這是一個對泰國取得影響力的良機，於是插手扮演調停人的角色，將大部分爭議領土都交給了暹羅。

至於仍在繼續抵抗日本侵略的中國方面，他們在一九四一年三月得到了一項大好消息，這就是羅斯福總統的租借法案，這項法案讓他們在接受美國軍火上，擁有僅次於英國的地位。結果之一就是一百架P-40戰鷹式戰鬥機被送往中國，同行的還有駕駛它們的志願飛行員。在一位前美國陸軍飛行員克萊爾‧陳納德——他早已在進行訓練中國空軍的工作——領導下，它們自一九四一年夏末起開始在中國上空出沒，這就是鼎鼎大名的「飛虎隊」。

雖然日本正尋求向南擴張，他們也體認到來自北邊俄國的傳統威脅。他們於一九三九年八月在滿洲國邊界遭受的軍事失敗，正足以顯示此一威脅有多麼嚴重。然而在一九四一年四月，他們還是同俄國簽訂了為期五年的互不侵犯條約，後者正為了希特勒準備進攻的跡象而感到憂心，因此並不希望還要同時面對來自其他地方的威脅。

此舉讓日本能夠更堅定地投注在創造「大東亞共榮圈」之上。但近衛首相害怕會過分激怒美國，於是採取了較為和緩的對美政策，撤換強硬派的外相。不過在此同時，日本又再度轉向維琪法屬越南，於一九四一年七月底派遣部隊占領了越南南部。

然而從一九四○年七月起，美方就已能夠讀出日本外交密碼，因此非常確定日軍進入越南南部是侵略行為。美國於是迅速凍結了所有日本資產，英國與荷蘭也隨之跟進。如此一舉減少了日本百分之九十的石油供應，以及其他重要物資的進口。

近衛首相繼續試圖與華盛頓進行談判，但是軍方這時已經決心一戰。在他未能成功消除緊張局勢的錯覺下，這位首相終於在一九四一

年十月中辭職。他的職位由日本鷹派領袖東條英機大將接任。

東京的立場馬上強硬起來。日本只有在與美國的貿易關係正常化，以及美國支持日本得到荷屬東印度之下，才會自越南及中國的部分領土撤軍。

此舉使得華盛頓陷入了難題之中。美國尚未做好參戰的準備。然而即使對日本的部分要求做出讓步，也意味著會為將來製造麻煩。因此在一九四一年十一月二十六日，美國對日本的提議做出了答覆，就是要求日本自中國完全撤軍。日本馬上予以拒絕，四天之後日方決定對美國發動先發制人的攻擊，並且以武力拿下大東亞共榮圈。

日本攻擊計畫的設計者是海軍聯合艦隊司令長官山本五十六。他體認到在長期戰爭中，美國壓倒性的物質力量將會成為決定性因素，因此日本必須迅速得到所有目標，並且讓美國以及其同盟國接受新的現狀，而非冒著犧牲大量生命的危險，試圖收復失陷的土地。

山本五十六認定美國太平洋艦隊是主要的障礙。因此這支艦隊必須在一開戰就加以摧毀。問題是該怎麼做？

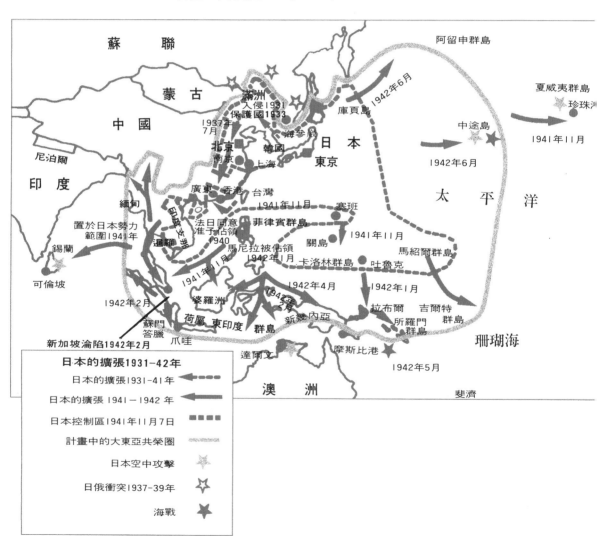

他相信答案就在一九四〇年十一月，英軍艦載機對塔蘭多港的義大利艦隊發動的成功空襲之中。如果日本航艦部隊能夠在未遭發現之下，接近到位於夏威夷珍珠港的太平洋艦隊基地航程之內，那麼日軍就能發動一次相似的攻擊。

攻擊珍珠港的行動將伴隨著其他作戰一起發動，目標分別是美屬太平洋島嶼威克島和關島，英國殖民地香港，以及菲律賓、馬來亞，然後是荷屬東印度、所羅門羣島，還有緬甸。

珍珠港打擊部隊已於十一月二十六日——亦即日本最後決定發動戰爭之前四天——自日本本土北方的庫頁羣島出航。這支艦隊現在奉命在一九四一年十二月七日星期日發動攻擊。

早在十月中，太平洋各地的美軍基地就已接到可能對日本開戰的警告。然而，美方卻相信菲律賓才是日本的主要目標。因此在菲律賓政府的同意下，前美國陸軍參謀長道格拉斯・麥克阿瑟——他一直到最近都是菲律賓軍方的顧問——奉派指揮菲律賓的防務。包括B-17轟炸機在內的美軍飛機也派往了當地。

英方也派出加拿大和印度部隊，增援香港的小小守軍。飛機以及包括澳軍在內的部隊被送到了馬來亞。兩艘英國主力艦則奉命開往新加坡，他們是曾在一九四一年八月載著邱吉爾橫越大西洋，與羅斯福總統舉行歷史性會談的戰艦威爾斯親王號，以及巡洋戰艦卻敵號。

然而在美方和英方陣營中，都存在著出於低估日本軍事能力而產生的自滿。他們認為日軍的武器略遜一籌，特別是日本飛行員更缺乏技術。但是日本擁有一個龐大的情報網，這個情報網是以數以千計於遠東各地工作的日本人為基礎，因此他們對於西方國家的防禦弱點有十分清楚的認識。另一個西方所遺忘的因素是日本士兵、水手和飛行員被灌輸的文化。他們所能得到的最高榮譽就是為天皇陣亡。投降被認為是種羞恥。

珍珠港打擊部隊在航行途中奉行嚴格的無線電靜默。美方知道這支艦隊已經出航，但還是相信它們的目標是菲律賓，不過所有太平洋基地還是再度接到了一則一般性的警告。另一方面在華盛頓，日本特使繼續在與國務院會談，藉以爭取時間。

一九四一年十二月六日晚上，美方的無線電截收人員接收到了一則來自東京、發給日本駐華盛頓大使的長信文。後者奉命在次日將其內容交給國務院。直到十二月七日清晨，這則信文才完成解碼。顯然

日本已經打算開戰，不過日本一開始的目標仍然沒有透露，即使如此，所有基地還是接到了開戰在即的警告，但發往珍珠港的電文卻因爲通訊不良而受到了耽擱。

在珍珠港方面，美國太平洋艦隊在過去一週中都在進行演習，此時已經返港度週末。唯一的例外是艦隊航艦萊克辛頓號和企業號，它們正奉派將飛機分別送往威克島和中途島。

在當地時間七日上午六點十五分，第一波日軍飛機開始自航艦上起飛。四十五分鐘之後，夏威夷的一名雷達操作員在他的螢幕上看見了一大羣飛機，同時一艘驅逐艦則在珍珠港入口外發現並擊沉一艘迷你潛艇。關於這些事件的報告一開始並未被採信，而在此同時，日本飛機卻繼續朝向它們的目標飛行。

上午七點五十分，兩百一十四架日軍飛機出現在夏威夷上空。轟炸機對島上的四處機場展開攻擊，摧毀大批美軍飛機。魚雷轟炸機則飛向戰艦泊地，那裏簇擁的戰艦就像坐以待斃的鴨子一樣。在幾分鐘之內，六艘戰艦、兩艘輕巡洋艦以及其他較小船艦已經受到致命重傷，日軍完全達成了出其不意的攻擊。一個小時之後，第二波日機飛來進行攻擊。這次美軍較有準備，但即使如此，還是有另一艘戰艦受損三艘驅逐艦重傷。到了早上十點時，一切都已告結束。日本以五艘迷

一架中島B5N魚雷轟炸機（美軍代號凱特）起飛準備攻擊珍珠港。

潛艇，以及二十九架飛機的代價，徹底粉碎了太平洋艦隊，當他們的飛機回到航艦時，受到了熱烈的歡迎。

在其他地方，日軍飛機轟炸了威克島和關島，驅逐艦則對中途島進行砲轟。日軍飛機也攻擊了菲律賓的機場，摧毀大批美軍飛機，包括B-17轟炸機兵力的一半。

在華盛頓，此時是剛過下午一點四十五分，比夏威夷早了五個小時，羅斯福總統在辦公桌上午餐時接到攻擊珍珠港的第一則報告。他最初的反應是無法置信，因為他原本相信日本將會以菲律賓為目標。半個小時之後，日本大使野村吉三郎將東京前一晚發來的信文，交給了國務卿赫爾。

攻擊的消息馬上在全美廣播網上開始廣播。這完全出乎美國人民的意料之外。在美國西部海岸線，民眾幾乎到了恐慌的地步，他們預料日軍將在任何時候發動轟炸，甚至是入侵。其中一項戰爭措施是集合總數大約十萬人的日裔美國人，將他們予以拘留。大多數人在後來都得到了釋放，而一個由日裔美國人組成的團級部隊則在義大利有著非常傑出的表現。

在攻擊珍珠港的隔天，這時日軍入侵香港和馬來亞，以及菲律賓口新加坡遭到空襲的消息仍在繼續傳來，羅斯福總統對國會發表了演

一架愛知D3A俯衝轟炸機（美軍代號瓦爾）正在俯衝進行攻擊；共有八十七架這型飛機參加了珍珠港攻擊行動。

珍珠港戰艦列在一九四一年十二月七日早上的景象。

日本的三菱G4M轟炸機（美軍代號
貝蒂）正在攻擊新加坡。它們也參
加了在馬來亞海岸外擊沉威爾斯親
王號和卻敵號的作戰。

講。他聲明十二月七日「將是一個活在恥辱中的日子」，還有美國現在
已與日本開戰。他的演講得到熱烈喝采。所有孤立主義的想法在一瞬
間已經消失得無影無蹤，美國人民的意志現在結合在了一起，為達成
勝利的最後目標而努力。

　　但羅斯福和他的政府曉得，英美兩國已經同意以擊敗德國為優
先，太平洋地區的盟軍部隊必須採取守勢撐上一段時間。因此對抗日
本的戰爭將會十分漫長。大部分日本人都不作此想，但是山本大將
——攻擊珍珠港的設計者——卻沒有如此樂觀，他警告未來還會有許
多場戰役，特別是這次對美國太平洋艦隊的攻擊錯失了兩個關鍵目標
——兩艘正在其他地方的航艦，以及提供艦隊動力的油庫。這些是幾
個月之後只能捶胸頓足的疏失。

　　在此同時，日本的閃擊戰很快運轉了起來。美國在馬里安納羣島
的前哨站關島於十二月十日陷落，吉爾伯特羣島則在九日完成不流血
登陸。然而，威克島的守軍卻一直堅守到十二月二十三日，才被迫投
降。

　　香港和那些太平洋羣島一樣過分偏遠，不可能馬上予以增援，日
軍很快就將英國、加拿大和印度守軍自中國大陸上的新界逐出，趕到
一水之隔的香港本島。守軍在經過竭力奮戰之後，終於被迫在一九四
一年聖誕節投降。

　　日本第二十五軍在可畏的山下奉文將軍指揮下，正在馬來亞節節

推進。他得到兩個重要因素之助。過去許多年來，英國的注意力一直放在遠東的主要據點新加坡，英方將之視爲一處重要的海軍基地，並且配置了大批海防火砲保衛當地。他們並不眞正相信任何攻擊者會以直接兩棲突擊以外的方式，試圖拿下新加坡；無論如何，當地的海防火砲都足以擊敗這樣的企圖。甚至當英方過晚了解到來自馬來亞的威脅，並且部署部隊加以保護時，這些火砲大部分還是朝向錯誤的方向瞄準。在深信日軍將會仰賴貫穿半島的少數幾條道路之下，在馬來亞大部分地區所需的叢林作戰訓練，當然不會成爲優先考慮。

山下奉文自北邊的暹羅，以及從東北海岸以兩棲登陸入侵馬來亞。剛抵達的威爾斯親王號和卻敵號奉命駛離新加坡攔截後者，但兩艘主力艦雙雙於十二月十日遭到日機擊沉。這對馬來亞和新加坡的守軍而言，是記永遠無法恢復的致命重擊。

許多英軍飛機甫開戰就在地面上被摧毀，剩下則撤退到新加坡，日軍因而得以擁有大部分馬來亞的空中優勢。在此同時，山下的部隊——其中許多人都配有腳踏車以加強機動力——則沿著道路南下，一旦遭遇抵抗，他們就會進入叢林繞過英軍側翼，迫使他們更進一步撤退。戰前以爲日本軍事能力不足的想法，很快就被徹底擊破了。

最後在一月三十一日，英軍撤過了分隔馬來亞與新加坡的堤道，這時一個師的部隊才剛從英國抵達新加坡增援。於此同時，英國的魏菲爾將軍奉派爲該地區的盟軍總司令。他曾經到訪新加坡，並且警告過這裏會無法守住。然而邱吉爾卻非常堅持——因爲英國人民以爲這裏是無法攻陷的。

關於這點，日軍在二月八日通過了堤道。七天之後，英國在遠東的堅強據點新加坡宣告投降，共有十三萬名部隊走進了戰俘營。

到了這個時候，日軍已經在荷屬東印度完成數次登陸。盟軍船艦曾試圖阻止這些和接下來的登陸，但每次都爲日軍艦隊所擊敗。總部設在爪哇的魏菲爾被迫撤往澳洲。一九四二年三月七日，荷屬東印度政府也步上他的後塵，日本於是又完成了另一個目標。不過更嚴重的還在後頭。

日軍於十二月中在菲律賓的呂宋島進行了一連串登陸，到了二十四日，他們的部隊已經集結在首都馬尼拉周圍。麥克阿瑟將軍在曉得馬尼拉已勢不可守之下，將他的部隊撤往橫越馬尼拉灣口，更容易防守的巴丹半島。他希望能守住這裏，直到增援的美軍能夠越過太平洋抵達爲止。在接下來三個月中，美國和菲律賓部隊奮力抵擋住日軍。

在緬甸戰役中，一名英軍向日軍投降。

然而，雙方都已短缺食物，而且疾病盛行。

在羅斯福總統的命令之下，麥克阿瑟於一九四二年三月十二日離開菲律賓，前往澳洲成立一個新的西南太平洋盟軍司令部。他在離開時誓言他將會回來。兩週之後，日軍開始對巴丹和馬尼拉灣中的柯里幾多島展開無情轟炸。他們在四月四日那天發動最後攻勢。駐守巴丹半島的美軍部隊於五天之後投降。柯里幾多又再堅守了四個星期，剩下的盟軍部隊最後在一九四二年五月十日放下武器。

落入日軍之手的盟軍部隊，經歷到了他們難以想像的苦難。在巴丹被俘的一萬兩千名美軍之中，只有三分之一能夠活到戰爭結束。許多人在投降之後馬上進行的巴丹死亡行軍中失去了生命。大部分在馬來亞和新加坡被俘的盟軍，則被送去建造一條泰國與緬甸之間的鐵路。有許多人死於疾病、營養不良和虐待。這也反應了日本將投降視為恥辱的武德的一面。

當地的種族也感受到了痛苦，因為日本決心要在他們占領的土地上行使權威。因此許多將日軍視為解放者，讓他們得以脫離西方帝國主義枷鎖的人，很快就認清了事實，這與一九四一年六月德軍入侵時以為可以就此解脫共黨獨裁統治的俄國人一模一樣。

日本部隊正在準備登岸，攝於荷屬東印度許多次登陸的其中一次。

　　另外一塊陷入日軍之手的領土是緬甸。在對首都仰光發動空襲之後，日軍於一九四二年一月中展開入侵，實力微弱的英國、印度和緬甸部隊很快就開始撤退。在急於保持滇緬公路暢通之下，由美軍將領約瑟夫・史迪威——他是一位日本通——指揮的中國部隊試圖幫助阻止這場潰敗，結果他們卻發現自己也陷入這場漫長的撤退之中，最後一直到五月，殘餘的盟軍部隊才越過緬甸北部邊界，進入英屬印度最東部的阿薩姆。因此在滇緬公路已告封閉之下，西方唯一一條能將補給送到蔣介石手上的方法，就是飛越分隔中國與緬甸的崇山峻嶺。飛行員們將這條危險的路線稱為「駝峰」。

　　一支日本海軍戰隊也進入了印度洋，派出飛機攻擊錫蘭（今日的斯里蘭卡）首府可倫坡。此舉使得印度遭受到來自緬甸和南方的兩面威脅。但澳洲也正處於日本的擴張陰影之下。日軍已在新幾內亞和所羅門羣島進行過一連串登陸。接著在一九四二年三月二十二日，日軍飛機攻擊了澳洲北部的達爾文。由於擔心日軍可能的入侵，所有牲口於是自澳洲北部開始向南撤退。

　　雖然日軍看來似乎無從阻擋，但還是有一線的希望。一九四二年四月十八日，十六架B-25轟炸機在詹姆士・杜立德中校率領下，於東京東方七百五十哩處自美國航艦大黃蜂號起飛。他們轟炸了日本首都和其他城市，然後飛往中國。雖然大部分飛機都因為燃料用盡而告墜

毀，但在太平洋的這段黑暗時期中，這次行動的放膽卻大大提升了盟
軍陣營的士氣。

更重要的是，美方的密碼破譯專家這時已經清楚曉得日軍接下來
的目標，這就是位在巴布亞新幾內亞南部，面對澳洲的摩斯比港。日
軍將自所羅門羣島的拉布爾發起此次作戰，但是一支以航艦萊克辛頓
號和約克鎮號爲核心的美國特遣艦隊，已經準備好要在珊瑚海攔截也
擁有一艘航艦的日軍入侵艦隊。

兩支海上艦隊於五月七日交鋒，不過這場海戰的形式卻令人驚
奇。日軍艦載機首先發動攻擊，重傷一艘油輪，接著又攻擊一支派來
對抗入侵艦隊的巡洋艦戰隊。美軍在這時發現敵蹤，並且派機將日軍
航艦鳳翔予以擊沉。日軍飛機沒有能找到美軍航艦，因此他們決定將

詹姆士・杜立德中校的B-25米契爾
轟炸機正準備對日本發動名垂青史
的空襲，時爲一九四二年四月。他
們將炸彈投在包括東京在內的五處
城市，然後飛往中國。大部分機員
都生還返回美國。杜立德本人則獲
頒美國獎勵英勇的最高榮譽──國
會榮譽勳章，大戰末期時，他曾先
後在歐洲和太平洋擔任美國第八航
空軍司令。

登陸行動順延兩天。次日早上，雙方都向對方的航艦發動了攻擊。日
軍航艦翔鶴被擊成重傷，但美軍也在一次魚雷轟炸機攻擊中損失了航
艦萊克辛頓號，因而被迫撤退。無論如何，珊瑚海海戰是日軍在戰爭
中第一次受到挫折，同時也象徵著一種新的航艦對航艦作戰的開端，
雙方船艦在戰鬥中根本不曾碰面。這種形式的海軍作戰從此主宰了太
平洋的戰爭。

然而，日軍除了尋求南進之外，也在尋求向東發展。山本大將起草了一份登陸北太平洋的阿留申羣島，以及進攻中途島——這裏是他所謂的「珍珠港哨兵」——的計畫。美方情報組織再度事先獲悉這個計畫，太平洋地區總司令海軍上將傑斯特‧尼米茲於是投入了他全部的三艘航艦，包括曾參與珊瑚海海戰的約克鎮號，藉以保衛中途島。

　　雙方艦隊在一九四一年六月四日交鋒，接下來兩天之中，艦載飛機發動了一連串的攻擊。到了中途島海戰結束時，日方的四艘航艦已經全部沉沒，約克鎮號也告重傷——她於七日被一艘日本潛艇擊沉。日軍因而被迫調頭撤退，不過他們還是登陸了阿留申羣島。即使如此，中途島海戰仍是盟軍在太平洋第一場真正的勝利。

　　然而日軍還是決心要拿下摩斯比港。這次他們決定在巴布亞新幾內亞北岸登陸，然後沿著科科達小徑通過歐文史坦利山脈發動攻擊。一小支澳洲部隊已被派去保衛北岸，當日軍在一九四二年八月登陸時，他們奮力抵擋了一陣子。但是經過一個月的苦戰之後，日軍迫使他們退入科科達小徑。增援的美軍和澳軍隨即在摩斯比港上岸，開始慢慢逼退日軍。這是一場非常艱苦的戰鬥，戰場位於茂密的叢林、熱帶雨林，以及歐文史坦利山脈鋒利的山嶺之中。瘧疾也是十分盛行。直到一九四三年一月，日軍在巴布亞新幾內亞的抵抗終於被完全消滅。

美國海軍的道格拉斯無畏式俯衝轟炸機在珊瑚海和中途島海戰中扮演著首要角色，這型飛機在珊瑚海海戰中摧毀了四十架飛機，中途島海戰中則擊沉了四艘航艦。

航艦約克鎮號上的景象，攝於一九四二年六月四日的中途島海戰中，遭到來自日本航艦飛龍的飛機投下魚雷命中之前一刻。

　　盟軍也正在其他地方採取攻勢。英國由於擔心法國會准許日本以馬達加斯加作為潛艇基地，因此在一九四二年五月派兵登陸。雖然英軍在一開始得到成功，並且拿下主要港口迪亞哥蘇瑞茲，但是法方的不合作和不健康的氣候，使得英軍又花了六個月才終於控制全島。

　　更重要的是一九四二年七月二日，美國參謀首長聯席會議對西南太平洋總司令麥克阿瑟將軍發出的指令，內容是要他收復所羅門群島。麥克阿瑟只得到一個月的時間準備並開始執行這項指令。他的資源——尤其是船艦和人力——非常之匱乏。事實上，麥克阿瑟的參謀甚至為這次作戰取名為「鞋帶」。

　　然而，麥克阿瑟擁有一個在澳洲的美國海軍陸戰隊師。這支部隊

澳軍的勃倫機槍手正在新幾內亞作戰。叢林和不健康的氣候，使得這一仗成了大戰中最艱苦的戰役之一。

帶著僅僅十天的補給出航，但隨即又得在紐西蘭靠岸重新整理這些補給。海軍支援必須從夏威夷前來，艦隊中的三艘航艦則是唯一的空中支援。這支艦隊在斐濟與登陸部隊會合，然後駛往最初的目標瓜達康納爾。美方首先的目標是日軍建造的機場，這樣登陸部隊才能得到陸基的空中支援。

登陸在八月七日展開，陸戰隊很快就在沒有遭到抵抗之下登上了岸邊。島上只有大約兩千名日軍，其中部分是機場建築工人，而他們很快就撤入了叢林裏。

但日方並不打算讓瓜達康納爾陷入敵手，增援部隊於是迅速抵達。他們很快開始對陸戰隊發動進攻，接下來的是一場血腥的僵局。即使是韓德遜機場的完成，以及隨之而來更為有求必應的空中支援，也未能打破僵局。

值得注意的是，日軍在瓜達康納爾周圍的水域並不僅是採取守勢而已。在這次作戰的第二晚，日軍船艦就擊沉了四艘美軍巡洋艦（譯註：此即沙佛島海戰，是美國海軍在太平洋戰爭期間僅次於珍珠港的慘敗。不過作者在此犯了一個錯誤，四艘被擊沉的重巡洋艦中有一艘是澳洲的坎培拉號）。兩星期之後又發生了一場航艦交鋒，結果造成一艘日本航艦沉沒，以及一艘美國航艦無法航行。經過這一戰之後，雙方都將他們的航艦撤出戰區之外。海上作戰現在變成在黑夜中進行。日本驅逐艦——美軍將之稱為「東京快車」——繼續運來人員與補給，並且擊沉了多艘美國軍艦，證明他們在夜戰技術上確實技高一籌。

在瓜達康納爾島上，隨著秋天過去，美國海軍陸戰隊仍繼續試圖自橋頭堡中突破。他們變得越來越筋疲力竭，然而麥克阿瑟卻沒有部隊可以增援或接替他們，一直要到十二月，三個美國陸軍師才終於抵達島上，解除陸戰隊的負擔。到了這個時候，隨著「東京快車」的運補任務漸形困難，瓜達康納爾島上的日本部隊也開始感受到了壓力。

這時數目已占有完全優勢的美國部隊，於十二月十七日展開了新的攻勢。日軍於兩週之後開始自瓜達康納爾撤退，不過還要再過四個月，這處島嶼才會被完全拿下。即使如此，時至一九四三年年初，太平洋的戰局已經有了轉變。不過瓜達康納爾和巴布亞新幾內亞也顯示出來，同盟國通往擊敗日本的最後勝利之路，將會十分漫長與艱辛。

在瓜達康納爾作戰的美國海軍陸戰
隊。這裏的戰鬥造成陸戰隊四千人
陣亡，還有許多人因病後送。日方
則損失了兩萬五千人。

第十七章

叢林與海洋

太平洋戰區　　1943—1945

隨著美國在一九四二年六月的中途島戰役中取得勝利，日軍攻占摩斯比港的意圖受挫，以及盟軍在瓜達康納爾和所羅門羣島登陸，太平洋的局勢在一九四二年下半年逐漸有了轉變。然而在緬甸，這項轉變卻還要再等上更長的時間。

在日軍的迅速進兵將英軍趕入印度之後，英軍的士氣一蹶不振，而且相信日本士兵在叢林作戰中要比他們技高一籌。更糟的是印度又開始傳出脫離英國獨立的呼聲。這意味著大批部隊必須要部署在內部安全崗位上，代價是無法為即將來臨的作戰進行訓練。

不過英軍確實在一九四二年底之前展開了反攻。目標是沿著緬甸海岸地區阿拉干開始南進，藉以鞏固孟加拉灣。主目標則是阿克亞島。剛開始時進展十分順利，少數日軍在英印部隊大軍壓境下被迫撤退。但這次攻勢在一九四三年一月初於阿克亞北方停頓了下來。英軍一再對日軍防線發動猛攻，但都沒有得到任何成果。氣候與日漸增加的病患更加深了他們的苦難，士氣於是開始跌落。

一九四三年二月底，日軍增援了阿拉干的部隊，然後開始攻擊士氣不振、兵疲馬乏的英軍，時至三月中，他們已經將英軍趕過了去年十二月的發起線。阿拉干攻勢對於建立英軍與日軍作戰的信心並沒有多少助益，顯然英軍待學的還有很多。

然而在一九四三年二月，英軍在緬甸發動了另一次作戰，這回在構想上與阿拉干攻勢非常不同。這是奧德・溫格特腦海中的產物，他是一位對於非傳統作戰經驗豐富的英國軍官。他曾經在一九三○年代末期巴勒斯坦的阿拉伯暴動期間，組成一支猶太人反游擊部隊。在一九四一年秋天，阿比西尼亞皇帝海利・塞拉西向阿迪斯阿貝巴進軍的途中，他也曾指揮過一支非正規部隊。他說服了總司令魏菲爾將軍支持組成一支小部隊，他們可以滲入緬甸，擾亂日軍的交通線。於是「擒

敵隊」(Chindits)——這名字是取自緬甸神話中的怪物「擒斯」(Chinthe)——就此誕生。

在溫格特本人的率領下，三千名擒敵隊員徒步進入了緬甸，他們的補給則由騾子馱載。他們的目標是切斷自曼德勒通往密支那和臘戍的鐵路，以及騷擾曼德勒西南方的日軍。這項行動必須通過大約四百哩的山陵與叢林。一切再補給都必須以飛機進行。

三月初，擒敵隊在兩處地方切斷了曼德勒—密支那鐵路。他們之前曾與日軍發生過數次衝突，這時後者已經完全警覺，並且開始部署兵力圍捕溫格特的部下。擒敵隊在此時開始撤退，到了四月底，他們已經退入印度，但是有三分之一的成員未能歸來，而部分生還者的身體情況也到了無法繼續服役的地步。即使如此，擒敵隊仍然證明他們與日軍不相上下，並且顯示出英國軍人也能夠在叢林中長期生活。

英方記取了得自阿拉干戰役，以及擒敵隊遠征的教訓。印度設立起叢林作戰學校，英國陸軍在接受再訓練之前，將繼續採取守勢。

一九四三年十月，盟軍成立了一個新的戰區，這就是東南亞司令部，負責所有在緬甸、錫蘭、馬來亞、荷屬東印度、泰國、以及印度支那的作戰。奉派指揮東南亞司令部的是喬治六世的表親，海軍將領路易·蒙巴頓勳爵，較早時他曾在驅逐艦艦長的崗位上有著優異表現，後來還擔任過英國聯合作戰司令（譯註：主管兩棲登陸）。

蒙巴頓帶著一道同盟國聯合參謀首長會議給予他的指令上任，內容是要求他在緬甸採取攻勢。他原本希望在緬甸海岸發動兩棲登陸，但這證明是不可行的構想，因為諾曼第和地中海對兩棲船艦的要求有著優先權。因此他只能夠在緬甸北部進行作戰。

這次攻勢的主力是剛成軍的第十四軍團，總司令是比爾·史林將軍，他曾參加緬甸撤退和後期的阿拉干戰役。他體認到英軍主要的弱點是在後勤和醫藥支援，而他也辦到在這兩方面作出徹底改進，包括讓每位士兵每天都能服用奎寧，以免染上瘧疾。

至於攻勢本身，主要的目標是重開滇緬公路。為此駐印的中國部隊已經著手自雷多向南修築一條公路，計畫是要肅清緬北，讓這條公路與原本的滇緬公路在臘戍相會。其他中國部隊則將沿滇緬公路本身推進。這些作戰將由蒙巴頓的副手史迪威將軍負責協調。另外還要發動一項進軍阿拉干的輔助性攻勢。最後一項在一九四三年十一月一日展開。到了一月初，英軍已經推進達五十哩遠。

爲了幫助來自雷多的推進，現已擴充到兩個師的擒敵隊也加入了戰鬥。他們在日軍後方活動，而爲了幫助溫格特，一個美國陸軍航空隊大隊奉命擔任支援他的任務。在貌似青年的菲利普‧柯克蘭上校指揮下，第一空中突擊大隊擁有野馬式戰鬥機、米契爾式轟炸機、運輸機、滑翔機、甚至還有六架直昇機，他們與擒敵部隊達成緊密的合作。

　　但是日軍也在計畫更進一步的攻勢。隨著一九四三年過去，他們逐漸深信盟軍大規模進攻緬甸將不可避免。因此日方決定先發制人。他們將對阿薩姆的主要交通中心英發爾發動進攻，同時也要在阿拉干發動牽制攻勢。

　　對英發爾的攻擊由牟田口廉也中將的第十五軍負責執行。他本人將這次作戰視爲對印度的全面入侵。在這方面，他得到了一名印度人程德拉‧波斯的鼓勵，他是一位極端國家主義者，曾組成一支印度國民軍加入軸心國陣營作戰。他向牟田口保證，一旦日軍越過邊界，印度人民將會起而對英國人進行反抗。

　　第一支擒敵旅在一九四四年二月五日自雷多步行出發。次日日軍在阿拉干發動攻勢，溜過了英軍防線，並且在後方造成威脅。

　　在過去英軍會立刻撤退，以避免退路被切斷。但這回可不是如此，史林將軍指示他的部下在遭到攻擊時必須堅守不退，並且仰賴空中補給。這就是所謂的阿德明箱子之戰的情形，最後在二月底，日軍終於中止了他們在阿拉干的攻勢。

　　三月初，另外兩個擒敵旅利用臨時跑道空運到了日軍占領區深處。他們接著在幾處地點將曼德勒—密支那鐵路予以切斷。史迪威的中國軍隊在自雷多進軍的路上，也得到了一些初步勝利。

　　日軍的主攻於一九四四年三月七／八日夜晚展開。儘管這比史林預料的要早了一個星期，他的部隊還是按照預先安排好的計畫，開始敞向英發爾。這次撤退持續了兩個星期，當撤退停止時，英軍與日軍的戰線形成了一條長達一百八十哩的弧形。

　　日軍的主要威脅繞過英發爾的北面，這處重要基地開始有了被切斷的危險。四月三日，駐守柯希馬——這裏位於從鐵路終點迪馬普朝南通往英發爾的主要補給路線上——的一小批英軍遭到切斷。這代表英發爾現在必須完全仰賴飛機，才能夠得到補給與增援。

　　在爲期兩週的圍困苦戰中，有多次戰鬥彼此相距只不過一個網球易遠，但是柯希馬的這一小批英國守軍堅守不懈，直到來自迪馬普的

部隊解圍為止。這是整場戰役的轉捩點，但日軍還是繼續自南北兩面進攻英發爾，事實上要到七月初，日軍才終於停止攻擊。

在此同時，盟軍在緬北的攻勢也在進行著。更多擄敵部隊被空運至日軍陣線之後，但是三月二十四日，他們的創立人和指揮官奧德‧溫格特卻在空難中喪生。不過史迪威這時正穩定朝南推進，他在四月底派出部分他的兵力，攻占緬甸北部的主要城市密支那。這支分遣隊是美軍在緬甸唯一的地面作戰單位。其正式番號為五〇三七混合單位（暫編），但是人們通常都稱呼其代號「加拉哈德」（譯註：亞瑟王的圓桌武士之一，因忠誠與高貴而得以尋獲聖杯），或者更受歡迎的名字「莫里爾掠奪者」，這是取自指揮官法蘭克‧莫里爾上校的大名。

莫里爾掠奪者花了三週時間，在大雨中通過高山與濃密的叢林。他們於五月十七日攻下密支那機場，增援的中國部隊隨即開始降落。然而攻占市鎮本身的行動，卻以失敗收場。

但是在東邊一百五十哩處，盟軍的最後一路攻勢於五月十一日踏上了征途，由衛立煌將軍指揮的中國遠征軍沿著滇緬公路兩側，開始朝向東南方推進。

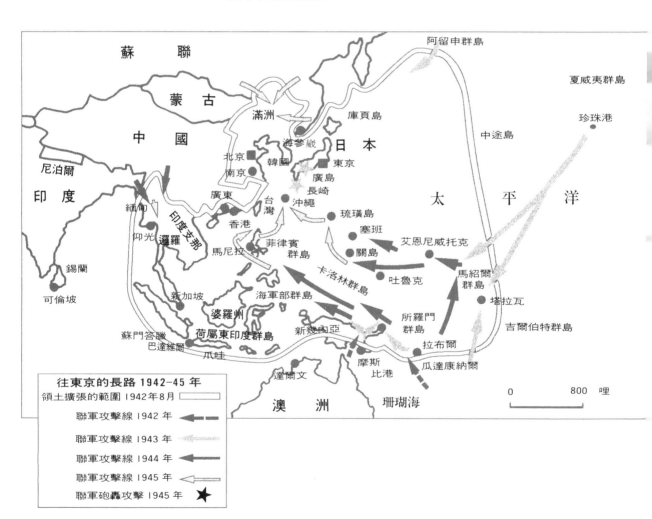

一九四四年四月柯希馬解圍作戰中的英軍維克斯機槍。

在此同時，擒敵部隊受到了日漸增加的日軍壓力，被迫接連放棄一處又一處基地。他們奉命向南朝在八月初終於陷落的密支那前進。在此之後，筋疲力竭，折損慘重的擒敵隊和劫掠者隨即飛回印度，他們的戰爭終於告了一個段落。

作戰這時出現了一段比較緩和的時間。盟軍正在為解放緬甸的最後攻勢進行準備，此時已改採守勢的日軍則正重組兵力，準備擊退這項攻勢。一九四四年十月，史迪威由於與蔣介石不合而被召回美國，蒙巴頓於是將此一戰區劃歸兩個下級司令部管轄。緬甸北部被劃歸「北方戰鬥區域司令部」，由美軍將領丹尼爾・索爾登指揮當地占大多數的中國部隊。緬甸其他部分則劃歸「盟軍東南亞地面部隊司令部」，由英軍將領奧利佛・李斯指揮。

隨著北方作戰區域司令部的中國部隊穩定向南推進，史林也在一九四四年十二月初發動攻勢，越過更的宛江。日軍一開始並未強硬抵抗，史林於是決定對曼德勒發動佯攻，主力則指向重要的交通中心密特拉。他最終的目標是在五月雨季開始之前，進抵緬甸首都仰光。英軍也再度於一九四五年一月在阿拉干重開戰場。這次作戰還包括在海岸外的重要島嶼上進行數次登陸。

一九四五年一月二十七日，中國部隊沿著雷多和滇緬公路而來的兩路攻勢在芒友相會，重開緬甸通往中國的陸上交通。接下來兩個星期裏，史林的部隊在多處地方渡過了伊洛瓦底江，密特拉則於五月三日為第十七印度師攻陷。日軍立即的反應是切斷該師補給線，在隨後

雷多—緬甸公路上駛往中國的補給
車隊。

三個星期中，印度部隊遭到日軍發動多次反攻，使得他們必須將越來
越多兵力投入戰鬥。結果又一次，第十七印度師只能使用密特拉機場，
完全仰賴空運進行補給。

隨著密特拉的圍攻持續進行，其他印度部隊正逐漸接近過去緬甸
國王的皇宮所在地曼德勒。他們於三月九日進抵市郊，馬上就與日本
守軍爆發激烈戰鬥。當地的主要據點一個接一個遭到消滅，包括曼德
勒山和艾瓦堡在內，剩下的日軍則以杜費林堡爲基地繼續抵抗。經過
猛烈的戰鬥之後，該地終於在三月二十日陷落。八天之後，日本第三
十三軍軍長本多政材將軍中止了密特勒的反攻，開始向南撤退。

這意味著盟軍終於肅清了緬甸北部。盟軍現在開始朝仰光推進，
但這卻是一項與時間賽跑的行動，因爲他們必須在雨季開始之前趕到
這座首都。向南的主攻是沿著西湯河向南推進。此舉也將包圍正在阿
拉干苦戰的日軍第二十八軍。

英軍在整個四月期間不停向南進軍。雨季開始之前的「芒果雨」
於二十日開始落下。但到了二十三日，在英軍一連串的迂迴行動之下，
本多的第三十三軍已經完全被擊破。仰光這時不過就在一百五十哩之
外，在三週左右的時間裏，英軍已經從曼德勒推進達兩百哩遠。留在
他們後面的是負責防守緬北的第十五軍殘部，他們正掙扎著翻越叢
山，希望能抵達泰國的庇護所。

在四月的倒數第二天，第十七印度師抵達了仰光北方僅有五十哩□的庇古，史林計畫的最後一個階段終於登場。對緬甸首都的突擊行□由三個部分構成。一個廓爾克傘兵營於五月一日空投在象點，這裏□控著伊洛瓦底江河口通往仰光的水路。次日英軍在河口發動兩棲登□。就在這時，一架飛越仰光上空的飛機在仰光監獄頂上見到了一則□語：「小日本走了」，兩天之後這座城市得到解放。

　　這代表日本第二十八軍現在被完全包圍在西湯河以西的庇古山脈□。七月間，該軍部隊曾一再試圖突破越過西湯河，但只有六千人成□逃出，而這些人已虛弱到再也無力踏上前往馬來亞的漫漫長路。

　　馬來亞是盟軍的下一個目標。但當盟軍於九月初在西岸登陸時，□軍已經宣告投降。這並不是由於損失緬甸的緣故，而是太平洋上另

史林的第十四軍團向南方的仰光進軍，時間是一九四五年四月。照片中是一輛美製M3戰車，但砲塔經過改裝以供英軍使用，英方將之稱爲格蘭特將軍式。這種戰車的砲塔裝有一門三十七公厘砲，車側則是一門七十五公厘砲。

一場更大規模戰役的結果。

在西南太平洋的所羅門羣島，瓜達康納爾於一九四三年二月初的陷落，象徵著盟軍在收緊圍繞日本的網子上，又向前邁出一小步。此時美軍已經在北太平洋揮出了下一拳，於一九四三年一月開始肅清阿留申羣島上自去年六月占據迄今的日軍。

美軍的第一步行動，是藉由切斷與日本本土的交通線，孤立島上的日本守軍。三月底的白令海海戰（譯註：又名柯門多斯基島海戰）大致達成了這個目標，美國海軍在這場海戰中成功攔截到一支運補船團，迫使日軍從此必須完全仰賴潛艇來補給阿留申羣島的駐軍。

一九四三年五月底，日軍占據的僅剩下吉斯卡島而已，不過美軍也在攻下阿圖島時蒙受慘重傷亡。然而日軍已開始逐漸撤出吉斯卡島，當美軍與加拿大軍終於在八月中登陸時，日軍早就離開了這裏。

遠在南方，麥克阿瑟將軍將日本在拉布爾的主要基地，作為所羅門羣島的關鍵目標。他決定採取兩路進攻，美軍和澳軍將在新幾內亞北岸進行一連串登陸，同時其他兵力則將自瓜達康納爾朝西北展開跳島攻勢。如同阿留申羣島一樣，新幾內亞戰役也是以一場海戰作為開始，這就是三月初的俾斯麥海海戰。這一戰是另一次對日本運補船團的成功攔截。而結果也與白令海海戰一模一樣，使得日軍從此必須仰賴潛艇來進行運補。

在陸地之上，新幾內亞戰役是場曠日廢時的戰役。幾乎無從穿越的叢林，以及不健康的氣候，代表這一戰的進展必然非常緩慢。事實上，盟軍必須靠著一連串兩棲登陸來進行作戰，最後一次在新幾內亞西北端佛格科普半島的登陸，時間已是一九四四年七月底。

至於在從東南方指向拉布爾的攻勢方面，頭一個重要目標是新喬治亞島。在一九四三年四月初，當美軍還在為此進行準備時，日軍對美軍在所羅門羣島的基地發動了一連串空襲，目的是先發制人。然而四月十八日那天，日本海軍聯合艦隊司令長官，攻擊珍珠港的構想者山本五十六大將的座機在布干維爾島上空遭到美機攔截（它們是根據破解日本最高機密密碼——代號為「魔術」——所得的情報而採取行動），山本宣告身亡。

新喬治亞一連串登陸的頭一次在六月二十一日發動。日軍在該島南半部的抵抗還算相當輕微，但在別的地方卻相當堅強，尤其是在西北方的孟達航空基地周圍。所謂的「東京快車」——亦即那些載滿援

軍與補給的軍艦——在這裏非常活躍，並且與美國軍艦爆發了一連串夜戰，通常都是後者損害較爲慘重。

　　孟達機場經過一個月戰鬥才終於拿下，隔天八月六日晚上，美國海軍總算打敗了東京快車，在毫髮無損下擊沉三艘驅逐艦。新喬治亞則於兩週半之後終告易手，麥克阿瑟於是接著將兵力指向西北方的下一個目標——布干維爾島。

　　主要登陸於一九四三年十一月一日在布干維爾西岸展開。當晚一支包括兩艘重巡洋艦的日本特遣艦隊在飛機的支援下，與美艦在灘頭外海交手，但它們並未達成干擾登陸的目標。布干維爾是由日本第十七軍的三萬三千名官兵據守。他們已經下定決心要讓美軍爲這處島嶼付出重大的代價，這場戰役於是很快就變成旣激烈又漫長的一戰。

　　在此同時，盟軍在東邊遠方開啓了一條進攻日本的新路線。這路攻勢是以珍珠港和新赫布里地羣島爲起點，最初的目標爲吉爾伯特羣島。美軍艦載機先對塔拉瓦和馬金兩處環礁進行猛烈空襲，然後於十一月二十日發動登陸。馬金島上少數的日本守軍並無力抵抗太久，但塔拉瓦的情況可就不同了。一道海圖上沒有記載的珊瑚礁，使得美軍在登陸初期蒙受到慘重傷亡，而日軍則抵抗到最後一人爲止。在肅淸這處小島的四天戰鬥之中，日軍損失了五千五百人，美軍的代價則是

在新幾內亞北岸許多次登陸的其中一次之後，澳軍部隊正在朝向內陸推進。

美軍部隊於一九四三年十一月在所
羅門羣島的布干維爾登陸。

血腥的塔拉瓦——在攻下這處小小
環礁的四天戰鬥之中，美國海軍陸
戰隊員正在後送一名傷者。

傷亡三千五百人。

指揮中太平洋的尼米茲上將現在將他的目光轉到了馬紹爾羣島。艦載機於十二月四日開始對最初的目標瓜加林與沃吉發動空襲。但這一仗也並不是一面倒，因為一架日本魚雷轟炸機成功擊傷了航艦萊克辛頓號——前一艘同名的航艦是在一九四二年五月的珊瑚海海戰中被擊沉的。馬紹爾羣島的登陸直到一九四四年二月一日才真正發動，地點是在瓜加林環礁。共有八千名日軍在四天的戰鬥中喪生，美方的傷亡則還不到這數字的四分之一。在這個月結束之前，恩尼威托克環礁亦告失陷。

回到所羅門羣島，即使當美軍於一九四三年十二月九日在布干維爾島上開闢出一座機場，激烈的戰鬥還是繼續在進行著。事實上，美軍還得遭受日軍一連串不停的反攻，直到守軍在一九四四年三月終於自島上撤出為止。

在攻占新幾內亞面對新不列顛的海岸之後，盟軍部隊於十二月中在後者的西半部登陸。拉布爾這處最後的大獎位在該島的東端。日軍的抵抗還是十分堅強，但是在一九四四年頭幾個月期間，麥克阿瑟的部下藉由一連串兩棲登陸，已經拿下了拉布爾北方的海軍部羣島。因此在布干維爾已告陷落之下，拉布爾已經是完全被孤立。麥克阿瑟並未花費時間消滅這裏，相反的他決定繞過拉布爾，以菲律賓為目標。

在中太平洋方面，尼米茲在鞏固了拉布爾之後，開始計畫對西方大約五百哩處的馬里安納羣島出擊。美國海軍陸戰隊首先在一九四四年六月十五日於塞班島登陸。日本守軍共有三萬二千人，而且決心要戰到最後為止。在此同時，日方還構想出一個在羣島外攔截美國航艦艦隊，並且加以摧毀的計畫。

兩軍艦隊於六月十九～二十日期間交鋒。日方僅僅擁有五艘航艦和七艘戰艦，美方則擁有令人震驚的二十七艘航艦和十二艘戰艦。即使如此，日軍還是首先發動攻擊，但他們的飛機卻遭到雷達發現與攔截。共有不下於兩百一十九架飛機被擊落，美方的代價則是損失二十九架。除此之外，美軍潛艇還擊沉了兩艘航艦。

日本艦隊不但沒有撤退，反而還在當地徘徊不去，徒勞無功地希望許多失蹤飛機或許已經降落在關島。因此在會戰的第二天，美軍飛機得以繼續對日艦進行攻擊，擊沉另一艘航艦，擊傷數艘其他船艦，並且再打下六十五架飛機。這場會戰的正式名稱是菲律賓海海戰，不

在一九四四年六月十九/二十日的菲律賓海海戰期間，遭到美國海軍防空砲火擊落的一架日軍零式戰鬥機。

過一般人都將之稱爲「馬里安納火雞狩獵」，以彰顯日本海軍航空兵力受到重創的事實。

在塞班島本身，美軍已經削弱了日軍的抵抗。在日軍於七月六日發動自殺式的最後反攻之後，該島即告鞏固。共有兩萬六千名日本守軍在防禦戰中喪生。僅僅兩週之後，關島和泰尼安島也遭到了入侵，到了八月中，兩地都已落入美軍之手。

這時日方已經開始了解到戰局的發展對他們不利。事實上，率領日本與西方國家開戰的首相東條英機大將由於對戰爭的指導問題，已於七月中被迫辭職。更糟的是，日本的生命線，亦即原料進口正在逐漸乾竭。自從一九四二年開始，日漸成長的美國潛艇部隊就在對日本航運進行一場越來越有效的戰爭，到了一九四四年時，平均每月都有五十艘船隻遭到擊沉。

馬里安納羣島的失守，對日本形成了一個新的威脅。這項威脅是來自大批航程超過三千哩遠的B-29。這批飛機最初是在一九四四年春天部署於中國和印度。那些以中國爲基地的飛機曾在夏天對日本進行過一些空襲,但是日軍在中國發動的一次大規模攻勢（譯註：此即「一號作戰」），迫使它們只好撤走。能夠讓B-29使用的跑道火速在馬里安納修建起用，第一架B-29則在十月十二日降落。接著在六週之後的十一月二十四日,不下於一百一十一架B-29空襲了東京市郊的一座飛機引擎工廠,象徵對日本的持續空中攻勢就此開始。

在此同時，爲了替登陸菲律賓進行準備，麥克阿瑟的部隊登陸了摩羅泰以及帛琉羣島。尼米茲在馬里安納已被攻占之後，正準備支援麥克阿瑟在菲律賓雷伊泰灣的登陸。在十月中，威廉·海爾賽上將的第三艦隊飛機空襲了呂宋島和台灣等地。日軍由於以爲對這兩地之一的登陸發動在即，於是將手上的航空兵力完全投入，結果損失達五百架之譜。

雷伊泰灣登陸於十月二十日在一條十六哩長的正面上展開。日軍抵抗的程度各有不同。對麥克阿瑟本人而言,能夠踏上菲律賓的土地,實現他在兩年半前許下將會回來的諾言,確實是個情緒激動的時刻。

日本聯合艦隊現在又回到了舞台上。豐田副武大將擬訂出一項計畫,以他剩下的四艘航艦爲誘餌,吸引美國第三和第七艦隊遠離呂宋島,然後以兩支強大的戰艦部隊捕捉它們。美國潛艇在十月二十三日那天,成功對一支剛自荷屬東印度出航的戰艦部隊發動了攻擊。第三

艦隊沒有發現航艦誘餌，反而直取這支戰艦部隊，不過以呂宋島為基地的飛機卻先擊沉了航艦普林斯頓號。海爾賽反過來也擊沉了一艘日本戰艦，並且重傷一艘重巡洋艦。

荷屬東印度部隊的指揮官栗田健男中將並未因此而氣餒。他在夜色的掩護之下，偷溜過雷伊泰南北的海峽。此舉將湯馬斯‧金開德將軍的第七艦隊誘離了灘頭，使得栗田的一路艦隊得以衝入兩棲船艦之中。結果日軍一共擊沉一艘護衛航艦和三艘驅逐艦。海爾賽這時已經發現日本航艦，但卻不得不掉頭去援救兩棲船艦，留下他的航艦對付日本航艦。這點它們倒是做得非常成功，一舉擊沉了全部四艘。日軍在曉得他們的航艦已經全軍覆沒之下，就此撤出戰場。

雷伊泰灣海戰顯示出另一個日軍逐漸陷入困境的徵兆。他們開始使用載著高爆炸藥的飛機，俯衝撞向盟軍船艦。飛行員全部都是志願者，他們這麼做的原因，是因為他們將為天皇犧牲生命視為無上的榮譽。從此開始，神風攻擊將會成為盟軍船艦在太平洋面臨的最大威脅。

在雷伊泰本身，日軍一如往常般頑強作戰，美軍直到十二月中才在菲律賓發動進一步的登陸。美國部隊於一九四五年一月登陸呂宋島，開始朝菲律賓首都馬尼拉推進。這裏的戰鬥既漫長又無情，大約有十萬名平民因而喪生，馬尼拉則被夷為廢墟。直到三月三日，城內的日軍才終於完全肅清。即使如此，其他日軍部隊還是繼續抵抗到戰爭結束為止，在戰場上陷住了四個美軍師和許多支菲律賓游擊隊。

注意力的焦點現在轉到了尼米茲，他奉有參謀首長聯席會議主席的命令要攻下硫磺島，然後再直取琉球羣島的沖繩。兩者都被認為是入侵日本本土必要的初步行動。

由海軍和空中轟擊軟化硫磺島的行動於一九四四年十一月中開始。然而登陸要到一九四五年二月十九日才真正發動。美國海軍陸戰隊在鞏固灘頭的戰鬥中，蒙受到慘重傷亡。他們接著朝向俯視全島的習鉢山推進。該地於二月二十三日陷落時，產生了第二次世界大戰最著名的照片之一──美國國旗在山頂升起。但是雖然美軍已於三月十四日宣布攻下硫磺島，第一架B-29也已在十天之前降落，日軍卻還在許多處口袋中繼續頑抗。事實上，最後兩名守軍要到一九五一年才終於投降。對美方而言，硫磺島戰役是戰爭期間代價最大的一仗，共有兩萬五千人陣亡或負傷。

從一九四五年三月起，美國對日本本土的戰略轟炸改採一種新的

日本軍官正在觀察戰鬥，攝於解放菲律賓首都馬尼拉那場漫長而血腥的戰役期間。

方式。日間高空轟炸證明效果不彰。於是轟炸機現在起改以夜間低空飛入，投下燃燒彈。這些行動不但開始毀滅日本大部分是木造房屋的城市，也使得家庭工業逐漸崩潰，連帶大為減少了日本的戰爭生產。四十年來最糟的農作物歉收則使得局勢更為惡化。

　　美軍於一九四五年四月一日登陸沖繩，這裏是通往日本的漫長道路上最後一塊踏腳石。這回日軍將他們的防務集中在內陸，因此第一天就有不下五萬名部隊順利上岸。

　　然而，攻占沖繩的戰役卻持續達將近三個月之久。神風特攻隊的反覆攻擊打沉與打傷了大批盟軍船艦。日軍也和硫磺島一樣寸土必守，造成美軍慘重傷亡。其中還包括西蒙・巴克納中將，他是全島作戰的指揮官，也是戰爭中陣亡的最高階美國軍官（譯註：巴克納時任第十軍團司令，他的遺缺由史迪威上將接任，不過當史迪威到任時，戰鬥幾乎已經結束）。

　　盟軍現在可以著手進行入侵日本的認真計畫了，不過這一戰的前景卻讓人畏懼。日本人的「萬歲」精神使得戰鬥必定會既漫長又艱苦，盟軍的生命代價也會非常慘重。然而還有一個方法可以在不需要盟軍付出重大傷亡之下，迫使日本投降。

　　戰爭期間，科學家們一直在致力發展一種比現有型式強上許多倍的武器。這就是以核子分裂概念為基礎的原子彈。在萊斯利・葛羅夫

太平洋最後一戰——沖繩島戰役中作戰的火焰噴射器。在消滅日軍據點上，這證明是一種不可或缺的武器。

斯將軍負責的「曼哈頓」計畫下，同盟國的研究資源於一九四二年九月起集合在美國。兩個月之後，芝加哥大學的反應器達成了重大突破，引起頭一次核子連鎖反應。但是直到一九四五年七月十六日，首次成功的原子彈試爆才在新墨西哥州的阿拉莫戈多沙漠中付諸實行。

此時同盟國正在德國波茨坦舉行最後一次戰時戰略會議。蘇俄已在一九四五年宣布廢止在一九四一年與日本簽訂的互不侵犯條約，史達林聲稱一旦德國被擊敗之後，他就會對日宣戰，不過這時他還沒有採取任何行動。

然而在日本內部，卻有一派主和的意見，包括天皇本人在內。日本曾在六月初向莫斯科提出調停和平試探，但是俄方的反應並不積極。日本另外在七月十日經由中立的瑞士間接向美國進行接觸。但是日本國內主戰派的勢力依然強大，因此最高作戰會議投票決定繼續作戰到最後為止。即使如此，一支由天皇挑選的代表團還是訪問了莫斯科，進行更多和平的初步工作，但他們也對俄方提出警告，如果同盟國堅持無條件投降，日本將會繼續作戰下去。

關於這點，同盟國在波茨坦對日本發布了一道宣言。其中提供的選擇十分尖銳——無條件投降或者「迅速與完全毀滅」。日方宣布他們不會接受波茨坦宣言，因為其中並未提及天皇，而且他們還沒有自莫斯科得到回音。因此西方同盟國終於決定動用原子彈，不過一些參與

其中的科學家對此並不感到欣慰，他們對自己一手創造的武器竟有如此殺傷力，感到萬分驚恐。

一九四五年八月六日，一架名「伊諾拉·蓋伊」的B-29自泰尼安島起飛，目標是廣島市。這架飛機在飛抵目的地上空之後，投下了外號為「小男孩」的原子彈。炸彈在兩千呎處爆炸。結果造成四十二平方哩的市區完全被摧毀，八萬人當場死亡，無數人受傷。更多人受到輻射疾病的傷害。

此舉並未讓東京立即有所反應，蘇俄則在八月八日對日本宣戰。次日另一架攜有第二枚原子彈「胖男孩」的B-29自泰尼安島起飛。這架飛機的目標是小倉。但是雲層遮住了這處城市，所以這架B-29飛往次目標長崎投彈。這裏也受到了如同廣島一樣的毀滅。

就在同一天，俄軍對滿洲發動了三路入侵，迫使日本關東軍匆忙撤退。次日即十日那天，裕仁天皇下詔必須接受波茨坦宣言。但日本政府內部意見分歧，軍方仍然決心繼續作戰下去。俄軍的地面攻勢和

一架B-29的飛行員正在起飛，準備空襲日本，時間是一九四五年。

盟軍的空襲並未停止，杜魯門總統則預備再動用兩枚已經送到泰尼安島的原子彈。

最後還是天皇下令接受同盟國的條件，打破了此一僵局。他在八月十五日採取了史無前例的行動，對全國人民進行無線電廣播，宣布日本決定終止戰爭。太平洋和東南亞的戰爭就此宣告結束，但蘇軍在滿洲地區的攻勢還持續了一段時間，直到關東軍終於放下武器為止。然而要到九月二日，日本才在麥克阿瑟將軍的主持下，於東京灣的戰艦密蘇里號上正式投降。

第二次世界大戰的苦難終於告一段落，但是未來潛在衝突的導火線，卻正開始出現在世人面前。

在東京灣的戰艦密蘇里號上舉行的日本正式投降典禮。麥克阿瑟正在對著麥克風講話，在他身後排列的，則是所有參加對日作戰同盟國家的代表。

第十八章

海戰

1939—1945

　　海權在第二次世界大戰中扮演的角色，並未與一九一四～一八[年]期間有太大的不同。其主要角色仍是鞏固海洋，讓敵方艦隊無法通行，藉以維持海上交通。因此海軍依舊是以水面戰鬥艦隊為中心，而在[大]戰初起時，戰艦仍是它們主要的構成單位。

　　一九三九年時，英國皇家海軍還是舉世最大的海軍，同時也是[分]布最廣的海軍，基地遍布世界各地。與一九一四年相同的是，皇家[海]軍仍希望能吸引德國海軍出戰，然後再加以摧毀。對海軍事務有著[濃]厚興趣的希特勒則將強大的水面艦隊視為政治工具，就和他的空軍[一]樣，同時他也逐漸體認到與皇家海軍的大戰是可能發生的。

　　由賴爾德元帥所領導的德國海軍，堅信自己在第一次世界大戰[後]的嚴苛限制之下，在水面上絕非皇家海軍的對手。賴爾德相信其主[要]角色應該是阻礙英國的生命線，也就是海外貿易，就和德意志帝國[海]軍在一九一四～一八年期間曾嘗試過的一樣。

　　因此，德國戰前的海軍擴軍計畫——「Z計畫」——是一個折衷[方]案。希特勒被容許建造像是鐵必制號與俾斯麥號的戰艦，以及像是[沙]霍斯特號和格內森瑙號的巡洋戰艦。賴爾德則提出了袖珍戰艦的[構]想，這種船艦的裝甲甚薄。但是火力強大，而且能夠以高速航行，[目]的是迫使英方必須動用戰艦來保護船團。格拉夫·斯比號就是這種設[計]的最好例子。但是無論如何，Z計畫付諸實行的時間都太晚了，這[也]代表無論希特勒喜歡與否，德國海軍都從未強大到足以與皇家海軍[進]行艦隊對艦隊的交火。然而藉由以主要水面船艦威脅英國航運，德[國]海軍還是能夠吸引英國本土艦隊出海，然後加以個別對付。

　　因此在一九三九年底，盟軍派出了數支英國和法國的特遣艦隊[，]目的是搜尋正在印度洋和南太平洋擊沉商船的斯比號。然而，最後[是]由三艘巡洋艦在普拉特河河口外海擊敗了斯比號。同樣在一九四一[年]

德國巡洋戰艦香霍斯特號正在大西洋中進行劫掠。這艘巡洋戰艦的武裝包括九門二百八十公厘砲，十二門一百五十公厘砲，以及十四門一〇五公厘砲。

五月，戰艦俾斯麥號也使得英國本土艦隊大舉出動，並且在被擊沉之前，成功擊沉了巡洋戰艦胡德號。值得注意的是，俾斯麥號是在被一次由來自航艦皇家方舟號的劍魚式機投下的魚雷命中，使其速度減慢下來以後，才遭到擊沉的。

　　英國本土艦隊的注意力現在逐漸轉向了挪威，尤其是在航向俄國的船團於一九四一年秋末開始出航之後。德國戰艦鐵必制號從一九四二年一月起被部署在挪威水域，當地為數眾多的峽灣，使她擁有足夠

英軍的劍魚式機正準備從航艦上起飛。喜愛這種飛機的機員將它稱為「繩袋」，儘管劍魚式的最高時速不過一百三十八哩，卻是種非常堅固與可靠的飛機。

的安全泊地。其他大型德國水面軍艦也被派往了那裏，包括香霍斯特號和格內森瑙號，它們原本被皇家海軍封鎖在法國的布勒斯特港中，但是在一九四二年二月，它們大膽闖過英倫海峽。皇家海軍與空軍都沒有能阻止它們抵達波羅的海，不過兩艘船都爲水雷所炸傷。

這些船艦對俄國船團的威脅，使得本土艦隊一直寢食難安到一九四四年底爲止。原因是英方花了這麼久的時間才將它們摧毀。在一九四二年除夕，前往俄國的JW51B船團的強大護衛，擊退了德國巡洋艦希柏號和魯佐號的攻擊企圖（譯註：前者是一艘重巡洋艦，後者則是袖珍戰艦）。這一戰被稱爲巴倫支海海戰。希特勒的水面船艦這次的失敗，使得他幡然醒悟，結果海軍總司令賴爾德因而去職，由U艇部隊司令卡爾・鄧尼茲上將接任。

雖然鄧尼茲一直相信U艇是打垮英國的最佳手段，他也了解在挪威維持威脅，讓英國本土艦隊分身乏術的價值。因此德國的主要水面艦隻仍然停留在挪威的峽灣之中，不過要到一九四三年十二月，本土艦隊才有再度與它們交手的機會。

香霍斯特號在驅逐艦的護衛之下，溜出了位於挪威北部的基地，目標是一支航向俄國的船團。本土艦隊總司令，海軍上將布魯斯・佛雷瑟爵士一直在等待這樣一個機會，因此他的船艦就跟在船團之後。在十二月二十六日爆發的北岬海戰中，它們逮住了香霍斯特號，一舉讓她沉入海底。

此時大部分德國主要水面船艦都已回到德國進行改裝，就這樣遭到封鎖或者炸傷。但是在剩下的德國軍艦之中，最強大的一艘仍然停留在挪威，這就是戰艦鐵必制號。一九四三年九月，英國袖珍潛艇──亦即眾所周知的X艇──進入鐵必制號停泊的峽灣，以附著炸彈傷了她，不過所有的X艇無一歸來。七個月之後，艦載機再度炸傷了鐵必制號，但是損害並不嚴重。最後在一九四四年秋天，兩個皇家空軍轟炸機司令部的精銳中隊對鐵比制號發動了三次攻擊，在十一月十二日的行動中，終於使得鐵必制號嚴重受損而翻覆沉沒。德國的水面威脅至此才算是告一段落。

艦隊會戰確實發生在地中海。一開始是一九四○年七月，皇家海軍對西北非港口中的法國艦隊發動砲轟，目的是防止它們落入德國之手，此舉結果在維琪法國引起了強烈的反英情緒。即使如此，當德軍在盟軍登陸法屬西北非之後，於一九四二月十一月進軍維琪法國時，

法方仍將剩下的艦隊自沉在土倫港，以免讓德國人得到它們。

但是地中海的主要海戰，還是發生在英國地中海艦隊和義大利艦隊之間，至少在大戰的前半段是如此。這場戰役大部分是以英國運補馬爾他的行動爲核心，這處島嶼是英國在中地中海孤立卻萬分重要的據點。事實上，英方的戰術就是使用馬爾他船團爲手段，引誘義大利海軍出海進行一場艦隊會戰。

雙方曾發生好幾次小規模衝突，但是兩次大會戰卻顯示出，航空母艦正在逐漸取代戰艦，成爲二十世紀中期主宰水面戰場的海軍武器。

一九四〇年十一月，來自航艦光輝號的劍魚式機，向義大利海軍基地塔蘭多發動了一次大膽的攻擊，造成三艘戰艦重傷。接著在一九四一年三月，發生了皇家海軍自一九一六年日德蘭海戰以來的第一場大規模交鋒。當時義大利艦隊原本正打算攻擊載運英軍部隊前往希臘的船團，卻遭到地中海艦隊的攔截。不過儘管英方擁有三艘戰艦，揮出決定性一擊的卻是來自航艦可畏號的飛機，它們擊傷了戰艦維托里奧·維內托號，並且重傷巡洋艦寶拉號。

英方也不是事事順利。在一九四一年十二月，乘坐特製魚雷的義大利蛙人潛入了地中海艦隊在埃及亞利山卓港的基地，以附著炸彈炸冗戰艦驍勇號和伊利莎白女王號。英方也採用了這種武器，將之命名爲「雙輪戰車」，並且得到過一些成功。

但是真正展現出航空母艦重要性的還是太平洋，這項重要性時至今日仍然不變。山本五十六大將奇襲美國太平洋艦隊珍珠港基地的計畫，就是直接得自於英軍對塔蘭多義大利艦隊的攻擊行動。不過日軍雖然對美國海軍造成了重大打擊，卻沒有完全破壞其戰力。因爲太平洋艦隊的兩艘航艦萊克辛頓號和約克鎮號當時都在海上，艦隊日後即

在太平洋的一艘美國航艦上，防空火砲正在作戰。

以它們為核心重建起來。

　　到了一九四二年春天，美國太平洋艦隊已經準備好與日軍交手。在五月的珊瑚海和六月的中途島海戰中，美國海軍不但阻止了日本的擴張，還恢復了對西南太平洋某種程度的控制。這些會戰完全是由航艦彼此進行戰鬥，雙方艦隊從來沒有進入火砲的射程之中。

　　這些戰鬥有著非常特別的規律。首先必須以偵察機或者潛艇找出對方艦隊的位置。然後發出第一波飛機。使用的攻擊飛機有兩種，分別是俯衝轟炸機以及魚雷轟炸機。另外還需要戰鬥機，用途是為轟炸機護航，以及更重要的保衛航艦。

　　航艦最脆弱的時候，是當飛機在飛行甲板上掛彈與加油的時刻。因此如果雷達顯示敵機攻擊在即的話，最重要的事情是讓戰鬥機在敵機抵達之前升空。要決定什麼時候該讓那些飛機出現在甲板上，需要相當技巧的判斷，尤其馬上發動反攻也是件重要的事，這樣才能使敵方航艦也陷入同樣的困境中。

　　太平洋的航艦大會戰最後使得日本海軍元氣大傷。對美方而言，兩大成就之一是一九四四年六月的菲律賓海海戰。這場會戰徹底毀滅了日本的海軍航空兵力。另一項則是一九四四年十月的雷伊泰灣海戰，日方在這一役中投入了剩下的航空母艦，此後他們手上的武器就僅剩下神風自殺飛機而已。英國航艦的裝甲飛行甲板在這方面就顯現出了它們的優點，它們是在一九四五年春天以英國太平洋艦隊的名稱來到戰場，與美國海軍並肩作戰的。然而空權對海軍造成的威脅，迫使無論何種型式的軍艦都要配備數目漸增的防空武器。配備有高角度砲塔的特別防空巡洋艦對此扮演了重要角色，尤其是擔任航艦護衛艦。

　　由北岬海戰英雄佛雷瑟上將指揮的英國太平洋艦隊的來到，創造出舉世有史以來規模最大的艦隊。這支艦隊是由超過一千三百艘軍艦所組成，包括十八艘戰艦與四十艘航空母艦。此外還有一支龐大的支援艦隊，其中涵蓋從油輪到修理船的各種船艦——事實上是在遠離基地數千哩處維持一支艦隊所需的一切東西。

　　日本帝國海軍最後一次大舉出擊是在一九四五年四月，由戰艦大和向沖繩外海的盟軍特遣艦隊發動一次自殺任務。大和與雷伊泰灣海戰中沉沒的姊妹艦武藏是世上最大的戰艦。她的排水量幾達七萬噸，武裝包括九門十八‧一吋砲，十二門六吋砲，以及十二門五吋砲（譯註：

這是大和服役時的配備，到戰爭末期時，後兩者數目已經有所不同）。在美軍飛機的攻擊下，大和被大約十枚魚雷和六枚炸彈擊中，最後終告沉沒。這就是航艦已經取代戰艦地位的最後證據。

這並不代表戰艦已經完全過時。它們為自己找到了一個新角色——岸轟。在歐洲和太平洋戰場，它們的火力在支援兩棲作戰上都曾發揮毀滅性的效果。舉一個例子就夠了，在盟軍登陸諾曼第期間以及之後，德軍認為比起盟國空軍在戰區上空掌握的空優來，海軍砲火造成的困擾還要更為嚴重。皇家海軍也繼續使用一種看來最笨拙的軍艦，這就是曾在一九一四～一八年間有著非常可靠的表現，核心為一座雙聯裝十五吋砲塔的低舷砲艦。

但即使一九四五年以後已經不再建造任何戰艦，美國仍在一九四五年之後，四度將部分第二次世界大戰的老船自封存中恢復現役。第一次是一九五○年代初期的韓戰，第二次是越戰。三十年後，它們又用來砲轟黎巴嫩的游擊隊基地。但它們在第一線服役的歲月還沒有結束，因為它們還曾在一九九一年的波斯灣戰爭中出現，擔任砲轟海岸口發射戰斧巡弋飛彈的任務。

然而海軍對地面部隊的支援，遠遠超過岸轟。在大戰早期，皇家海軍就一再在戰役失敗時，擔負起救出英國地面部隊的任務。一九四○年五月的敦克爾克即是一例；一九四一年四月的希臘和隔月的克里特島亦復如此。這些作戰由於是在軸心國握有空優的情形下執行，因此船艦的損失都十分慘重。

海軍也被用來運補陷入孤立的守軍。如果沒有皇家海軍支援的話，利比亞的托布魯克港絕不可能撐過八個月的圍困。在太平洋方面，日本海軍也廣泛運用輕巡洋艦、驅逐艦和潛艇來維持孤立島嶼上的守軍。在一九四二年下半年漫長的瓜達康納爾戰役期間，「東京快車」在這方面成就斐然。

在歐洲與太平洋戰場，第二次世界大戰都逐漸由兩棲作戰所主宰。事實上，沒有一處戰區不曾進行過兩棲作戰。俄軍在黑海曾經發動不少次登陸，英軍則是在緬甸海岸。

海軍在這些作戰中的首要任務，是確保能掌控鄰近的海域。太平洋許多次大規模海戰，目的就是確保美國海軍能夠擁有必須的掌控權。唯一的例外是德軍在一九四○年四月入侵挪威，這是大戰的頭一批兩棲登陸。他們所仰賴的是出其不意，以防止皇家海軍干擾登陸。

至於在其他的例子中，像是一九四一年五月攻擊克里特島，以及一九四三年秋天拿下多德坎尼斯羣島，德軍都顯示出壓倒性的空優可以彌補海軍兵力的劣勢。

然而，戰前的教條對於兩棲作戰並未多加注意。英軍於一九一五年在達達尼爾海峽的經驗，使得許多國家相信兩棲作戰是行不通的。因此各國在能夠駛上海灘，讓部隊不涉水登陸的平底登陸艇上，都沒有多少進展。事實上，當德國在一九四〇年夏天準備入侵英國時，他們還得從歐洲各地將駁船集合起來，以將部隊載過英倫海峽。

發展兩棲作戰技術的原動力，是來自一九四〇年夏天組成突擊隊的英國。邱吉爾在這時設立了聯合委員會，這個名稱強調兩棲作戰涉及所有陸海空三個軍種。一系列兩棲船隻即由此一單位發展而出，而當美國參戰之後，後者也得以將一大部分工業技術投注在這項領域之中。

最大型的船隻是登陸艦，其任務是將部隊和補給從發起基地載運到登陸地區。這些船隻上載有登陸艇，部隊將在海灘附近轉乘上它們。最重要的則是戰車登陸艦(LST)，它能夠將大約二十五輛戰車與兩百名部隊自海岸送至海岸。事實上在大戰後半期間，西方同盟國即是以戰車登陸艦的數目，作為策劃兩棲作戰的一項重要指標。

登陸艇涵蓋的範圍自突擊隊使用的小型登陸艇，以至能夠在開放灘頭讓戰車登陸的戰車登陸艇(LCT)。另外還發展出配備火砲和火箭的登陸艇，以加強登陸時的支援火力。

一旦登陸發動之後，灘頭必須得到適當的組織，否則隨著越來越多部隊、火砲和補給登岸，灘頭將會陷入一片混亂。英方為此組成了皇家海軍灘勤隊，美國海軍的工程營——亦即「海蜂隊」——則逐漸擔負起清除灘頭障礙，以及開放港口的工作。

因此時至一九四五年，西方同盟國已經克服了兩棲作戰的複雜性，並且將之發展成一門藝術。

在第二次世界大戰中，各國海軍對於阻絕海上交通所做的努力，要比一九一四～一八年期間來得積極許多。和上次大戰一樣，德國體認到要讓英國屈服的方法之一，就是麻痺英國的貿易路線。第二次大西洋之戰於是就此爆發。其序幕為郵輪雅典娜號於一九三九年九月三日被擊沉，一直到兩艘英國商船於一九四五年五月七日在蘇格蘭東岸外海沉沒，才算是告一段落。這是第二次世界大戰為時最久的一場戰役。

德國的二型U艇。這種U艇是小型海防潛艇,建造於一九三〇年代後半。

在戰爭初起時,德國潛艇兵力的規模還很小,只有五十七艘服役的U艇,其中僅有三分之一在海上執勤。但希特勒相信他的大型水面軍艦也能在攻擊商船上扮演重要角色。事實上為了這個目的,兩艘他的袖珍戰艦格拉夫·斯比號和德意志號因而在戰爭爆發前自德國出航。

另一方面,皇家海軍在兩次大戰期間卻對貿易所受的威脅漸感放心。他們相信船團,以及用以偵測水下潛艇的水下聽音器——美國人乞之稱為聲納——的發明,已足以抵銷U艇的威脅。最足以顯示這種心態的就是在一九三五年的英德海軍條約中,英國竟然容許德國擁有與皇家海軍相同數量的潛艇。

英方在戰爭爆發之後立刻將船團付諸實行,但是他們當時嚴重缺乏護航船艦,大部分英國驅逐艦都正忙於其他任務,像是保護英國陸軍渡海前往法國。因此橫越大西洋的船團只好限制速度九到十五節的船隻才能加入,而且它們的護航經常只不過是一艘商船改裝的輔助巡洋艦而已。這代表著有大批船隻必須單獨航行,而這些正是U艇最初集中對付的目標。

皇家海軍對付U艇的方法是以航艦羣來搜獵它們,這樣可以讓它們受到來自空中和深水炸彈的攻擊。這並不是使用艦隊航艦的有效方法,勇敢號在一九三九年九月十七日被魚雷擊中正是一例,皇家方舟號則以毫髮之差逃過相同命運。更糟的事情發生在次月,岡瑟·普列

一枚深水炸彈爆炸。如果炸彈損壞
或者摧毀了一艘U艇，最初的跡象
通常是水面上浮現的油痕。

恩的U 47溜進了本土艦隊在斯卡巴佛洛的泊地，將戰艦皇家橡樹號予
以擊沉。

　　於此同時，南大西洋的格拉夫‧斯比號和北大西洋的德意志號正
開始大肆劫掠英國航運。香霍斯特號和格內森瑙號則在十一月加入它
們。與一九四〇年挪威戰役時的情形一樣，冬天的狂風也將這場作戰
的節奏拖慢了下來。然而，德軍也利用一九三九～四〇年冬天在港灣
入口與河口布雷。其中部分是由U艇布放，但其他水雷卻是由空中所投
下，包括一種新式的磁性水雷。為了反制這種水雷，英方在船身上纏
繞起電線圈，藉以中和引爆水雷的磁場。日後雙方還製造出了由船隻
引擎聲引爆的聲力水雷，以及由通過船隻水壓引爆的壓力水雷。

　　大西洋之戰的下一個重要階段，開始於一九四〇年夏天法國淪陷
之後。德方因而得以將U艇部署在法國大西洋港口，大幅減少了進入

大西洋的時間，同時也讓更多U艇能夠在任一時間出海巡邏。

U艇艇長們口中的「第一次快樂時光」就此開始。儘管在一九四○年九月，美國將五十艘老爺「四煙囱」驅逐艦贈給英國，以交換加勒比海英國海軍基地的租借權，英國還是嚴重缺乏護航船艦。德軍也在法國大西洋海岸部署了一中隊大型的兀鷹式飛機。這些飛機除了本身擊沉大批船隻之外，還能夠導引U艇前往攻擊船團。

水面威脅也再度復燃起來。袖珍戰艦席爾將軍號在一九四○年底的一次出航中，一共擊沉了不下十七艘船隻，香霍斯特號和格內森瑙號則在一九四一年初搗亂了整個船團系統。

除此之外，德軍還部署了通商破壞艦，這些是配備老舊一五○公釐火砲的商船。其中最成功的一艘是平格溫號。她使用船上的阿拉度一九六水上飛機來找尋受害者，在平格溫號於一九四一年五月終於被英國巡洋艦康瓦爾號發現並擊沉之前，這艘通商破壞艦一共擊沉了不下二十六艘船隻。

在所有這些威脅之下，單是在一九四一年三月一個月裏，英國就損失了超過五十萬噸船舶。這個數字隨即開始下降，原因則有很多。

第一，可以使用的護航船艦日漸增多。護航羣開始以冰島為基地，而隨著皇家加拿大海軍實力漸增，其扮演的保護角色也比以往更為重

一艘七型U艇的艇橋，攝於大西洋的惡劣天氣之中。當潛艇浮在水面上時，嚴密守望是件非常重要的事情，除了船團和護航船艦之外，海上巡邏機也一樣是他們的目標。

大。另外冰島也部署了飛機，對大西洋深處提供空中掩護。

俾斯麥號在一九四一年五月的沉沒，使得水面威脅大為減輕，但更重要的是同月U 110的投降。在這艘潛艇於拖航途中沉沒之前，英方從艇上取得了謎式密碼機。此舉使得英方可以閱讀U艇與總部之間的來往電文，讓船團改變航線繞過它們。所有這些的結果，就是到了一九四一年七月時，船隻的損失已經下跌到三月間的五分之一。

無論如何，英國在擺脫U艇造成的破壞上，仍然繼續受到挫折。皇家空軍轟炸機司令部一直在攻擊建造U艇的船塢，但是收效不大。同樣U艇在法國港口使用的水泥掩體，也證明不為轟炸所傷。

隨著一九四一年過去，大西洋彼岸傳來了一些令人鼓舞的消息。為了在不需直接參戰之下支持英國，羅斯福總統在一九四一年七月將美國陸戰隊派往冰島，接替當地的英國駐軍。此舉代表美國海軍將可以合法將船團護衛到那裏。稍後羅斯福又再加以擴充，宣布他將會為任何橫越大西洋的租借法案船團提供護航，範圍到與冰島同一經度為止。美國軍艦受到攻擊因此成了無可避免的事，驅逐艦基爾尼號在十月十七日被一艘U艇擊成重傷，但還能夠蹣跚航回冰島。另一艘驅逐艦魯賓‧詹姆斯號則在兩週之後遭到擊沉。

然而，美國由於日本攻擊珍珠港而突然參戰，造成了U艇的第二次快樂時光。卡爾‧鄧尼茲將他的目光轉往缺乏保護的美國東海岸，特別是來自南美洲的油輪交通。他動用了一批遠洋的九型U艇，於一九四二年一月發動「鼓鳴作戰」。單在那個月裏，它們就在這片水域中擊沉了四十艘船隻。更糟的是在二月一日，U艇開始採用一套新的謎式密碼，英方直到那年年底才能夠將之讀出。

到了一九四二年四月，美國東岸才終於實行燈火管制和適當的船團系統。U艇隨即轉移至獵物同樣豐富的加勒比海。鄧尼茲也開始使用被稱為「乳牛」的給油U艇，維持他的U艇得到補給。此舉讓他可以部署數量更多，但是航程較短的七型U艇進入戰場。

鄧尼茲深信U艇如果以他所謂的「狼羣」集中作戰，將會發揮最大的效果。一直到一九四二年，他才擁有足夠的U艇來廣泛實現這項政策。狼羣將會組成一條巡邏線，各艇之間通常相距五哩。然後它們會朝東西兩方掃蕩，直到與一支船團發生接觸為止。

但是護航艦和船團的組織也正在改善之中。船團被分類為快速和慢速兩種，只有郵輪改裝的運兵船才能單獨航行，因為它們的速度足

以超過U艇。船團則以固定的間隔離開大西洋兩岸，其執行中心是位於利物浦港的西方水道總部。

在大西洋兩岸，地區護航負責將船團帶出近岸水域。然後由遠洋護航接手。這批船艦通常是由大約六艘驅逐艦、護衛艦和砲艦所組成。到了一九四二年下半年時，它們已是訓練精良、能夠在一聲令下對U艇發動聯合攻擊。護航船艦也配備有尋找與攻擊U艇的更佳裝備。雖然聲納仍是偵測水下U艇的主要方法，船艦上現在也開始裝備起雷達，以搜索浮在水面上的U艇。而高頻定向儀也讓它們能夠自U艇發出的無線電訊，找到敵人的位置。

盟軍另外還引進了一種新武器——刺蝟砲。傳統的深水炸彈總是從船尾投下，這代表護航船艦必須通過潛航的U艇上方，讓對方有逃過深水炸彈的機會。刺蝟砲基本上是一座多管炸彈發射器，能夠越過船首射擊，讓護航船艦在攻擊時擁有更多彈性（譯註：目前部分我國海軍驅逐艦上仍配備有這項武器）。

盟軍現在也體認到空中掩護是船團安全的基本保障。即使投入了新式的海上巡邏飛機，像是美製的PBY-1——英國將之稱為卡達利納式，加拿大則稱之為坎索式——但北大西洋仍有一大片區域不在陸基

一艘典型的護衛航艦在大西洋的惡劣海象中航行。它們比艦隊航艦要小，相對於後者的六十到九十架飛機，它們只能載運十五到三十架飛機。

一架卡達利納飛艇正飛越一支橫越大西洋的船團上空。雖然這種飛機的作戰半徑幾乎達一千五百哩遠，但還是不足以封閉北大西洋中間的「黑色缺口」。

飛機的航程範圍之內。這就是聞名的「黑色缺口」，爲了克服這個問題，英方最初引進了彈射器武裝商船(Catapult Armed Merchantman, CAM)。這些船隻上載有一架能夠自甲板上射出的颶風式戰鬥機。然而它無法在船上降落，飛行員必須將飛機落在母船旁邊的海中。後來英美兩國大批建造出護衛航艦，它們是艦隊航艦的縮小版。然而要到一九四三年，超長程型的B-24解放者式機部署之後，「黑色缺口」才算是真正被封住。

至此爲止的大部分月份中，新建的船隻數目都不及沉沒的數目。但是美國的工業力量又再次挽救了這點。大西洋兩岸的造船廠爲了滿足同盟國各不相同的海軍需求，不斷在接合處發生錯誤，於是美方想出了一個建造商船的新主意。它們此後將由內陸的工廠分段建造。然後再被運往海岸加以組合與下水。這種船隻被稱爲「自由輪」，頭一艘派屈克‧亨利號早在一九四一年九月，即已在巴爾的摩海軍造船廠下水。自此生產快速增加，到了一九四二年底，自由輪已經開始對大西洋之戰產生非常重大的影響。

一九四二～四三年冬天的狂風幫助減少了船隻的損失。英方也終於破解出U艇的條頓謎式密碼。但是這一仗還必須苦戰求勝，同盟國在一九四三年一月的卡薩布蘭加會議中也體認到這點。在此同時，已經

出任德國海軍總司令的鄧尼茲，下令他的U艇全力集中在從北美洲開往歐洲，滿載貨物的船團之上。

北大西洋的沉沒數字現在上升到了拉起警報的地步。在三月中，共有不下三十七艘U艇向兩支東行船團大肆攻擊，打沉了二十一艘船隻。事實上，那個月間損失的船隻高達五十四萬噸之譜，最後是春季風暴的來到，才止住了U艇的活動。在無計可施之下，英方停止開出所有前往俄國的船團，藉以為大西洋提供更多護航船艦。其中部分則編為支援羣，可以馳援遭受嚴重攻擊的船團。

一當強風停止下來，鄧尼茲馬上派出了數目更多的U艇。在五月初時，共有不下四十艘U艇向西行的ONS 5船團發動攻擊，結果在三十六小時內打沉了十二艘船隻，本身僅損失兩艘。但護航船艦和飛機隨即展開反擊，在毫無損失之下又擊沉四艘U艇，另外還擊傷數艘。盟軍這項突如其來的命運轉變持續了兩個星期之久，最後在那個月的損失達到驚人的三十一艘之後，鄧尼茲終於決定暫時將他的狼羣撤出大西洋。這是這一場戰役的轉捩點，不過絕不是結束。

U艇在一九四三年九月重返大西洋，這回它們配備了新式的音響魚雷。但盟軍很快就有了因應之道，他們使用一具由護航船艦拖曳的浮標，發出模擬船隻引擎的聲音。德方接著在U艇上裝置呼吸管，讓它

一支航向俄國的船團中，在德國空軍攻擊下的受害者。大海在夏天期間或許會比較和善，但漫長的白晝卻使得船隻更容易受到以挪威北部為基地的飛機傷害。

們能夠在水下停留更長的時間。最後在一九四四年中，出現了水下[航]
速能夠達到十七節的電力潛艇。但是這型潛艇和速度更快，以過氧[化]
氫為動力的華爾特潛艇出現得太晚，已經無法扭轉大西洋之戰的局[勢]
——即使這場戰役一直持續進行到歐戰結束為止。

大西洋之戰讓雙方都付出了重大代價，在戰爭期間服役的將近[一]
千兩百艘U艇中，損失高達百分之六十五。然而盟軍也有兩千三百萬[噸]
船隻遭到擊沉，其中一千五百萬噸是在北大西洋。

在戰爭的前半期間，地中海的潛艇活動也非常熱鬧。軸心國潛[艇]
集中在摧毀馬爾他脆弱的補給線，而且得到過一些令人注目的成功[。]
一九四一年十一月，德國U艇擊沉了一直保有金鋼不壞之身的航艦[皇]
家方舟號。接著在十二天後，U 331 跟著擊沉了戰艦巴漢號。

反過來，英軍潛艇也對前往北非的軸心國交通線大肆破壞。到[了]
一九四二年夏天，在飛機的幫助下，它們已經幾乎切斷了運往隆美[爾]
部隊的燃料補給，迫使他不得不採取守勢。

潛艇在太平洋也扮演了關鍵角色。日本在參戰時擁有六十五艘潛[艇]
艇，比德國在一九三九年時還要多。但與德國不同的是，他們在戰[爭]
期間只再建造出一百二十六艘。日本也損失了幾乎百分之七十的潛[艇]
艇，擊沉的同盟國船隻還不到一百萬噸。如此表現不佳的原因，主[要]
是因為日方的優先是攻擊軍艦，而非毫無防衛能力的商船和補給[艦]
艦。

日軍也傾向以嚴格的編組運用他們的潛艇，而且只容許他們的指[]
揮官擁有少許行動自由與主動權。再者，許多潛艇都被用來執行載運[]
物資給孤立守軍的任務。因此在漫長的瓜達康納爾戰役期間，一度有[]
多達二十艘潛艇被用來運補部隊，其中大多數都毀在盟軍軍艦手上[。]

假如日本潛艇沒有能對太平洋戰爭造成重大影響的話，美國潛[艦]
就辦到了。在體認到日本的戰爭工業完全仰賴原料進口之下，美國海[]
軍於是決定將潛艇作戰集中在攻擊日本商船。

儘管遭遇到嚴重的魚雷失靈問題——這問題直到一九四三年才解[]
決——美國潛艇在一九四二年間還是擊沉了一百八十艘日本商船。兩[]
年之後，在水下艦隊規模大舉擴張，以及能夠自太平洋的前進基地出[]
擊之下，它們擊沉了多達六百艘商船，隨後竟有找不到目標的問題。[]
日本的進口因而減少了百分之四十，另外燃料缺乏嚴重的程度，竟使[]
得日本的主力艦隊必須以荷屬東印度而非本土水域為基地，以確保船[]
艦能夠繼續得到燃料供應。

日本的戰爭生產到一九四五年春天已經減少一半，燃料短缺更使得運輸系統受到重大打擊。相形之下，由於潛艇所得到的成功，美國甚至在一九四四年大幅削減潛艇生產計畫。在太平洋，美國潛艇達成了德國U艇在大西洋所未能達成的目標。

第十九章

空戰

1939—1945

　　第一次世界大戰期間，飛機的速度並未出現戲劇性的增加，不過，航程卻是。當法國人路易斯‧布勒里奧特在一九〇九年飛越二十哩寬的英倫海峽時，被認爲是驚人的壯舉。然而正好十年之後，兩名英國人約翰‧艾爾考克和亞瑟‧惠頓-布朗駕著改裝過的維克斯維米式轟炸機，成功飛越了大西洋，迫降在愛爾蘭海岸。他們的飛行是以後二十年之內，許多次讓全世界著迷的飛行的第一次。像是查爾斯‧林白和艾咪‧強森般的飛行員在世界各地開拓出新的航路。跟隨在他們後面的是航空公司，後者徹底地加快了交通的速度，並且拉近了人們之間的距離。

　　至於在飛機的軍事用途方面，在上次大戰開始萌芽的戰略轟炸機部隊，爲人們投下了一道長長的陰影。一九二〇與三〇年代的航空理論專家相信，憑著對敵國心臟地帶發動攻擊，轟炸機可以獨力贏得戰爭，而飛機在航程和酬載上的發展，更加重了他們主張的份量。

　　然而，戰鬥機還是有一個重要角色要扮演。一如第一次世界大戰，戰鬥機的主要角色是獲取與維持地面戰場上空的空優。但直到一九三〇年代中期爲止，戰鬥機與上次大戰的戰鬥斥堠機看來仍然沒有多大不同。其木製結構與雙翼構型限制了飛機的爬升率，戰鬥機也因此難以在轟炸機攻擊目標之前攔截到它們。

　　但金屬骨架單翼戰鬥機的發明卻改變了這點，它大爲提升的性能，代表它能夠及時捕捉到轟炸機，尤其是新發明的雷達比起過去的聲響偵測來，更能及早對轟炸機的來臨發出警告。

　　在戰爭爆發時，德國空軍擁有一種第一流的戰鬥機——梅塞希密特一〇九。這型飛機早已在西班牙內戰期間證明出其性能，在大戰開始之前不久服役的 Me 109 E 型，時速能夠達到超過三百五十哩。而由於西班牙內戰的經驗，德國飛行員也發展出一種非常有效率的作戰隊

形，這種名爲「四根手指」的隊形能夠給予編隊中的四架戰鬥機最大的互相保護。同時也比皇家空軍的三機「V」字隊形要來得更有彈性。

德國空軍還擁有擔任戰鬥轟炸機的Me 110，這種飛機也能夠飛到時速三百五十哩以上，不過卻缺乏其單引擎表親的靈活性。

在一九三九～四一年的閃擊戰期間，德國空軍試圖藉由將敵方空軍摧毀在地面上，立即握有空優。雖然德國空軍在這方面從未完全成功，但敵方過時的戰鬥機通常都不是德國戰鬥機的對手，因此德國空軍很快就拿下了制空權。這對確保德軍地面攻勢的成功有非常大的幫助。事實上在大戰的第一段期間，德國空軍只有在一九四○年的不列顛之役失敗過，原因有好幾個。

首先，皇家空軍擁有兩種足以與德國空軍戰鬥機一較長短的貨色。霍克颶風式要比Me 110來得靈活，而且在低空時能夠和Me 109爭一日之短長，不過它缺乏後者所具備的火力，颶風式僅配備了點三○三機槍，Me 109卻擁有重型機槍和二十公厘機砲。噴火式的情形也是如此，結果就是兩種飛機射程都不及Me109。在另一方面，噴火式的最高速度與Me 109相當，在高空的操控較爲靈活。座艙也沒有那麼擁擠。因此兩種飛機可說是勢均力敵，不過在英國上空，Me 109卻有著一項嚴重的缺點，就是它只攜有足夠飛行一小時多一點的燃料，這點嚴重限制了Me 109的作戰時間。

噴火式一型僅配備了四挺點三○三口徑機槍。參與不列顛之戰的飛機大部分是配備有兩倍數目機槍的-A型。從一九四○年八月開始，部分配備兩門二十公厘機砲的-B型也開始進入服役。噴火式能夠接受許多改良，二十四型是生產線在一九四七年關閉時的最後一型。

以皇家空軍戰鬥機司令部V字編隊飛行的噴火式戰鬥機。

此外，英國雷達站還能夠及時發出警報，讓皇家空軍戰鬥機經常得以搶先爬高占位，這點在一九三九～四五年的空戰中與上次大戰一樣重要。事實上，德國空軍爲了未能維持對雷達站的攻擊，付出了非常重大的代價。

雖然皇家空軍戰鬥機司令部贏得了關鍵性的不列顛之役，但在次年對抗德國空軍時卻沒有那樣成功。英方試圖發動越過海峽的掃蕩，將德機吸引到天空中，藉以將戰鬥帶到德軍那邊。這些行動通常都與日間轟炸空襲配合進行。德軍由於是在他們的基地附近作戰，因而擁有更多滯空時間。除此之外，噴火式和颶風式更發現它們遇上了一種新式的德國戰鬥機，這就是可畏的福克渥爾夫Fw 190。這種飛機的時速遠超過四百哩，而且比當時服役的噴火五型要更爲靈活。事實上，一直要到噴火九型於一九四三年出現之後，皇家空軍才靠著這種飛機較小的轉彎半徑，得以和Fw 190一較高下。但是在兩萬呎以上的高

度，Fw 190 的性能會迅速下降，這也是Fw 190 之所以未能取代Me 109，成為德國空軍主力戰鬥機的原因。一九四二年初出現的Me 109 G型高空性能十分優秀，因此很快就成為戰鬥機部隊的骨幹，尤其是自那年年底開始，美國第八航空軍開始了對歐洲占領區的大規模日間轟炸。

美國的主力戰鬥機是P-47 雷霆式，這種飛機與噴火式和Me 109 一樣，都曾在戰爭期間經過數次改良。雷霆式也能夠達到超過四百哩的時速，但是在西北歐的戰爭中，這種飛機必須緊跟在美國轟炸機身旁，擔任它們的護航機，而且也缺乏陪伴它們深入德國所需的航程。不過配備勞斯萊斯馬林引擎，以及外載油箱的P-51 B野馬式在一九四

美國第八航空軍的共和P-47雷霆式戰鬥機正從英國某處的機場起飛。注意每架飛機機身下的可拋油箱。

四年就役，徹底克服了這個問題。在此同時，為了維持法國和低地國家上空的空優，美軍戰鬥機也開始離開轟炸機自由作戰。

在東線上，德國戰鬥機到一九四三年為止都一直享有空優，俄製的波利卡波夫I-15 雙翼機和I-16 單翼機──兩者在西班牙內戰中性能都不如Me 109──並未在一九四一年有更好的表現。但是俄國擁有堅強的航空設計傳統，到了一九四三年中，他們已經能推出足以與德國戰鬥機一較長短的戰鬥機。雅克列夫Yak-3 與米格MiG-3 都是優秀的飛機，而且它們大量生產的數目，使得俄國得以在戰爭後期對德國空軍占有壓倒性的數量優勢。

俄國也得到了租借法案而來的幾近兩萬架英美飛機之助。這些飛

機包括英國的噴火式與颶風式，美國的P-39空中眼鏡蛇式、P-63眼鏡蛇王式和P-40戰鷹式。法國也提供出一支「諾曼第團」，這些飛行員駕著Yak戰鬥機立下了輝煌戰功。

在埃及和利比亞，義英雙方在沙漠上空的空戰最初是以過時的雙翼機來進行的，它們是英國的格洛斯特格鬥士式，以及義大利的飛雅特CR.42。在馬爾他受困的最初幾個月中，三架分別被命名爲「信心」、「希望」和「仁愛」的格鬥士式戰鬥機，爲英軍提供了防空支柱。在德國捲入地中海戰爭之後，它們隨即由更現代化的飛機所取代。

在東南亞與太平洋的戰爭中，日本的三菱A6M零式戰鬥機——亦即眾所周知的零戰——掌握了頭一階段的天空。與西方原本想法不同的是，日本飛行員證明他們的技術比起對手毫不遜色。事實上要到一九四三年下半，美國的格魯曼F6F地獄貓式海軍戰鬥機抵達戰場之後，零戰才眞正失去了原有的優勢。

第一種噴射戰鬥機出現於一九四四年夏天，不過第一架噴射機，也就是德國的漢克爾He 178原型機，早在一九三九年八月就已飛上天空。同時在英國，皇家空軍中校法蘭克‧惠托也在噴射引擎上花了多年

德國空軍第一架參戰的噴射機——梅塞希密特Me262。這種飛機的最高時速可達五百四十哩，但是它的引擎加速性很差，意味著盟軍的活塞引擎飛機也能夠成功對付它。無論如何，Me262能夠在不到七分鐘內爬升到兩萬呎的高度，並且在戰爭的最後一階段中擊落了相當數量的盟軍飛機。

工夫，他的格洛斯特惠托式機的原型機於一九四一年五月首度試飛。在德國，Me 262的服役延遲了很長一段時間，因爲希特勒希望將之作爲轟炸機而非戰鬥機（譯註：不過這是一個有問題的說法，更重要的原因可能是出在毛病叢生的引擎上面）。在另一方面，皇家空軍的格洛斯特流星式卻主要被用來對付V-1飛彈。

德國也引進了阿拉度Ar 234，亦即所謂的「閃電轟炸機」。但比所有噴射機還快的是Me 163 彗星式火箭飛機，它能夠達到幾乎六百哩的時速。不過Me 163 機上的燃料只足夠飛行九十秒鐘，隨後就必須以高速滑翔機飛行，因此在大戰的最後幾個月期間，這種飛機被用來攔截德國上空的盟軍轟炸機。美國也發展出一種噴射戰鬥機，這就是洛克希德P-80 流星式（譯註：P-80 的原名為Shooting Star，一般與格洛斯特的Meteor同譯為流星式），不過儘管有兩架在一九四五年春天被送到義大利，它們卻來不及趕上任何戰鬥。

戰鬥機在第一次世界大戰後半發展出來的另一個角色是地面攻擊，也就是今日所謂的「近接地面支援」。空地聯絡無線電的出現，大幅增加了第二次世界大戰地面攻擊飛機的反應能力，此外高性能飛機和威力更強大彈藥的引進，更大大增加了它們的效率。

德國最初以Ju 87 斯圖卡俯衝轟炸機在這方面領先群倫，這種飛機在早期的閃擊戰中證明是種破壞力驚人的武器。它能夠與裝甲單位緊密協同，作為空中砲兵，機上還裝置有一個號笛，以進一步挫折地面部隊的士氣。英軍則在北非戰役初期在颶風式上裝上炸彈，將之稱為「颶風轟炸機」。皇家空軍和德國空軍都在地面攻擊機上裝置飛射穿甲彈的火砲，作為戰車摧毀機。像是霍克颶風式的火箭發射飛機，也在大戰後期被廣泛使用。俄軍也發展出了非常有效的地面攻擊機，這就是伊留申Il-2「裝甲攻擊機」。配備著火箭、機砲和炸彈，Il-2 經常是以低到水平攻擊的程度進行低空攻擊。德國人將之稱為「黑色死亡」不是沒有原因的。

到了一九四四年，雙方都已經將近接地面支援發展到非常高的境界，配備無線電的空軍小組與前進部隊就在一起活動。一九四四年在法國的盟軍由於擁有強大的空中武力，使得他們可以使用一種「排班計程車」系統，讓戰鬥轟炸機在空中盤旋，等待指示向地面目標攻擊。在諾曼第，盟軍重轟炸機也被用來直接支援地面部隊。它們被用來在攻擊發動前進行地毯式轟炸，以軟化德軍防務。不過有時它們投彈的不夠精確，意味著友軍部隊也要受到傷亡。此外，它們在地面造成的破壞也時常對進攻造成妨礙，就像是煞車的作用一樣。

自從西北非戰役開始，英美兩國也使用空降部隊作為入侵的先鋒。在一九四四年春天，盟軍組成了同盟國第一空降軍團，這些師在諾曼第曾扮演重要角色，他們在一九四四年九月也差點在荷蘭對德軍

造成決定性的一擊。他們之所以失敗，只是因為地面部隊未能及時抵達安恆，與英軍和波軍空降部隊會師。

但是空降作戰中使用的並不只有傘兵而已。德軍和盟軍都曾使用過滑翔機部隊。這些部隊曾經完成過一些非常成功的突擊行動，其中著名的有德軍在一九四○年五月十日攻下比利時的艾本-艾米爾要塞，以及一九四三年九月救出墨索里尼，英軍滑翔機部隊則在D日拿下克恩運河和奧恩河的橋樑。

另一個由空中運送部隊的方法是空運。通常這是增援空降突擊的方法，不過必要條件是機場必須盡早予以攻占，德軍在入侵挪威、荷蘭和克里特島時就體認到這點。但空運部隊也不是永遠需要現成的機場。在一九四四年擒敵部隊的第二次遠征中，他們就在緬甸的日軍陣線之後，開闢出自己的臨時機場來。

不過不止一次，飛機成了運補地面部隊的關鍵。在一九四二～四三年冬天的史達林格勒圍城戰役中，德國第六軍團就完全得仰賴空運進行補給。問題是德國空軍缺乏達到包拉斯要求的運輸能量。相形之下，緬甸的英國第十四軍團部隊就一再在遭到日軍切斷之下，成功地由空運進行補給。另外在戰略層次上，為期三年、在緬甸和中國之間來回的駝峰空運，也對維持蔣介石的部隊作戰有著很大的貢獻。

然而，第二次世界大戰卻證明了戰前航空理論專家的正確。在一九二○年代初期，比利·米契爾將軍對於空權能夠掌握海洋的展示，並未得到多少重視，但是在一九三九～四五年的戰爭中，他的想法很快就以好幾種方式證明是正確的。

在大海上，航空母艦很快就取代戰艦成為主要的水面軍艦。但是陸基飛機也一樣有效。皇家海軍在試圖運補馬爾他的作戰中，曾受到來自義大利南部和西西里島的飛機痛擊。英國也在一九四○年的法國，以及一九四一年的克里特島撤退行動中，被德機擊沉了許多軍艦。另外還有一九四一年十二月，威爾斯親王號和卻敵號在馬來亞外因為日機空襲而沉沒。

前往俄國的北冰洋船團，也在以挪威為基地的德機手上損失慘重，這裏和地中海的西西里一樣，就像是艘不沉的航空母艦。然而英國的航空兵力也報了一箭之仇，威脅船團已久的德國戰艦鐵必制號，最後終於遭到皇家空軍的重轟炸機擊沉。

軍艦本身也配備了日漸強大的防空武器，因此飛機的損失也很慘重。到了一九四一年底，皇家空軍反船艦中隊的傷亡率比起任何其他

兵種都要高得多，空勤人員的前線役期因而必須予以縮短，因為沒有足夠的人能夠活到役期結束。

然而，專門空射反艦武器的出現，幫助維持了飛機對海軍造成的威脅。德國發展出的滑翔炸彈，在義大利戰役期間曾造成盟軍數起損失。另一種反艦武器則是由英國所發展，目的是用來對付鐵必制號。「高飛球」與皇家空軍在一九四三年五月著名的水壩空襲中使用的跳躍炸彈道理相同，不過從未付諸實用。

海上航空兵力也在反潛作戰中扮演了重要角色，尤其是在大西洋之戰。直到呼吸管設備被廣泛使用之前，U艇都必須長時間浮在水面上充電，盟軍飛機可以藉機發現它們，並且指引軍艦前來。

海上飛機最初是以炸彈和機槍來攻擊潛艇。接著發展出空投深水炸彈，最後美國生產出外號為「漫遊安妮」的「菲多」（FIDO），這是一種空投歸向魚雷，其技術到一九九〇年代都還在使用。反潛飛機非常之有效，戰爭中損失的U艇有一半都是栽在空中攻擊手上。

然而在戰前所有的空權理論中，沒有一項像是空權能夠藉由深入敵境進行攻擊而贏得戰爭一般，受到如此嚴苛的考驗。一九三〇年代的西班牙內戰期間對馬德里和古恩尼卡的轟炸，以及日本在中國造成的破壞，使得人們深信轟炸機將會主宰未來的重大戰爭。

最大的恐懼是空軍會以毒氣彈來攻擊平民，而這是違反一九二五年試圖禁止空襲平民目標的海牙草約的。因此隨著歐洲上空再度逐漸戰雲密布，各國也展開了向民眾配發防毒面具和防空洞的工作。

然而當戰爭於一九三九年爆發時，各交戰國都向各自的轟炸機部隊發布嚴格指示，它們只能攻擊軍事目標，並且要避免造成民眾生命財產的損害。但是在德國入侵波蘭的三個星期之內，德國空軍就轟炸了華沙。然而德方的觀點是華沙由於拒絕投降，因此順理成章成為軍事目標。德軍在一九四〇年五月攻擊鹿特丹也是出於相同的理由，不過假如德國轟炸機有收到掉頭的信文的話，這次空襲是可以避免的。

在一九四〇年夏天的不列顛之戰期間，德國轟炸機的主要目標是機場、雷達站、船塢和飛機工廠。不列顛閃擊戰的開始，則是由於一架德國轟炸機由於導航錯誤，將炸彈誤投在倫敦的結果。皇家空軍馬上以空襲柏林作為報復，真正的「城市毀滅」時代於焉開始。

即使如此，雙方的轟炸機最初都奉有指示要攻擊特定的目標，通常是彈藥工廠。但是它們在準確性方面有著嚴重的問題，原因是在大戰初起時，德國空軍和皇家空軍都打算在日間進行轟炸，因為這樣比

較容易發現目標。但是到了一九四〇年初,英國轟炸機已經在德國戰鬥機手上蒙受慘重損失,因此改爲採取夜間轟炸,德國也在一九四〇年九月也出於相同理由而跟進。

當時的空中導航基本上是靠「盲目估算」,其基礎爲空速、羅盤(經常不準確)、以及估計的風速和風向。轟炸瞄準器則與一九一八年時使用的沒有多大不同,因此也是一樣不準確。由於彈藥工廠通常都很接近或者就在市區之中,因此平民受到轟炸是無可避免的事實。至於轟炸有多麼不準確,英國在一九四一年夏天所做的一份研究顯示,在德國西部投下的炸彈之中,只有百分之十落在距離目標五哩之內。顯然導航必須予以改進才行。

一九四〇年秋天,德國發展出一套在目標上空交會的無線電波束系統,藉以改善轟炸的準確性,但是皇家空軍隨即推出干擾波束的反制方法。十八個月之後,英方也引進了一種類似的系統,名稱爲「吉」(Gee)。在此同時,新式的重轟炸機則開始在世人面前出現。

在大戰爆發之時,德國空軍和皇家空軍都只擁有像漢克爾He 111,以及維克斯威靈頓式這樣的中型轟炸機。德國所構想的戰爭只不過是與鄰國作戰,因此並不覺得需要長程重轟炸機。除此之外,希特勒希望要迅速建成一支大規模的空軍,在可預見的時間中,德國能夠造出的較輕型轟炸機要多出許多。德方確曾在戰爭期間重新考慮過這個決定,但是像漢克爾He 177這樣的重轟炸機從未超過原型機階段(譯註:作者在這裏或許有誤,He 177在經過長久拖延之後,於一九四四年開始配屬作戰單位參加實戰),這是對於新機型需求優先彼此衝突的結果。皇家空軍最初也將全力集中在中型轟炸機,試圖在數目上能夠與德國空軍一較長短,但是在一九三〇年代末期,皇家空軍也提出了對於重轟炸機的規格要求。

第一批重轟炸機——史特林式、哈利法克斯式,以及曼徹斯特式——於一九四一年上半開始服役。接著在一九四二年春出現了由曼徹斯特式直接發展而來的蘭卡斯特式,這是大戰中出類拔萃的轟炸機之一。

在戰爭的前半段期間,邱吉爾將轟炸機司令部視爲唯一向德國進行反擊,以及消除俄國所受壓力的方法。這一方的主張是,如果能夠擁有足夠的重轟炸機,皇家空軍就可以藉由攻擊城市來摧毀德國的工業和人民士氣。問題是重轟炸機並不是英國唯一需要的飛機。尤其是大西洋的U艇之戰正亟需更多的海上巡邏機。因此轟炸機的生產無法

一架漢克爾He111正在投彈。這種飛機有五名機員,作戰半徑略多於六百哩,可攜載四千四百磅炸彈。

給予絕對優先。

即使如此,轟炸機司令部在一九四二年二月換上了一位新司令官亞瑟‧哈里斯,他很快就得到「轟炸機」的外號。哈里斯相信摧毀城市和區域轟炸的政策,能夠讓德國屈膝。為了顯示足夠轟炸機所能發揮的威力,他在一九四二年五月底和六月初對德國城市發動了三次空襲。每次數目都足足有一千架轟炸機,不過其中包括從訓練單位和其他地方借來的飛機。第一次對科隆的轟炸非常成功,不過對埃森和不

一架轟炸機司令部精銳的六一七中隊所屬的蘭卡斯特轟炸機正在投下二萬二千磅的「大砰」炸彈,這是第二次世界大戰期間最大型的傳統炸彈。

來梅的轟炸就沒有那樣順利。但是轟炸機司令部無法在不完全停止新機員的訓練之下，還能維持這樣規模的空襲。事實上要到一九四四年中，轟炸機司令部的第一線兵力才足以再度發動這樣的空襲。

除了飛機需求優先的問題之外，皇家空軍也必須對付愈來愈有效的德國空防。在一九四○～四一年冬天期間，皇家空軍引進了配備空載雷達的夜間戰鬥機，最初是布里斯托布侖漢式。在此同時，德國空軍的約瑟夫‧康胡柏將軍開始著手建立一條名為「康胡柏防線」，涵蓋所有英國飛往德國途徑的防衛帶。這條防線是由雷達、防空火砲、探照燈和夜間戰鬥機所組成，彼此之間互相合作。德國的主要工業區地和柏林也由類似的系統所保護著，這些措施確保皇家空軍轟炸機司令部將會為空襲行動付出非常重大的代價。

不過在一九四二年中，哈里斯開始尋求美軍——他們正在英國建立第八航空軍的兵力——加入這場戰役。在一九四二年七月四日，第八航空軍使用借來的皇家空軍波士頓轟炸機執行第一次任務，攻擊荷蘭的一處機場。有一架飛機沒有返航，另一架的機員因為將重傷的飛機飛回英國而獲頒勳章。但第八航空軍的主力還是波音B-17空中堡

一架美軍波音B-17轟炸機的機腰槍手，以及他的白朗寧五○機槍。B-17儘管配備有十二挺這種機槍，並且以緊密的盒狀編隊飛行，但若是沒有強大的戰鬥機護航，還是無法保護它們自己。

這名剛從機上跳傘的美國空勤人員正由一名德國軍官搜身。

墨。雖然B-17的載彈量和航程都不如皇家空軍的蘭卡斯特式,但卻擁有更強大的防衛火力,以及好得多的瞄準器。這是因為美方相信他們能在日間對德國進行攻擊,所以B-17需要這些武器來抵抗德國戰鬥機。

第八航空軍的B-17於一九四二年八月中首次在戰場上亮相,但是還要再過好幾個月,它們的數目才足以對德國發動大規模攻擊。在此同時,它們藉由在法國和低地國家上空執行任務,累積作戰經驗。

在一九四三年一月的卡薩布蘭加會議中,同盟國同意他們的戰略轟炸機部隊在入侵歐洲的準備過程中,將要扮演關鍵性的角色。在「直射」的代號之下,它們將自英國發動聯合攻勢,英軍則在夜間,造成所謂的「不分晝夜」轟炸。美軍將以特定的工廠為目標,皇家空軍則會繼續進行區域轟炸,後者的目標現在被正式設定為讓工人無家可歸,藉以擾亂戰爭生產和降低士氣。

「直射」由皇家空軍在一九四三年三月初大舉發動。首先登場的是所謂的「魯爾之戰」,其目標是位在德國西部萊茵河東岸的主要工業

區。這場戰役持續了四個月，但是卻沒有得到決定性的結果。工廠產生的雲煙和德國有效的防空措施是主因。但是皇家空軍也低估了德國自這些攻擊中復原的能力。事實上，他們忘了英國人民曾經在一九四〇～四一年的閃擊戰期間堅毅不屈，誤以為更有紀律的德國人民會在同樣的壓力之下崩潰。

然而並非所有皇家空軍的攻擊都是在破壞城市。輕型與中型轟炸機仍繼續在日間發動攻擊。其中最著名的是全木製機身，多用途的雙引擎迪哈維蘭蚊式轟炸機。蚊式機的低空日間攻擊，像是轟炸丹麥首都哥本哈根的蓋世太保總部，以及法國的亞眠監獄，都是非常精采的成功。

但皇家空軍最負盛名的精確攻擊行動是由蘭卡斯特轟炸機執行的，而且是在夜間。這次行動的目標是三座為魯爾區供應大部分電力的水壩，而這次行動的實現，大部分要歸功於身兼飛機設計師與發明家的巴恩斯・瓦歷斯的努力，他發展出一種用以在水壩側面爆炸的跳躍炸彈。一支特別中隊在蓋伊・吉布森中校——他已是一位久經戰陣的老手，以及技術過人的轟炸機飛行員——統領下，準備以低空飛往這些水壩，在水面上六十呎處投下他們的炸彈。

這次空襲在一九四三年五月十六、十七日晚上發動，此時正是魯爾之戰的高潮。十九架起飛的蘭卡斯特轟炸機炸毀了莫尼與艾德兩座水壩，但卻未能破壞最重要的索普水壩。遭到擊落的共有八架飛機。當時這次行動被稱讚為給了德國工業毀滅性的一擊，不過事實卻與此有所出入。即使如此，這次行動所展現出的技術創造力，以及蘭卡斯特機員的冷靜勇氣，給了皇家空軍轟炸機司令部——事實上是整個自由世界——士氣絕大的鼓舞。

到了一九四三年底，哈里斯將目標轉到了漢堡，他決心要摧毀這座城市。在十個晚上的四次空襲中，他幾乎辦到了這件事，造成最可怕的火焰風暴，白天的美軍攻擊則更進一步加重了損害。

但是對美軍轟炸機而言，一九四三年八月是一個慘重的月份。當月一日那天，以北非為基地的第九航空軍對羅馬尼亞的普洛什特油田，發動了一次大膽的低空攻擊。這次轟炸雖然造成了嚴重的損害，但是在一百七十七架參加的B-24解放者式轟炸機中，損失卻不下三分之一。兩個星期之後，第八航空軍對位在里根斯堡的Me 109戰鬥機工廠，以及史溫福的球承軸工廠發動攻擊。損失又是非常慘重，在出動的三百七十六架轟炸機中，有六十架遭到擊落，另外一百七十架受損。

另一架六一七中隊的蘭卡斯特轟炸機正在投下跳躍炸彈,攝於一九四三年五月十六／十七日攻擊魯爾區水壩前的最後測試。

　　沒有空軍能夠長時間忍受這樣的損失,第八航空軍被迫退出戰場療傷止痛。然而美軍在十月再次向史溫福出擊,這回又有六十架B-17未能返航。結果使得美軍幾乎對日間轟炸失去了信心,並且認真考慮是否要改為夜間作戰。其實主要的問題是他們的轟炸機儘管火力強大,卻無法保護它們自己。它們需要能夠護衛它們一路飛往目標的戰鬥機。第八航空軍的P-38閃電式和P-47雷霆式的航程都不足以深入德國,要到P-51 B野馬式於一九四四年初開始出現之後,這個問題才被克服。

　　此時轟炸機司令部正在發動「直射」之下的第三波攻勢,目標則是柏林。這一戰的特點是空中的電子作戰愈來愈複雜,雙方拚命在偵測和干擾設備上出奇致勝。此外,德國首都周圍的防禦十分堅強,轟炸機必須在敵人領土上空長途飛行才能抵達那裏。傷亡日漸增加,到了這場戰役於一九四四年三月結束時,飛機損失已經上升到了幾乎百分之十。柏林雖然飽受痛擊,卻沒有被摧毀,這是一場失敗的戰役。

　　就在地中海剛編成的美國第十五航空軍正開始攻擊德國目標的同時,駐英的戰略轟炸機部隊則轉移到艾森豪麾下,藉以為入侵歐洲舖路,此舉違背了哈里斯和美國的卡爾·史巴茲將軍的意願,他們相信將轟炸機自攻擊德國的任務上抽出,根本就是項錯誤。即使如此,它們在摧毀運輸系統,以及大舉減少德國空軍在北法實力上的成果,還是為大君主作戰的成功做出了無比貢獻。

　　轟炸機在一九四四年九月重返德國。燃料現在是最高優先,不過城市轟炸仍然繼續進行,最後在一九四五年二月達到高峯,當時盟軍

為了支援俄軍在奧得河的攻勢，對德東城市發動攻擊。其中對德勒斯登的轟炸使得區域轟炸的道德性受到了爭辯。這座城市在軍事上完全沒有任何意義，不過結果卻是市區大部分被毀，大約五萬人喪生。

然而直到歐戰落幕為止，轟炸機依然繼續對德國城鎮進行攻擊，使得交通為之停頓。在這些行動中，皇家空軍使用了戰爭期間最大型的傳統炸彈，二萬二千磅重的「大砰」，藉以對付高架陸橋這樣的目標。

對德國的長期戰略轟炸並不具有決定性。事實上，它不但沒有擊垮德國人民的士氣，也未能阻止德國的戰爭生產在一九四三年底達到高峯。轟炸機和空勤人員生命的代價非常高昂。轟炸機司令部的損失慘重到每一百名空勤人員中，六十人會在完成一次役期的三十次任務前陣亡。美國第八航空軍的人員折損也差不多如此。然而儘管不具決定性，戰略轟炸還是對擊敗希特勒的德國做出了重要貢獻。

在太平洋的戰爭中，日本使用它們的轟炸機作為閃擊戰先鋒。他們並不認為轟炸具有決定性，但是對菲律賓、新加坡和其他地方的空襲，卻無疑對守軍的士氣造成了相當的影響。

另一方面，在戰爭大部分的時間裏，盟軍都不在攻擊日本本土的範圍之內。事實上在一九四四年六月之前，日本本土只受過一次空中攻擊。這就是由自航艦大黃蜂號起飛的 B-25 轟炸機進行的大膽襲擊（譯註：除此之外，我國空軍的兩架轟炸機在徐煥昇〔後升任空軍總司令〕率領下，曾於民國二十七年五月二十日飛至九州城市上空撒發傳單）。然而，這只不過是對美國人民的士氣注入一劑強心針而已。

一直要到碩大無朋，能夠攜帶兩萬磅彈載，飛行三千哩以上的波音 B-29 超級空中堡壘於一九四四年就役，美國飛機才得以飛抵日本。B-29 被部署往印度，以華南為基地，並且在一九四四年六月十五日首度向日本出擊。但是日軍隨即攻入華南，當地的 B-29 基地只有被迫撤退。

然而，馬里安納羣島的塞班和泰尼安在一九四四年中被攻占，使得 B-29 有了另一處可以飛到日本的基地。到了十一月底，它們開始再度進行高空轟炸，不過準確性卻令人失望。更有甚者，日本戰鬥機正在擊落數目日漸增加的轟炸機。B-29 因而被迫改採夜間轟炸。在此同時，它們的指揮官寇蒂斯·李梅將軍決定採取低空攻擊，藉以增加準確程度。在體認到許多日本房屋都屬木造之下，他命令將大部分的彈載都掛上燃燒彈。

一架對日本進行高空空襲的波音B-29超級空中堡壘。這種飛機可以攜帶多達兩萬磅的炸彈。

　　頭一次攻擊在一九四五年三月九／十日晚上發動，目標是日本首都東京。這次轟炸造成了毀滅性的結果，兩平方哩的市區全部變成廢墟。接著其他日本城市也遭受到同樣的攻擊，而隨著硫磺島在三月底陷落，轟炸的規模也越來越大。P-51野馬式戰鬥機從這裏可以飛到日本，這代表B-29可以重新展開日間轟炸，而B-17也可以加入它們的行列。

　　在整個一九四五年夏天之中，轟炸機不停痛擊著日本，摧毀了大部分剩下的工業。雖然日本已經做出隱約的求和動作，不過卻沒有跡象顯示他們打算接受無條件投降，而大部分的人民依然決心要戰到最後為止。因此美國決定在廣島和長崎動用原子彈。此舉確實帶來了投降，同時也可以說戰前航空理論家的想法終於得到了證明。但是決定性的是使用的武器而非載運的方法，而這種武器更為未來開啟了一條更令人畏懼的戰爭之道。

第二十章

鐵幕

冷戰　1946—1989

　　當和平在一九四五年來臨時，世界所受到的破壞遠比一九一八年更來得嚴重。包括俄國西部在內的大部分歐洲正躺在一片廢墟之中。北非則遍布著戰爭的遺跡。東南亞也是一片殘破、經濟凋蔽。中國蒙受到了可怕的打擊，而日本則只有少數城市能躲過美軍的轟炸。到處都有無家可歸的人，陷於飢餓的人，以及身心嚴重受創的人。

　　一九三九～四五年間的世界大戰，遠比前一場大戰更具總體性。事實上，第二次世界大戰一共造成了大約五千五百萬人喪生，而如果計入最近得自莫斯科的蘇聯死傷數字的話，這數目可能還低做了多達百分之二十五。但無論真實的總數為何，其中有三分之二都是平民，因此防止各國在未來爆發武裝衝突的需要性，要比一九一八年十一月時來得更為迫切。國際聯盟在一九三○年代並沒有能夠防止戰爭。什麼能夠取代它呢？

　　當英國首相邱吉爾和美國總統羅斯福在一九四一年八月舉行他們歷史性的會面時，他們起草了《大西洋憲章》。在這份文件中，他們宣布希望能夠提供一項和平、「讓所有國家在其國界之內能享有安全的生活」。從這份文件中誕生出聯合國。這個以確保大西洋憲章得以實現為目標的國際組織的名字，其實是出自羅斯福的手筆，而在一九四二年一月，共有不下二十六個與軸心國作戰的國家簽署了原本的《聯合國宣言》。在第二次世界大戰結束前，又有另外二十一個國家簽字加入。

　　兩年半之後，在一九四四年八月，同盟國主要國家的代表於華盛頓郊外的鄧巴頓橡園集會，起草了聯合國的架構。其核心為安全理事會，永久成員包括美、英、俄、中、法等五個國家，這一情形時至今日仍然沒有改變。

　　另一次會議接著於一九四五年四月召開，這次地點是在舊金山。出席的總共有五十個對軸心國作戰的國家。這次會議結果訂出了從十

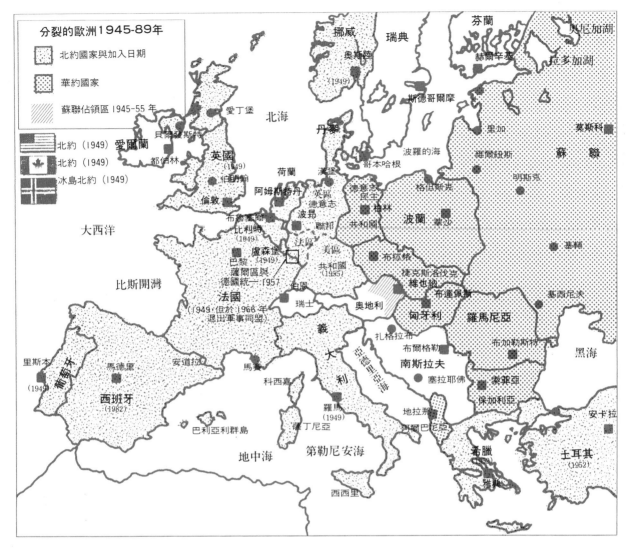

分裂的歐洲1945-89年

- 北約國家與加入日期
- 華約國家
- 蘇聯佔領區 1945-55 年

- 北約（1949）愛爾蘭
- 北約（1949）
- 冰島北約（1949）

芬蘭
奧尼加湖
拉多加湖
赫爾辛基
挪威
瑞典
奧斯陸
（1949）
斯德哥爾摩
里加
莫斯科
蘇　聯
羅爾給斯
明斯克
愛丁堡
北海
丹麥
波羅的海
格倫斯克
基輔
貝爾發斯特
漢堡
哥本哈根
德意志
民主
波蘭
華沙
都伯林
英國
（1949）
荷蘭
柏林
伯明翰
阿姆斯特丹
英區
德意志
聯邦
波昂
布拉格
倫敦
大西洋
比利時
（1849）
布魯塞爾
盧森堡
（1949）
巴黎
薩爾區與
德國統一 1957
美區
共和國
（1955）
法國
捷克斯洛伐克
維也納
布達佩斯
基西尼夫
比斯開灣
伯恩
瑞士
奧地利
匈牙利
羅馬尼亞
黑海
法國
（1949 但於 1966 年
退出軍事同盟）
扎格勒布
布爾格勒
布加勒斯特
里斯本
（1949）
馬德里
安道拉
馬賽
亞德里亞海
南斯拉夫
塞拉耶佛
索菲亞
保加利亞
安卡拉
科西嘉
葡萄牙
西班牙
（1982）
羅馬
（1949）
薩丁尼亞
地拉那
阿爾巴尼亞
巴利亞利群島
義
大
利
地中海
第勒尼安海
希臘
（1952）
土耳其
（1952）
雅典
西西里

月開始生效的《聯合國憲章》，作為未來世界和平的藍圖。

　　創立聯合國最初的成果之一起源於一九四二年一月。當時關於軸心國在占領區正犯下無數暴行的消息，促使各國在倫敦的流亡政府聯合發出警告，這些罪行將會經由有組織的司法予以懲處。這份宣言由聯合國所接手，其「罪行委員會」在一九四三年十月第一次集會。美國、英國和蘇俄也在同一個月對德國發出警告，那些主要戰犯將必須為他們的罪行而受審。同盟國於一九四五年七月在波茨坦召開的最後一次戰時會議中也證實了這點。

　　存活的納粹黨高級成員被解往德國南部的紐倫堡，這裏在戰前曾舉行過壯觀的遊行，以展現德國在希特勒領導下的紀律與力量。他們

紐倫堡戰犯法庭上分坐兩排的德方被告，他們身後是美軍憲兵。審判過程是以英語進行，但是被告可以經由耳機聽到德語的同步翻譯。

在這裏將由國際軍事法庭審判違反和平的罪行（進行侵略戰爭），違反人道的罪行（對平民犯下暴行），以及戰爭罪行（觸犯戰爭法條）。

對希特勒二十一名最重要追隨者的審判於一九四五年十一月展開，一共進行了十一個月。最後有十人被判處死刑，其他除開三人無罪開釋之外，都被判處長期監禁。

元首的副手，德國空軍總司令赫曼・戈林逃過了絞刑架。他在等待執刑時，吞下了一顆偷運給他的氰化物藥丸。至於那些被判處監禁的人則被解往柏林的史盤道監獄，由各占領國部隊輪流看守。繫獄最久的一人是魯道夫・赫斯，他原本是元首的副手，但卻在一九四一年五月令人不解地駕機飛到蘇格蘭，試圖與英國談判和平條件。他從未踏出史盤道監獄，最後於一九八七年在那裏去世——有些人宣稱當時的情形十分神祕。

但是各國也舉行了自己的戰犯審判。因此美國為了一九四四年十二月突出部之戰期間，造成大約八十名美軍遇害的馬梅地大屠殺，將

第六裝甲軍團的成員——包括指揮官塞普・狄特里希——交付審判（譯註：狄特里希被判終生監禁）。英國則逮捕了貝爾森集中營的指揮官佛立茲・克瑞馬，將他與部分他的部下一同處絞。

那些曾受過德國占領苦難的國家，也對通敵者和叛國賊採取了報復行動。挪威審判了曾在一九四○年鼓勵德國入侵的奎士林。法國也對一度曾是國家英雄，在一九四○年六月法國失敗之後領導維琪政府的亨利・貝當元帥採取了同樣行動。

在世界的另一邊，一套相似的戰犯審判系統也正在對付日本。在那些被判處死刑的人中，包括率領日本參戰的東條英機大將。他曾試圖在受審之前自殺，但是又被救活過來，最後還是無法逃過死刑。另一個被處死刑的人是「馬來之虎」山下奉文將軍，他因為一九四四年指揮菲律賓戰役時犯下的罪行而被判有罪。

同盟國的戰犯審判在一九五○年告一段落，但這決不是代表調查的終結。特別是以色列仍鍥而不捨地追緝那些曾涉入大屠殺的人。一九六一年，以色列審判並且處決了前禁衛隊軍官阿道夫・艾克曼，因為他曾在組織運送猶太人前往集中營上扮演領導角色（譯註：艾克曼自大戰結束後即逃至阿根廷隱居，但仍遭以色列發現，由特工綁架至以色列受審）。

二十五年之後，約翰・德曼朱克被引度至以色列，因為他擔任集中營警衛時犯下的罪行而被判有罪。然而他以身分被誤認的理由提出上訴，得以恢復自由之身。甚至英國還在一九九○年代初期展開了一頁曠日費時的調查，對象是那些曾在祖國犯下戰罪的波羅的海國家國民。

在戰爭剛結束時的歐洲戰犯調查過程中，俄方顯然並不願意透露他們手上的軸心國戰俘的詳情。這是另一個俄國與西方國家關係日漸惡化的指針。另一個則是在德奧兩國的占領國會議中，俄國表現得越來越強硬。

事實上早在一九四六年三月，前英國首相邱吉爾就在密蘇里州富爾頓對美國學生聽眾警告，「一道鐵幕正在越過歐洲大陸落下」，這段話後來成了英文的一部分。

西方同盟國很早就了解到，德國必須要能夠自力更生，這代表要讓工業恢復運轉。一個最好的例子就是福斯汽車工廠，原先希特勒建立的目的是為人民生產汽車。其戰後生產的金龜車證明是過去五十年最受歡迎與最耐用的汽車之一，而且時至今日仍在道路上奔馳。另一方面，俄國卻將占領區內可用的東西幾乎全部予以拆運回國，理由是

一名德國戰犯的下場。

補償蘇聯在戰爭期間所受到的破壞。

更糟糕的局勢在一九四六年六月來臨，俄方當時迫使西方同盟國同意停止德國人自他們的占領區前往西方。結果就是將德國一分為二的「德國內邊界」。此舉與同盟國在戰時所同意的互相牴觸，亦即德國應該作為一個國家來對待。然而，西方同盟國這時在德國的軍力十分薄弱。他們戰時的大規模部隊大都已復員，那些留在德國西部的則不過是地區軍政府的保安部隊而已。相形之下，蘇俄卻少有大舉裁減龐大的戰時軍力的跡象。

共產主義也出現了在歐洲內部擴散的跡象。希臘在德軍於一九四四年底撤出之後，曾經爆發過一場內戰。從那時開始，英國部隊就在希臘政府的邀請下駐守在當地。一九四六年，希臘北部的共黨游擊隊開始活躍起來，第二次內戰於是爆發。希臘向聯合國抱怨游擊隊受到了保加利亞、阿爾巴尼亞和南斯拉夫之助，而這些國家全部是由共黨政府主政。聯合國最後決定支持希臘。

在土耳其，共產黨也在一九四六和四七年間造成了動盪不安。的里雅斯提是另一個棘手的問題，因為南斯拉夫在大戰結束時宣稱從義大利占有了這裏。南斯拉夫與西方同盟國發生衝突的危險，最後藉由設立「的里雅斯提自由區」而得以避免，當地的警察工作則由美國、英國和南斯拉夫部隊負責。不過在一九五四年，義大利和南斯拉夫終於同意了一條新邊界。

更糟的是，所有被俄國解放的東歐國家並未得以舉行真正的自由選舉。結果就是在一九四七年間，共黨政府在波蘭、匈牙利、羅馬尼亞、以及保加利亞陸續掌權，而他們首先採取的步驟之一，就是解散所有其他政治黨派。

一九四七年三月，杜魯門總統在對美國國會的演說中，揭示了一項處理日漸惡化局勢的新主義。美國將給予任何受到另一個國家威脅的國家經濟與軍事上的幫助，而第一批受益者則是希臘與土耳其。此舉不但象徵著美國傳統孤立主義的終結，在接下來的二十年中，杜魯門主義也是美國外交政策的基石，最後終於導致美國涉入越南。

在此同時，歐洲仍在掙扎著修補一九三九～四五年間在物質和經濟上所受到的損害。在美國眼中，這使得歐洲對共產主義毫無招架之力。因此在一九四七年六月，國務卿喬治·C·馬歇爾——戰時的美國參謀首長聯席會議主席——宣布美國準備對歐洲國家提供經濟援助，以幫助他們自力更生（譯註：馬歇爾也因此成為唯一一位得到諾貝爾和平獎

的軍人)。這項所謂的「馬歇爾計畫」得到了西歐國家的熱烈歡迎。至少東歐國家,特別是在艾杜亞德‧貝尼斯總統領導下,仍享有民主政府的捷克,也迫不及待希望能利用馬歇爾計畫。然而,史達林絕不能容忍這種情形發生,因此在一九四七年九月,他也宣布了另一個版本的馬歇爾計畫。

但是捷克作為民主國家的日子已是屈指可數。在聯合政府中只占少數的共黨於一九四八年奪下大權,將所有其他黨派的政治人物予以逮捕。高潮在三月來臨,當時正準備與新政府合作的外長馬拉西特──他是捷克首任總統之子──突然自陽台上落地身亡。雖然因為他是個非常受歡受的人物,所以共黨准許為他舉行國葬,但許多人都強烈懷疑是共黨謀殺了他。貝尼斯一直擔任總統到六月,終於因為對共黨的厭惡和健康不佳而辭職。隨著他的離開,史達林也完成了對東歐的掌握。

這位俄國的獨裁者現在將注意力轉往了柏林,在一九四五年六月的柏林宣言之下,美國、英國和法國在柏林的西半部分別擁有其占領區。這點反映了戰時同盟國都接受德國應該被視為一個國家,而其首都終將會歸還給德國。

一九四八年六月二十四日那天,在沒有任何警告之下,俄方突然關閉了所有自德國西部同盟國占領區通往柏林的鐵公路交通。此舉意未著西柏林不但失去了與外界的聯繫,其居民也有陷於飢餓的危險。西方同盟國對俄國的抗議,以及重開鐵公路的要求都遭到斷然拒絕。盟軍在西德的軍力只不過是俄國在占領區的一小點而已。因此戰爭是絕不可能的。無論如何,西方同盟國都不會被迫離開西柏林。他們因而下定決心,要完全由空中對城內的占領區進行運補。

一名德國人正在清潔一座降落燈,同時則有一架運輸機正在落地,攝於一九四八─四九年的柏林空運期間。

空權所曾面對最著名的挑戰之一，「柏林空運」就此展開。在將近十一個月裏，美國空軍和皇家空軍向柏林的加陶和譚波霍夫機場——當時全世界最忙碌的機場——不停執行直飛任務。飛機運送包括食物、肥皂、醫藥、液體燃料以至煤——這在冬天尤爲重要——的每樣東西。離開柏林的飛機則將病患後送至德國西部治療。

俄國人並不相信空運能維持多久。儘管他們有時會對飛機進行騷擾，但卻從未試圖將它們擊落。西柏林的居民因而得以生存下來，最後在一九四九年五月五日，俄方終於認輸，重開了柏林通往西方的鐵公路。

然而早在柏林空運開始之前，西方就已著手在莫斯科不懷好意的態度之前，展現出更堅強的團結。在一九四八年三月，英國、法國、比利時、荷蘭和盧森堡簽訂了布魯塞爾條約，這是一項打算要維持五十年的政治、經濟和軍事聯盟。那年九月，西歐防衛組織在英國戰時英雄蒙哥馬利元帥的領導下，於巴黎郊外的楓丹白露正式成立。

美國也正在重整軍備——至少是在試圖這麼做。當捷克共黨於一九四八年初發動政變時，包括陸戰隊在內的美國地面部隊已經減少至略多於六十萬人。杜魯門希望將之擴張爲四倍，但國會最後只通過了一項選擇性服役法案，在未來兩年內增加三十萬人。其實是大部分美國人都以爲空權，加上美國是唯一擁有核子彈的國家，代表著他們已經不再需要大規模的地面部隊。

的確，在戰爭剛結束的那段時間中，美國一直持續在發展原子彈，並且在太平洋進行了數次試爆。美國也將他們日漸增加的知識與英國和法國分享，從而讓西方對蘇俄占有壓倒性的優勢。然而，這種情形將不會維持太久。

一九四九年八月二十九日，俄國成功進行了一次原子彈試爆。此舉完全出乎西方意料之外，同時也象徵著潛在的第三次世界大戰規模將會多麼駭人。因爲在那年四月成立了一個新的西方防衛組織。這就是北大西洋公約組織，其創始簽約國不但包括受到威脅的西歐國家，還有美國和加拿大。

蘇俄最初對北約的反應充滿了敵意。然而一旦簽字之後，東—西關係卻又出現了少許緩和的跡象，這點反映在柏林封鎖的結束，以及蘇俄撤回對希臘共產黨的外來援助上。然而，這只是暫時性的。

俄國之所以能夠早在一九四九年就發展出核子武器，主要是由於好幾位涉入美國核子武器計畫的人士將祕密資料提供給他們。這些核

子間諜，像是克勞斯・福克斯、亞倫・努恩・梅、以及羅森堡夫婦的動機不只是出於意識形態，他們也相信如果只有一方擁有核子武器的話，世界將會比雙方都擁有更不穩定。

間諜活動本身成了冷戰的主要武器之一，而間諜醜聞也層出不窮。這場戰爭在別的地方都沒有像西德這麼激烈，那裏有數以千計的東德特務在活動著。然而過了一段時間，這場陰影「戰爭」也發展出了其規則，一九七〇年代，遭到逮捕的間諜便經常在柏林進行交換。

另外還有其他獲取情報的方法。雙方都試圖穿透對方的空域，藉以進行拍照和測試對方空防。通常戰鬥機都會緊急起飛，將入侵者逐退，但有時也會發生更激烈的行動。一九六〇年五月，俄國就擊落了一架美國的U-2高空偵察機，飛行員蓋瑞・鮑爾斯上尉則令美國大失顏面地受到審判。然而到了一九七〇年代末期，偵察機大多已被間諜衛星所取代。

另一項武器則是宣傳。東歐國家曾舉行過許多次的公審，藉以顯示資本主義的力量有多麼邪惡與奸詐，至於同時在美國，參議員約瑟夫・麥卡錫則藉由指控共產黨徒滲入了各行各業，使得全國在一九五〇年代初期陷入一片歇斯底里之中。即使是好萊塢都不能倖免，像是查理・薛普林這樣家喻戶曉的人物也被迫離開美國。空中頻道也被用來傳播各自對時事的看法，「莫斯科電台」和「美國之音」就為了影響世界輿論而彼此較勁。

然而，日益升高的核子武器競賽卻蓋過了這一切。一九五一年十一月一日，美國於太平洋的恩尼威托克環礁試爆了第一顆氫彈。其威力要比一九四五年使用在日本的原子彈強大上許多倍。然而俄國並沒有落後太多，不到一年之內，他們也擁有了這種武器。

但是傳統軍力也未被遺忘。蘇俄仍然在東歐駐守著強大的軍力。因此在一九五二年，已經增加希臘和土耳其的北約組織在葡萄牙首都里斯本集會時，便要求建立一支包括五十個師和四千架飛機的軍力，以對抗此一威脅。所有部隊都將由盟軍駐歐最高指揮官艾森豪將軍負責統帥。這支兵力中有相當一部分將被部署在德國，這裏仍然是冷戰的中心。

到了一九五〇年代中期，西德終於自戰爭造成的破壞完全恢復了過來，並且逐步朝向繁榮邁進。相形之下，東德的經濟卻仍然落在後面。但雖然西方同盟國決心要讓德國儘早統一，俄方卻依舊毫不妥協，並且在他們的占領區成立了一個臨時共產黨政府。

在太平洋的比基尼環礁進行的一次美國原子彈試爆,時間是一九四九年。爆炸的右方是一批錨泊的軍艦,目的是調查爆炸對它們的影響。然而,美國獨享核武的日子將不會維持太久。

　　然而,俄國三十年來的獨裁者史達林在一九五三年去世。繼任他的人是納基塔‧赫魯雪夫,而西方所有任何關係解凍的希望,很快就消失得無影無蹤。赫魯雪夫和史達林一樣,都拒絕見到一個統一的德國出現,因為他們害怕有朝一日德國會再度對俄國造成威脅。因此在一九五四年,他宣布東德成為一個獨立國家,國號為德意志民主共和國,由長期共產黨員華爾特‧烏布里希特所領導。西方對此的回應是在次年給予西德國家主權,並且讓西德成為北約一員,這就是由總理康拉德‧艾德諾所領導的德意志聯邦共和國。莫斯科立刻進行報復,宣布組成一個新的軍事同盟「華沙公約組織」,其成員包括所有東歐共產國家,唯一例外的是南斯拉夫,其統治者狄托總統由於蘇俄過分插手內政,因此在一九四八年和蘇俄斷絕了關係。此後他即維持不結盟政策。

　　華沙公約的成立,正式在歐洲形成了兩個軍事陣營,他們彼此的疆界自挪威北部的北極海,一直延伸到高加索山區。然而,布滿鐵絲網、雷區和瞭望塔的德國內邊界,才是歐洲分裂的象徵。

　　在東歐那些衛星國家中,不是每個人都對莫斯科的桎梏感到滿意。一九五三年東柏林就爆發過一次工人暴動,其後許多東德人仍不斷試圖逃往西方。匈牙利的情勢則在一九五六年達到頂點,十月二十二日那天,首都布達佩斯爆發了反抗共黨政府的武裝起義。這次行動

演習中的西德部隊，攝於聯邦共和國一九五五年加入北約之後不久。他們正在操作一挺MG42輕機槍，德國國防軍曾在第二次大戰中廣泛使用這種武器。

宣告成功，在伊姆瑞・納吉的領導下，一個新的自由派政府隨即上台執政。

　　但是當時世界大部分的注意力，尤其是在西方，都正集中在中東，因為以色列在十月二十九日攻入埃及的西奈半島。兩天之後，英法兩國的飛機開始攻擊埃及境內的目標，然後在蘇伊士運河北端登陸——此地已於去年七月為納塞總統收歸國有——試圖收復這條運河。

　　莫斯科利用這次危機之便，在十一月一日派遣戰車開入匈牙利。他們迅速鎮壓了這次革命，並且重建強硬派政府。許許多多匈牙利人因而逃往西方。將這次事件提交聯合國的企圖，則如同過去許多次一樣遭到蘇俄以否決權封殺，莫斯科支持的新政府更拒絕讓觀察員入境。

　　但就算西方沒有因為中東的情勢而分身乏術，他們也不可能前來幫助納吉政府。因為北約的軍事政策是基於以核子反應對抗蘇俄的侵略。在缺乏華沙公約的軍事力量下，北約將核子武器視為彌補數量不足的手段。但匈牙利在一九五六年十一月的苦難，值得冒一場全面核子戰爭的風險嗎？

　　至於在核子武器方面，飛機在一九五〇年代仍被認為是投射它們的主要工具。美國的B-52轟炸機，以及戰時B-29的後繼機型B-50超級空中堡壘，加上英國的V轟炸機，與俄國的屠波列夫Tu-4和Tu-95

俄軍戰車在一九五六年十一月開進匈牙利首都布達佩斯。

——北約將它們分別稱爲公牛式及熊式——互相爭雄。但雙方也都在致力發展長程火箭，這大部分得感謝發展出V-2火箭的德國戰時科學家。事實上，他們的領導人韋納‧馮‧布朗這時就正在爲美國人工作。

戰場或戰術核子武器也正在開始出現，包括由像是美製八吋砲的火砲發射的核子砲彈，以及短程火箭。在這種情形之下，駐德的北約地面部隊了解他們必須分散戰時的部署，以免成爲核子武器的大好目標。然而他們也必須能夠快速集結，藉以對付華約部隊的攻勢。因此北約非常著重於製造各種型式的裝甲戰鬥車輛。它們不但提供了更強大的機動力，也能夠對核子輻射提供相當程度的保護。

蘇俄也非常倚重戰車和其他裝甲車輛。他們使用了許多一九四二～四五年間發展出來的閃擊戰術。事實上，他們的主要目標是在越過東西德邊界後的不過十天之內，抵達英倫海峽。最初他們將核子武器視爲這項戰略的有用助手。然而到了五○年代末期，隨著雙方的核子武器大量擴散，他們決定一開始就發動一次核子攻擊，然後僅僅使用他們的傳統部隊來擴張戰果。

第一次眞正的核子武器危機——事實上也是冷戰期間最嚴重的一次——發生於一九六二年。在經過漫長的內戰之後，古巴的巴提斯塔總統政權在一九五九年遭到由菲爾德‧卡斯楚領導的共黨游擊隊推翻。想到自家後院中就有個共產國家，令美國深感震驚。一九六一年，年輕的新任總統甘迺迪同意給予那些希望自卡斯楚控制下拯救國家的古巴流亡者支持。一支由流亡者組成的部隊因而試圖在豬玀灣登陸，結果卻是一場慘敗。此舉使得卡斯楚更加堅定地投入莫斯科的懷抱之中，隨後在一九六二年秋天，赫魯雪夫決定在古巴建立一座核子飛彈基地。然而美國的情報機構聽到了風聲。出於對這些武器瞄準著美國

心臟的恐懼，甘迺迪總統警告赫魯雪夫，如果有任何一枚飛彈朝向美國發射，蘇俄將會遭到美國的大規模核子報復。更有甚者，除非這些飛彈被移走，否則古巴將會遭到攻擊。

全世界都摒住了呼吸，害怕核子大戰即將爆發。但是赫魯雪夫在了解到美國的核子力量仍然遠比他的強大之下，很快就決定認輸，飛彈也被移走。即使如此，古巴飛彈危機依舊揭露出赫魯雪夫在一九六○年所宣稱，與西方和平共存政策的虛假。柏林的情勢也是如此，當柏林人在一九六一年八月十三日上午醒來時，他們突然發現東德邊防警衛正沿著與西柏林的邊界建起一道圍牆。這條在冷戰緊張中維持至今的東西方自由通道，從此再也無法通行——太多東德人使用這裏逃往了西方。然而，一些人仍然繼續試圖這麼做，其中有許多人爲邊防警衛所射殺。

柏林圍牆現在接替了東西德邊界，成爲分裂歐洲的象徵，一邊是資本主義下西柏林的明亮與忙碌，另一邊則是共產主義柏林的灰暗。兩個超級強權的領袖都體會到其意義。赫魯雪夫在一九六三年一月訪問了柏林圍牆，甘迺迪則是在那年六月。然而不過一年多之後，兩人都從世界舞台上消失了身影。甘迺迪總統於一九六三年十一月二十二日在德州達拉斯訪問時遇刺，赫魯雪夫則在一九六四年十月遭到亞歷克西·柯錫金和李奧尼德·布里茲涅夫罷黜。

隨著美國的注意力漸漸轉向越南，一項新的蘇俄政策也開始出現。這項政策名爲「布里茲涅夫主義」，目的是維持華沙公約的團結。這項政策於一九六八年付諸實行。在那年年初，老派的史達林主義者安東尼·諾佛特尼被迫辭去捷克總理一職，取代他的是自由派的亞歷山大·杜布西克。結果就是所謂的「布拉格之春」，隨之而來的是共產主義檢查制度的顯著放寬，以及民權的改善。

然而，莫斯科並不喜歡這樣，華沙公約組織在捷克邊境舉行演習，藉以表達蘇俄的不悅。總理柯錫金接著訪問布拉格，但捷克拒絕停止他們的自由化計畫，不過還是宣布他們仍然打算成爲華沙公約的一員。在害怕這樣的自由化將會擴散到其他東歐國家之下，莫斯科採取了行動。在一九六八年八月二十日那天，蘇俄、東德、波蘭、保加利亞和匈牙利的部隊入侵捷克。與一九五六年布達佩斯的情形相較之下，捷克並未進行軍事抵抗，杜布西克很快就被罷黜，由更保守的政府取而代之。如同布里茲涅夫所指出的，對一個華約成員國的威脅就

是對整個華沙公約的威脅。再一次西方又沒有採取任何行動。一如一九五六年，西方也正無暇他顧，當時學生暴動正在橫掃各國，原因則是越南，此時美國的捲入正達到高峯。

到了一九六〇年代末期，雙方的核子政策又有了徹底的改變，原本在五〇和六〇年代期間，最重要的想法是「互相保證摧毀」。北約則發展出了彈性反應的教條。這意味著假如華約部隊攻入西歐，北約的行動不會是立刻按下核子按鈕，而是採取漸進式的反應。若是對方沒有留意到這點的話，反應將會逐漸增強，直到越過核子門檻爲止，傳統部隊因而得以扮演比過去更爲重要的角色。而這項策略更得到由地面和直升機發射的反戰車導引武器系統的引進之助，這代表更多戰車能夠保留爲預備隊，以對抗華沙公約的攻勢。

俄方在歐洲戰場的核子武器重要性之下，也正在重新進行思考。他們注意到特種部隊能夠在北約動用戰術核武之前，將它們予以摧毀，藉以贏得一場毋需訴諸核子武器的戰爭。爲此他們發展出作戰機動羣的觀念，這是一支包括所有兵種的部隊，在攻擊直昇機的支援之下，能夠在主力之前深深穿入北約防線，破壞指揮與管制，以及攻占關鍵地形。

俄製T-72戰車在東柏林遊行，時間是一九八〇年代末期。

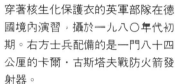

穿著核生化保護衣的英軍部隊在德
國境內演習，攝於一九八〇年代初
期。右方士兵配備的是一門八十四
公厘的卡爾·古斯塔夫戰防火箭發
射器。

西德的豹二式主力戰車。這型戰車
配備有一門一二〇公厘光膛砲。

　　但是雖然雙方都試圖拖延在戰場上使用戰術核武，戰略核武的陰
影依然籠罩著歐洲與北美。

　　最主要的投射方式仍然是飛機和地對地飛彈，但現在又加入了第

一架作戰中的蘇俄米爾Mi-24攻擊
直昇機（北約代號雌鹿）。它配備有
一挺十二·七公厘機槍，以及五十
七公厘火箭或反戰車導引飛彈。

三種系統，這就是彈道飛彈核子潛艦。戰略核子三角就此形成，其理論是所有三種投射的方式無法同時成為目標。因此得以維持報復性或者「第二波攻擊」的核武能力。然而到了一九七○年代，雙方都體認到他們擁有的核子武器比需要的還超出許多。雙方因而展開了限制戰略武器的談判。

在七○年代期間，蘇俄也在朝向另一個方向增強軍力。東西兩大集團一直不遺餘力在第三世界建立勢力範圍。西方在這方面享有一大優勢——海軍實力，尤其是美國海軍。蘇聯海軍由於其通往海洋的通道有限，因此一直與其他軍種關係不良。但是在瑟吉·高希可夫上將的領導之下，蘇俄海軍展開了一項大規模擴軍計畫，大批現代化水面船艦很快就出現在全世界所有的海洋上。他們也在像是越南海岸的金蘭灣，以及紅海的亞丁的地方建立了基地。

雙方都將武器出售給第三世界國家，藉以獲取影響力，像是中東戰爭般的衝突則提供了測試它們的機會。另一個獲取影響力的方法是代理戰爭。莫斯科因而支持古巴在七○年代派遣大批部隊前往安哥拉，幫助趕走當地的葡萄牙殖民統治。

然而到了一九七○年代中期，由於越南的慘痛經驗，美國對於第三世界的胃口已經大幅減少，而其不再涉入災難性的國外冒險的決心，更導致了擴軍步伐的減緩。

一九七九年的兩起事件使得美國更進一步喪失了信心。一是美國駐伊朗首都德黑蘭的大使館館員遭到新成立的回教基本教義派政權支持者拘禁，另一件則是蘇俄在那年年底之前，突然揮軍入侵阿富汗，而西方則被公認對此無能為力。

但是在一九八一年一月，一位新的美國總統隆納·雷根正式就任，他的簡單政見就是決心要使美國再度強大。同樣在英國，保守黨在瑪格麗特·柴契爾的領導下，於一九七九年重新掌權，她很快就得到了「鐵娘子」的外號。兩位領袖都體認到一九七○年代晚期對西方而言，是段大開倒車的歲月，而同時東歐集團的軍力卻不斷在成長。尤其是華約在中程及戰區核武上已經占有絕對優勢。這些可以由引進新式武器加以克服，像是能夠自船艦、飛機或地面發射器發射的巡弋飛彈，以及潘興二型飛彈系統。除此之外，東歐集團在過去幾年中提升與加強軍力的努力，更被本身的經濟不振所抵銷。一九八一年在波蘭導致實施軍法的嚴重暴動，就是其中一個例子。至於在阿富汗，俄軍也和

十九世紀的英軍一樣，開始了解到這是一個難以控制的國家，很快這裏就變成蘇俄的越南。蘇俄的連年穀物歉收則使得情形更加嚴重。

西方提出如果俄方自東歐移走他們的SS-20，西方也不會部署巡弋飛彈和潘興飛彈，但此舉並未吸引布里茲涅夫，因此這項部署仍按計畫進行。西方新的決心也在其他戰爭中得以展現。英國在一九八二年派遣一支特遣艦隊航行六千哩，遠赴南大西洋從阿根廷手上收復福克蘭羣島的決定，讓俄國留下了深刻印象。美國在一九八三年出兵加勒比海的格瑞那達島，則是另一個美國正在復甦的證據，其大舉增加國防支出的舉動也是如此。其中包括發展一套高度複雜的反彈道飛彈系統，這就是「戰略防衞機先計畫」，新聞界則將之稱爲「星戰計畫」。北約在德國的許多次大加宣傳的大規模演習，包括大舉自美國的許多增援的行動，則是另一個新西方決心的展現。

在此同時，布里茲涅夫於一九八二年去世，接替他的是尤里‧安德洛波夫。他也在兩年後去世，他的繼任人康士坦丁‧契爾年科則在位僅不到一年，於一九八五年去世。接下來接掌大權的是一個年輕得多的人，他就是米凱爾‧戈巴契夫。

戈巴契夫是個實際主義者。蘇俄經濟所受到日漸增加的壓力，以及東歐的動蕩不安，意味著東歐集團無法再維持武器競賽。在與雷根總統舉行一連串的高峯會議之後，雙方達成了裁減核子與非核子武器的協議。同時在「開放」(Glasnost)政策之下，蘇聯的生活變得更爲自由。戈巴契夫也承認阿富汗已經成爲莫斯科的重擔，蘇軍最後在一九八八年夏天撤出。

但是戈巴契夫的改革並未立即反應在東歐。儘管受到戈巴契夫的暗示，長期的強硬派政權，像是羅馬尼亞的尼古萊‧西奧塞古和東德的艾利希‧何內克，仍然不打算放棄任何一點手上的權力。結果就是一九八九年如潮浪般橫掃各國的動亂。波蘭於六月舉行大選，華勒沙的改革派團結運動贏得了壓倒性的勝利。一九八九年十二月，捷克劇作家與長期反共黨人士瓦克萊夫‧哈維爾成爲總統，一九六八年布拉格之春的英雄杜布西克則擔任國家主席。

東德動亂最後的高潮是匈牙利開放邊界，讓大批東德人民逃往西德，後者則在一夜之間發現國土上擠滿了難民。這股浪潮也影響到部分蘇維埃社會主義共和國。拉托維亞、立陶宛和愛沙尼亞都發生了反蘇示威，並且要求重新獨立。在高加索、喬治亞、烏克蘭、摩達維亞

一枚由陸地發射的美國巡弋飛彈正在進行測試。其射程遠達兩千四百公里，可以落在距離目標八十公尺之內的地方。

和中亞國家紛紛要求完全切斷與莫斯科的關係。似乎整個共產集團的架構都正在分崩離析，而東歐與西方的邊界到處都在落下。

　　羅馬尼亞在一九八九年十二月爆發武裝起義。經過血腥的激烈戰鬥之後，西奧塞古和他的妻子被捕，在簡短的審判後遭到處決。然而，高潮早已發生——在柏林。在無力阻止難民如潮水般湧向西德之下，何內克統治的東德政府在十一月辭職。兩天之後，他的繼任人在同樣無能為力之下，同意人民可以自由前往西柏林。

　　在次日即一九八九年十一月十日，群眾聚集在柏林圍牆邊，開始將之拆毀。似乎在經過四十多年之後，歐洲和全世界終於得以撥雲見日，新的時代正要來臨。

　　但是在第二次世界大戰結束後的四十五年間，歐洲以外的世界卻已經走向非常不同的方向。

在一九八九年十二月推翻羅馬尼亞
總統西奧塞古的起義中，士兵和平
民正在一輛俄製T-54／55戰車後
面採取掩蔽。

第二十一章

東方共產主義

中國　1945—1989

　　中國所擁有的十億人口，使她具有成為全世界最強大國家的潛力。然而在二十世紀的大部分時間裏，這個國家卻一再因為內部和外來的因素而遭到分割。二十世紀之初發生了拳亂，當時狂熱的國家主義者對國內的傳教士展開了一場激烈行動，然後對北京的外國使領館發動圍攻。一九一一年因為軍隊叛變而誕生的中華民國，則在頭十年中經歷一連串動亂，到了一九二○年代初期，全國已經淪入軍閥彼此爭戰的無政府狀態。這些稍後由蔣介石所大致敉平，但他卻接著又與同盟的共產黨互起衝突。一場斷斷續續打上二十年的內戰於焉展開。

　　在一九三○年代，日本不斷困擾著蔣介石，首先是在滿洲，接著是一九三七年在中國本土。此舉至少使得毛澤東和他的共產黨宣布停戰，提出與蔣介石為了共同目標而結為盟友。然而，蔣介石卻始終與共產黨保持著距離。

　　在美國的財政貸款和後來的租借法案支持下，蔣介石的部隊繼續抵抗著日軍。然而直到一九四一年十二月，中國才得以正式與英美結為同盟，但是在日本於東南亞和太平洋的閃電攻勢之下，他們能夠馬上提供的直接援助實在不多。雖然西方同盟國仍然繼續在將軍火運交給中國，但在日軍於一九四二年初封閉滇緬公路之後，空運成了唯一的途徑。

　　然而，西方援助的對象僅有蔣介石而已。正在對日軍進行游擊戰的共產黨則只有自力更生的份。直到一九四四年，才有一支美國軍事代表團訪問他們，而這支代表團對所見所聞留下了深刻的印象（譯註：此即由巴克納上校率領的「迪克西代表團」，飛往延安訪問的時間在一九四四年七月。相較於當時軍民士氣不振，社會落後的國民政府統治區，延安確實讓人印象完全不同，而這可能是抗戰史中比較不為人知的一面）。即使如此，美國對於以武器支援毛澤東的想法仍然有所躊躇，特別是蔣介石仍對共產黨深感猜疑，甚至動用部分他的部隊來確保他們會繼續對抗北邊滿洲國

在第二次世界大戰末期，中國部隊正在攀上一處日軍占據城鎮的城牆。

的日軍，而非轉向南邊作戰。雙方彼此都存在著這種感覺，像是毛澤東也拒絕與蔣介石協調他的行動。

在日本投下的原子彈，終於使得中國的八年抗戰告了一個段落。除此之外，中國現在更被認為是列強之一，並且在聯合國安理會獲得永久席位。

然而以為中國能夠享有和平的希望，很快就消失得無影無蹤。雖然美國駐華大使派區克·赫爾利在一九四五年八月，也就是對日戰爭正式結束之前，促成了蔣介石和毛澤東舉行長時間會談，但雙方很快就顯現出彼此仍存有很深的歧見，尤其是毛澤東的八路軍參加了俄軍攻占滿洲國的行動，因而得到相當數量的俄製武器。在幾個星期之內，蔣介石的國民政府部隊和共產黨爆發衝突，並且擴及中國二十八個省分中的十一省。

美國這時正試圖在兩方之間促成長久的和平。美國的戰時參謀首長聯席會議主席馬歇爾將軍為此在一九四五年十二月前往中國。他的想法是說服毛澤東和蔣介石達成妥協，並且組成統一的聯合政府。至

於誘餌則是提供大筆經濟援助，其數目足以補償中國過去八年所遭受的破壞還有餘。

馬歇爾很快就曉得了雙方之間深深存在的歧見，不過在一九四六年二月，他終於成功的讓國民政府和共產黨簽下一項相當於軍事停戰的協議。然而，他害怕這紙協議結果將會毫無用處。

真正的問題是出在滿洲。馬歇爾的停戰讓蔣介石的部隊得以開入當地。但是當時滿洲仍由俄軍占領，而他們正在搬走一切有價值的東西。當他們終於撤走時，毛澤東的部隊卻搶在蔣介石的部隊前面開進來填補這片真空。戰鬥於是爆發，共產部隊很快就占領了滿洲的都城長春。馬歇爾試圖安排停火，但是並未成功。戰鬥隨即一再擴大，因為一九三七年日本入侵而被澆熄的內戰火焰，現在顯然又被點燃起來。

在接下來的三年中，戰爭在中國境內進行著。一開始蔣介石的部隊似乎勢如破竹，一舉攻入滿洲，並且拿下大片土地。毛澤東則改採游擊戰術，迫使國軍採取守勢。到了一九四七年中，共黨已經掌握了滿洲，而中國其他地區飛漲的通貨膨脹則使得蔣介石越來越不受歡迎。美國很清楚蔣介石政府的腐敗，但是出於對共產主義擴散的日漸恐懼，使得美國繼續對國民政府進行軍事援助。其中包括武器，運送蔣介石部隊的飛機，以及派出顧問團到台灣訓練他的部隊。

這些幫助不足以阻止共軍贏得更多的勝利。到了一九四八年四月，毛澤東已經由游擊戰改為與國軍正面對抗，並且開始迅速推進。那年年底，雙方於南京和上海西北方的蘇州爆發了長達兩個月的會戰，結果獲勝的共軍俘獲多達三十二萬名俘虜。

這是蔣介石結局的開始，共軍在一九四九年一月開入北平。三個月之後，他們改下了國民政府所在地南京和上海。兩座城市都位於長江岸邊，一場戲劇化的事件就發生在這條水道上，時間則是七月底。英國巡防艦紫晶號當時正逆流而上，艦上載著運給英國駐南京大使館的補給品。該艦正好遇上南京陷落，結果在下游四十哩處的鎮江被共軍拘留達三個月之久。在一九四九年七月三十日那天，紫晶號突然溜出泊地，向大海直衝而去。此舉必須要在共軍岸砲的砲火下，向下游航行一百五十哩遠。備受痛擊，但是毫不屈服的紫晶號終於達到了目標，然後駛往香港。

這時共軍已經控制了整個中國東部，在西部則不過是進行掃蕩作

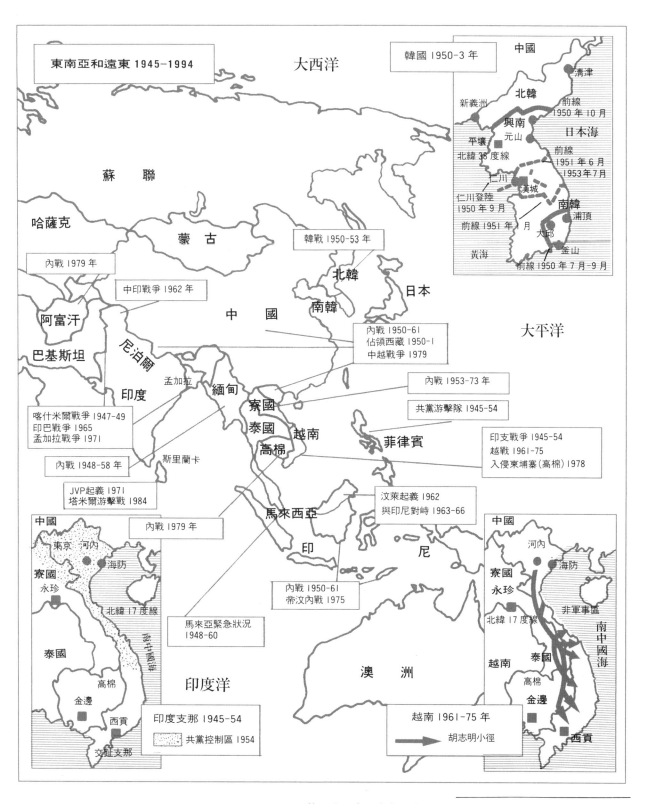

東南亞和遠東 1945-1994

大西洋

韓國 1950-3 年

中國

北韓

清津

新義洲

興南

前線 1950 年 10 月

平壤

元山

日本海

北緯 38 度線

前線 1951 年 6 月

1953 年 7 月

仁川

仁川登陸 1950 年 9 月

漢城

南韓

浦頂

蘇聯

哈薩克

蒙古

前線 1951 年 1 月

大邱

金山

黃海

前線 1950 年 7 月-9 月

內戰 1979 年

中印戰爭 1962 年

韓戰 1950-53 年

北韓

南韓

日本

大平洋

阿富汗

中國

巴基斯坦

尼泊爾

內戰 1950-61

佔領西藏 1950-1

中越戰爭 1979

內戰 1953-73 年

共黨游擊隊 1945-54

印支戰爭 1945-54

越戰 1961-75

入侵柬埔寨(高棉)1978

孟加拉

緬甸

寮國

印度

泰國

越南

菲律賓

喀什米爾戰爭 1947-49

印巴戰爭 1965

孟加拉戰爭 1971

高棉

斯里蘭卡

內戰 1948-58 年

JVP起義 1971

塔米爾游擊戰 1984

內戰 1979 年

馬來西亞

汶萊起義 1962

與印尼對峙 1963-66

印

尼

中國

東京 河內

海防

寮國

永珍

北緯 17 度線

泰國

內戰 1950-61

帝汶內戰 1975

印度洋

澳洲

中國

河內

海防

寮國

永珍

非軍事區

北緯 17 度線

南中國海

馬來亞緊急狀況

1948-60

南

干

國

界

高棉

金邊

西貢

交趾支那

印度支那 1945-54

共黨控制區 1954

越南 1961-75 年

胡志明小徑

泰國

越南

高棉

金邊

西貢

毛澤東於一九四九年中國內戰結束時校閱他的部隊。

戰而已。結局在一九四九年十二月來臨，蔣介石和他的殘餘部隊最後撤至台灣。在這裏他建立了台灣共和國（譯註：這可能是作者在全書中最大的錯誤），並且誓言要重返中國推翻共產政權。為此他在大陸海岸外的金門和馬祖島上建立起前進基地。在一九五四年九月，共軍開始對這兩地進行砲轟，目的是迫使它們屈服。在美國的大量武器支援之下，國軍並未投降。無論如何，對這些島嶼的砲轟還是持續了八年之久。

毛澤東對蔣介石的勝利，激起了東南亞其他的共黨運動。一九四八年六月，馬來亞的共黨游擊隊展開了一場叛亂作戰，試圖自英國手上取得該國的控制權。這場戰役進行了十二個漫長的年頭，叛亂部隊才終於鎮壓下來。

然而在這整片地區共黨爭奪控制權的鬥爭中，為時最久的一場是發生在印度支那。一直到一九三九年，該地仍被分為五個區域——東京、安南、寮國、高棉和交趾支那——並且在法屬印度支那的名義下以法國為保護國。在一九四一～四五年期間，法屬印度支那係由日本所佔領，但是和馬來亞一樣，當地也存在著抵抗運動。其領袖是曾在一九二〇年幫助創立法國共產黨的阮愛國——當時他在巴黎擔任侍者。他在一九四一年建立了越盟運動，致力於讓安南、交趾支那和東京在越南的共同名義下獨立。他本人則以胡志明而為眾所周知。

當日本於一九四五年投降時，法國根本無力馬上重佔印度支那，胡志明於是迅速宣布越南獨立。然而為了確保日軍繳械，同盟國曾同意由中國部隊佔領印度支那北部，英國則佔領南部。中國方面並未干涉河內的胡志明政府。事實上，他們甚至還將繳獲的日軍武器交給越盟。但是南邊的英軍在釋放日方的法國俘虜之後，很快就發現他們必

須應付由越盟鼓動的大規模動亂。他們的部隊實力並不足以獨立應付此一局面，因此他們被迫動用投降的日軍部隊提供幫助。此舉使他們得以對交趾支那的首都西貢建立起部分控制。

法軍在一九四五年十月開始抵達，在那年年底之前，他們已經將控制範圍擴展到整個印度支那南部，不過北部仍是一個問題。為了在不爆發戰爭之下克服這個困難，法國最初曾試圖與胡志明進行談判，聲明他們準備在保大皇帝統治下提供有限度的獨立。這對越盟而言是無法接受的，尤其保大又曾是一名日本傀儡。法國因而只有訴諸武力，在一九四六年十一月，他們的部隊開始降落在北部港口海防，然後迅速開入河內。然而大部分越盟部隊在武元甲將軍指揮下，已經撤往更為偏遠的地區。在這裏他們計畫先建立起堅固的基地，並且在著手與法國爭奪控制權之前，先鞏固當地民眾的支持。

法軍在北部省分各地遍設駐軍，不過並未花費多少力氣對越盟進行攻勢作戰。法方也按照他們的計畫，讓越南在保大皇帝統治下得到有限度的自治。

然而，毛澤東在一九四九年底的最後勝利，使得局勢徹底變為對越盟大大有利。從現在開始。他們可以得到經由東京北方邊界而來的物資支援。因此在一九五○年一月，胡志明宣布他的政府是越南的唯一合法政府，並且得到了蘇俄、中國和其他共產集團國家的承認。美國和其他西方民主國家則立刻承認保大的政權，美國並且開始運交武器給越南。

在接下來的一個月中，武元甲攻擊了孤立在中國邊界附近的法國駐軍，並且將他們擊潰。其他衝突則一直進行到雨季使得戰鬥停頓下來為止。一當雨季結束之後，實力已大為增加的越盟隨即重興攻勢，在一九五○年底之前，法軍已被迫放棄邊界地帶。法方的士氣大幅滑落，平民則開始自越南離去。為了挽救大局，法國最傑出的軍人之一尚‧馬里‧迪‧拉特瑞‧迪‧塔希尼元帥奉派出任越南行政長官，以及總司令的職務。

拉特瑞建立了一套新的攻勢策略。法軍將鞏固重要地區，另外再構築一道拉特瑞防線以保護河內與紅河三角洲。他把剩下的兵力編成機動部隊，在傘兵與飛機的支援下，這些部隊可以對越盟的攻勢發動反攻。這些戰術在一九五一年初證明非常有效，越盟蒙受到十分慘重的傷亡。因此後者藉著雨季的機會，進行重組的工作。

一九五〇年代初期的法屬印度支那
——法國雇用的越南挑夫正扛著一
名死去越盟士兵的屍體。

武元甲在雨季結束後重新發動攻勢，但是在一九五一年十月，法軍又再次將他擊敗。這次勝利鼓勵了拉特瑞重行占領邊界地區，藉以切斷來自中國的補給道路。然而，此舉卻使得法軍部隊再度處在進退維谷的危險之中，為了保護通往北邊據點的交通線，法軍不得不投入越來越多的部隊。

拉特瑞在健康不佳，加上他的兒子死於印度支那的打擊之下，於一九五一年十一月返回法國休養。他在兩個月之後去世，遺缺由拉爾·沙蘭將軍接任，後者體認到除非派來更多法軍部隊，否則越盟是不可能被打垮的。然而，法國人民對這場戰爭已漸漸不存任何幻想，他們的政府也拒絕再將徵兵送往印度支那。

戰爭在一九五二和一九五三年間繼續進行著，越盟不斷發動進攻，法軍也一再反攻。隨著越盟在一九五三年四月入侵寮國，使得法軍兵力更進一步延伸，情勢也變得更為複雜。即使如此，法方這時在美國武器的增援下，仍然深信他們優勢的火力能夠讓越盟遭到決定性的失敗。然而他們必須找到一個誘餌，才能將武元甲部隊的主力吸引到開闊地形上來。

法方的選擇落在一處名為奠邊府的村落，這裏位於一處橫跨越盟主要補給道路的峽谷中。一九五三年十一月二十日那天，法軍以大膽的空降作戰拿下了奠邊府，建立堅固的防務，然後開始由空中進行運補。他們相信武元甲很快就會集結兵力來對付這裏，但是叢林的困難

地形，將會使他無法運用重型火砲來轟擊這處據點。然而法國人卻忽略了越盟的創造力和努力不懈，他們根本是從叢林中闢出一條補給道路，運來中共提供的防空砲和其他火砲。於此同時，武元甲在其他地方發動了一連串攻勢，藉以讓最多數量的法軍部隊無暇他顧，他則利用這段時間在奠邊府周圍集結他的兵力。

到了一九五四年三月初，武元甲已經擁有五萬名兵力，在六十門大砲和重迫擊砲的支援下，包圍住奠邊府的一萬三千名守軍。他於十三日那天展開攻擊，攻占了部分據點，並且讓法軍無法再使用他們所築成的跑道。在經過一段暫停——法軍利用這個機會空投了一些援軍——之後，攻擊繼續進行。越盟部隊漸漸地迫使法軍縮小防線。然而他們的傷亡也十分慘重，這點鼓勵了法軍在四月十／十一日的夜晚空投更多援軍。然而其他許多人卻落在越盟部隊占領的地區中。

雨季在這時來臨，但這只不過限制了空中運補，以及造成防務積水而已。糟糕的是法國當局正開始失去信心，組織一支解圍部隊的工作更是毫不熱心。當時在瑞士的日內瓦正在舉行一場國際會議，在體認到這次會議即將考慮印度支那的前途之下，武元甲十分急於完成這件工作。五月一日那天，他向奠邊府發動了最後攻勢。法國守軍奮戰不懈，但是一個星期之內，他們就已經被消滅到僅剩下分散的口袋陣地而已。

法軍指揮官克里斯丁‧迪‧卡斯特里上校因此只好投降。他的部下能夠走向越盟戰俘營的只剩下七千人，許多人再也沒有歸來。

越盟在奠邊府戰役中傷亡達兩萬三千人，但是他們的勝利注定了法國在中南半島的命運。和平談判很快展開，法國於一九五四年七月二十一日在日內瓦簽下協議，從此撤出中南半島。寮國和高棉的獨立也得到承認，越南則以十七度線爲界成立兩個國家。北越由胡志明所領導，南越則是親西方的民主政權。

十七度線現在成了民主與共產意識形態戰爭在東南亞的前線，衝突很快就會在這處紛爭不斷的地區再度爆發。更有甚者，越盟的成功被視爲是毛澤東革命戰爭思想的勝利，這是毛澤東在中國內戰和與日本人作戰的漫長歲月中所發展出來的。在世界上的許多地方，左派的叛亂團體從此就以他的思想作爲勝利的藍圖。

然而，毛澤東的中國在早年並不只是共產主義的輸出國而已。中國也希望擴展其邊界與影響力，特別是在西南方。一九五〇年十月，

中國部隊入侵了西藏。在那年之內，他們就已經占領了這個遙遠而和平的國家，並且迫使其精神領袖達賴喇嘛成為中國的傀儡。西藏人民深感憤恨，一連串的抗暴行動從一九五六年起展開，但都遭到中國以嚴厲手段鎮壓。達賴喇嘛最後在一九五九年三月逃往印度，至今仍然過著流亡生活，他的國家則仍由中國緊緊掌握著。

朝鮮半島則是另一個在一九五〇年代初期吸引中國注意力的地區。這裏在一九〇四～五年的日俄戰爭之後，曾經是日本帝國的一部分。在第二次世界大戰結束時，同盟國同意由俄方負責將該國北部的日本部隊繳械，美國部隊則負責南部。聯合國的意圖是應該要讓朝鮮得到完全獨立。為此一個聯合國委員會在一九四七年底被派往該國，監督全國大選的舉行。然而這時冷戰已經全面展開，結果俄方拒絕承認這個委員會在他們的占領區中執行權力。

無論如何，選舉還是在南部如期舉行，南韓於一九四八年八月在李承晚總統領導下正式獨立。俄方的反應則是在北韓安排他們的選舉，金日成於是在一九四八年九月掌權，一直到他在一九九四年七月去世為止。俄國隨即將部隊撤出，美國也在一九四九年七月撤軍。然而，俄國卻留下了一支裝備要比鄰邦精良許多的北韓軍隊，而且顯然南北韓彼此並沒有多少感情。

不到一年，一九五〇年六月二十五日星期日那天，北韓部隊突然越過分隔南北韓的三十八度線進攻。北韓已經下定決心要消滅他們眼中的西方傀儡政府，並且將全國統一在金日成的統治之下。

裝備窳劣，訓練不足的南韓部隊根本無力阻止北韓的猛攻。三天之內，他們的首都就告陷落，北韓部隊則繼續以廣正面向前推進。南韓向聯合國求助。正好從一九五〇年一月開始，俄國就由於蔣介石的國民政府仍然出席安理會，拒絕參加聯合國的會議。因此俄國並未出席動用否決權。在最後通牒沒有得到北韓的回應之後，聯合國安理會於是正式號召會員國向南韓提供軍事和其他方面的援助。

美國的海空軍立刻展開部署，在一九五〇年七月一日，頭一批聯合國地面部隊——美國部隊——自日本飛抵韓國東南端的釜山。接下來幾天內有更多部隊自海路抵達，這些部隊隨即朝北出發，試圖阻擋北韓部隊。然而他們的實力不足，很快就被迫隨著南韓部隊一起南撤。到了七月底，除開東南端的釜山周圍之外，南韓已告全部陷落。

中共部隊在韓戰期間發動攻擊。

　　曾在西南太平洋領導盟軍對日本作戰的麥克阿瑟將軍，這時奉派出任聯合國部隊總司令。他在釜山防線組織了一支大規模的增援兵力，到了八月底時，他已經對北韓部隊占有二比一的數量優勢。反攻的時刻終於到了。

　　麥克阿瑟的計畫十分大膽，藉著他在太平洋的經驗，他下令在南韓西北端的仁川進行兩棲登陸。此舉的目的是要將北韓的注意力自東南方移開，一旦成功之後，將接著展開自釜山防線突破的行動。

一處北韓前哨正在觀察聯合國部隊的動靜，照片中是一挺日軍的九九式機槍，這是一九四五年日軍投降後留下來的裝備。

仁川登陸於九月十五日發動。登陸的美國和南韓陸戰隊完全出乎北韓軍的意料之外，仁川在次日即告鞏固。一個美國步兵師隨即空運至當地，部隊開始向內陸推進，漢城則於九月二十八日解放。

　　在此同時，自釜山防線突破的行動也於十九日發動。此舉使得北韓部隊更形混亂，到了十月一日，他們已經退過三十八度線。但是聯合國部隊在決心要將北韓完全擊敗之下，並未在邊界停止下來，反而繼續向北韓境內進軍。他們於十九日攻下北韓首都平壤。九天之後，聯合國部隊進抵了中國和北韓的邊界鴨綠江。

　　北韓時運的迅速轉變，使得北京的毛澤東共黨政府深感憂慮。事實上，北京方面曾經警告聯合國不要將部隊開入北韓，十月間，有十八萬中國部隊祕密越界進行部署，韓國嚴寒的冬天也在這時來臨，跟著在十一月二十七日那天，中國部隊突然向聯合國部隊發動進攻，很快迫使他們大舉撤退。輕裝的中國部隊更能夠適應冬天的環境，在十二月底之前，他們就已經開抵三十八度線。聯合國部隊曾試圖守住這裏，但還是不得不繼續向南撤退。

　　漢城再度陷落，但這時中共的攻勢也開始耗盡了衝力，聯軍因而能夠將之阻擋下來，並且馬上展開反攻。漢城於是再告收復，中共和北韓軍隊被趕過三十八度線，前線也再度穩定下來。

美國陸戰隊正在與共軍部隊交戰，時間是一九五一年夏初。

聯合國陣營內部在這時發生了意見上的分歧。麥克阿瑟將軍
——許多人認爲他是美國歷來最好的軍人——希望攻擊鴨綠江以北他
所謂的中國「庇護所」，這裏被他們作爲作戰的跳板。他甚至還準備動
用核子武器。杜魯門總統大感震駭，他害怕此舉將會使得蘇俄進攻西
歐，造成第三次世界大戰爆發。因此他希望強迫撤換麥克阿瑟。接替
麥帥的是另一位美國將領馬修・李奇威，後者曾在韓國指揮過美國第
八軍團。

　　時至一九五一年四月底，中共又發動了另一次攻勢。儘管損失慘
重，他們還是攻入了南韓。聯軍再度反攻，將中共和北韓部隊趕回三
十八度線以北二十到三十哩的防線上。

　　這時是六月底，已有跡象顯示中共可能會準備談和。一九五一年
七月八日那天，在北韓東岸的元山港外的一艘荷蘭醫院船上舉行了一
次會議。然而事情很快就變得很明顯，中共方面並不急於要達成和平，
不過聯合國還是準備承認一條沿著三十八度線的永久分界線。對中國
而言，要他們在遭受一次戰敗之後停戰，是件顏面掃地的事情。他們
需要時間重建實力。在這方面，他們得感謝聯合國爲了避免被指控破
壞和平努力，因而並不準備發動更進一步的大規模攻勢。

　　因此雙方現在回復到靜態戰爭，在許多方面而言，這與一九一五
～一七年西線上的情形十分相似。鐵絲網障礙、沙包戰壕、深掘的陣
地成爲防務的特點。唯一與第一次世界大戰的重大不同是雷區的廣泛
使用。雖然聯軍在火力上享有相當優勢，中共和北韓部隊卻擁有更多
兵力，而他們也非常善於使用偽裝來隱藏他們的陣地。

　　共有不下於十六個國家參加了駐韓的聯合國部隊，另外還有五個
國家提供了醫療援助。美國提供的兵力規模最大，但包括英國、比利
時、土耳其、希臘、哥倫比亞、印度、菲律賓和泰國在內的國家也曾
派軍參戰。

　　聯合國在海上享有壓倒性的海軍優勢，其軍艦主要是用來進行岸
轟，不過艦載飛機也曾向北韓境內發動攻擊性的空襲。聯軍在空中也
享有空優。這場戰爭是第一場全噴射機的戰事，美國的F-86軍刀機與
我製的MiG-15在空中彼此廝殺。聯軍的轟炸機——包括曾於一九四
五年在日本投下原子彈的B-29——則向北韓的交通線發動攻擊。聯軍
也廣泛使用了戰鬥轟炸機，其中部分還配備有油氣彈。

韓戰也是直昇機首次獨立參戰。在第二次世界大戰中，雙方曾使用過少數的直昇機，主要是使用於救援任務。它們在韓戰中開始展現出其多用途的特性，包括作爲偵察平台、砲兵觀測、空中計程車、以及傷患後送。

至於在韓國酷熱的夏天及寒冬中進行的地面戰爭，特點是雙方的有限度攻擊，隨著和談繼續進行，雙方都沒有占到任何優勢。然而到一九五三年中爲止，和談並未有多少進展。不過製造困難的並不只有中共而已。南韓也轉而反對將韓國分裂的想法。中共則在一九五三年六月以最猛烈的攻勢作爲回應。聯合國這時決定不再在乎南韓的意見。隨著中共的攻勢繼續進行，雙方終於在一九五三年七月二十七日於板門店簽字停戰。

韓戰使得雙方一共付出了將近兩百五十萬人傷亡的代價，其中將近一百萬是中國人。雖然這場戰爭顯示出聯合國能夠採取一致的行動對抗侵略，卻未能結束南北韓之間持續至今的緊張。

藉著干預韓戰，北京展現了與共產鄰邦的團結。然而，中共卻仍然熱中於擴展其邊界。一九五六年，爲了加強對西藏的控制，他們開

在韓戰末期的靜態戰爭期間，北韓部隊正在據守一處戰壕。照片中央是一挺有輪的俄製DShk十二·七公厘重機槍，這是俄軍於一九四八年結束北韓戰後占領時遺留下來的武器。

一架美軍的塞柯斯基H-19契卡索式運輸直昇機,地點是在韓國。這型直昇機是當時最成功的直昇機之一,有好幾個國家曾經購買或者進行授權生產。

始修築一條朝北通往新疆省的道路。這條路通過了印度認爲是喀什米爾省一部分的領土,所以遭到印度的反對。緊張開始在這處偏遠而多山的地區升高,在一九六二年七月,中共部隊越過了緬甸附近的西藏邊界發動進攻。補給線必須通過無人居住山區的印度部隊被迫撤退。戰鬥最後在十一月告終,中國承認印度的東北邊防局邊界,印度則讓出道路通過的喀什米爾東北端。

這時中共也正在其他方面臨著困難。一九五六年,赫魯雪夫對黨代表發表了一次祕密演說,譴責他的前任史達林。毛澤東在聽聞此一消息時大感震駭,因爲蘇俄似乎有意要背離維繫兩國團結的馬克思—列寧主義道路。蘇俄和中國的關係於是開始冷淡起來。毛澤東在一九六〇年趕走了曾經幫助中國現代化的蘇俄顧問團,並且決心要讓中國成爲世上最強大的共產國家。爲此中國在一九六四年十月引爆了第一枚核子彈。

中蘇之間的緊張關係繼續升高,雙方於一九六九年爆發一連串邊界衝突,特別是在東北方的黑龍江和烏蘇里江。這些衝突間間斷斷持續了十五年之久。在此同時,北京則向一向被視爲主要敵人的美國送上了秋波。最後導致尼克森總統一九七二年歷史性的中國大陸訪問。

中國本身則是一片混亂。在一九六六年八月,毛主席發動了他所謂的「文化大革命」。其先鋒是數以千計的紅衛兵,他們揮舞著記載毛

澤東思想的《毛語錄》橫掃全國。這次革命的目標是淨化思想。以加強毛澤東對於中國共產主義是唯一正道的宣言。文革對中國造成了災難性的效果。許多中國的知識分子被送往鄉間務農,作爲「再教育」他們的手段。所有現代化的計畫,包括軍方在內,全部停頓了下來。

文革最後的結果出現在一九七九年二月,中共部隊越界攻入越南的戰鬥中。這場戰爭還是起源於中蘇之間的敵對。由於中共一直在試圖改善與美國的關係,使得越南漸漸投入了蘇俄的勢力範圍之中。越南和鄰國柬埔寨(過去的高棉)之間逐漸升高的敵意,則導致越軍在一九七九年一月入侵。由於害怕這是蘇俄計畫控制東南亞的另一階段,中共決心要讓越南得到教訓。儘管中共的兵力與越南是四比一之比,但他們很快就被迫停頓下來,經過一個月的戰鬥之後,中共撤回了他們的部隊。十年文革對戰力造成的影響,加上越軍的長期作戰經驗,對中共而言確實是太難以應付了。

文化大革命隨著毛澤東在一九七六年去世而告落幕。他的繼承人隨即開始修補中國內部所受到的傷害。與蘇俄的關係漸漸有了改善。

毛澤東和其他許多獨裁者一樣,都熱中於大規模的遊行。

曾經吸引全世界目光的一幕電視影
像。一名中國學生單獨面對進入北
京恢復秩序的戰車，攝於一九八九
年六月。

與西方的經濟和文化聯繫也逐步在加強，大批湧入的觀光客正足以顯
示這點。在中國內部，某種程度的自由化正在生根發芽，甚至還撒下
了資本主義的種子。但中國的統治者只準備偏離僵硬的馬克思—列寧
主義教條到這個程度而已。隨著一九八〇年代過去，學生和其他人士
開始大聲疾呼起更多的自由與改革。在害怕無政府狀態將會席捲全國
之下，當局終於在一九八九年六月採取了行動，以戰車殘忍地鎮壓北
京天安門廣場上的學生示威。與蘇俄和特別是東歐相較之下，在一九
八九年這年中，共產主義卻反而在中國重拾起其鐵腕統治。

第二十二章

和平中的戰爭

1945—1990

　　除開冷戰和全球核子戰爭的威脅，以及牽涉中國的戰爭之外，一九四五年之後的歲月裏還有許許多多場其他的衝突。打從第二次世界大戰剛結束時，那些西方殖民帝國的第三世界領土就再度傳出獨立的呼聲。特別在東南亞更是如此，這裏曾在一九四一～四二年間遭到日軍以迅雷不及掩耳的速度攻占，當地的人民因而了解到他們的殖民母國並非萬能。中南半島上越盟掙脫法國桎梏的苦戰，只不過是幾起獨立抗戰之一而已。

　　在一直被認爲是英國王冠上所鑲珠寶的印度，早在一九二〇年代就已經出現自決的呼聲，並且在整場第二次世界大戰期間不斷持續著。即使如此，印度士兵、水手和空勤人員仍然在北非沙漠、義大利山區、馬來亞和緬甸的叢林之中，勇敢而忠誠地站在英國這方作戰。然而部分在北非和馬來亞被俘的印度士兵，卻在德日雙方收買下加入了由程德拉·波斯所統領的印度國民軍。這支部隊正準備投入軸心國陣營作戰，以交換一旦軸心國勝利，印度的獨立將會得到承認的承諾。

　　軸心國在歐洲和遠東的失敗，使得這項諾言化爲烏有，在印度的英國當局決心要拿那些被他們視爲叛國賊的人殺一儆百。大戰才剛在一九四五年結束，印度國民軍的三名首腦就在德里歷史性的紅堡受審。

　　爲他們辯護的是賈瓦哈爾拉·尼赫魯，他是獨立運動的領導人物之一。他成功地強力主張，他們對印度的忠誠自然優先於對英國的忠誠，結果他們僅僅被迫自英國掌管的印度陸軍除役，而沒有被判處死刑。但是他們的審判激起了新一波要求獨立的呼聲，並且在印度空軍和海軍中引起了兵變。

　　在一九四六年三月，已經接受印度必須得到獨立的英國政府派出了一個委員會，調查應該如何以最好的方式達成這個目標。兩個主要的宗教團體回教和印度教彼此顯然是水火不容。事實上在那年夏天

第二次世界大戰期間正在使用勃倫機槍受訓的印度部隊。他們爲英國目標參戰的意願,並不代表他們不希望他們的國家得到獨立。

中,雙方之間不斷發生暴力衝突,加爾各答情形尤爲嚴重。另外以英國當局爲目標的破壞行動也在日漸增加。

　　已經因爲六年戰爭而心力交瘁的英國因而決定加快獨立的腳步。在一九四七年二月,蒙巴頓子爵——他曾在一九四三至四五年間擔任東南亞盟軍最高統帥——被派往印度出任總督一職,他的任務是在六個月之內完成獨立。各方同意應該組成兩個國家。巴基斯坦將由北部兩個以回教徒爲主的地區組成,不過兩地將相距數百哩遠,這片次大陸的其他部分則歸印度所有。這項消息一經宣布,回教徒和印度教徒隨即大舉出走,前往未來新邊界正確的一邊。當時局勢非常緊張,好幾起英方無力阻止的大屠殺就此爆發。

　　不過在一九四七年八月十五日,印度和巴基斯坦還是分別得到了獨立,英國在兩百五十年的統治之後終於離開。然而一開始兩國的關係就十分糟糕,特別是在引起爭議的喀什米爾省,當地的領袖海·辛哈大君爵士曾經得到選擇加入印度或者巴基斯坦的機會。在他做出決定之前,好戰派的回教徒卻在巴基斯坦部隊支援之下,試圖吞併這塊領土。大君被迫向印度求援,一場全面戰爭隨即爆發。一直到一九四九年一月,聯合國才終於促成和平,不過這並不代表印巴兩國之間的衝突就此結束。

馬來亞也有著要求結束英國統治的呼聲。與印度不同的是，激起這些要求的並不是國家主義者，而是土生土長的華人共產黨員。在大戰期間，他們曾經對日軍進行游擊作戰，並且得到英國提供的武器。日本人對待馬來亞的華人非常殘暴，到了戰爭結束時，有許多人已經逃往叢林邊緣，使得共黨分子得以加強對他們的影響力。

馬來亞傳統上是由好幾個邦所組成，其統治者蘇丹對馬來人的照顧，遠大於對華人和印度人。在體認到共產主義漸增的威脅或許會帶來不穩定之下，英方希望讓少數民族擁有更大的發言權，但是這點遭到馬來人的反對。英方因而建立了一個輪流執政式政府，稱為馬來亞聯邦，並於一九四八年二月正式獨立。

華人反對這種做法，共黨於是決定發動罷工。為此他們展開了一場威嚇橡膠園、礦場和工廠工人的行動。一九四八年六月，他們開始自叢林中的基地出擊，殺害英國橡膠園主人，他們的目標是建立起解放區，這些區域將會結合成一個解放國家。最後他們將會進攻人口稠密的地區，造成法律與秩序的崩潰，讓他們得以掌權。這就是東方共產主義領袖毛澤東的教條。

馬來亞隨即宣布進入緊急狀態，部隊和警察開始派出巡邏隊進入叢林，追捕共黨恐怖分子。他們曾有過一些成功，但還是無法阻止案件繼續增加，到了一九五〇年四月，每個月已經達到四百件之多。高潮則在一九五一年十月六日到來，駐馬來亞的高級專員亨利・古尼爵士在那天遭到伏擊身亡。

然而，英方已經認識到恐怖分子是自叢林邊緣的村民得到大量物資援助——毛澤東將他們稱為「讓游擊隊之魚游動的水」。他們因而發起一項計畫，要將這些人民遷徙到遠離叢林，受到保護的新村莊內。然而，古尼的繼任者吉拉德・譚普勒將軍體認到，沒有人民——亦即馬來人、華人和印度人——的支持，對抗共黨恐怖分子的戰爭將永遠不會得到勝利。因此他鼓勵所謂的「心靈政策」。除了給予百姓保護之外，部隊並且在農業地區大力推展改善生活的計畫，藉以給予他們幫助。英國政府也表明緊急狀態將不會阻止馬來亞邁向獨立的進程。

對抗恐怖分子的作戰並不只是軍方的專利而已。在每一個階層，陸軍、警察和民事政府都組成了委員會，協調與管制彼此的行動。不過當局也認識到勝利是不會在一夜間達成的。尤其是到了一九五四年，馬來亞已經駐有不下四萬五千名部隊，其中還包括紐西蘭和澳洲

馬來亞警察在共黨緊急時期執行一次快速掃蕩任務。

的軍隊，這數目已是一九四八年的兩倍，而且尚未計入警察和當地部隊。但是無論如何，這支兵力還是逐漸將恐怖分子逼入了叢林深處，謀殺率隨之降低下來。

馬來亞於一九五七年八月三十一日正式獨立，但緊急狀態仍然繼續維持著。事實上緊急狀態要到一九六〇年七月三十一日才告解除，此時殘餘的共產黨員已經越過馬來亞的北部邊界，逃入了泰國。這是一場漫長而血腥的戰爭。不過無論如何，與中南半島相形之下，這總算還是一次勝利，而且成為鎮壓叛亂行動的範例。

荷屬東印度則是另一個叛亂成功的例子。在第二次世界大戰結束時，荷蘭與法國一樣，在國土遭到德國占領之下，根本無力立刻收回他們東南亞的殖民地。因此必須由英軍代替他們前來，但他們直到一九四五年九月底才抵達。與中南半島一樣，當地的派系在蘇卡諾博士——他曾在日本占領時期擔任傀儡政權元首——領導下，馬上在日本投降時宣布獨立。英軍不但必須將日軍繳械，還要對付國家主義團體，直到荷軍抵達為止。

荷軍部隊在一九四五年十月開始抵達，他們和英軍很快就困在一場漫長的反游擊作戰中，對手則是印尼人民軍。英軍最後於一九四六年秋天離開，接著在那年十一月，荷蘭和印尼彼此達成協議，爪哇、蘇門答臘和馬德拉將交給後者，荷屬東印度剩下的部分最終也將讓出。

英軍部隊在馬來亞審問一名被捕的共黨恐怖分子。一名被策反的共黨分子是最佳的情報來源，而且在馬來亞動亂的後期，經常被用來說服他的同志投降。

然而，一九四七年間發生了許多次違反停火的事件，荷方於那年七月發動了一次警察行動，將爪哇的大部分予以重新占領。聯合國在這時介入，並於一九四八年一月安排了另一次停火。但這也證明並不牢靠，荷方因而在一九四八年十二月發動另一次警察行動，占領了印尼共和國的全境。接下來是漫長的談判，直到一九四九年十二月底，印尼才終於在蘇卡諾領導下完全獨立。這場為時四年的戰爭一共造成兩萬五千名荷蘭人，以及大約八萬名印尼人傷亡。

　　要求自決的呼聲也大幅改變了非洲的地圖。在一九四五年時，僅有的兩個完全獨立國家是衣索比亞（前阿比西尼亞）與賴比瑞亞。不到四十年之後，所有的非洲國家都已宣告獨立。

　　在原屬英國的領土，權力轉移的過程一般來說都還相當平和。然而還是有些例外。肯亞在一九五二年宣布進入緊急狀態，因為一支自稱「毛毛」（Mau Mau）的武裝組織，正在對白人和效忠英國的黑人所擁有的農場展開攻擊。大批英國部隊火速趕往當地，作戰行動則漸漸集中在林木叢生的亞伯戴爾山脈，這裏是毛毛的基地。在使用與馬來亞相同的戰術下，英軍在一九五六年秋天終於控制住了局勢，不過緊急狀態直到四年之後才解除。在尤莫‧肯雅塔的領導下——英方曾因為他是毛毛領袖嫌犯而將他拘禁——肯亞於一九六三年正式獨立。

　　相形之下，葡萄牙就一直抵抗著獨立的要求，結果導致他們在安哥拉、葡屬幾內亞和莫三鼻克分別捲入了漫長而吃力的鎮暴戰爭中。要到葡萄牙於一九七四年四月發生軍事政變，該國才終於開始放棄對殖民地的掌握，讓這些國家得到獨立。

　　然而，非洲最慘烈的戰役還是發生在阿爾及利亞。該國自一九四八年起就是法國領土，而且有大批法國人在此居住，當地人則將他們稱為「黑腳」（les pieds noirs）。

　　早在一九四五年五月歐戰勝利紀念日那天，回教極端分子就起而殺害了一百名歐洲人。為了報復，法國陸軍和「黑腳」殺害了五十倍於此的數目。但是直到一九五四年，各個不同的獨立派系才統一在「國家解放陣線」之下。其成員開始對「黑腳」發動攻擊，地點首先是在東南方偏遠的奧瑞斯山脈中。法國陸軍隨即開入山區，全面戰爭就此爆發。

　　歷屆的法國政府都曾設法找出解決之道，但是國家解放陣線和「黑腳」的立場仍然南轅北轍，冤冤相報的暴行不斷發生。到了一九五六

年初，法國駐在阿爾及利亞的兵力已經達到五十萬人。在飛機的支援之下，他們對國家解放陣線發動了大規模攻勢，後者到那年年底時已經有一萬四千人陣亡。然而他們卻絕沒有被擊敗。相反的，他們的實力還是繼續在成長。

法方也採取了與英國在馬來亞一樣的睦民政策。但是法方將居住於國家解放陣線活動區附近的居民，移居到法軍軍營附近的荒涼帳篷營地的做法，卻使得這項政策的成果大打折扣。

從一九五六年中開始，首都阿爾及耳爆發了一場殘忍的戰役。國家解放陣線對法國平民進行炸彈攻擊，「黑腳」則以同樣的手段報復。國家解放陣線於一九五七年一月在阿爾及耳組織了一次總罷工，但是為陸軍所鎮壓，首都因而平靜了一段時間。然而到了五月，兩名法國傘兵在離開一處戲院時遭到射殺。傘兵立刻採取報復，在一處土耳其浴室中殺死了大約八十名回教徒。國家解放陣線的炸彈攻擊於是重行展開，「黑腳」也再度開始自行執法。法軍傘兵則對阿爾及耳的國家解放陣線領袖展開追緝行動，到了十月中時，這座城市又再度恢復平靜。

雖然法方在城市和鄉村地區都得到了軍事上的成功，但回教徒這時卻擁有一處牢固的國外基地。法國另外的西北非領土摩洛哥和突尼西亞由於是殖民地，而非法國的一部分，因此得以在一九五六年三月得到獨立，許多國家解放陣線團體在法國的一九五六年攻勢下，紛紛逃往突尼西亞。為了防止他們滲回阿爾及利亞，法國在阿爾及利亞和突尼西亞五百哩長的邊界上，構築起了一道電網，名為「莫里斯防線」。即使如此，國家解放陣線還是溜進了阿爾及利亞，並且發動過數次伏擊。在憤怒於突尼西亞似乎正在支持國家解放陣線下，特別是在兩架法國飛機遭到一處突尼西亞邊界村落的機槍擊落之後，其他法國飛機於一九五八年二月轟炸了這處村落，造成八十人死亡。

早已對國家解放陣線嫌犯所受酷刑感到不滿的世界各國立刻羣起攻之，法國政府因而正式向突尼西亞提出道歉。但此舉只不過更增加了右派團體的不滿，他們覺得巴黎方面在阿爾及利亞還不夠強硬。在法國和阿爾及利亞兩地，他們都將希望放在法國的戰時救星，查爾斯‧戴高樂身上。

期待的情緒逐漸升高，一九五八年六月一日，法國總統柯提終於召喚戴高樂接掌政府。三天之後，他在阿爾及耳宣布所有住在阿爾及利亞的人都是法國人。在這項舉動的鼓舞之下，阿爾及利亞人——包

戴高樂在一九五八年六月訪問阿爾及利亞期間，對阿爾及耳的市民演說。他對阿爾及利亞必須得到獨立的體認，很快使得許多法國居民和軍中單位轉而反對他。

括「黑腳」與當地人——在九月底的公民投票中給與戴高樂壓倒性的支持。然而，他在私底下卻堅信若要達成和平的話，就必須讓回教政府上台掌權。

為了討好回教徒，戴高樂宣布了一項雄心勃勃的計畫，藉以改善他們的生活。他也提出釋放數以千計的國家解放陣線囚犯，並且減免死刑。此時正在法國本土展開恐怖活動的回教徒拒絕了和談的提議，他們認為這無異於要求投降。但是「黑腳」的強硬派也不喜歡戴高樂的主動，他們將所有這些解釋為他正準備要背叛他們。

戴高樂悄悄地將極端派的高級官員撤換，並且派遣空軍將領莫里斯·查勒負責指揮阿爾及利亞，後者負有鎮壓武裝抵抗的命令，藉以讓和平談判順利進行。查勒建立起一支由大約兩個師組成的機動預備隊，輪流向阿爾及利亞的每個地區發動攻擊。他的作戰特點是發展出空中機動的觀念，亦即以直昇機迅速部署部隊，並由地面攻擊機加以支援。這項策略非常成功，到了一九五九年底，阿爾及利亞全境除開奧瑞斯山脈之外，皆已宣告肅清。其他國家紛紛起而仿效，日後空中機動成為美國在越南作戰的基礎，並且在一九九一年的波斯灣戰爭中扮演重要角色。

然而在一九五九年九月，戴高樂揭示了他的真正意圖——由阿爾及利亞人治理阿爾及利亞。「黑腳」並不令人吃驚地紛紛反對，部分駐阿爾及利亞的陸軍單位也轉而反對戴高樂。最後在一九六〇年六月，「黑腳」起而搗毀阿爾及耳的路障。全憑著天降大雨，才使得局勢緩和下來，並且避免了法國人被迫向法國人開火的可怕場面。

所有這些代表對付國家解放陣線的作戰自然鬆弛了下來，直到一九六〇年七月，作戰才繼續在奧瑞斯山脈中展開。在此同時，法國則與回教徒流亡政府間展開談判，但是談判很快就陷入僵局。

恐怖活動這時也出現大幅度的增加，特別是在阿爾及耳。「黑腳」抱怨他們沒有得到適當的保護，並且與駐阿爾及利亞的陸軍不滿派系開始密謀推翻戴高樂。阿爾及耳則已經陷入無政府狀態，「黑腳」在城內四處向軍警發動攻擊。回教暴民乘機大肆作亂，全部三者於是隨即將目標轉向他們。

在這一片混亂之中，戴高樂於一九六〇年十一月造訪了阿爾及利亞。在了解到以安撫雙方達成和解已不再可行之下，他舉行了另一次公民投票，結果有百分之七十五的選民支持讓阿爾及利亞自決。因此

攝於阿爾及利亞空中機動作戰期間的一架美製維托H-21直昇機,這種飛機由於其外型而被稱為「飛行香蕉」。

在一九六一年三月,法國政府宣布將和國家解放陣線舉行會談,並且單方面宣布停火。阿爾及利亞的右派團體至此已是忍無可忍。在已於一月自空軍辭職的查勒將軍領導之下,加上認識到軍方在阿爾及利亞的犧牲已是毫無意義,他們於是決定動手奪取政權。

法國外籍兵團——他們可以由白色的帽子上分辨出來——在阿爾及耳遊行。這支強悍的部隊是法國在阿爾及利亞作戰的骨幹,事實上,這裏是他們的傳統基地。

法國外籍兵團的傘兵在阿爾及利亞發動兵變，戴高樂隨即對全法國作出充滿感情的請求。那些占駐阿爾及利亞部隊大部分的充員士兵聽從了他的話。他們所希望的只是返家，很快他們就成功孤立了叛變的部隊。查勒了解他業已失敗，飛回巴黎投降，其他右派領袖則轉入地下，組成了「祕密軍組織」(Organisation Armée Secrète)。

與回教徒的和談最後終於在一九六一年五月展開。但是祕密軍組織這時開始轉而對付國家解放陣線，希望造成被迫要由陸軍接管的局面。然而，後者卻漸漸以「黑腳」和祕密軍組織作爲目標。最後當阿爾及利亞獨立的協議於一九六二年三月達成之後，祕密軍組織馬上向陸軍和警方發動攻擊。大部分祕密軍組織的領袖很快就遭到逮捕。至於「黑腳」則數以千計地離開阿爾及利亞，前往它處尋求新生活。

在阿默德・班・貝拉的領導下，阿爾及利亞終於在一九六二年七月四日得到獨立。這場爲期八年的衝突，造成超過一萬七千名法國軍人、將近三千名「黑腳」、以及三十萬到一百萬名回教徒喪生。這是一九四五年到那時爲止，最爲血腥的一場殖民地衝突。

在阿爾及利亞進行搜索任務的法國部隊。與中南半島不同的是，法國在這裏使用了數目日增的充員士兵，而他們則對戰爭的未來漸漸不抱任何幻想，因此一當戴高樂決心讓阿爾及利亞得到獨立，他便占有十分有利的地位。

一九四五年之後，各國間也發生了許多場傳統戰爭。在印度次大陸上，印度和巴基斯坦在一九四七年獨立衝突之後，又發生了兩場這樣的戰爭。第一場是因為長久以來的邊界所有權爭執而引起的。一九六五年四月，巴基斯坦的火砲向位在印度——西巴基斯坦邊界最西邊的印度哨站展開砲轟。接著雙方發生了更多小規模衝突，但在英方的斡旋下，雙方從七月一日開始停火。

　　然而，緊張狀態現在擴展到了遠在北方的喀什米爾。在巴基斯坦非正規部隊越界進入印屬東喀什米爾的報告傳來之後，印方於八月初部署了大批增援部隊。巴基斯坦於是開來正規軍，雙方隨即發動攻擊。在九月六日，印度部隊展開了「猛擊作戰」，將衝突更進一步擴大，並且威脅到巴基斯坦的要城拉合爾。兩天之後，他們又向海德拉巴和希科特發動攻擊。聯合國安理會在這時插手干預，戰鬥於是在九月二十三日中止。然而，隨之而來將雙方邊界西端的土地交給巴基斯坦，以及希科特附近的區域交給印度的行動，卻未能使緊張緩和下來。

　　六年之後，兩國又再度於一九七一年十二月爆發戰爭。這次的原因是東巴基斯坦，這裏被印度領土與千哩之遙的西巴基斯坦隔開。東西巴基斯坦人民彼此有著不同的文化，而東巴基斯坦的人民卻對政治和經濟權力集中在後者感到日漸不滿。一項名為「阿瓦米聯盟」的獨立運動於焉形成。他們在一九七〇年十二月於東巴基斯坦舉行的選舉中贏得壓倒性多數，但是巴基斯坦領袖亞牙·可汗將軍暫停了國會開議。東巴基斯坦立刻爆發動亂，宣布獨立為孟加拉。可汗的反應是派出陸軍前往當地，他們以強力將動亂鎮壓下來，並且造成數千人喪生。

　　如潮水般的難民這時湧入了西孟加拉。大感震驚的印度政府於是準備給予阿瓦米同盟軍事援助，但是他們必須等待雨季結束，才能發動更積極的作戰。不過在秋季期間，印軍還是與越界追擊阿瓦米聯盟游擊隊的巴基斯坦部隊爆發了一連串衝突。

　　除了國土在地理上的分隔之外，巴基斯坦的另一個不利之處是軍力僅及印度的三分之一。因此他們決定發動先發制人的空中攻擊，將印度空軍摧毀在地面上，並且自西巴基斯坦發動進攻，讓印度無法專心在東巴基斯坦上。

　　巴基斯坦空軍在十二月三日投入戰鬥，但是收效有限，因為印方將他們的飛機停放在加強掩體中。當晚巴基斯坦地面部隊自西巴基斯坦越界進攻。印度則在包括來自航艦維克蘭號的飛機支援下，於次日

發動多路閃擊攻勢，攻入東巴基斯坦。這些攻勢的目標都指向當地的都城達卡。不到兩個星期之內，達卡就已陷入包圍，剩下的巴基斯坦部隊則宣告投降。

西邊的戰鬥比較沒有那樣一面倒，印度和巴基斯坦雙雙越界發動攻擊。在希科特北方的城鎮席漢布周圍，以及其南方的戰鬥尤為激烈，在後者的兩天戰車戰之中，巴基斯坦損失了四十五輛美製的M-47巴頓戰車，印度則損失了十五輛英製的百夫長戰車。然而，一當東巴基斯坦的巴基斯坦部隊投降於十二日生效，印度總理甘地夫人隨即在次

照片中是一輛印度陸軍的俄製T-62戰車，攝於一九七一年的孟加拉戰爭期間。在一九六二年的中印邊界戰爭，以及毛澤東與莫斯科決裂之後，印度即自蘇聯購入了大批的武器。

日宣布於西線停火。孟加拉於是就此獨立，印度和巴基斯坦彼此間的不信任則繼續惡化。

在地中海，土耳其和希臘於一九七四年也爆發了一場衝突。爭執的起因是塞普路斯，這裏過去曾是奧圖曼土耳其帝國的一部分，自一八七八年起即由英國所統治，島上分別居住有大批土耳其人和希臘人。然而，在希臘裔的塞普路斯人之間卻有著一股希望與希臘統一的強烈運動。這股運動在一九五五年轉而採取暴力手段，其軍事組織「優卡」開始向島上的英國設施發動炸彈攻擊。這場戰爭持續達四年之久，陷住了數以千計的英軍部隊。最後塞普路斯終於得到獨立，總統則是馬卡里奧斯大主教。

希臘裔塞普路斯人和少數的土耳其人間的摩擦很快升高，到了一九六三年，該島已經處於內戰邊緣。當年十二月，仍然駐在島上的英軍部隊奉召出面維持和平，聯合國則在一九六四年四月接手這項任務。然而各方之間的緊張依然存在著，主張與希臘統一的運動也有復興的趨勢。危機點終於在一九七四年七月到來，馬卡里奧斯遭到放逐，由前優卡領袖尼可斯‧辛普森所取代。在心生警覺之下，土耳其在該島北岸發動了一次兩棲與空降登陸。輕裝的聯合國部隊對此幾乎是無能為力，塞普路斯島上的英軍部隊也很難對著另一個北約盟國開火。

　　最後在經過三個星期的零星戰鬥之後，已經占有該島北部三分之一的土耳其宣布停火。時至今日，局勢依然未變，聯合國部隊則在島上希臘這邊巡邏著邊界。

　　兩棲作戰也在英國與阿根廷的衝突中扮演了重要角色，這次衝突是為了爭奪南太平洋一處偏遠羣島的所有權，阿根廷將這裏稱為馬爾維納斯羣島，英國則稱為福克蘭羣島。英國首先於十六世紀末發現這處羣島，法國接著曾在十八世紀中期短期占領這裏，然後賣給西班牙。這處羣島從此無人占據，直到阿根廷人於一八二〇年定居在這裏，英國則在一八三三年將他們逐走。阿根廷從未原諒英國的這項行為。

　　到了一九八〇年代早期，統治阿根廷的軍事執政團日漸強硬的措施，使得他們愈來愈不受歡迎。軍事執政團領袖里奧波德‧加蒂瑞將軍因而決定收復馬爾維納斯羣島，藉以轉移國內的注意力，尤其是當地僅有一支象徵性的皇家海軍陸戰隊駐守。這裏距離英國有六千哩之遙，所以英國在軍事上幾乎是無能為力，或者他是如此以為的。

　　一九八二年四月二日那天，五百名阿根廷海軍陸戰隊和特種部隊入侵了馬爾維納斯羣島，很快就迫使八十名英國陸戰隊員投降。兩天之後，他們也拿下了東方九百哩遠的南喬治亞島。但是在四月五日，一支匆忙組成的特遣艦隊自英國出航，任務是收復福克蘭羣島。三個星期之後，南喬治亞島就重回到英國手中。

　　年事已高的火神式轟炸機自英國飛往亞松森島——英國向美方租用了這裏的設施——然後轟炸福克蘭羣島上唯一像樣的史丹利港機場，藉由多次空中加油，這項行動才得以完成。

　　五月二日那天，英國核子潛艦征服者號擊沉了阿根廷巡洋艦貝爾格蘭諾號。此舉消除了阿根廷的水面威脅，因為他們的艦隊隨即返回港中。現在隨著英國特遣艦隊駛近福克蘭羣島，戰鬥也轉往了空中。

在一九八二年的福克蘭戰爭期間，一架霍克獵鷹式正起飛執行另一次任務。

英國的獵鷹式開始和美製的A-4天鷹式、法製的超級軍旗式、以及法國設計但由以色列製造的匕首式交手。獵鷹式傑出的多用途在這場戰爭中得到了充分展現，特別是在空中盤旋的能力。

但是主要的對決還是在阿根廷空軍和英國軍艦之間。五月四日那天，四二式驅逐艦雪菲爾號遭到一枚由超級軍旗式機發射的飛魚反艦飛彈擊中，造成致命重傷。在英軍於五月二十一日在聖卡洛斯灣建立灘頭之後，戰事也隨之更形激烈。

在接下來幾天之內，阿根廷飛機擊沉了三艘軍艦，以及貨櫃輪大西洋運輸者號，後者除了載有重要的補給之外，還有特遣艦隊除開一架以外的所有契努克重型直昇機。如果阿軍的炸彈引信適當的話，他們還可能得到更大的成功。不過他們也損失了相當數量的飛機，獵鷹式和短箭式地對空飛彈系統在這方面居功厥偉。

五月二十八日爆發了第一場大規模的地面作戰，在經過激烈的戰鬥之後，英軍傘兵攻下了鵝坪這處村落。接著英軍開始向最後目標史丹利港行進。因為缺乏重型直昇機，所以英軍只好徒步越過困難的地形。但是在史丹利港周圍的最後一戰開始之前，英軍又遭到了一次重大打擊，阿根廷軍機在恫嚇灣擊中登陸艦加拉哈德爵士號和崔斯川姆爵士號，造成重大傷亡。

這場戰役的最後階段於六月十一／十二日夜晚展開，英軍首先向密布石塊的朗頓山進攻。兩晚之後則是突襲無線電嶺和倒塌山。這些

戰鬥都是步兵以步槍、刺刀、手榴彈和輕機槍進行的。與大部分英軍
所受訓的歐洲高科技、機械化戰爭相較之下,他們的這場戰爭確實大
不相同。

　　阿根廷守軍於次日投降,英軍隨即開入史丹利港。這場戰爭使得
加蒂瑞和他的軍事執政團因而倒台,至於對英國而言,這場戰爭則大
大提升了國家光榮和首相柴契爾夫人的國際地位。

　　美軍在一九八〇年代捲入了兩場警察行動。在一九八三年三月,

英軍部隊自聖卡洛斯的灘頭出發,
向他們在福克蘭羣島的最後目標史
丹利港前進。許多人在蒼蠅漫天飛
舞的困難地形中,一路奮戰推進了
六十哩,這對他們的體能是一項嚴
苛的考驗。

格瑞那達島上的美軍部隊,攝於一
九八三年的警察行動期間。這雖然
是一次「以牛刀殺雞」的行動,卻
對重建美國在後越南時期的信心有
很大幫助。

在一九八九年十二月追緝諾瑞加將
軍的行動中，飛行於巴拿馬市區上
空的一架塞柯斯基CH-53超級種馬
式直昇機。

他們降落在加勒比海的格瑞那達島上。此舉係出自東加勒比海國家組
織的請求，該組織正為了最近發生的極左派政變，以及古巴在島上建
築一處大規模機場而憂心忡忡。三天之後，美軍和加勒比海盟國的部
隊已經鞏固了格瑞那達，並且救出一羣被困在當地的美國學生。

接著在一九八九年十二月，美軍入侵巴拿馬。該國領袖馬紐爾‧
諾瑞加將軍在那年稍早的選舉中，拒絕承認他的候選人遭到失敗。美
國也懷疑他涉入毒品交易的洗錢行為中。在清除巴拿馬部隊的零星抵
抗之後，美軍將諾瑞加圍困在教廷大使的住宅內，然後以最大音量播
放的重金屬搖滾樂對他進行心理戰。諾瑞加於一月三日投降，隨即交
給美國聯邦緝毒署。

但是過去五十年來最奇怪的一場傳統戰爭，是宏都拉斯和薩爾瓦
多在一九六九年七月爆發的所謂「足球戰爭」。這場戰爭是由於薩爾瓦
多在世界盃資格賽擊敗前者所引起的。然而，隱藏在背後的原因是宏
都拉斯人痛恨薩爾瓦多移民搶走了他們的工作。薩爾瓦多部隊則以入
侵宏都拉斯作為報復，但在兩個星期的戰鬥之後，美洲國家組織總算
結束了這場敵對。

後一九四五年時代的另一種主要衝突形式是內戰，世界上很少有
地區能免於這樣的衝突，特別是在非洲。

其中一場為禍最烈的內戰，發生於一九六〇年代末期的西非國家
奈及利亞。原因基本上是部落問題。一九六六年一月，來自奈及利亞
東部的伊波族陸軍軍官成功發動政變。六個月之後，來自北方的亞屬

布‧高翁將軍發動了反政變,隨之而來的是伊波人在奈及利亞北部遭到大舉處決。

高翁在一九六七年五月宣布,全國將自現行的四個地區重劃爲十二個地區。東奈及利亞軍事總督歐杜美古‧奧朱科上校隨即宣布成立伊波人的比亞法拉共和國。聯邦部隊立刻入侵分離省分。比亞法拉部隊則在八月發動反攻,攻入奈及利亞中西部,占領該地區都城貝寧。占有數量優勢的聯邦軍接著將這次攻勢逐回比亞法拉,但仍然無法越過比亞法拉西界的尼日河一步。

這場戰爭自此即退化成對比亞法拉的封鎖,結果使得其人民受到無比的苦難。更嚴重的是聯邦軍於一九六八年攻下了比亞法拉僅有的海港。在一九六九年初,比亞法拉發動了一次孤注一擲的攻勢,試圖重開這些港口,但卻以失敗收場。那年六月,兵力已經增加到十八萬人的聯邦軍發動了最後攻勢,他們的進展雖然緩慢卻十分穩定。然而敵對狀態要到一九七○一月才告結束,比亞法拉重新併入聯邦。總共有兩百萬人死於戰亂之中,其中許多是餓死的孩童。

剛果在一九六○年自比利時獨立之後,也發生了一場相似的內戰。原因是礦產豐富的南方省分卡坦加宣布獨立,不過這回剛果總理帕里斯‧魯姆巴要求聯合國幫助收復該省。聯合國同意所請,卡坦加人的領袖摩伊斯‧特尙比則僱用白人傭兵來幫助他。他們的出現是非州接下來二十年衝突的特點之一。

在經過相當激烈的戰鬥之後,聯合國部隊終於攻下卡坦加,該地於一九六三年一月再度和剛果統一。但是由於經費日漸匱乏,迫使聯合國部隊在一九六四年六月離開剛果。他們在離開時尙未能敉平持續不斷的動亂。爲了試圖統一全國,原本流亡海外的特尙比被任命爲首相。他又再度動用白人傭兵來鎮壓叛軍。此舉僅僅使得他在非洲大部分國家和共產集團間更不受歡迎。到了一九六四年十一月,他更投入了比利時傘兵,後者搭乘美國飛機經過亞松森飛來剛果,空投在史丹利維爾,試圖救出一千六百名白人人質。然而在來自其他非洲和共產國家的激烈抗議下,他們隨即匆忙撤退,許多人質就這樣遭到殘殺。

特尙比繼續又掌權了一年,然後被陸軍總司令塞塞‧莫布杜將軍所推翻。卡坦加人憲兵於一九六六年七月再度起事,但是他們的革命在那年年底之前就被鎮壓下去。內戰至此大抵結束,但還要再過數年,這個被莫布杜改命爲薩伊的國家才算是穩定下來。

在這片大陸的另一端，東北部的「非洲之角」自一九五〇年代中期以來也幾乎是衝突不斷。蘇丹、索馬利亞和厄立特里亞全部遭受到戰火的蹂躪，一再的饑荒更進一步加深了當地人民的苦難。

內戰在世界其他地方也很平常。一九五二年三月發生於加勒比海島國古巴的政變，使得右派獨裁者巴提斯達將軍上台掌權。一年之後，左派的菲德爾和拉爾・卡斯楚兄弟發動革命。他們的行動很快就遭到鎮壓，但是卡斯楚兄弟在一九五六年底再度進行嘗試。日漸增加的群眾支持讓他們得以走出山區，巴提斯達最後在一九五九年初逃亡出國，由菲德爾・卡斯楚掌權，直到今日為止。

這種左派團體與右派獨裁者的對抗也反映在該地區的其他衝突上，特別是在中美洲。薩爾瓦多的內戰從一九八〇年一直持續到一九九二年一月，聯合國終於促成和平協定為止。總共有七萬五千名薩爾瓦多人喪生，超過五十萬人流離失所。

另一場同樣激烈的對抗發生在尼加拉瓜的安納斯塔西奧・蘇慕薩總統和桑定運動之間。這場衝突開始於一九七七年，頭一階段則在一九七九年七月以蘇慕薩流亡美國，桑定分子上台作為結束。但是接著在美國的部分援助下，名為康特拉的右翼團體開始自鄰國宏都拉斯和哥斯大黎加發動突擊，最後中美洲國家於一九八九年二月達成協議，桑定政權同意舉行自由選舉，以交換解散康特拉。選舉於一年後舉行，出乎大多數人意料之外，選舉竟由溫和反對派獲勝。

自一九四五年迄今，世界上許多其他地方都發生了傳統戰爭和內戰。從第二次世界大戰結束以來，中東經歷過無數的緊張與衝突。中南半島亦復如此，在一場漫長的戰爭之後，一九五五年自法國手上得來的獨立，並未為這個動亂地區的衝突劃上休止符。

第二十三章

越南

1955—1989

　　一九五四年結束越盟與法國戰爭的日內瓦和會,在越南製造出了兩個國家。北越這時是由胡志明和他的共產黨所統治,南越則在吳廷琰的領導下,獨立爲非共產國家。至於在印度支那的另外兩個國家方面,高棉是由親共的施亞努親王所統治,但寮國的情形卻更爲複雜。法國早在一九四九年就在法蘭西聯邦之下給予寮國獨立。該國國內興起了三股政治勢力——中立派、共黨和親西方——結果內戰於一九五三年爆發。這是場歷屆軟弱的聯合政府所無力遏止的衝突。

　　然而,日內瓦協定規定南北越必須同時在一九五六年七月舉行選舉,希望能藉此達成統一。不過南越總理宣稱在北越無法舉行自由選舉,因此拒絕參加。在這點上,吳廷琰是受到了艾森豪總統在一九五四年所作宣告的鼓勵,後者保證美國將會盡全力保護南越,對抗內外共黨的侵略。事實上,美國顧問早已著手在南越幫助組織與訓練軍隊。

　　在對抗法國的戰爭結束時,南越內部還有著相當數目的越盟分子,他們在戰後隨即轉入地下。這批人決心只能有一個由北越統治的越南,日後他們即是眾所周知的越共。在河內對抗西貢政權的宣傳下,越共於一九五七年重新在農村地區展開游擊戰。出於對越共將會造成南越不穩定的擔憂,美國在一九六一年將軍事顧問人數大幅增加至六百五十人,然後到九百人。至於南越總理吳廷琰則爲了與越共作戰,被迫必須對民權自由採取部分制壓措施。此舉使得他日漸不受歡迎,陸軍軍官於一九六〇年曾試圖發動政變,結果在西貢街頭引起一場血戰。

　　美國顧問的人數在河內的抗議下仍然繼續增加,後者指控美國正在準備開戰。在此同時,北越則於一九六一年一月宣布在南越組成國家解放陣線,致力推翻西貢政權。

面對此舉與日漸增長的越共活動，甘迺迪總統在一九六一年十月宣布美國將會給予南越支持，藉以對抗共黨威脅。他派遣麥斯威爾‧泰勒將軍前往越南，找出達成這項目標的最佳方法，在那年年底之前，頭一批支援單位——兩個直昇機連——就已抵達。接著在一九六二年二月，美國駐越軍事支援司令部正式成立，到了那年年底，已有不下於九千名美軍在為其工作。

在美方的建議下，南越展開了「戰略村落」計畫。這項計畫是效法英國在馬來亞的成功作法，亦即將農村村民遷居到受保護的村落內，藉以對抗共黨游擊隊的恫嚇。不幸的是，南越政府所採取的強制手段，只不過使得許多農民更加堅定地投向越共陣營。此舉也使得吳廷琰更為不得民心，火上加油的是政府中的許多高層職位都是由他的家族成員所把持。

對於吳廷琰政權的不滿於一九六三年夏天爆發。主要反對力量是來自占總人口百分之七十的佛教徒，他們發動了許多次示威活動，其中有數次結果以暴力收場。佛教僧侶甚至公開點火自焚而死。部分資深陸軍軍官也變得對未來不抱幻想，在楊文明領導下——他由於體格魁梧而被稱為「大明」——他們在一九六三年十一月向總理府發動進攻。吳廷琰和他的一名兄弟遭到殺害，楊文明隨即建立軍事執政團統治全國。他保證要採取明快行動，藉以在對抗越共的戰爭中取得勝利。

威廉‧魏摩蘭將軍於一九六四年一月抵達越南，出任軍事援助司令部的副司令官，六個月之後成為司令官。他對他所發現的大感震驚。越共似乎控制了大部分的農村地帶，而且正在四十四個省分中的四十一個徵稅。他們以三百五十人為單位作戰，並且正在穩定地孤立與消滅政府據點。南越部隊的士氣低落，儘管有美國顧問在旁，他們卻少有與越共爭奪主動權的企圖，大部分部隊都是在執行靜態的守衛任務。局勢已經黑暗到讓部分美國政府的成員相信唯一解決之道，就是對北越發動轟炸攻勢。

一九六四年八月二日那天，美國驅逐艦馬杜斯號（譯註：該艦於一九七二年七月移交我國，成為九一〇鄱陽軍艦，目前已經除役）在東京灣進行情報收集任務時，遭到北越巡邏艇開火射擊，不過並未被擊中，巡邏艇則被打沉。兩夜之後，奉詹森總統命令返回該區的馬杜斯號和另一艘驅逐艦又再度遭到攻擊。

一名和尚在南越一九六三年的反政府動亂中自焚而死。

美國的反應非常迅速。詹森得到國會同意可以採取任何他認為適當的行動，以阻止對美國部隊的更進一步侵略。以北越海軍基地和燃料設施為目標的空襲也隨之發動。即使如此，詹森還是在美國電視上說道：「我們不尋求擴大戰爭」。然而事實上，東京灣事件卻象徵著美國這場對抗北越和越共，漫長而痛苦的戰爭的真正開始。

　　於此同時，魏摩蘭接掌了軍事援助司令部，並且展開一項綏靖策略，最初是以南越城市周圍的農村地帶為目標。然而，他的努力卻為西貢政權內部的權力爭奪所妨礙，南越在九個月內就產生出不下十三任政府。尤有甚者，他的作戰並未能嚇阻住越共，後者現在甚至開始對美國目標發動攻擊，特別是西貢周圍的空軍基地。

　　更糟的是一九六四年十二月，兩個團的越共部隊攻下了距離西貢四十哩的一處村落。南越部隊在接下來幾天中收復這處村落的行動結果以慘敗收場。越共在一月間的重大攻勢更暫時將南越分成了兩半。對美方而言，讓南越能夠自力擊敗越共的政策顯然是行不通的。美國必須更為積極參戰。

　　結果在一九六五年二月八日，「滾雷作戰」正式展開。這是一場對付北越境內特定目標的空中作戰，藉以嚇阻河內繼續援助越共，並且讓北越坐上談判桌。

　　在出於對美軍飛機所使用機場的安全顧慮下，魏摩蘭將軍要求以兩個陸戰隊營幫助攻占在峴港的基地，這裏位於邊界以南七十哩處。美國陸戰隊在三月八日登陸。這並不是第一次，也不是最後一次，當他們準備要打出一條路離開灘頭時，卻發現根本沒有遇到抵抗。

　　然而，滾雷作戰並未達到原先的目標。在頭一次空襲的隔天，蘇我總理柯錫金就訪問了河內，很快俄方就運來保護河內的地對空飛彈系統及其他武器。中共也實踐了原先對美國行動的譴責，與北越簽署一項經濟與技術援助協定。

　　隨著一九六五年逐漸過去，數目日見增加的美軍部隊開始部署在南越，目的是保護美軍基地，以及給予南越人民道德支持。但是在害怕南越將會把擊敗越共的主要責任交給美國之下，美方決定限制這些部隊的行動範圍。因此他們被限制駐防在海岸地帶，而且只准許參加基地附近的攻擊行動。

這時胡志明和他的總司令武元甲已經設計出了消滅南越的長期戰略。他們相信唯一在共黨統治下統一越南的方法，就是讓北越軍隊投入作戰。他們計畫在西貢周圍三個地區建立起實力的同時，將美國和南越軍方的注意力自西貢和中部高地吸引到北方。接著他們將會包圍南越首都，發動突擊，然後奪下統治權。他們估計這項最後階段將於一九六八年初發動。

在將這項計畫付諸實行的最初階段，南越部隊又遭受到更多的失利。魏摩蘭因而告訴華盛頓，他必須獲准讓美國部隊執行更具攻擊性的作戰，否則南越陸軍將會崩潰。他更主張僅憑轟炸作戰，將會花費太長的時間才能奏效。因此在一九六五年中，詹森總統同意美軍部隊可以給予南越陸軍直接援助。為此他下令大舉增加部隊數目。南韓與澳洲也同意派兵參戰，因為兩國都對阻止共產主義在東南亞擴散有著地緣上的利益。

在此同時，對北越的轟炸及南方可疑越共營地的空襲依然持續著。美方在後者中開始投入碩大無朋的B-52轟炸機，這種飛機對叢林地區進行的地毯式轟炸，徹底改變了南越的地圖。其他飛機也開始灑下落葉劑，藉以更容易自空中發現越共的叢林營地。

但是在美國，不是所有人都支持這種不宣而戰的轟炸。蘇俄和中共的譴責也造成了害怕衝突會擴大，甚至引起可怕的第三次世界大戰的恐懼。因此在美國國內，反對軍事干預越南的呼聲開始逐漸升高。

在一九六六年裏，美國在這一地區的軍力自六萬人大幅增加到將近二十七萬人。其中大部分都是十八和十九歲的徵兵，他們要在越南服役一年，中間則有一段短暫的「休息與休養」假期。

美方現在的策略較不偏重於控制整片地區，而是建立加強的火力基地。他們經常從這些基地執行搜索與摧毀任務，目的是找尋並且殺死或俘虜越共，以及愈來愈常在十七度線以南出現的北越軍。

直昇機在這些作戰中的地位日漸重要。偵察直昇機會先找到越共；運輸直昇機接著運送部隊圍住這片地區。在他們著陸時，新式的休伊眼鏡蛇攻擊直昇機則以壓制火力提供掩護。其他直昇機會負責後送傷患，就和韓戰時一樣。指揮官們也經常以直昇機作為空中指揮所。

詹森總統在一九六五年十二月中止了空中作戰，希望北越方面會坐上談判桌。當北越並未這麼作時，美國重行展開了更為激烈的轟炸，並以B-52攻擊海防和河內周圍的目標。但北越這時已自蘇俄得到米格

越南上空的B-52同溫層堡壘式轟炸機。它們可以攜載將近四萬磅的傳統炸彈，相當於一九四四～四五年間B-29載彈量的兩倍；B-52在一九九一年的波灣戰爭中還會再度派上用場。

美軍在越南的一處典型火力基地。

十七戰鬥機，這些飛機隨即開始挑戰美國的空權，不過他們很快就發現這是一場不公平的戰鬥。然而俄製的地對空飛彈卻證明是更大的威脅。它們所擊落的美國飛機數目節節高升，並且有愈來愈多的機員被俘。後者發現自己被用來作為宣傳工具，並且讓北越人民有了一個發洩轟炸怒氣的機會。

另一個重要的空襲目標是越共來自北越的補給路線。這條被稱為「胡志明小徑」的道路穿越寮國和柬埔寨的叢林，讓越共得以獲得日益現代化的裝備。這條道路也被北越軍用來滲入南越境內。

美國駐越的兵力在一九六七年增加到將近五十萬人。紐西蘭和泰國也派軍參戰，加入南韓和澳洲的行列。魏摩蘭因而得以組織規模日益龐大的搜索與摧毀作戰，讓北越軍和越共蒙受慘重傷亡。然而，成功是由「屍體數目」來估量的，隨著一九六七年過去，美國高層所發出的訊息是他們正在贏得這場戰爭。

越戰是第一場由電視新聞攝影機加以報導的重大衝突，每晚觀看著螢幕上龐大火力展示的美國人民，一般都相信軍方是正確的。但是有愈來愈多的人——而且不只是在美國境內——開始覺得正在發生的事情，在道德上或許是站不住腳的。

死亡、受傷、以及恐懼的越南農民的景象，顯然與越戰自共產主義魔掌中解救他們的目標並不相符。事實上，農民正受到來自越共和政府軍的同樣壓力。他們所能作的就是向該地區的情勢低頭。

美軍部隊正自貝爾UH-I伊洛夸伊式多用途直昇機上下機，執行另一次搜索與摧毀任務。修伊眼鏡蛇式砲艇直昇機則會在空中掩護他們。

南越政權是否受到人民歡迎也是一個問題，許多次的政變顯示不出多少穩定。但是在一九六七年，當阮文紹將軍帶著準備與河內和越共展開談判的承諾上台時，他確實是個受歡迎的人物。他將會在接下來的七年半中統治南越。

然而，一九六八年一月卻發生了重大轉變。它們是幾乎兩年前胡志明與武元甲所訂下的計畫的結果。當時有五千名美國海軍陸戰隊正防守著在戰略上非常重要的空軍基地溪生，這裏位於北越邊界以南二十哩處，接近高棉邊界。兩萬名北越部隊在一月二十一日對他們展開進攻，很快就將守軍與外界的交通切斷。在害怕將會遭受到一九五四年法國在奠邊府的相同命運下，魏摩蘭將軍火速將增援部隊派往當地，但他們卻無法為守軍解圍。

但是溪生攻勢只不過是掩飾主攻的分兵之計而已。主攻將於春節慶典期間發動，過去幾年中，共軍在這段期間都會暫時停火。在一月三十日那天，北越軍和越共向不下五處主要城市，以及一百座省及地區首府同時發動了攻擊。他們所憑藉的是過去數月間漸漸滲入城市地區的人員。

在大部分的城鎮，攻擊者很快就遭到包圍與消滅。但是在南越北方的城市順化以及首都西貢，戰鬥進行得既猛烈又漫長，一度甚至打到了美國駐西貢的大使館。

直到二月底，共軍在順化和西貢的抵抗才終告擊破，但是財產損失非常重大，特別是在順化。但是春節攻勢讓共軍傷亡達五萬人之譜，美方很快就宣稱這是一次重大勝利。

然而這次攻勢規模之龐大，不但令駐在南越的部隊大感震驚，對美國人民亦復如此。許多美國人在看到電視螢幕上的景象之後，開始覺得一九六七年間戰爭正在勝利的宣稱欺騙了他們。他們也逐漸警覺到美軍傷亡的數目——一九六七年裏有將近一萬人陣亡，一九六八年則上升到一萬四千五百人。春節攻勢因此激起了大規模的反越戰示威，不僅是在美國，在西歐也是如此。

在此同時，溪生依然處於圍困之中。防守這處基地的美國陸戰隊不斷遭受來自周圍山丘的砲火射擊。完全是憑藉著美國的空權，才得以維持他們的補給，並且使他們免於被北越軍擊潰。一直到四月中，一支三萬人的美國和南越部隊才終於解開溪生之圍，但是此時共軍早已開始撤退。

在一九六八年的春節攻勢期間，美
軍的迫擊砲小組正在西貢作戰。

在春節攻勢之後，美國的反戰情緒
出現了戲劇性的升高。

然而詹森總統在國內外日增的壓力之下，停止了對北越的轟炸，希望他能說服北越談判簽署協定。他同時還宣布他將不會參加十一月舉行的總統大選。

對於健康不佳的胡志明而言，詹森的這項舉動，加上美國日漸增長的反戰運動，正足以顯示春節攻勢儘管折損慘重，卻已經達成了顯著的結果。因此河內同意舉行談判，這項會議於五月在巴黎展開。

然而，此舉並未讓戰鬥的激烈程度有所稍減。在一九六八年春季期間，美國和盟國的部隊發動了兩次大規模的搜索與摧毀行動，希望能重新取得主動權。共軍則在五月初以向南越各地不下一百二十處軍事設施發動攻擊作為回應。接著他們對西貢進行了長達一個月的火箭攻擊，結果導致對北越的空襲重行開始。然而到了一九六八年中，魏摩蘭將軍擔任駐越美軍總司令的地位已經不穩，他終於在七月由克瑞頓‧艾布蘭將軍所取代。

美國在一九六八年七月底引進了另一種武器。這就是第二次世界大戰的老兵密蘇里號戰艦，用來作為岸轟平台。但這時美國總統大選已經日漸迫近。詹森總統在決心於離任前挽回部分局面之下，下令全面中止對北越的海陸空活動，藉以延長和談。

美軍部隊在一九七〇年進入高棉的行動中作戰。美軍在越南的一大錯誤，就是相信火力至上。這些沿著道路移動的士兵正在向道路邊緣射擊，希望能引起北越軍的反應。然而除非是他們的選擇之下，北越軍和越共都精明到不至於會被吸引入戰鬥中。

尼克森在一個星期之後當選，他的政見是要在越南得到光榮的和平。他採取了雙軌並行的方法。一是越戰越南化的政策，亦即由南越方面漸漸接手戰爭，使美軍部隊得以返鄉。同時對北越的軍事壓力仍將繼續維持，目的是將北越留在談判桌上。然而河內和越共也願意繼續維持軍事壓力，藉以讓他們擁有更佳的討價還價地位，就在一九六九年二月底，他們又對南越各地的城市和基地發動了爲期一個月的迫擊砲砲轟。

越南化計畫則在同時展開，第一個美軍單位於四月底將基地和裝

一處越南村落遭到焚燒。此舉是對付有幫助越共嫌疑的農民的標準戰術，但這種方法通常只會收到反效果，使得他們更加堅定地投入越共懷抱中。

備交出。在此同時，美軍駐越的兵力達到了最高峰的幾近五十五萬人。此外還有七萬名澳洲、紐西蘭、南韓和泰國部隊。支援他們的是一支龐大的海軍艦隊，以及遠至太平洋中的關島和泰國的美國空軍基地。

儘管尼克森總統宣稱要得到公正的和平，美國在一九六九年裏的反戰聲浪卻升高到拉起警報的地步。數目日增的美國人撕毀他們的徵兵卡，並且逃往國外躲避徵召。反越戰的情緒在大學校園中尤其激烈。其中在俄亥俄州的肯特州立大學，國民兵甚至開入校內結束示威。他們向學生開火，結果造成四人死亡與十人受傷。另外身兼好萊塢影星以及反越戰積極分子的珍芳達也做了一次大張旗鼓的北越之行。

反越戰情緒又因為一件事情的揭露而更進一步升高，這就是一九六八年三月，美軍部隊在南越北部的美萊村屠殺了兩百名村名。雖然需要直接負責的下級軍官終遭軍法審判，但各方還是指控軍方試圖掩蓋事實。然而事實上，美萊正是越戰本質的併發症。美軍部隊早已眼見他們的弟兄被越共的地雷和詭雷炸得粉身碎骨。他們曉得越南農民正在幫助越共──無論是否出於自願──而美軍和越南人民之間的鴻溝正變得愈來愈寬。

　　與過去的美國戰爭相較之下，返鄉的美國士兵卻發現他們的同胞對他們避之唯恐不及。再加上美國政府所做和平就在不遠處的承諾，令愈來愈多部隊覺得越南不是一個值得為之犧牲的目標。而戰爭是由年輕人徵兵進行這點，更是一點幫助也沒有。由於美國政府並未正式宣戰，因此僅有少數後備軍人被徵召服役。這些徵兵是以單獨的補充兵，而非編成的單位來到越南。他們發現自己身處在一羣陌生人中，加上一年的輪調系統和傷亡率的緣故，更使得他們對身旁的官兵少有認識。結果受到傷害的是單位的團結，再加上對戰爭日漸失去希望，更導致了吸毒、貪污、甚至謀殺被認為使他們冒不必要生命危險的軍官和士官。

　　然而戰爭依然僵持不下。美方的注意力逐漸被吸引到自北越經過寮國和高棉，通往南越的主要補給路線上。如果這條道路能夠加以封鎖，那就或許能達成某種形式的勝利。在一九六九年七月，寮國政府同意了美國轟炸胡志明小徑的要求。但是儘管遭到猛烈的空襲，北越的裝備和人員卻仍然繼續源源不斷通過這條道路。

　　然而，北越於一九六九年九月三日受到了一記沉重的打擊，胡志明在那天終告去世。他的人民深感哀痛，但記取了他的遺囑，要他們繼續戰鬥，直到得到最後勝利為止。

　　對美方而言，一九七○年三月出現了令人鼓舞的發展。親西方的龍諾將軍利用左派的施亞努親王在法國治病的機會，取得高棉的政權。在龍諾的同意下，美軍部隊越界進入高棉，對胡志明小徑進行破壞作戰。尼克森總統向他的人民保證這是一次有限度的行動。事實上所有部隊在六月底前就回到了越南。然而，許多人認為這是一項擴大衝突的舉動，反戰情緒因此更是火上加油。

　　至於施亞努親王則組成了流亡政府，與北越、寮共游擊隊、以及

越共站在同一陣線。此舉對寮共大有鼓舞的作用，美方於是只好動用空軍來支援寮國陸軍。

在一九七一年間，南越開始在地面作戰中接下領導角色。他們於二月再度進兵寮國和高棉。四個月之後，南越接下了防衛部分北部省分的責任，在那年年底，美國駐越兵力已經減少到十六萬人。共軍利用越南化政策之便，在一九七二年三月底越界大舉進攻。寮國和高棉的邊界也傳來了同樣的攻勢。

為了報復，尼克森總統下令重新對北越發動空襲。最特別的是美軍在這次作戰中使用了雷射導引的「聰明」武器。其他專門飛機則負責干擾北越的雷達，並且摧毀他們的空防。

但無論是這波重新展開的空襲，或者美軍的戰場空中支援，都未能阻止北越攻下北部的省會廣治，以及其他的要地。

為了升高轟炸作戰，尼克森總統在五月下令對北越港口布雷。南越也在六月底發動反攻，並且於九月中收復廣治。然而就在一個月之後，美國結束了參與越南的地面作戰。

到此時為止，在巴黎進行的談判一直沒有多少進展。但是在幕後，美國國務卿亨利‧季辛吉卻與北越代表黎德壽舉行了一系列祕密會議。在一九七二年十月底，季辛吉宣布他們已經達到突破邊緣，尼克森因而停止對北越進行攻擊。

季辛吉是過分樂觀了，因為談判又再度觸礁。因此空襲行動在十二月中再度展開。十二天之後，由於北越方面宣布他們準備重新坐上談判桌，轟炸因而再度中止。尼克森接著更於一九七三年一月十五日宣布停止一切攻勢行動。八天之後，巴黎傳來宣布停火的消息。美方同意將所有剩下的部隊撤離南越，以交換北越釋放美軍俘虜。停火則將由一支國際部隊負責監察。

寮國很快也跟著停火，但由於停火受到破壞，使得美國軍機在寮國政府的要求下向寮共陣地發動攻擊。然而高棉的戰火卻未曾停息，美方的空襲也依然持續著。不過在來自國會的壓力下，空襲在八月間暫告了一段落。

南北越之間關於國家未來前途的談判很快就陷入僵局，最後於一九七四年四月宣告破裂。在此同時，美國也大幅削減了對南越的援助，尤其在尼克森總統由於水門事件辭職之後更是如此。

越戰中最尖刻的景象之一。照片中是一名燃燒彈的受害者，攝於一九七二年北越入侵南越的戰鬥期間。這名小女孩活了下來，現居美國。

南越的阮文紹總統政權也正逐漸失去民心，軍人更不再對前途存有幻想。利用這一切情勢所提供的機會，北越突然在一九七五年三月越界發動進攻。北越陸軍在這場閃擊戰中一路勢如破竹，並於四月三十日開入西貢，結果導致美國在最後一分鐘慌忙撤出大使館內的難民。美國在越南的糾葛至此終告落幕。這是一段令人無法忘卻的經驗，而且時至今日，其陰影依然籠罩著美國的外交決策。

越南則從此成為一個統一的社會主義共和國。西貢被易名為胡志明市，大部分居民被強制移居至鄉間。此舉使得許多為前途而恐懼的南越人民，紛紛在接下來的數年中逃往國外，而且經常是搭乘非常不適於出海的船隻。那些能夠活著通過南中國海的風暴與海盜的船民，下場則是被關進難民營中，在香港的人數尤為眾多。然而許多人最後還是回到了越南，部分是在強制遣返下才離開的。

寮國和高棉也在一九七五年落入了共產黨的掌握中。但是受難最深的還是高棉的人民。由波帕領導的赤棉政權將該國改名為柬埔寨。他們不但強迫所有的城鎮居民遷至鄉間，還有系統地殺害任何可能反對共黨觀點的人。到了一九七七年初時，已有大約一百五十萬人喪命於殺戮戰場中，同時還有其他許多人逃往相鄰的泰國與越南。

最後的一幕。一架直昇機正從航空母艦甲板上推入海中，攝於北越軍於一九七五年四月三十日凱旋進入西貢，使得美國大使館進行最後撤退以後。

越戰越南化期間的一幕。在一次越
共的伏擊之後，南越部隊正緊緊抓
住載運傷兵的美軍直昇機滑橇。

那些逃往越南的都是越南裔的人，但是華人在越南卻遭到大舉處決。事實上在東南亞，傳統的敵對此時已取代超強的對峙，並且造成了更多的衝突。赤棉就以指控越南干涉內政為由，在一九七七年四月進攻越南。到了秋天，他們已經攻入越南境內達九十哩遠，但是越軍在除夕展開報復，一度進抵距離柬埔寨首都金邊僅有四十哩處。越軍接著撤退，並且提供波帕談判的機會，但波帕執意不肯接受。衝突因而在一九七八年一整年中繼續進行著。

最後在一九七八年十二月，越南對柬埔寨發動了全面入侵。在兵力居於劣勢之下，波帕很快將他的赤棉部隊撤往跨越泰國邊界的叢林中，越南則建立了一個由前赤棉領袖韓森為首的新政府。但中共原本已經與赤棉結盟，目的是報復華人在越南遭到處決，並且反制蘇俄對河內的影響力，尤其後者已讓蘇俄在金蘭灣設立一處海軍基地。對於柬埔寨受到入侵，北京的反應是在一九七九年二月進攻越南，中共部隊很快就占領了最北方的幾個省分，然後才被越軍阻止下來。由於害怕會演變成長期戰爭，中共在三月底就將部隊撤回了邊界。

在此同時，赤棉仍然繼續侵擾著高棉境內——這裏又再次被改名——的越軍部隊。至於越南和泰國間的關係則漸形惡化，原因是越南懷疑後者在暗中援助赤棉。然而在一九八九年，由於國內經濟的壓力日增，越南終於自高棉撤軍。但高棉的苦難並沒有就此劃上休止符。在赤棉依然相當活躍之下，重返殺戮戰場的陰影還是揮之不去。

第二十四章

中東的戰爭

1945—1989

　　一九四五年以來，中東比起世界上任何其他地區都經歷了更多的戰爭與動亂。造成當地緊張的原因不只是內部的衝突——特別是在阿拉伯人和猶太人之間——還有其位於歐洲、非洲和亞洲之間十字路口的地理位置。中東在本世紀頭十年間發現石油，以及世界對這種燃料的日漸依賴，更增加了這個地區在世界上的重要性。

　　一九一四～一八年的第一次世界大戰，使得土耳其失去在當地的傳統地位。阿拉伯人對此曾扮演重要角色，並且有部分國家在戰後得到獨立。但其他地區則成為託管地，英國負責美索不達米亞、約旦和巴勒斯坦，法國則得到黎巴嫩和敍利亞，兩國都曉得這些地區終將得到獨立。事實上，美索不達米亞在一九三二年獨立為伊拉克，約旦在一九二〇年代末期時也已享有高度自治的政府。然而英國還是維持在兩國駐軍。

　　埃及自從一八八二年以來就處於英國控制之下，主要的原因是蘇伊士運河，英國和法國是這條運河的主要投資者。埃及在一九二二年得到獨立，條件是英國將繼續在埃及駐軍，保護該國對抗外來侵略，以及維護運河安全。此舉並未使埃及的國家主義分子滿意，不停的動亂使得英國在一九三六年與年輕的法魯克國王簽訂了一項新條約，但是完全獨立的呼聲依舊持續著。

　　巴勒斯坦則是更為棘手的問題。這裏是猶太人的傳統故鄉，但是許多個世紀以來，阿拉伯人已經接管了這片土地。在二十世紀之初，歐洲興起一股以重建以色列為目標的猶太復國主義運動。接著在一九一七年，英國為了在本土和美國維持猶太人的支持，發表了所謂的「巴福勒宣言」，宣布支持在巴勒斯坦成立猶太人的祖國。

　　在第一次世界大戰結束之後，有大批猶太人移居到巴勒斯坦，雖然他們的目標是接掌這個國家，英方卻希望他們與阿拉伯居民和平共存。不過阿拉伯人卻對猶太人的出現漸感憤怒，特別是猶太人買下了愈來愈多的土地。

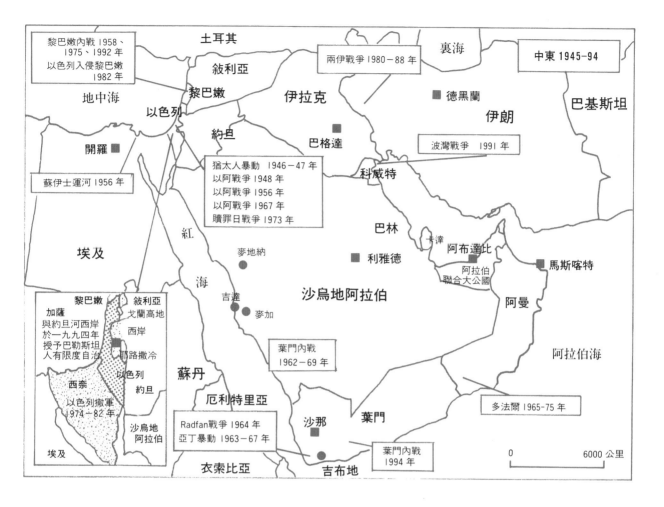

中東 1945-94

當希特勒於一九三三年在德國掌權，並且開始處決猶太人之後，前往巴勒斯坦的移民出現急劇增加。結果在一九三六年，阿拉伯人的憤怒爆發為一場全面暴動。英國只好派遣大批部隊前往當地，他們一共花了三年時間才恢復和平。

這時第二次世界大戰已經爆發，中東在戰略上占有關鍵地位。有好幾場戰役曾在這片地區中進行，包括英軍和軸心軍在利比亞和埃及沙漠中的漫長對決。雖然埃及接受英國大量駐軍，他們本身卻沒有參與戰鬥。不過巴勒斯坦的猶太人和阿拉伯人都參加了，而且有些單位還是混合編成的。

但是巴勒斯坦的猶太強硬派仍然希望建立一個全猶太人國家，並且組成了兩個祕密恐怖團體。一個以「史特恩幫」而為人所知，這個名字是來自其首領艾夫拉漢‧史特恩，這個團體曾犯下數起暴行，包

括在一九四四年暗殺英國駐開羅公使莫恩勳爵。另一個則是「伊爾岡」，由未來的以色列總理比金所率領。這個團體比較沒有那樣極端，他們攻擊的目標是英國統治的象徵，例如警察局。

當戰爭於一九四五年結束時，法國終於讓黎巴嫩和敘利亞得到獨立，英國則讓約旦獨立，並且自伊拉克撤軍。即使如此，英國在中東的地位看來依然十分穩固。英國在埃及和巴勒斯坦都仍有大批駐軍，另外還有部隊駐防於塞浦路斯、蘇丹、利比亞和亞丁。

然而在大戰剛結束之時，造成英國最多麻煩的還是巴勒斯坦。在猶太人的史特恩幫和伊爾岡之外，現在又加入了溫和派的「哈加納」，這個團體成立於戰前，目的是保護屯墾區對抗阿拉伯人的襲擊。他們在一九四五年十月對警察和通訊設施發動攻擊，英方只好召來陸軍控制局勢。

為了使局勢緩和，英國政府重新提起一項戰前的提議，在巴勒斯坦分別建立一個猶太人與阿拉伯人國家，並且限制猶太移民為每月一千五百人。但是許多希特勒大屠殺的生還者都將未來寄望在巴勒斯坦展開新生，而在美國的建議之下，英國讓步到准許十萬名猶太移民自歐洲前來。此舉使得阿拉伯人大為憤怒，猶太人的恐怖行動則未曾稍減。最嚴重的一次攻擊發生於一九四六年七月，地點是英國當局所使用的耶路撒冷大衛王旅館，這座旅館遭到猶太恐怖分子炸毀，造成九十一人喪生。

到了一九四七年，在眼見暴力毫無結果的可能下，英方只好求助於聯合國。一個聯合國委員會在一九四七年六月派往巴勒斯坦。這個代表團也訪問了鄰近的阿拉伯國家，以及歐洲收容無家可歸猶太人的營地，但巴勒斯坦的阿拉伯人卻拒絕與他們會面。在此同時，暴力則依然不斷持續著。

英方這時正試圖阻止猶太人非法進入巴勒斯坦，但猶太人卻一再嘗試。一九四七年七月，皇家海軍攔截了船上載有四千名非法移民的「出埃及記號」。這艘船奉命駛回出發地法國南部。猶太人拒絕在這裏下船，於是該船繼續駛向漢堡，在那裏船上的乘客被強迫離船。全世界媒體一般的反應是英方的作法十分不人道，但他們也相信解除猶太移民的限制，只會更進一步加深阿拉伯人的敵意。

聯合國大會在一九四七年十一月通過的建議案是將巴勒斯坦分成三部分——一個猶太國家和一個阿拉伯國家，耶路撒冷則交由聯合國管理。英國的託管將在一九四八年五月結束。沒有人對這種方法感到

猶太人難民船出埃及記號的經歷，清楚顯示出巴勒斯坦在戰後那些年中的困難局面。

高興。猶太人對未能馬上得到獨立感到不滿，阿拉伯人則對半個巴勒斯坦要被交給占少數的猶太人深為憤怒。英方也對陷在猶太人與阿拉伯人中間，而雙方敵意正日漸升高而不滿。事實上到了一九四八年春天，英國已經放棄控制情勢的努力，並且撤往耶路撒冷，以及海法及賈法兩處港口。

　　一九四五年時，敍利亞、黎巴嫩、伊拉克、約旦、沙烏地阿拉伯、以及葉門組成阿拉伯聯盟，作為促進多邊利益的工具。這個組織漸漸被吸引到這場衝突之中。一當英國託管在一九四八年五月告終，猶太人馬上宣布以色列獨立。阿拉伯聯盟立刻派出三萬名部隊前往巴勒斯坦，慘烈的戰鬥隨即爆發，但聯合國迅速介入，安排了為期一個月的停火。此舉讓英國得以匆忙在六月底完成自巴勒斯坦的最後撤退。

　　猶太人在四面受圍之下，也善用了停火的這段時間，自歐洲和美國的同情者處取得武器。當戰鬥在七月初重行開始之時，這些武器使得他們可以發動有限的反攻，藉以讓阿拉伯人措手不及。

　　十天之後，聯合國又達成了另一次的停火。這次維持的時間比第一次來得要長，在這段期間，聯合國調停人伯恩多特伯爵試圖重新調整邊界，以反映實際的情形。他的努力卻使得他遇刺身亡，凶手可能是猶太極端分子。戰鬥接著再度爆發，以色列在從國外得到更多裝備之後，試圖突破阿拉伯防線，為被圍困在巴勒斯坦南部耐吉夫沙漠中的部隊解圍。接著他們將埃及陸軍包圍在海岸邊的加薩地區中，並且進入埃及領土。這已經足以讓埃及坐上談判桌，停火最後於一九四九年二月在希臘的羅德斯島簽字。與其他阿拉伯聯盟國家的相似協定也相繼簽署。

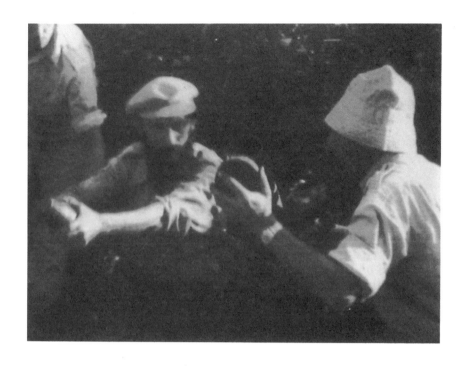

以色列人正在學習使用三吋迫擊砲，這樣他們才能夠更有效保衞偏遠屯墾區，抵抗阿拉伯人的攻擊。

　　這場戰爭的結果就是一個更大的以色列，約旦在約旦河西岸得到相當面積的領土，埃及則得到加薩走廊作爲補償。不過阿拉伯人依然深感怨懟，特別是那些居住在以色列國界之內的居民，阿拉伯國家也拒絕承認這個猶太人國家。結果之一就是邊界衝突不斷發生。

　　在這段期間，英國在埃及運河區的持續駐軍，使得國家主義分子漸感憤恨，埃及在對以色列戰爭中的失利，以及軟弱的埃及政府未能改善國內的狀況，更使得他們的不滿火上加油。法魯克國王被當成國際花花公子的事實，則於情勢無補。情勢在一九五二年七月達到頂點，一羣由莫罕默德‧尼古布將軍爲首的陸軍軍官發動了政變。法魯克被迫退位出亡，埃及則由革命指揮會議所統治。

　　一九五三年初，尼古布的政府與英方展開談判。結果是蘇丹將於一九五六年得到獨立，還有對埃及更重要的是英國將自運河區撤軍。然而兩國也都同意，蘇伊士運河將仍然是條國際水道。

　　在埃及，眞正權力是握在尼古布的副手，於一九五四年四月成爲首相的加馬爾‧納塞上校手中。他對於西方在中東的影響力至爲憤怒。兩件事情對此特別重要。富產石油的伊朗在一九五一年曾發生一次國家主義政變。在莫罕默德‧莫沙迪克博士的領導下，他們罷黜了親西方的伊朗國王，並且將所有外國石油資產──主要是由英美兩國所擁

有——予以沒收。結果在一九五三年，美國又促成了另一次政變，讓伊朗國王復位。

　　第二件事情發生在一九五五年，英國由於急於維持在該地區的影響力，在美國的同意與合作下，和伊拉克、土耳其及巴基斯坦簽訂了巴格達協約。很快就將罷黜尼古布，由他本人擔任總統的納塞將之視為孤立埃及的企圖，於是他向曾支持伊朗莫沙迪克政權的共產集團更進一步靠攏。他開始自東歐接到武器，這點使西方非常憤怒。事實上，埃及此時已經成為東西兩大集團之間的皮球。

　　情勢因為埃及一項聲望卓著的工程計畫而達到頂點，這就是亞斯文大壩。西方原本同意提供資金，但是在確信埃及即將加入共產集團之下，他們於一九五六年七月撤回了這項援助。蘇聯很快填補了這個空缺，承接下這項計畫。在此同時，納塞則宣布將蘇伊士運河收歸國有。

　　蘇伊士運河公司的主要投資者英國和法國並不相信埃及人有能力管理這條重要的水道，而且他們也害怕埃及會禁止西方船隻使用蘇伊士運河。因此他們暗中決定，要以武力收回這條運河。

　　以色列這時也覺得日漸受到威脅。埃及的重整軍備，邊界上的持續緊張狀態，以及以色列的阿拉伯鄰國埃及、敍利亞和約旦組成軍事聯盟的事實，使得以色列相信自己即將遭到入侵。以色列因而決心向埃及發動先發制人的攻擊，這項決心更在一九五六年九月得到正向以色列提供武器的法國鼓舞，因為法國向以色列透露了英法收復蘇伊士運河的計畫。

　　以色列在一九五六年十月二十九日突然入侵埃及的西奈地區。他們的多路進擊完全出乎埃及的意料之外，幾天之內，以軍就已經接近了蘇伊士運河。英國和法國通知聯合國。若是運河周圍發生戰鬥的話，他們就將被迫干預。即將舉行總統大選的美國，以及關心匈牙利情勢的蘇俄都要求以色列撤軍。但是英法兩國從中作梗。他們的飛機在十月三十一日開始轟炸埃及的空軍基地。於此同時，以色列部隊正愈來愈接近蘇伊士運河。

　　十一月五日，正當以軍快要抵達運河之時，英法聯軍在運河北端的塞德港周圍發動了空降登陸。兩棲登陸則在隔天到來。埃軍的抵抗十分輕微，英法聯軍因而很快完成他們的最初目標。但是在這整段期間，聯合國一直不斷在開會，並且要求立即停火。在美國不支持英法兩國的攻擊行動，還有以色列已經在西奈達到所有目標之下，停火於

聯合國部隊抵達蘇伊士運河區接替
英軍，時爲一九五六年。

是在十一月六日晚上生效。英國、法國和以色列的部隊在接下來四個
月內逐漸撤出，由聯合國維持和平部隊接管。

　　納塞現在保證會讓所有船隻通過蘇伊士運河，不過雖然在軍事上
遭到以色列擊敗，他卻發現自己的地位比起戰前更爲穩固。他已經得
到了全世界的同情，並且被視爲阿拉伯世界的領袖。然而，蘇伊士運
河事件卻象徵著英國在中東影響力畫上句點，這裏從此成爲美蘇兩國
對峙的戰場。就在東歐共產集團提供武器給許多阿拉伯國家的同時，
以色列所主要仰賴的卻是美國。

　　在仍然決心要摧毀以色列之下，納塞開始著手加強阿拉伯聯盟的
力量。埃及和敍利亞在一九五八年合組阿拉伯聯合共和國，不過敍利
亞在三年後因爲抱怨埃及不當干涉內政而退出。伊拉克在一九五八年
也發生了一場政變，結果導致親西方的費薩爾國王喪生，取而代之的
是左傾的軍事政權，後者隨即讓伊拉克退出巴格達公約。

　　黎巴嫩在同一年捲入了內戰之中，因此根據巴格達公約的條款請
求援助。美國於是派出一支陸戰隊，並且在當地駐守到一個強力的溫
和派政府成立。約旦也遭逢了內部不安之苦，在胡笙國王的要求之下，
英國派出傘兵飛往該國，並且與駐黎巴嫩的美國海軍陸戰隊大約同時
離開。三年之後，盛產石油的科威特也受到了——這並不是最後一次
——北方的強大鄰國伊拉克威脅。英國派軍前往保護科威特，在那裏
停留了三個月，直到由阿拉伯聯盟部隊接替爲止。

仍然決心要讓中東擺脫西方影響的納塞，現在將目標轉向了南阿拉伯，英國一直在那裏的亞丁港維持有相當數目的駐軍。他開始在當地人民之間鼓動不安，並且在一九六一年支持發動政變，罷黜了傳統的回教領袖，由親納塞的阿布都拉‧薩拉爾將軍掌權。許多葉門人民並不喜歡這項改變，內戰於是爆發。這場戰爭持續了六年之久，埃及在內戰中出兵幫助薩拉爾，沙烏地阿拉伯則支持著保皇派。

　　納塞和薩拉爾都鼓勵叛軍對亞丁港的英軍採取行動。最初叛軍是以該港北方的山丘地帶為基地，但是他們在一九六四年的短暫戰役之後遭到驅離。同年英國政府宣布南阿拉伯將於一九六八年得到完全獨立。但這對更極端的國家主義組織來說還不夠，他們對亞丁的英國人發動了一場恐怖作戰。一直到英方於一九六七年完全撤出，這些恐怖行動才告結束。

　　不過到了這時，以色列邊界上的緊張情勢又再度升高，聯合國維持和平部隊仍然讓以埃的西奈邊界保持著安寧，但是在約旦和敘利亞

英國部隊於一九六〇年代中期在亞丁作戰。

邊界上，暴力事件卻正日漸增加，特別是在一九六四年於開羅舉行的阿拉伯高峰會議，導致巴勒斯坦解放組織成立之後更是如此。約旦和敘利亞也開始將提供以色列三分之二水源的約旦河改向，以軍則以砲轟和空襲回敬他們。

在敍利亞於一九六六年初發生的政變之後，以色列感覺到阿拉伯國家的威脅有了增加。這次政變讓極端派的陸軍軍官上台掌權，並且導致敍利亞在那年十一月與埃及重締盟約。約旦國王胡笙也於一九六七年五月在壓力下加入這項同盟。以敍兩軍之間的多起邊界衝突則使得情勢開始升高，隨著埃及相信以色列正準備進攻敍利亞，因而向西奈大舉調兵遣將，情勢更達到了臨界點。埃及甚至更進一步下令聯合國觀察員離開。

接著在五月二十二日，納塞下令關閉阿卡巴灣口的提蘭海峽，禁止以色列船隻通行。以色列至此已是忍無可忍。一九六七年六月五日一早，以色列飛機對埃及機場發動了大規模空襲。同時地面部隊則以廣正面攻入西奈地區。約旦、敍利亞和伊拉克飛機隨即以攻擊以色列境內目標為報復。但他們的機場也反遭轟炸，到了那天結束之時，以色列已經掌握了所有戰線上的空優。

在突破埃及西奈防務的激烈戰鬥之後，以軍的攻勢迅速得到衝力，在三天之內就抵達了蘇伊士運河。二十四小時之後，以軍已經鞏固整個西奈半島，並且俘虜了大批暈頭轉向的埃及士兵。

在約旦前線上，雙方為耶路撒冷爆發了一場激烈的戰鬥，該城的阿拉伯區在三天的戰鬥之後終告陷落。以軍接著繼續推進，占領了約旦河西岸的所有約旦領土。在另一方面，敍軍僅僅向以軍陣地進行了

一九六七年以阿戰爭中以軍的英製百夫長戰車。以色列方面對於這種戰車的一〇五公厘主砲，以及裝甲的厚度印象深刻。雖然後者使得百夫長戰車比起其他裝甲沒有那樣厚重的戰車較為緩慢，以軍卻發現裝甲在戰場上要比速度更為重要。

砲轟而已。但是在另外兩面戰線的勝利都已確定之下，以軍於六月九日發動進攻，迅速攻下俯瞰著以色列最北端的戈蘭高地。

聯合國再度插手安排停火。不過與一九五六年不同的是，以色列並不準備從他們剛征服的土地上撤退，他們主張為了未來的安全起見，以色列必須要擁有緩衝區。但是一個領土擴大的以色列，以及受辱的阿拉伯鄰國，並不足以保證中東的未來和平。除此之外，在新邊界之內的加薩走廊和約旦河西岸，以色列現在更多出了一百五十萬名心懷憤恨的巴勒斯坦人。在約旦和黎巴嫩境內的巴勒斯坦難民營則成了巴解的溫床。

巴解對於聯合國二四二號決議案並不存有幻想，這道決議案要求以色列自占領區完全撤出，以交換該地區所有國家彼此承認對方的主權，但其中對巴勒斯坦人的苦難並沒有明確的政策。結果使得巴解對以色列目標的恐怖攻擊有增無減。

這些行動在一九六八年七月出現了新的形式，這次是一架以色列客機被劫持到阿爾及利亞。世界各地的其他恐怖組織馬上起而傚尤，高潮則在一九七〇年九月來臨，當時巴解一舉劫持了不下四架客機，其中三架被迫降落在約旦，然後遭到炸毀。胡笙國王至此已是忍無可忍，他對於巴解在約旦境內的活動早已深為憤怒，現在他決定派出陸軍來對付他們。但是敘利亞隨即開來部隊支援巴解，一時約旦與敘利

巴解恐怖分子於一九七〇年九月在約旦炸毀三架被劫的客機。此舉使得胡笙國王顏面盡失，並且轉而反對巴解。

亞似乎已處在戰爭邊緣。此時已經重病的納塞總統總算經由談判達成停火，讓敘軍撤出約旦。至於在戰鬥中折損慘重的巴解則將總部移到了黎巴嫩。

達成停火的過程耗去了納塞的最後一絲精力，他在九月底終告去世。他的繼承人是沙達特，後者是一九五二年推翻法魯克國王的團體成員之一。他本人希望能在這地區達成長久的和平，不過不能以阿拉伯領土或者巴勒斯坦人的目標作為代價。

在此同時，埃及和其盟友也正從蘇俄得到大批武器，藉以彌補一九六七年戰爭中的損失。面對政治手段達成長久和平的努力毫無進展，沙達特漸漸相信只有對以色列發動另一場戰爭，才能夠打破僵局。

不過美國也正在繼續向以色列提供先進的武器。對此有所警覺的埃及於是要求蘇俄運送更多的裝備，但是蘇俄並不願意如此，因為他們並不希望冒險在中東與美國進行對峙。

除此之外，尼克森總統在察覺到沙達特比起他的前任立場更為緩和之下，也開始向埃及進行追求和平的友善接觸，這點讓沙達特十分高興。由於相信華盛頓正準備也能夠讓以色列態度更為軟化，他因而突然在一九七二年七月辭退了所有蘇俄軍事顧問。

但是在一九七二年間，發生了兩件針對以色列而來的可怕恐怖攻擊。有將近一百名平民於五月間在以色列的羅德機場被開槍射倒，其中二十六人死亡。行兇者是日本恐怖分子，這顯示巴解已經斷絕與國際恐怖團體的關係。但是有部分更為極端的派系脫離巴解，成立了分裂團體。其中之一的「黑色九月」在一九七二年慕尼黑奧運中殺害了以色列代表隊的十一名成員，令全世界大為震驚。

沙達特這時正致力於在阿拉伯聯盟中組織一場對付以色列的新戰爭，到了一九七三年夏天，一切都已準備就緒。在十月六日贖罪日上午——這天是猶太曆法中最神聖的日子之一——以色列在西奈的機場遭到了埃及飛機攻擊。同時埃軍還對位於蘇伊士運河旁，在一九六七年戰爭後構築的巴雷夫防線展開大舉砲轟。

埃軍在不下十處地方渡過了這條水道，並且很快在東岸建立起橋頭堡。以色列空軍試圖向這些陣地發動攻擊，但卻由於地對空飛彈而損失慘重。敘利亞則在同時進攻戈蘭高地，並且在南方突破了以軍防線。

在完全出乎意料之下，以色列發現自己正承受著沉重的壓力，只好拚命動員所有後備軍人。即使如此，西奈的第一次反攻結果還是以

參敗收場，有多輛戰車爲俄製反戰車飛彈所擊毀。相形之下，以軍在戈蘭高地的猛烈反攻終於將敍軍的攻勢阻止了下來，並且把敍軍逐出高地。不過由於約旦和伊拉克進攻以軍的南翼，使得以軍隨後的反攻減緩了下來。

　　西奈半島的高潮在十月十四日來臨，大約有兩千輛戰車捲入了自軍斯克會戰以來最大的一場裝甲會戰。結果撤退的是埃及人。次日以軍發動了一項大膽的反攻，穿越埃軍防線，在大苦湖以北渡過蘇伊士運河。以軍隨即迅速將他們的橋頭堡加以擴張，差點就切斷仍在西奈半島的埃軍補給線。

一九七三年贖罪日戰爭的戈蘭前線。以軍士兵正在登上他們的裝甲人員運輸車，準備出發抵抗敍利亞的攻擊。

一九七三年贖罪日戰爭的西奈前線。以色列的百夫長戰車在他們戲劇化的反攻中向西挺進，以軍最後越過了蘇伊士運河，並且威脅到西奈埃軍的後方。

戰鬥的激烈程度——這是到那時為止最血腥的一場以阿戰爭——使得華盛頓和莫斯科同意共同安排停火。停火很快就在北線上達成，但是以色列並不打算放棄在蘇伊士運河以西的土地。最後全是在美國的壓力之下，以色列才於一九七四年一月撤回東岸。

　　在贖罪日戰爭期間，阿拉伯石油輸出國家組織宣布將要把油價提高百分之七十，並且停止向支持以色列的國家供應石油，特別是美國。世界油價立刻在一夜間暴漲，許多國家甚至得實行汽油配給。儘管對美國的禁運在一九七四年一月解除，阿拉伯石油輸出國家組織還是展現出了世界其他國家——尤其是以消費者為重的西方——是多麼依賴外來資源。

　　不過美國在說服以色列撤回蘇伊士運河東岸上所顯示出的影響力，還是使得沙達特印象深刻。而雖然受到美國和以色列的反對，但聯合國同意給予巴勒斯坦解放組織觀察員席位的決議，卻是另一個令人鼓舞的信息，這顯示某種和平的解決途徑仍是可能的。

　　但是巴解的恐怖行動依然持續著。一九七四年五月，他們在以色列北部的馬洛特的一所學校中劫持了學生作為人質。在以色列突擊隊攻擊學校解救人質的行動中，有二十二名學生喪生。接著在一九七六年六月，兩名德國恐怖分子與兩名巴勒斯坦人聯手，劫持了一架機上有兩百五十名乘客的法國客機，其中包括九十六名以色列人。他們強迫這架飛機飛到烏干達的恩德比。在談判破裂之後，以色列特種部隊採取行動。他們飛到恩德比，殺死了現已增加到十三名的恐怖分子——其他人是在恩德比加入的——以及三十五名烏干達士兵，不過所有乘客皆告獲救。

　　無論如何，和平談判方面最後還是有了進展，這大部分要歸功於美國特使季辛吉的穿梭外交，以及蘇俄對永久協議的支持。沙達特總統不但準備傾聽，還打算為和平採取積極行動——即使他的阿拉伯盟友並無這樣的打算。一九七七年十一月，他踏出了史無前例的腳步訪問以色列，試圖說服以色列承認巴解，但是由於巴解不斷越過黎巴嫩邊界發動攻擊，使得以色列不表同意。聯合國因而再度插手，在邊界設立了一個緩衝區。儘管如此，情勢似乎還是陷在僵局中，直到一九七八年八月，美國總統卡特邀請沙達特與以色列總理比金兩人一起與他前往大衛營。兩人都接受了他的邀請，在緊密的討論之後，雙方簽署了一項草約。這項草約於一九七九年三月成為正式協約。在協約條款之下，以色列同意分三階段自除了加薩走廊以外的西奈地區撤出，

沙達特則讓步使蘇伊士運河和阿卡巴灣成為國際水域，讓以色列船隻可以自由通行。大衛營協定是一項歷史性的協定，而且也是結束中東衝突明確的第一步，但是就在同時，新的力量卻正在開始浮現。

這些事件的導火線是伊朗，伊朗的國王決心要使他的國家成為中東最強大的國家。在享有豐沛油源之下，他得以購買大批的先進武器。他的頭一次外交出擊是派軍幫助英國支持的阿曼蘇丹，以免他被鄰邦多法爾的馬克思主義分子擊敗。這場戰爭一直進行到一九七五年，大部分歸功於英國的幫助，蘇丹最後得到了勝利。

但是在一九七〇年代期間，不滿卻在伊朗各地滋生，主要原因是當大部分伊朗人民仍處於飢餓中之時，伊朗國王卻過著奢華的生活，還有他的統治所帶來的壓迫。反感最強烈的莫過於農村地帶的基本教義派信徒。他們的精神領袖是柯梅尼，他曾在一九六三年入獄，然後被放逐至伊拉克。

在伊朗國王的要求之下，伊拉克領袖海珊於一九七八年將柯梅尼驅逐出境，後者隨即前往巴黎。此時伊朗境內對於西方漸增的影響正感到日漸憤怒，這些影響大多與可蘭經的教誨完全牴觸。柯梅尼從他的新基地點起了革命火焰。伊朗很快就陷入無政府狀態，國王則在一九七九年二月出亡，讓柯梅尼得以在流亡十六年之後凱旋歸國。

伊朗新基本教義派政府的激進反西方立場，使得美國凍結了伊朗的資產。伊朗人則以攻占德黑蘭的美國大使館作為報復，並且拘禁了五十二名館員作為人質。只有在伊朗國王返國受審之下，伊朗政府才準備釋放他們。在談判失敗之後，美國特種部隊試圖發動一次大膽的援救任務，但這次行動卻證明是一次令人顏面盡失的挫敗，美方直昇機墜毀在伊朗的沙漠中。一直要到伊朗在美國的資產解凍之後，人質才在一九八一年一月獲釋。

回教基本教義派很快就在中東各地出現，特別是在黎巴嫩。自從一九七五年四月，基督教領袖皮耶‧蓋梅耶在貝魯特被暗殺，他的支持者隨即在巴士上屠殺二十二名巴勒斯坦人報復以來，當地就一直處於內戰之中。在敘利亞部隊開入黎境，並且占領黎巴嫩北部的大部分土地之後，各方曾於一九七六年短暫達成和平，但是該國境內存在的大批回教與基督教武裝民兵，使得這項和平十分脆弱。

事實上，一九七八年基督教民兵曾轉而對抗敘利亞，到了那年年底，貝魯特已經被一分為二——基督教的東貝魯特和回教的西貝魯特。

在此同時，儘管聯合國部隊在黎巴嫩的邊界上試圖維持和平，巴解對以色列的活動卻依然持續著。以色列飛機對巴解營地發動過好幾次攻擊，並且偶爾與敘利亞飛機交手。在一九八二年春季，巴解對以色列在歐洲的目標展開了新一波的恐怖活動，最後導致以色列大使於六月三日在倫敦遇害。

以色列至此已是忍無可忍。三天之後，以軍兵分三路攻入黎巴嫩南部，目標是一勞永逸解決巴解。主要威脅則是來自貝卡山谷中的敘軍地對空飛彈陣地。以軍使用遙控載具——亦即無人的小型飛機——標定防空飛彈，然後以飛機進行攻擊。敘利亞空軍試圖插手，但很快就損失了超過八十架飛機。以軍的馳車式戰車也證明遠比敘軍的俄製T-72戰車優秀。

在六天之內，以軍就已經攻占黎巴嫩南部，但他們在攻下西貝魯特上卻無甚進展。平民的傷亡大幅增加，國內也出現質疑繼續戰鬥的聲浪。但各方直到一九八二年四月才達成停火。一支由美國、法國和義大利所組成的特別多國部隊被派往當地，監督巴解和敘利亞自西貝魯特撤軍。巴解本身則撤往中東的其他國家。所有這些都在九月初圓滿達成，多國部隊隨即撤退。

以色列的勝利並未為黎巴嫩帶來和平。黎巴嫩總統候選人於九月十四日遭到一枚汽車炸彈炸死，以軍於是再度開入西貝魯特，決心要解除所有回教徒的武裝。基督教民兵則乘機清算舊帳。結果導致大約八百名老弱婦孺在薩布拉和查提拉的巴勒斯坦難民營中遭到屠殺。這次事件引起基督教和回教民兵在貝魯特重新開戰。在無計可施之下，黎巴嫩的新任總統要求多國部隊再度開來。美國、法國和義大利部隊隨即在一九八二年十月初開抵，一小支英國特遣隊則在稍後加入，他們的責任是巡邏分隔東西貝魯特的所謂「綠線」。

一九八三年間，國際間試圖讓敘利亞和以色列自黎巴嫩撤軍的努力宣告失敗。更糟的是，美國和法國部隊發現自己竟捲入了貝魯特周圍和市內的戰鬥中，甚至還要動用第二次世界大戰的龐然戰艦密蘇里號，砲轟首都周圍山丘上的回教徒據點。在一九八三年十月二十三日那天，兩輛滿載炸藥的卡車駛入了法軍和美軍駐守的基地。隨之而來的爆炸造成將近三百名官兵喪生。多國部隊的角色顯然已經不穩，終於在一九八四年初撤退。十年之前還被認為是中東國際享樂勝地與金融中心的貝魯特，此時卻迅速被破壞得只剩一堆瓦礫而已。以色列也由於黎巴嫩對人力和經濟造成的負擔，開始對這個問題感到厭煩，最

後在一九八五年逐漸自貝魯特撤出，不過敘軍卻留了下來。

就在同一年，回教基本教義派團體開始在貝魯特大肆活動，他們的手段是綁架西方人，其中部分在釋放前被監禁長達五年之久。各個不同派系民兵之間的戰鬥則依然沒有稍減，直到一九八七年初敘軍終於再度開入貝魯特，試圖重建秩序為止。此舉激起了基督教民兵的怒火，不過回教團體之間也爆發了權力鬥爭。

想要建立和平的一大阻礙是前黎巴嫩陸軍總司令米契爾·奧恩將軍，他當時正準備向敘軍、回教甚至基督教民兵發動攻擊。最後他變得完全孤立無援，被迫於一九九○年十月向法國大使館尋求庇護。一位新總統伊里亞斯·赫拉威則在此時上台。他在疲於戰火的黎巴嫩人民間享有高度的支持。民兵終於開始離開貝魯特，砲聲也總算沉寂了下來。

回教基本教義派也開始在埃及大舉活動。當地的穆斯林兄弟會向來強烈反對大衛營協定，並且利用沙達特在一九八一年十月主持閱兵的機會，將他射殺作為報復。然而這並沒有阻止埃及和美國更為接近，雙方並且舉行了多次聯合演習。

相形之下，美國在一九八○年代期間與埃及鄰國利比亞的關係卻日漸惡化。利比亞領袖格達費長久以來一直被認為是中東的冒險家。西方也相信他在鼓勵恐怖活動。在西柏林一家美國士兵經常光顧的迪

一名無畏的新聞攝影師，攝於一九八○年代初期貝魯特的派系戰鬥中。背景中的人物配備著一具俄製的RPG-7火箭發射器。

開入貝魯特的以軍部隊，攝於「加利利和平行動」期間，這是以色列一九八二年入侵黎巴嫩南部的代號。

斯可舞廳發生爆炸之後，美國飛機於一九八六年四月攻擊了班加西和的黎波里的目標。利比亞戰鬥機和美軍第六艦隊的艦載機也曾偶爾交手。

然而在整個一九八〇年代期間，中東一直生活在伊朗與伊拉克那場慘烈戰爭的陰影下。伊拉克領袖海珊一直存有掌握這片地區的野心。他也為伊朗對伊拉克北部庫德族叛軍的支持而感到憤怒。除此之外，伊朗還控制著幼發拉底河口關鍵性的阿拉伯水道，這條水道是所有伊拉克油輪必經之處。柯梅尼在一九七八年被驅逐出伊拉克之後，更是對海珊一點好感也沒有。

因此在相信伊朗正由於革命的混亂而軍力不振之下，伊拉克部隊於一九八〇年九月二十二日在數處地點越過了邊界。然而，伊拉克迅

速贏得勝利的美夢很快就宣告破滅。這次入侵激起了伊朗人民前所未見的熱情，他們以人數和狂熱的意志，彌補了現代化武器的缺乏。因此儘管伊拉克攻下了阿拉伯水道東岸的柯蘭沙爾，但他們的攻勢很快就停頓下來，陷入一場與一九一四～一八年的西線相似的消耗戰中。這場戰爭的特點是大規模砲轟，以及由伊朗完全未受訓練，以青年士兵組成的革命衛隊發動的「人海攻勢」。

然而，超級強國和他們的盟友卻小心翼翼地與這場衝突保持距離，因為沒有人希望破壞中東微妙的權力平衡。不過在波斯灣的油輪交通受到威脅之下，有幾個國家還是派出了軍艦前往當地保護他們的船隻。此舉引起了一些衝突。一九八七年五月，伊拉克以一枚飛彈擊傷美國巡防艦史塔克號。後來伊拉克曾為這次事件道歉，但美國也犯過相似的過錯，巡洋艦文森尼斯號於一九八八年七月擊落一架伊朗客機，造成機上所有人罹難。

伊拉克曾使用化學武器，甚至對伊朗城市發動火箭攻擊，藉以突破僵局，但是並未奏效。雙方都日漸感到力不從心，最後在一九八八年八月，他們接受了聯合國安排的停火。

這場戰爭的結束，以及一個更為和平的黎巴嫩，似乎象徵著中東局勢將會大有改善。然而事情並非如此。

第二十五章

一個不確定的世界

波斯灣戰爭與之後 1990

　　東西集團之間冷戰在一九九〇年七月的正式結束，解除了歐洲的緊張狀態，特別是已經存在超過四十年的核子戰爭威脅。但是在一個月內，另一個新爆發的危機就要嚴重考驗新世界秩序保衛自己的決心。

　　一九九〇年八月二日清晨，伊拉克入侵了南邊的鄰邦小國科威特。此舉的原因是科威特拒絕重新磋商一九八〇年代兩伊戰爭期間，科威特出借給伊拉克的大筆貸款，以及對科威特的高石油產量造成油價低迷的憤怒，還有科威特正在邊界一處爭議油田進行鑽探。

　　儘管伊拉克已在邊界聚集重兵，這次入侵還是完全出乎世界意料

伊拉克陸軍的俄製BMP機械化步兵戰鬥車在巴格達遊行，攝於入侵科威特之前不久。背景中的劍門是為了紀念一九八〇年代與伊朗長期戰爭中的死難者。

之外，特別是埃及的穆巴拉克總統已經在為這次爭端進行斡旋。在入侵前夕，伊拉克領袖海珊還向他保證不會向科威特使用武力。結果伊拉克部隊在四十八小時內就占領了這個國家，海珊隨即宣布科威特是伊拉克的一省。

聯合國安理會馬上對這次入侵提出譴責，並且要求伊拉克撤軍。最足以顯示後冷戰時代情勢的，莫過於當時正在莫斯科訪問的美國國務卿貝克，與蘇俄外長謝瓦納茲共同發表了一份對伊拉克的聯合譴責。在此同時，英國首相柴契爾正好在科羅拉多州的亞斯平拜訪美國總統布希。他們的結論是聯合國必須準備對伊拉克動武，尤其是間諜衛星顯示伊拉克正在科威特與沙烏地阿拉伯邊界上聚集大軍。

但是沙烏地阿拉伯——一個嚴格的回教國家——一開始還是不願意讓非回教國家軍隊踏足在他們的國土上，直到親眼見到伊拉克威脅的證據，他們才總算讓步。

第一支美國地面部隊於八月八日抵達沙國，他們是第八十二空降師的成員。兩天之後，阿拉伯聯盟也表決通過派軍前往沙烏地阿拉伯。到了九月初時，隨著美軍的軍力持續加強，埃及、敘利亞、摩洛哥和巴基斯坦部隊也開始抵達，同時前來的還有其他來自巴林、阿曼、卡達和阿拉伯聯合大公國的部隊。除此之外，美國和英國的作戰飛機也正在加速部署，以幫助保衛沙烏地的領空。

駐沙烏地阿拉伯的美軍部隊練習在化學作戰環境中行動。聯軍最大的恐懼是海珊會使用化學武器。

英國已有軍艦部署在波斯灣，這就是設立於兩伊戰爭期間，以保護商船為目地的「亞米拉巡邏」。美國也已有軍艦駐防當地，並且很快就有航艦艾森豪號和獨立號抵達增援。

與四十年前的韓戰一樣，聯合國將指揮聯軍的責任委交給了一個美國人，他是負責美國中央司令部的諾曼·史瓦茲柯夫將軍，這個司令部的角色就是為中東的緊急任務進行準備。在此同時，聯合國安理會則繼續通過譴責伊拉克的決議案，並且實行經濟制裁。這些行動最後導致八月二十五日的六六五號決議案，對伊拉克和科威特實行海上封鎖。在接下來八個月之內，美國、英國、澳洲和其他西歐聯盟的軍艦一共查詢了將近三萬艘船隻，並且登上超過一千兩百艘。

當伊軍入侵時，科威特境內有著相當數量的外籍人士，包括一架正好過境當地的英國客機上的乘客。部分人躲藏了起來，其他則遭到逮捕，與許多科威特人被一起送往巴格達。海珊表明他將使用人質阻止聯軍對伊拉克採取侵略行動。此舉結果卻使得海珊更形孤立。他試圖以幾種方法對此進行反制。他對伊朗提出歸還少量領土，以及所有

還在伊拉克手上的戰俘。伊朗接受了這項提議,但還是堅定地維持中立。他也宣布這是一場要將所有外國部隊趕出沙烏地阿拉伯的「聖戰」(Jihad),不過沒有一個阿拉伯國家相信他的話。

最後海珊將自己與巴勒斯坦人對抗以色列的目標結盟,並且把伊拉克自科威特撤軍與以色列自占領區撤軍相連在一起。此舉使他贏得了巴解領袖阿拉法特的支持,後者隨即成為巴格達的常客。此舉也使得伊拉克從約旦邊界得到了一些物資,因為約旦人民大多支持巴勒斯坦人。然而,這卻使得胡笙國王與其他國家的關係陷入非常為難的局面中,特別是與西方國家。

聯軍在波斯灣聚集重兵的行動繼續進行著,但是最初數週間主要關心的焦點是缺乏戰車。伊軍擁有許多俄製的T-55、T-62、以及現代化的T-72,總共大約是五千五百輛。沙烏地阿拉伯擁有三百輛法製的AMX-30,以及二百五十輛過時的美製M60。美軍地面部隊最初只有五十輛陸戰隊的M60。不過情形卻漸漸在改善,特別是在第二十四機械化步兵師抵達之後,該師擁有兩百輛美國最現代化的M1艾布蘭戰車。法國則提供強悍的外籍兵團和海軍陸戰隊,最後這些部隊被編為達古特輕裝師。英國從德國派來了第七裝甲旅,這支部隊的沙漠之鼠圖案可以回溯到第二次世界大戰時,在北非沙漠中作戰的光榮歷史。他們的挑戰者式戰車則是另一項令人歡迎的助力。

北約也提供了支援,不過其規章禁止北約在歐洲以外作戰。無論如何,身為北約一員的土耳其還是提供了空軍基地,讓聯軍飛機可以自北方對伊拉克出擊。全球各地的其他國家也派出了部隊。非洲的尼日和塞內加爾都派出小規模部隊。孟加拉派出五千人。甚至還有一批來自阿富汗,久經戰陣的反抗軍。許多其他國家則提供了醫療支援。

其中一項最重要的貢獻,是來自捷克的一支化學偵測單位。此舉不但反映出在後冷戰時代,一個前華沙公約國家竟然會派軍與北約並肩作戰,同時也強調了聯軍對伊拉克化學武器的嚴重關切。在一九八○年代期間,伊拉克曾經毫不遲疑地將它們使用在伊朗和少數民族庫德人身上。

隨著一九九○年秋天過去,各方仍繼續在努力找出一個和平解決之道。九月間,布希總統和海珊曾在電視上向對方的國家發表演說,但都未奏效。胡笙國王在十月間主動調停,也沒有成功。主要的問題是聯軍要求伊拉克無條件自科威特撤軍,而巴格達則繼續試圖提出無法接受的前提。

到了十月底，對史瓦茲柯夫將軍和他的沙烏地副手哈立德親王而言，很顯然伊拉克入侵沙烏地阿拉伯的威脅已經不復存在。但伊軍仍然必須逐出科威特。對伊拉克的經濟制裁並未收到必須的效果，而為發動攻勢進行計畫的時刻則已經到來。然而，越南的陰影仍然盤據在華盛頓的走廊中。至今依然支持出兵行動的美國人民，並不打算接受慘重的傷亡。因此聯軍必須集結足夠的部隊，以保證進攻科威特將是次短暫、猛烈而決定性的攻勢。

但是只有聯合國安理會能夠授權發動攻勢。其他常任理事國法國、中國和俄國一開始並不表同意。即使如此，十一月底的聯合國六七八號決議案還是為伊拉克設下了一月十五日的最後期限，屆時除非自科威特撤出所有部隊，否則伊拉克將要面臨軍事後果。

為了確保一旦動用武力能夠迅速贏得勝利，聯軍必須再增強兵力，因此美國自德國運來擁有一千五百輛戰車的第七軍，英國也送來了另一個裝甲旅。除此之外，許多美國後備軍人也奉召動員。另一個原因則是開始於三月二十五日的回教齋戒月，阿拉伯部隊在這段期間將會難以執行攻勢(譯註：回教徒在齋戒月期間白天不能進食)。在此之後，高溫將很可能會影響西方國家部隊的表現。齋戒月開始之前的期間又經常會有雨水與沙暴。對史瓦茲柯夫而言，這一切代表作戰必須在二月底之前完成。

聯軍可以使用三種方法之一攻入科威特——直接越過科威特邊界進攻，以美國海軍陸戰隊在科威特海岸發動兩棲登陸，或者越過沙烏地阿拉伯－伊拉克邊界，然後轉向東邊進入科威特。

然而，伊軍已經在科威特的南部邊界以及海灘上嚴密設防。他們也在海岸外布設了許多水雷。聯軍計畫人員因而推薦採取第三種選擇，尤其是伊軍並未認真加強他們在當地的防務。

在那年秋天期間，有許多著名的政治人物，包括美國參議員傑西‧傑克森、前德國總理威利‧布蘭特、以及前英國首相艾德華‧希斯爵士，紛紛飛往巴格達要求釋放人質。雖然他們的訪問並未得到本國政府的正式認可，海珊卻逐漸讓步，到了十二月初，除開科威特人以外的所有人都已獲准返國。那些躲藏在科威特的外國人也獲准離開。一當此事成真，美國和英國駐科威特大使館立刻在斷水斷電運作四個月後宣布閉館。

和平解決的努力依然持續著，聯合國祕書長裴瑞茲、美國國務卿貝克、俄羅斯外長謝瓦納茲都曾參與其事。但是所有的主動都觸礁於

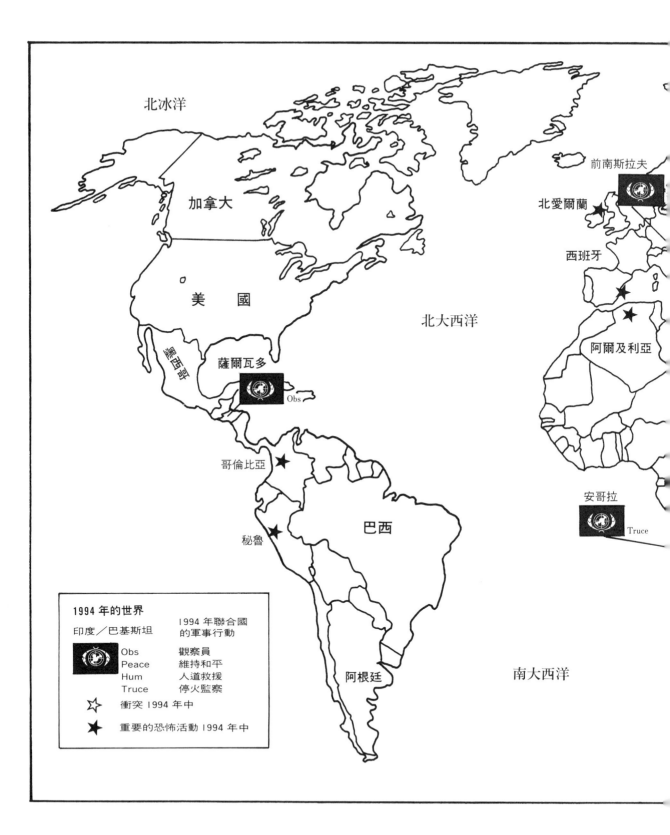

北冰洋

加拿大

美　國

北大西洋

墨西哥

薩爾瓦多

Obs

哥倫比亞 ★

秘魯 ★

巴西

阿根廷

南大西洋

前南斯拉夫

北愛爾蘭 ★

西班牙
★

★

阿爾及利亞

安哥拉

Truce

1994 年的世界

印度／巴基斯坦

1994 年聯合國
的軍事行動

Obs　觀察員
Peace　維持和平
Hum　人道救援
Truce　停火監察

☆　衝突 1994 年中

★　重要的恐怖活動 1994 年中

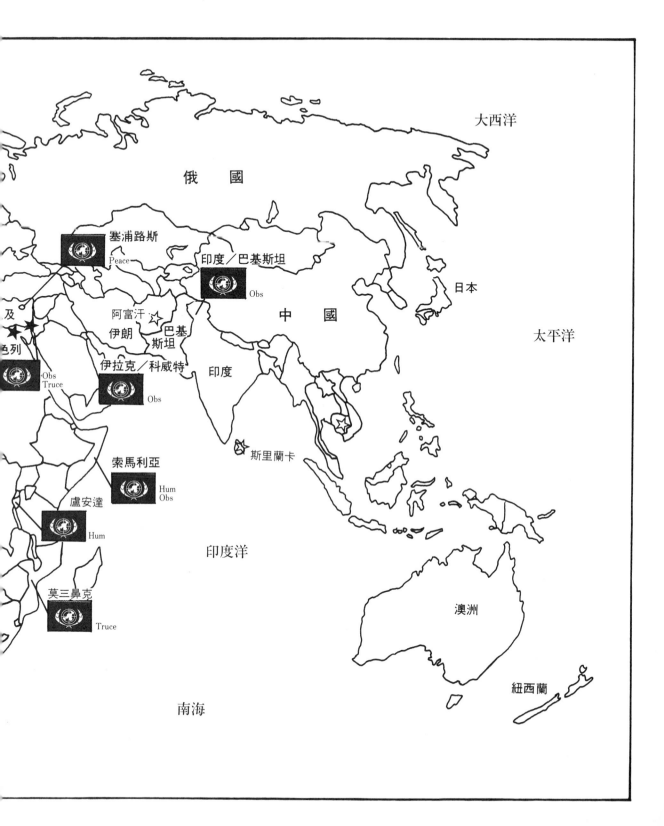

伊拉克的撤軍條件之上。隨著一月十五日的伊拉克撤軍期限過去，全世界都緊張了起來。不過等待爲時並不久。

一九九一年一月十七日當地時間上午三點，F-117 A隱形戰鬥轟炸機對伊拉克境內的目標發動了攻擊。同時戰斧巡弋飛彈也第一次投入戰場，從紅海中的美國巡洋艦聖哈辛托號發射。「沙漠之盾行動」就此成爲「沙漠風暴行動」。

對伊拉克空中攻勢的第一優先，是立刻得到壓倒性的空優。爲了這個目的，隱形戰鬥機和戰斧飛彈最初攻擊的是伊拉克空防的指揮、管制與通訊系統。在此同時，配備JP 233機場阻絕武器的英國龍捲風GR 1則對伊拉克空軍基地發動空襲。爲了這個目的，它們必須在低空接近，這使得它們十分容易受到地面砲火與飛彈的傷害，在戰鬥最初

未來的面孔───一架F117A隱形戰鬥轟炸機。

八天之內，戰區中的四十三架GR 1就損失了七架。

其他飛機則以傳統炸彈對伊拉克機場發動攻擊，聯軍戰鬥機則在空中監視著伊拉克空軍，後者擁有五百架戰鬥機，包括俄製的米格二十九和二十七，以及法製的幻象式。在頭二十四小時之內，伊拉克出動了大約一百架次，相形下聯軍則派出兩千架次。此後伊拉克的出擊率即逐漸下滑，在開戰頭一週之內，有大約十七架伊軍飛機在空對空戰鬥中遭到擊落，聯軍則毫無損失。聯軍空軍接著對伊拉克停放飛機的加強掩體進行攻擊。在無計可施之下，大約有一百五十架伊拉克飛機逃往鄰國伊朗，其中部分在途中遭擊落。但是對伊拉克而言，事與願違的是伊朗竟然將飛機予以沒收。

聯軍攻勢也有其他的主要目標。政府建築、電力供應和補給道路都受到了空襲。化學與核子作戰設施，以及運送這些武器的方法也遭到攻擊。特別受到注意的是飛毛腿飛彈基地，它們在頭二十四小時之後尤為重要。

　　在開戰的第二天，共有不下七枚飛毛腿飛彈向著特拉維夫和海法發射，炸傷了七個人。次夜則有四枚飛毛腿飛彈射向特拉維夫。儘管以色列和聯軍都害怕彈頭會使用化學武器，但它們證明只不過是高爆炸藥而已。

　　無論如何，以色列最初的反應是準備以自己的空軍發動反擊，但假如以色列這麼做的話，那些不願意與宿敵同盟的阿拉伯國家很可能就會退出聯軍。因此美國政府急忙透過外交途徑介入，才阻止以色列採取軍事行動。

　　伊拉克在一月十九日向沙烏地阿拉伯發射了兩枚飛毛腿飛彈。不過它們卻為美國的愛國者地對空飛彈所攔截。但是聯軍雖然很快辨識並且摧毀了固定的飛毛腿飛彈發射器，伊軍卻逐漸轉而使用機動發射器，它們是十分難以搜索的目標，因為從架設、發射飛彈，然後撤退，一共只需要大約二十五分鐘。因此聯軍必須從對付其他目標的任務中，抽調出相當比例的架次來應付它們。英國和稍後的美國特種部隊也以直昇機滲入敵境，幫助尋找發射器。

　　伊拉克總共向以色列和沙烏地阿拉伯發射了大約九十五枚飛毛腿飛彈。愛國者飛彈確實攔截了一部分，但有時它們還是無法摧毀彈頭。

一枚愛國者飛彈發射，攔截一枚飛毛腿飛彈。

一輛聯軍的MLRS正在作戰，攝於地面攻勢發動之前數週，以測試伊拉克防務爲目標的「打帶跑」砲戰期間。MLRS一次能發射十二枚火箭的齊射，每枚火箭內有不下六百四十四枚次彈藥。MLRS的射程是三十二公里，一次齊射的致命範圍是零點三平方公里。

即使如此，將愛國者飛彈迅速部署在以色列的舉動，仍然對於消弭以色列攻擊伊拉克的威脅貢獻良多。

唯一一次造成重大傷亡的飛毛腿飛彈攻擊，是最後一批中的一枚所造成的，時間是一九九一年二月二十五日。一個愛國者飛彈連的電腦錯誤，讓一枚飛毛腿飛彈擊中了達蘭的一處軍營，結果有二十九名美軍喪生，另外一百人受傷。

伊拉克所使用的另一項武器是破壞生態。在一月二十三日那天，他們打開了科威特油輪裝運站的輸油幫浦。很快波斯灣北部就布滿了油漬。但是F-111立即對控制油料流動的管路發動高度準確的攻擊，停止了原油的溢流。

空中攻勢的重心逐漸從戰略目標轉至科威特境內的伊軍部隊。這裏主要的焦點是海珊的精兵，駐守於科威特北部裝備精良的共和衛隊。

甚至曾在越戰期間徹底改變越南地貌的B-52轟炸機，也部署來執行無情的轟炸，目的是將伊軍防務摧毀到聯軍部隊僅需要付出微小的傷亡。

在海上，聯軍的特遣艦隊也正在忙碌著。艦載機加入了攻擊伊拉克和科威特的空中攻勢，巡弋飛彈則自戰艦、巡洋艦和潛艦上發射。

第二次世界大戰的美國戰艦密蘇里號和威斯康辛號——兩艘都是從四十年前的韓戰以來首次在戰鬥中開火——以及曾在一九八三年砲轟黎巴嫩境內目標的紐澤西號,則以它們的十六吋砲轟擊科威特海岸的伊軍防務。海軍的飛機和直升機也有系統地將伊拉克實力貧弱的海軍加以摧毀。

　　聯軍也開始著手清除波斯灣北部水域的水雷。這裏領頭的是皇家海軍的塑膠艦身獵雷艦。伊拉克使用的大批不同型式水雷,使得這項任務非常複雜。事實上,聯軍僅有的兩艘受損船艦就是水雷的傑作。它們是美國的直昇機突擊母艦的黎波里號,以及導引飛彈巡洋艦普林斯頓號,兩艘都受到了結構損害。

　　在波斯灣的船艦上也有一萬七千名美國海軍陸戰隊。在作戰的第二週期間,他們進行了多次兩棲登陸演習。然而,這只不過是一項精心欺敵計畫的一部分。在決定主攻將會來自西邊的沙烏地——伊拉克邊界之後,史瓦茲科柯已經祕密將美軍部隊的大部分,以及英法兩國部隊向西調動,兩棲登陸演習則有助於分散伊拉克的注意力。

　　最後的計畫要求以美國陸戰隊和阿拉伯部隊攻過沙烏地——科威特邊界。後者係由沙烏地、埃及、阿曼、敍利亞、摩洛哥、塞內加爾和科威特部隊組成,這些科威特部隊是在伊軍入侵時逃出,然後重新配備武器的。這些部隊將會解放科威特市,並且理所當然地以科威特

皇家海軍的獵雷艦在波斯灣中作業。

軍為先鋒。西方的攻勢將會由美國指揮的部隊執行。在最左端的是美國第十八空降軍。在法軍負責掩護側翼之下,兩個美國空降師,以及位於內側,擁有重裝甲的第二十四機械化師將會迅速朝北推進,切斷伊軍所有自科威特逃脫的路線。由美國第七軍,以及由其指揮的英國第一裝甲師組成的裝甲拳頭,將會向北發動攻擊,然後轉向東邊進入科威特。

伊軍並未察覺到聯軍的大規模重新部署。這大部分得歸功於聯軍的空優,但還有兩棲部隊在波斯灣中的出現,以及越過科威特邊界的大舉砲轟。然而在一月三十/三十一日晚上,強大的伊軍部隊在四處地點越過邊界,爆發了第一次大規模地面作戰。他們進入了已被廢棄的沙國邊界城鎮卡夫吉,並且在翌日派來更多部隊。然而在卡夫吉城內一支美國陸戰隊偵察小組的指引下,這些部隊卻遭到美國A-10近接支援飛機的嚴重侵擾。沙烏地陸軍國民兵接著發動反攻,很快就將傷亡慘重的伊軍逐退。

在另一次事件中,兩架阿帕契攻擊直升機向一羣掩體發動攻擊。共有超過四百名伊軍放下武器,由重型的契努克直昇機運走。事實上,已有部分伊軍不顧會遭到槍決的警告,越過邊界投降,顯然轟炸已經對伊軍的士氣造成了重大影響。

在主攻發動之前,最重要的一次地面作戰發生在沙國邊界城鎮卡夫吉,照片攝於該地被收復之後。前方是一輛燃燒中的俄製BTR-40裝甲人員運輸車。

地面攻勢於一九九一年二月二十四日展開。首先進攻的是兩個美國陸戰隊師和阿拉伯部隊，他們開始著手突破科威特邊境上的伊拉克防務。遠在西邊，美國第十八空降軍越過了邊界進入伊拉克，迅速衝向幼發拉底河。到了那天結束時，第一○一空降師使用直昇機，已經在伊拉克境內五十哩處建立起一處火力基地。

原本的計畫是要第七軍的大批裝甲部隊在第二天發動主攻，但是史瓦茲柯夫將軍接到情報，伊軍正開始撤出科威特市，並且摧毀一切有價值物品，包括引燃科威特的九百五十座油井。他因此在第一天下午命令主攻部隊前進。到了日暮時分，聯軍已經通過最初防線，並且開始加速前進。伊軍的抵抗一般而言都相當微弱。他們的官兵已經被接連數週的轟炸弄得士無鬥志，許多人一見到聯軍戰車就舉手投降。

到了第四天，美國第二十四機械化步兵師已在沿著幼發拉底河南岸，朝向伊拉克港口巴斯拉推進。科威特和其他阿拉伯部隊則凱旋開入科威特市。但是自此朝北逃脫的伊軍卻遭到了聯軍空軍的攻擊，當地面部隊抵達向北通往巴斯拉的道路時，他們對於空軍所造成的破壞大感震駭。在感覺到如果這場大屠殺繼續下去，民意將會轉而反對聯軍之下，布希總統於是下令停止進兵。

三天之後的三月三日，史瓦茲柯夫、哈立德親王和其他聯軍指揮官於伊拉克—科威特邊界旁的薩夫萬與伊拉克將領會面。在聯軍大獲全勝之下，伊拉克除了向停火條件低頭外別無選擇，這些條件很快就得到同意。在這場戰爭中，新的後冷戰世界展現出能夠對侵略採取明確行動，對於一個更和平時代來臨的希望也隨之升高。

一九九一年的波斯灣戰爭顯示出武器科技業已變得多麼進步。戰斧巡弋飛彈藉由其預設電腦化目標系統，能夠飛行數百哩精確擊中目標，雷射導引炸彈則能夠穿透將近三十呎厚的加強混凝土。部分飛彈在鼻端裝有攝影機，它們所拍下影像使得全世界的觀眾大為吃驚。

愛國者飛彈攔截飛毛腿飛彈的能力則是另一件讓人印象深刻的事情，美國的Ｍ１艾布蘭式和英國挑戰者式戰車能夠在夜間一如白天有效作戰亦復如此。事實上，隨著武器精確度的大幅進步，戰爭似乎變得更為俐落。然而在戰爭期間所使用的空射武器中，超過百分九十仍是無導引炸彈，因此也造成了一些錯誤。即使是「聰明」武器也有失靈的時候，而儘管聯軍擁有收集資訊的先進方法，但目標情報也會有所錯誤。

一輛美軍的MI艾布蘭戰車突破伊
拉克防務。

　　同樣的，聯軍也發生過幾起相互開火的意外，造成了相當的傷亡。
傳統上各級戰地指揮官面對的「戰爭迷霧」問題還是沒有解決。儘管
動用了高科技武器，波斯灣戰爭顯示出一九九〇年代的傳統戰爭還是
會如以往一樣血腥。

　　在戰爭結束後，聯合國建立了「禁飛區」，以保護受到伊拉克迫害
的北部庫德少數民族，以及南部的沼澤地區阿拉伯人，但是迫害還是
持續著。海珊仍然掌握著大權，經過聯合國大力施壓，才說服他拆除
核子與化學戰設施，這是解除對伊拉克經濟制裁的條件之一。事實上
以後見之明來看，除了解放科威特以外，波斯灣戰爭並未建立起當時
人們所企望更為和平的世界，各種有組織的暴力還是繼續著。

　　除開中東以外，在二十世紀末的世界許多其他地方，恐怖主義已
經成為生活的一部分。在一九七〇年代，西德的貝達－曼霍夫幫和義
大利的赤軍旅不斷犯下恐怖活動，作為表達對西方式資本主義輕蔑的
方式。另一場為時更久的恐怖分子作戰則發生在西班牙，致力於在該
國西北部建立獨立巴斯克人國家的組織ETA不斷與馬德里政府作戰
了許多年。

　　北愛爾蘭也經歷了為時最久的恐怖戰役之一。其實這場戰爭可以
說是自一九二一年愛爾蘭分離時開始的。最近的一個階段開始於一九
六八年，當時占少數的天主教徒起而要求改善北愛爾蘭的民權。英軍
部隊奉命進駐，以維持他們與新教徒之間的和平。天主教徒國家主義
者的軍事組織愛爾蘭共和軍隨即以多種方式展開恐怖行動，他們的目

的是要英國將該省交給南方的愛爾蘭共和國，好讓該島再度統一。

　　一九七〇年代初期，英軍在北愛爾蘭的市區捲入了數起槍戰中，當地並曾發生多次暴動。接著軍隊和警察的巡邏更遭到伏擊。爲安全部隊工作的厄斯特平民也被人暗殺。

　　愛爾蘭共和軍也在北愛爾蘭城鎮中發動炸彈攻擊，並且攻擊英國本土的目標。這些攻擊有雙重目的。愛爾蘭共和軍希望說服英國人民放棄厄斯特，但他們也在使用這些他們所謂的「壯觀場面」來打響知名度。

　　但是新教徒恐怖團體「厄斯特自由戰士」也開始出現，他們與共和軍之間不斷進行著以牙還牙的派系謀殺。

　　想要找出和平解決之道的努力，一直因爲國家主義者與親英派極端分子之間的對立而觸礁。然而在一九八〇年代，倫敦和都柏林政府開始攜手爲和平努力。這些努力最後導致梅傑首相和雷諾斯總理於一九九三年底共同發表的宣言，所有政治黨派——包括愛爾蘭共和軍的政治黨派新芬黨在內——都受邀參與規劃北愛爾蘭的前途，條件是愛爾蘭共和軍同意放棄暴力。新芬黨並未做出明確表示，極端的新教徒團體則宣稱他們會與任何分離厄斯特與英國關係的方案劃清界線，雙方的恐怖分子依舊繼續著他們的暴力活動。

　　最後在一九九四年八月底，愛爾蘭共和軍終於宣布停止一切「軍事行動」，但所有黨派都曉得，這不過是達成永久和平的漫漫長路上的一步。事實上到了一九九四年，儘管北愛爾蘭只有少數人積極參加暴力活動，但當地卻已有一整代是在無時沒有暴力下成長的。

北愛爾蘭的另一名暴力受害者。

另一種更近代的恐怖活動是來自中南美洲毒品大亨，特別是在哥倫比亞。他們的目標是警告各國政府停止干涉他們的行動。而主流的恐怖組織也逐漸以毒品交易來資助他們的活動。

隨著蘇聯在一九九一年底解體，對國家主義和種族身分要求的復甦，也提供了另一個引起衝突的原因。不安的局勢在高加索尤為嚴重，這裏是基督教和回教世界的傳統交會地。為了爭奪人口以亞美尼亞人占多數的納戈諾——卡拉巴克區，信奉基督教的亞美尼亞和回教的亞塞拜然因而互相大打出手。

在喬治亞，少數民族則希望獨立建國。喬治亞以前蘇聯外長謝瓦納茲掌權，藉以恢復和平，但最後他還是必須向俄軍請求幫助，以免喬治亞完全分裂。

在前蘇聯的核心俄羅斯，共產主義的崩潰以及以西方式民主——這是該國從未經歷過的——取而代之的企圖，結果引起了衝突。由於西方促成的徹底經濟改革，許多俄羅斯人發現自己遭到失業的命運。他們也對俄國不再是世界超強的事實感到憤恨。

在蘇聯政府中的強硬派於一九九一年八月企圖發動政變之後，曾經帶領蘇聯走出冷戰，然後又目睹其解體的戈巴契夫已經自舞台上消失。事實上在那次政變中，完全要歸功於俄羅斯領袖葉爾辛，以及他讓軍方站在民主派這邊的努力，才使得戈巴契夫免於遭到下獄或者更糟的命運。葉爾辛從此成為前蘇聯的關鍵政治人物，但是他還必須與俄國國會中占多數的強硬派對抗。

情勢在一九九三年十月達到頂點，強硬派試圖以武力罷黜葉爾辛。然而陸軍仍然效忠於他，他以軍隊砲轟國會大廈，迫使強硬派屈服。不過強硬派並沒有投降，在一九九四年初舉行的大選中，他們仍然比任何其他政黨得到更多的席位，傾向於重建俄羅斯帝國的極端民族主義者伏拉德米爾‧季里諾夫斯基也在這次選舉中竄起。

巴爾幹半島原有的政治結構也經歷了一場大動盪。當南斯拉夫強人狄托在一九八○年去世時，他留下了分權的政策，讓該國成為八個小邦組成的邦聯。在一九八七年，斯洛波丹‧米洛塞維奇掌握了塞爾維亞——南斯拉夫最大一邦——的權力。他傾向於將權力收歸中央，並以塞爾維亞為主要中心。此舉引起那些非塞爾維亞人多數邦的憤恨。一九九○年舉行的大選反映出這點，他們隨即在一九九一年宣布獨立。

在強硬派於一九九三年十月另一次推翻葉爾辛的失敗行動中，俄軍戰車正在砲轟莫斯科的國會大廈「白宮」。

　　居住在斯洛凡尼亞和克羅埃西亞境內的塞爾維亞少數民族對此提出反對，衝突於焉開始。南斯拉夫聯邦陸軍被派往當地，大戰隨之爆發。歐洲共同體在斯洛凡尼亞達成了停火，但是在克羅埃西亞卻沒有成功，當地對古城杜布洛夫尼克的砲轟既漫長又慘烈。聯合國對整個前南斯拉夫實行武器禁運，並且派軍前往當地，但他們的角色很快就從維持和平，轉為協助向被圍困的少數民族地區運送人道援助。

　　情勢變得最為急迫的還是波士尼亞－赫塞戈維納。這裏是以回教徒占大多數，但也有強大的塞爾維亞人少數民族，以及人數較少的克羅埃西亞人。一場三方的內戰於是爆發，在這段期間出現了一個新的用詞──「種族淨化」。為了將少數族羣逐出特定地區，出現了威嚇甚至更嚴重的手段。此舉製造出激增的難民潮，使得聯合國的人道行動延伸到崩潰邊緣，而波士尼亞首都塞拉耶佛和摩斯塔鎮分別遭到塞裔和克裔部隊圍困，更使得情勢惡化不止。

　　在交戰各方之間促成和平的努力一直沒有間斷，特別是美國的塞魯斯‧凡斯和英國的歐文爵士。但一切都是徒勞。同樣聯合國所促成的局部停火，通常在幾個鐘頭之內就告崩潰。聯合國試圖製造出「安全區」，特別是為了保護受困的回教徒城鎮。他們也嘗試在整個波士尼亞上空實行禁飛區。但他們卻發現自己日漸陷入兩難中。試圖執行這些政策的努力只不過更加深了各方的強硬態度，並且對人道行動造成威脅。事實上，在這樣戰鬥不歇的情形之下，巴爾幹的時鐘似乎被撥回了一九○○年代。因為就是在巴爾幹點起的引信，引爆了第一次世界大戰。

波士尼亞—赫塞戈維納種族淨化下的受害者。

在波士尼亞首都塞拉耶佛，一名聯合國軍人正在試圖與塞裔民兵溝通，藉以將人道援助物資送到受困的居民手上。

聯合國在非洲之角的索馬利亞也陷入同樣的困境。該國已經內戰橫行多年，並且淪爲完全無政府狀態。饑荒則使得情形更爲嚴重，想要給予人道援助的努力又經常受到當地軍閥的阻撓，他們不但偷取食物，還向援助車隊收取保護費。聯合國部隊在一九九二年被派往索馬利亞，試圖重建和平，並且幫助人道行動。由於索馬利亞的整個內部組織都已遭到摧毀，維持和平部隊的成就有限。因此在一九九二年底，聯合國派出一支爲數四萬人，由美國指揮的部隊前往當地。他們一開始曾經受到歡迎，人道援助也確實變得更有效率。美方在這時認定解決之道是對軍閥採取軍事行動。但他們的企圖卻導致許多平民，還有美國和巴基斯坦軍人的喪生，並且使得索馬利亞人轉而反對聯合國。在害怕會捲入另一個越南之下，美國部隊於一九九四年夏末撤出，但聯合國仍然留在那裏。

事實上，聯合國正在逐漸扮演起一個新角色，亦即達成和平而非維持和平。達成這個目標的方法之一是監察民主選舉。這方法曾在一九九〇年代初期用來結束安哥拉和柬埔寨的內戰。然而在安哥拉，強納斯・索文比的叛軍——選舉中失敗的一方——卻宣稱選舉舞弊，並

索馬利亞是當今另一個最動盪不安的地方，該國已被敵對軍閥割據得四分五裂，他們的主要武器是架設重機槍的小貨車。

且再度撤入叢林中，戰鬥於是再度爆發。在另一方面，柬埔寨的赤棉則拒絕參加一九九三年大選，並且繼續對新政府進行游擊戰。

聯合國另一個維持和平的方法是分隔交戰各方。此舉代表要派出一支力量相當或者更強大的部隊。這個方法至今還沒有被使用，而且也將會很難實行。目前大部分國家只準備對聯合國提供有限的軍事力量；對於為了與它們的國家利益不相關的目的而犧牲的男女人數，各國依舊有其容忍限度。除開這點，這樣的作為無可避免會使得聯合國至關重要的人道行動受到損害，更多無辜的人會因之喪命。

不過在一九九四年的上半，確實出現了世界會更為和平的跡象。在南非，戴克拉克總統在一九九〇年二月所做誓言建立一個多種族國家，使其擺脫種族隔離邪惡的演說，以及他後來釋放黑人民權運動人士納爾遜·曼德拉的行動，象徵南非向前邁出了一大步。但是之後非洲民族議會及祖魯印卡塔黨之間的戰鬥，以及白人極端分子要顛覆國家的威脅，使得一九九四年五月舉行的第一次自由選舉蒙上一層陰影。然而選舉還是在幾乎沒有暴力之下舉行，曼德拉結果獲選為南非首位黑人總統。

一九九四年另一個令人鼓舞的跡象出現在中東。經過兩年祕密談判之後，以色列政府和巴解終於達成協議，給予動盪不安的占領區更大的自治權。但是阿拉伯和猶太極端分子仍然希望阻止和平進程，在中東和其他地方大舉進行恐怖活動。回教基本教義分子也以同樣的方法，試圖推翻埃及和阿爾及利亞的溫和派政府，特別是對西方人發動攻擊。事實上，引起戰端的傳統原因宗教，至今仍然是造成衝突的主

因之一。

　　非洲的部落主義分別於一九八九年在賴比瑞亞，以及一九九四年四月在盧安達引發了血腥的內戰，後者證明尤為可怕，在幾個星期之內，就有成百上千的人在血流成河的屠殺中喪生。更多人越過邊界，逃至鄰國坦尚尼亞和薩伊。聯合國則為了援救難民而備感壓力沉重。

　　在非洲境外，部落主義搖身變為國家主義和種族主義。隨著歐洲的地圖在過去幾年中出現徹底變化，尤其是東歐國家正掙扎著向西方式的民主與經濟邁進，更進一步的動盪似乎是不可避免的。然而他們可以感到欣慰的是，在二十世紀期間，從沒有兩個擁有民主憲法的國家相互開戰。即使如此，全球西北部和東北部之間的經濟鴻溝仍然很明顯。至於南北半球之間的經濟鴻溝則更大，除非這道差距能夠予以縮短，否則將一直會是可能的衝突來源。這是一個「有」對抗「沒有」的問題。

　　不過這個世紀中的戰爭經常是由獨裁者引起的。為了追求權力，他們不但準備讓自己的人民受苦，對於動用武力達成對外目標更是一點躊躇也沒有。好幾個這樣的政權仍然存在世界的許多地方。

　　為了實現他們的意志，第三世界的獨裁者需要強大的軍隊。目前的危險之一，就是隨著後冷戰時代來臨的大舉裁軍——尤其是在前東歐共產集團國家——大批多餘的武器將會落入壞人手中。一個確實的恐懼就是其中將包括核生化武器，如此將會使得世界必須向殘忍無情的獨裁者，甚至恐怖組織低頭。

　　獨裁者也經常以意識形態作為權力的基礎，這是二十世紀戰爭的另一個主因。雖然共產主義和法西斯主義已失去一度曾擁有的致命吸引力，但它們卻還沒有死亡，新的意識形態有可能會在未來受到相同的歡迎。

　　在這個世紀裏，人類在許多方面有了戲劇化的進步。目前科技已經進步到一九五〇年所幾乎無法想像的地步，更遑論一九〇〇年。尤其是通訊更經歷了大幅進步。一個世紀之前，國際通訊最快的方法是電報，這種方法至少容許在做出決定與行動之前能有時間考慮。今日數種媒體的「真時」傳送，遑論電視的立即轉播，使得世界希望在事情發生時立即採取行動，並且表示譴責。然而決策者現在面臨著太多經常互相衝突的訊息，比起一百年前來，他們更難以採取適當行動。這是本世紀的兩個諷刺之一。

另一個諷刺則是今日的衝突所使用的武器科技，與一九○○年相較下並沒有多少不同，昂貴的尖端武器經常無法防止或中止這些衝突，美國在越南深深學到了這個教訓。

　　因此一九九○年代中期的世界，比起一九○○年的世界似乎更為不確定，就某些方面而言，世界的時鐘似乎被倒轉了回去，顯現出仍然完全一樣的戰爭起因。然而未來的世代，他們對於維護一個四海一家，而非為狹隘的國家利益所形成的世界，會比我們更為明智與具備遠見，或許他們將會回顧這個世紀——這個星球歷史上最血腥的一世紀——將之視為一個分水嶺。人類或許終會找出和平共處之道。

附錄一　二十世紀的衝突

日期	戰爭	戰爭形式	地區
1899-1902	波爾	殖民地	南非
1900-20	討伐「瘋狂主教」	殖民地	蘇丹
1899-1905	菲律賓暴動	殖民地	菲律賓
1900-1	八國聯軍（拳亂）	動亂	中國
1903-4	英國遠征西藏	殖民地	西藏
1904-5	日俄戰爭	一般	滿洲／韓國
1907	尼加拉瓜 宏都拉斯戰爭	一般	中美
1909-11	宏都拉斯內戰	內戰	中非
1911-12	義土戰爭	一般	利比亞
1911-12	中國革命	動亂	中國
1912-13	巴爾幹戰爭	一般	巴爾幹
1914-17	阿比西尼亞內戰	內戰	阿比西尼亞
1914-18	第一次世界大戰	一般	歐洲、中東、中國 東非與西非
1915-20	墨西哥內戰	內戰	墨西哥
1916	復活節起義	動亂	愛爾蘭
1916-17	美國懲罰遠征	警察行動	墨西哥
1917-20	俄國內戰	內戰	波羅的海諸國 芬蘭、蘇聯
1919	第三次阿富汗戰爭	殖民地	阿富汗
1919	瓦濟里斯坦戰役	殖民地	印度
1919-20	俄波戰爭	一般	蘇聯、波蘭 波羅的海諸國
1919-23	愛爾蘭內戰	動亂／內戰	愛爾蘭
1919-25	阿拉伯內戰	內戰	阿拉伯
1920-2	希土戰爭	一般	小亞細亞
1920-6	里夫戰爭	殖民地	摩洛哥
1922-4	庫德族起義	殖民地	伊拉克
1925-7	德魯士人叛亂	殖民地	敘利亞
1926-7	爪哇暴動	殖民地	荷屬東印度
1926-8	北伐	內戰	中國
1927-37	中國內戰第一階段	內戰	中國
1931-2	日本佔領滿洲	殖民地	滿洲
1932-5	查科戰爭	一般	玻利維亞，巴拉圭
1935-6	義阿戰爭	一般	阿比西尼亞
1936-9	西班牙內戰	內戰	西班牙
1936-9	阿拉伯暴動	殖民地	巴勒斯坦
1937-45	中日戰爭	一般	中國

日期	戰爭	戰爭形式	地區
1939	日蘇邊界戰爭	一般	蒙古
1939-40	俄芬戰爭	一般	芬蘭
1939-45	第二次世界大戰	一般	東西歐、巴爾幹 斯堪地那維亞 蘇聯、東非和北非 東南亞、太平洋
1944-5	第一次希臘內戰	內戰	希臘
1945-8	巴勒斯坦緊急狀態	動亂	巴勒斯坦
1945-9	印尼獨立戰爭	動亂	荷屬東印度
1945-9	國共內戰	內戰	中國
1945-54	印度支那	動亂	法屬印度支那
1946-9	第二次希臘內戰	內戰	希臘
1946-54	虎克(共黨游擊隊)叛亂	動亂	菲律賓
1947	巴拉圭內戰	內戰	巴拉圭
1947	馬達加斯加動亂	動亂	馬達加斯加
1947-8	喀什米爾	一般	印度、巴基斯坦
1948	哥斯大黎加內戰	內戰	哥斯大黎加
1948-9	以色列獨立戰爭	一般	中東
1948-	喀倫族／共黨動亂	動亂	緬甸
1948-60	馬來亞緊急狀態	動亂	馬來亞
1950	尼泊爾內戰	內戰	尼泊爾
1950-3	韓戰	一般	韓國
1950-9	中國入侵西藏	一般／動亂	西藏
1950-61	印尼內戰	內戰	印度尼西亞
1952	布拉米綠洲	一般	南阿拉伯
1952-9	塞普路斯緊急狀態	動亂	塞普路斯
1952-60	毛毛叛亂	動亂	肯亞
1953-9	古巴起義	動亂	古巴
1953-73	寮國內戰	內戰	寮國
1953-	以色列恐怖活動	恐怖行動	中東／全世界
1954-62	阿爾及利亞獨立動亂	動亂／恐怖行動	阿爾及利亞、法國
1954-	瓜地馬拉動亂	恐怖行動	瓜地馬拉
1955-	南蘇丹動亂	動亂	蘇丹
1955-9	阿克達山	動亂	阿曼
1956-64	南越動亂	動亂	南越
1956	以阿戰爭	一般	中東
1956	蘇伊士	警察行動	埃及
1956	匈牙利起義	動亂／警察行動	匈牙利
1956-62	愛爾蘭共和軍 恐怖作戰	恐怖行動	愛爾蘭
1958	黎巴嫩內戰	內戰	黎巴嫩
1960-8	剛果內戰	內戰	剛果
1961	入侵葡屬果阿	一般	印度
1961	豬玀灣事件	一般	古巴
1961-	庫德族叛亂	動亂	伊拉克、伊朗、土耳其

日期	戰爭	戰爭形式	地區
1961–74	安哥拉獨立戰爭	動亂	安哥拉
1962	中印邊界戰爭	一般	中國、印度
1962	汶萊革命	動亂	汶萊
1962	尼泊爾起義	動亂	尼泊爾
1962–70	葉門內戰	內戰	葉門
1962–74	幾內亞比索獨立衝突	動亂	幾內亞比索
1963–4	塞普路斯內戰	內戰	塞普路斯
1963–6	婆羅州對峙	一般	婆羅洲、印尼
1963–74	莫三鼻克獨立衝突	動亂	莫三鼻克
1964	Radfan 戰爭	一般	南阿拉伯
1964–74	第二次虎克 游擊隊叛亂	動亂	菲律賓
1964–8	衣索比亞— 索馬利亞邊界戰爭	一般	衣索比亞、索馬利亞
1964–79	羅德西亞內戰	內戰	辛巴威
1965	印巴戰爭	一般	印度、巴基斯坦
1965–7	亞丁獨立衝突	恐怖行動	南阿拉伯
1965–91	厄立特里亞動亂	動亂	衣索比亞
1965–75	越戰	動亂／一般	東南亞
1966–7	玻利維亞動亂	動亂	玻利維亞
1967	六日戰爭	一般	中東
1967–70	奈及利亞內戰	內戰	奈及利亞
1967–73	圖帕馬魯斯游擊戰	恐怖行動	烏拉圭
1968–71	北阿拉伯動亂	動亂	查德
1968–75	多法爾戰爭	一般／動亂	南阿拉伯
1969	足球戰爭	一般	薩爾瓦多、宏都拉斯
1969–94	恐怖行動	恐怖行動	北愛爾蘭
1970–1	鎮壓巴解	警察行動	約旦
1970–	回教徒動亂	恐怖行動	菲律賓
1971	孟加拉戰爭	一般	印度、巴基斯坦
1971	JVP(斯里蘭卡人民 解放陣線)叛亂	動亂	斯里蘭卡
1972	蒲隆地內戰	內戰	蒲隆地
1972–5	高棉內戰	內戰	高棉
1973	贖罪日戰爭	一般	中東
1974	土耳其入侵塞普路斯	一般	塞普路斯
1974–5	庫德族動亂	動亂	伊拉克
1974–	安哥拉內戰	內戰	安哥拉
1975–6	鱈魚戰爭	警察行動	北大西洋(冰島)
1975–8	苗族起義	動亂	寮國
1975–9	越南—柬埔寨戰爭	一般	高棉
1975–91	黎巴嫩內戰	內戰／恐怖行動	黎巴嫩
1975–	莫三鼻克內戰	內戰／恐怖行動	莫三鼻克
1975–	東帝汶獨立衝突	動亂／恐怖行動	印度尼西亞
1975–	毛派游擊隊動亂	動亂／恐怖行動	菲律賓

日期	戰爭	戰爭形式	地區
1975-	哥倫比亞緝毒戰爭	動亂／恐怖行動	哥倫比亞
1976-82	骯髒戰爭	動亂	阿根廷
1976-84	波利薩瑞歐起義	動亂	撒哈拉
1976-90	查德內戰	內戰	查德
1976-	瓜地馬拉游擊戰	恐怖行動	瓜地馬拉
1977-8	奧加登戰爭	一般	衣索比亞、索馬利亞
1977-9	桑定派起義	動亂	尼加拉瓜
1978-9	柬埔寨—越南戰爭	一般	高棉
1978-9	烏干達— 坦尚尼亞戰爭	一般	東非
1978-89	那密比亞獨立衝突	動亂	那密比亞
1978-	光明之路游擊戰	恐怖行動	秘魯
1979	中越戰爭	一般	越南
1979-89	蘇聯入侵 與阿富汗動亂	動亂	阿富汗
1979-92	薩爾瓦多動亂	動亂	薩爾瓦多
1979-	赤棉動亂	動亂	高棉
1979-	巴斯克獨立衝突	恐怖行動	西班牙
1980	葉門戰爭	一般	北葉門與南葉門
1980-8	兩伊戰爭	一般	伊朗、伊拉克
1981-90	康特拉(反抗軍)動亂	動亂	尼加拉瓜
1981-	塔米爾動亂	動亂	斯里蘭卡
1982	福克蘭戰爭	一般	福克蘭羣島
1982	以色列入侵黎巴嫩	一般	黎巴嫩
1983	入侵格瑞那達	警察行動	加勒比海
1983-8	錫克人在旁遮 普省爭取獨立	動亂／恐怖行動	印度
1988-	納戈諾—卡拉巴赫	一般	亞塞拜然、亞美尼亞
1988-9	蒲隆地內戰	內戰	蒲隆地
1988-	索馬利亞內戰	內戰	索馬利亞
1989	羅馬尼亞革命	動亂	羅馬尼亞
1989-90	美國入侵巴拿馬	警察行動	巴拿馬
1989-	阿富汗內戰	內戰	阿富汗
1990-3	盧安達內戰第一階段	內戰	盧安達
1990-3	賴比瑞亞內戰	內戰	賴比瑞亞
1991	波灣戰爭	一般	伊拉克、科威特 沙烏地阿拉伯
1991-4	喬治亞內戰	內戰	喬治亞
1991-	前南斯拉夫內戰	內戰	巴爾幹
1992-	回教基本教義派動亂	恐怖行動	阿爾及利亞、埃及
1993	反葉爾辛政變	動亂	蘇聯
1993-4	蒲隆地內戰	內戰	蒲隆地
1994	盧安達內戰第二階段	內戰	盧安達
1994	葉門內戰	內戰	南阿拉伯
1994	美國登陸海地	警察行動	海地

附錄二

戰爭中的攝影師

　　拍攝照片的攝影師早在一八五○年代就已經在記錄戰爭,包括英國人羅傑·費爾頓和法國人查爾斯·蘭洛伊斯在內的一批人,曾於克里米亞戰爭期間拍攝景物和人物。不到十年之後的美國內戰期間,馬修·布萊迪、亞歷山大·加德納等人更進一步,開始拍下真正的戰場,包括死者的照片。

　　正如我們今天所知道的,動畫影片直到一八九五年才真正出現,當時法國人奧古斯特和路易斯·盧米耶兄弟發展出一套結合在一起的攝影機和投影機,他們將之稱為「影片」(*cinemagraphy*)。他們在那年年初拍下了第一部紀錄片,內容是里昂的工人離開工廠。兩年之內,他們的短篇(四十七呎)紀錄片就已經在全歐各地的戲院中上映。對他們而言,與發明機器一樣困難的是要讓觀眾相信它們是真正的影片,而非某種視覺效果。

　　盧米耶兄弟的觀念很快就傳到了海外,尤其是在帕斯將攝影機與投影機分離開之後。第一場有攝影機加以拍攝的戰爭是一八九八年的美西戰爭,美國電影先驅湯瑪士·愛迪生還安排重拍了部分戰役的場景。攝影隊也拍下了一九○○年的中國拳亂,以及南非的波爾戰爭,影片中的波爾人則是由英國士兵來扮演。利比亞的義土戰爭,還有特別是巴爾幹戰爭,則吸引了數目漸增的攝影隊。當時的攝影機本身仍然過於笨重,還要受限於只能拍攝實際作戰場面,而且由於通訊的緩慢,有時要過了數個月,它們拍下的成果才能在戲院中放映。

　　然而,戰地攝影師在第一次世界大戰中開始得到了應有的地位。從法蘭茲·費迪南大公於一九一四年六月二十八日在塞拉耶佛遇刺開始,攝影人員就在現場記錄下每一件大事。不過要到戰事變得較為靜態,特別是在西線,攝影機才得以開始拍下真正的戰鬥。法國在一九一六年拍下了凡爾登會戰的部分細節,較晚才讓照片和影片攝影人員前往前線的英國,則對索穆河會戰拍下全程紀錄片,並且在一九一六年八月底公開播映——此時這場會戰還正進行得如火如荼。報導第二階段的紀錄片《安克瑞會戰》則於一九一七年初上映。

《索穆河會戰》一片原本是爲了鼓舞英國大衆的士氣，尤其是英國在這一戰中傷亡非常慘重。雖然該片有一部分是扮演的，其中卻有眞實的畫面，包括一或兩個七月一日攻擊的鏡頭，這是隨後爲期五個月的攻勢之始。這部影片中也出現了英軍死者，以及顯然攻擊失敗後受到震撼的軍人。雖然英國戲院的觀衆迫不及待地觀賞這部影片，以及較短的紀錄片，當局卻很快就開始查禁顯示出英軍死者的片段，此舉主要是害怕除了失去親人的家庭之外，受訓中的年輕士兵士氣也會受到影響。事實上，電影很快就變成日漸有力的宣傳武器，攝影師和新聞記者一樣，對於什麼是可以拍攝的也受到當局的緊密控制。無論如何，攝影師還是從地面、海上和空中拍到了一些戲劇性的畫面。奧匈帝國戰艦聖史帝芬號於一九一八年六月，在亞德里亞海被一艘義大利魚雷快艇擊中後沉沒的場面，尤爲戲劇性與尖銳，其他還有在西線上的觀測氣球遭到空中攻擊，以及東線上的冬季戰鬥。

　　在兩次大戰之間，傳播出現了大幅進步。無線電廣播在一九二〇年代初期來臨，那個十年的尾聲則出現了有聲電影。此時戲院已經在上演每週新聞片，不過是默片，最初的新聞片之一是俄國的《週片》(*Kino-Nedelia*)，這是布爾什維克黨在一九一八年創立的，藉以讓民衆了解內戰的進展。到了一九三〇年代初期，新聞片上更增加了聲音，而更輕與更複雜的攝影機則使得更生動的影像可以在螢幕上播出。事實上，西班牙內戰期間的馬德里，以及日本對上海與南京進行轟炸的場面，清清楚楚地向觀衆顯現出戰爭的可怖，並且加強了他們未來衝突將會由轟炸機主宰的想法。

　　第二次世界大戰也證明了新聞片作爲宣傳武器的關鍵角色。德國派出了幾組攝影隊拍攝入侵波蘭的行動，他們很快就拍攝出精采的畫面，而且不只是在地面，還有空中的影片。德國新聞片的目標是對國內外展現德國軍隊的無敵。事實上，他們在一九四〇年七月播出，報導攻下法國和低地國家故事的長篇紀錄片《西線凱旋記》(*Sieg im Western*)，就曾在歐洲所有被占領國家放映。

　　德國動用了最好的紀錄片導演，包括萊妮・瑞芬斯坦，她曾拍出精采的一九三六年柏林奧運紀錄片《奧林匹亞》，不過她在拍完波蘭戰役的第一天之後就告辭職。英方也動用了GPO攝影隊，他們曾於一九三〇年代負責過一系列完美的紀錄片。在新聞部之下，皇冠攝影隊和三軍中的對等單位不但製作出國內和前方的紀錄片，也爲新聞片提供

影片。美國在參戰後則利用好萊塢的資源，許多重要的導演和攝影師都加入了美國通信兵團。

就在攝影師搭乘盟軍轟炸機飛越德國，拍下在大西洋作戰的U艇，在瓜達康納爾戰鬥的日軍部隊，並且參與史達林格勒苦鬥的同時，查禁己方死者鏡頭的傳統依然維持著。例外之一是好萊塢導演約翰·休士頓於一九四四年所拍的《聖彼特洛之役》。這是一部盟軍攻占一處義大利城鎮的坦白紀錄，並且播出了陣亡的美軍部隊。美國當局原本希望對這部片子大事修剪，但參謀首長聯席會議主席馬歇爾將軍下令讓該片完整放映，理由是這樣才能向新兵顯示一旦投入戰場，他們所面對的到底是什麼。美國海軍陸戰隊也以作戰紀錄片作為訓練用途，並且根據一九四三年十一月在塔拉瓦登陸的教訓，製作出一部寫實的訓練影片。他們在韓戰期間也採取了相同的做法，讓一般的陸戰隊員配備簡單的攝影機，並且給予他們最少的指導與指示。結果他們拍出了一些精采的影片，而且是彩色的。

其實在一九三〇年代末期，彩色攝影就已經應用在一般用途上，這方面的領導者是美國的伊士曼和德國的阿格發。大戰期間曾拍攝過一些彩色影片，但其使用卻受到價格所限。

在一九五〇年代，電視開始取代電影院新聞片，成為以影片傳送新聞的主要方式。在居於領導地位的美國，到了一九五七年時，已經有不下百分之七十五的家庭擁有電視機。對於廣播公司而言，這就代表每天要準備好幾次的新聞片，而非每週一或兩次。他們所面對的壓力立刻大幅增加，攝影隊必須派往世界上所有的衝突地點。

然而，象徵戰地攝影報導分水嶺的是美國涉入越南。即使影片要經過四天才能送回美國，並且在處理過後才出現在螢光幕上，美國觀眾所感受到的立即性仍是過去戰爭所沒有過的。其次，到了一九七〇年，彩色電視已經變得十分普遍，這使得螢幕影像比起黑白電視來要生動許多。但最值得注意的一點是，美國駐越軍事當局漸漸無法控制與限制那些攝影隊，特別是出現越來越多急於想把影片賣給電視網的自由記者。一九六八年初的春節攻勢使得情形更為嚴重，此時戰爭正在得到勝利的官方宣稱，已經很顯然是在欺騙。這點加強了美國反戰運動的力量，媒體很快就掌握住這個機會。強調的重點逐漸被放在顯示越南農民所受的苦難，以及負傷和士氣不振的美軍部隊的畫面。美國人民對戰爭的支持開始消退，媒體可以振振有詞地宣稱它們對當局

的逐漸政策改變，最後導致美國撤出越南，造成了重大影響。

在一九七〇年代的北愛爾蘭，英國也發現控制媒體要比過去在海外的局部戰爭，以及鎮壓叛亂行動更為困難。幾乎一當事件發生，攝影隊就會出現在現場訪問士兵，陸軍很快就了解到以「無可奉告」來阻止媒體，好讓官方有時間準備聲明的做法，並不能滿足晚間電視觀眾。相反的，低階軍官隨即開始接受如何應付立即電視訪問的訓練。

在其他的衝突中，媒體並沒有相同的管道。在以阿戰爭期間，雙方都對外國攝影隊的行動緊緊控制，後者經常得仰賴當局所公布的影片。兩伊戰爭期間的情形也是一樣。在阿富汗，西方攝影隊發現要從蘇俄支持的喀布爾政權手上拿到簽證十分困難，但有相當多無畏的攝影隊自巴基斯坦進入阿富汗，將時間花在拍攝游擊隊的行動。在飽受戰火摧殘的貝魯特情形亦復如此，除了拍攝，電視公司必須仔細思考他們員工所冒的生命危險。即使如此，關於一九八三年十月美法基地遭到炸彈攻擊後的破壞景象，還是對於多國部隊在次年十月撤退造成了影響。

一九八二年的福克蘭戰爭，以及翌年的美國入侵格瑞那達期間，軍方又重新掌握了對媒體的控制。原因部分是由於兩地都是海島，很難得到非官方的管道。媒體也得仰賴特遣艦隊的通訊頻道傳回報導，這使得新聞檢查十分容易執行。在福克蘭的例子上，距離也是一個問題，特遣艦隊當然很高興地利用了這點。全是因為阿根廷電視開始比英國播出更立即的畫面，英方才設法以最快的方法將影片送回倫敦，藉以抗衡布宜諾斯艾利斯的觀點。但是科芬特里號沉沒的畫面播出時——這是英國為收復福克蘭群島受到的第一記重創——英國大眾還是大受震驚，這時他們才了解到英國在進行一場真正的戰爭，他們也因而提高了決心。即使如此，在阿根廷對聖卡洛斯灣的加拉哈德爵士號進行空襲後，檢查官還是插手修剪了傷亡者的可怕畫面，然後才在英國電視上播出。

然而，一九九一年的波斯灣戰爭為電視戰爭報導帶來了革命性的發展。這回從一開始就有一種不尋常的情形存在，就是其中一方聯軍竟然在對方首都巴格達擁有攝影隊。他們不止來自原有的廣播公司，還有以美國為基地的新聞新機構有線電視新聞網（CNN）。這個新聞網的道德是個備受爭論的問題，但CNN的觀點是他們不過在收集新聞而已。

在沙烏地阿拉伯聚集了一大批來自全世界的攝影隊、廣播和報紙記者。美國的史瓦茲柯夫將軍，沙國的哈立德親王，以及其他國家的指揮官都很清楚媒體必須小心控制，尤其是解放科威特的計畫牽涉到一個精心的欺敵計畫。每組攝影隊都有一個軍方的「看護人」，此舉造成了相當程度的憤怒。一部分人設法躲過了他們的護衛，其中一組哥倫比亞廣播公司(CBS)的人員差點為此而付出重大代價，他們由於過分接近邊界，結果為伊拉克軍隊逮捕。

　　另一種首次在戰爭中使用的設備是手提式碟形天線，它可以讓電視新聞記者與總部達成立刻的衛星連線，並且從世界任何一個角落傳回「真時」的新聞。然而這項傳播戲劇化進步的意義，要到波灣戰爭之後的衝突才真正顯現出來，就是軍方已經無法再緊緊控制媒體。事實上，來自前南斯拉夫、索馬利亞和後來的盧安達的現場電視新聞報導，對政府和國際組織產生了重大的影響力，促使躊躇不前的它們採取積極行動。不過雖然碟形衛星天線已經對戰爭報導造成了革命，「真時」新聞卻確實有負面的一面。一具攝影機鏡頭只能看見衝突的一小部分，在一場像是波士尼亞那樣複雜的多邊內戰中，家中的電視觀眾很容易就對局勢得到錯誤的認識。

　　儘管如此，在這個世紀之中，戰地攝影師對於提醒人類本身不人道的一面，扮演的角色越來越重要，即使在大多數的情況下，他們所拍的影片是被用來作為執行戰爭，而非結束戰爭的宣傳工具。在未來，攝影師的眼睛將會變得更為全方位，令人不快的事實也會日益難以隱藏。這或許會幫助降低全世界戰爭的規模。

國家圖書館出版品預行編目資料

世紀戰雲錄 / 查爾斯·梅森哲(Charles
Messenger)著；王鼎鈞譯. --初版. --臺
北市：麥田出版：城邦文化發行，1997〔民
86〕
　　面；　　公分
　　譯自：The century of warfare；
present day
　　ISBN 957-708-542-3（精裝）
　　1.戰爭-歷史-現代(1900-　　)
592.915　　　　　　　　　　86012995